新政策法规下企业财会操作实务专家解读丛书

我国著名税务、财税、审计专家贺志东亲自执笔，中华第一财税网协助编写

出纳岗位实战全书

贺志东◎主编

中国纺织出版社

内容提要

为了帮助广大出纳人员在新形势下做好出纳工作，搞好知识更新以及为全国各地出纳员提供一本案头必备手册，由我国著名税务、财会、审计专家贺志东担任主编，中华第一财税网组织编写了本书。全书共11章。内容包括：出纳综合知识、出纳工作组织、会计基础知识、出纳工作流程、现金出纳业务办理、支付结算办法、出纳凭证、出纳账簿、外汇结算和外币折算、出纳账务处理、点钞技法、验钞技法、出纳常用机具、现金流量表、出纳报告、出纳电算化、出纳档案及保管、出纳工作的交接等。

本书具有高度的实操性，专业性强，讲解全面透彻，适合广大从事出纳工作的人员、财会人员、审计人员及企业管理等人士阅读。

图书在版编目（CIP）数据

出纳岗位实战全书/贺志东主编. —北京：中国纺织出版社，2016.10（2018.5重印）

ISBN 978-7-5180-2825-2

Ⅰ. ①出… Ⅱ. ①贺… Ⅲ. ①出纳—会计实务 Ⅳ. ①F233

中国版本图书馆CIP数据核字（2016）第181654号

策划编辑：曹炳镝　　责任印制：储志伟

中国纺织出版社出版发行

地址：北京市朝阳区百子湾东里A407号楼　邮政编码：100124

销售电话：010—67004422　传真：010—87155801

http：//www.c-textilep.com

E-mail：faxing@c-textilep.com

中国纺织出版社天猫旗舰店

官方微博 http：//weibo.com/2119887771

三河市宏盛印务有限公司印刷　各地新华书店经销

2016年10月第1版　2018年5月第2次印刷

开本：787×1092　1/16　印张：26.5

字数：457千字　定价：52.00元

前言

随着社会主义市场经济的深入发展，单位与单位、单位与个人之间的经济往来越来越频繁，而每一项经济往来又都与出纳工作紧密相连。出纳是会计工作中负责办理货币资金收付的专职岗位，从某种意义上讲，出纳是单位财会工作的重要基础和前哨，是单位经济业务活动的第一道“关卡”。出纳工作做好了，对提高单位财会管理水平有着十分重要的意义。

出纳工作的重要性体现在：首先，出纳员担负着各单位会计核算的基础工作，只有做好出纳工作，才能为整个会计工作的良性发展提供必要的支持。其次，出纳工作范围包括负责办理现金收付和银行的结算业务以及现金、票据、有价证券的保管，出纳人员只有具有高度责任感、娴熟的技能和扎实的专业基础知识，才能避免给单位带来经济损失。最后，出纳工作质量的好坏直接影响单位财会管理水平和经营决策。出纳是否能及时准确地提供单位货币资金活动信息，是否能保证货币资金的安全与完整，这些都会对单位的会计核算和经营管理产生重要影响。

为了帮助广大出纳人员在新形势下做好出纳工作，搞好知识更新，以及为全国各地出纳员提供一本案头必备手册，由我国著名税务、财会、审计专家贺志东担任主编，中华第一财税网编写了本书。全书内容包括：出纳综合知识、出纳工作组织、会计基础知识、出纳工作流程、现金出纳业务办理、支付结算办法、出纳凭证、出纳账簿、外汇结算和外币折算、出纳账务处理、点钞技法、验钞技法、出纳常用机具、现金流量表、出纳报告、出纳电算化、出纳档案及保管、出纳工作的交接等。

本书主要具有以下特色：（1）高度的可操作性、实用性。（2）新颖性。（3）专业性。（4）创造性。（5）案例、图表丰富、具体。（6）讲解全面、透彻、通俗。（7）资料详尽、条理清晰、查阅方便。

本书适用于全国各地广大在职出纳工作人员、即将从事出纳工作的人员、财会人员、审计人员、企业管理人员等人士。本书还适合选作新形势下全国各地出纳员上岗资格考试教材、自学教材、培训教材，以及各类院校出纳课程教材，或者大学生“回炉再造”、走向社会的自修教材。

在本书编写过程中，我们参考和借鉴了国内外一些相关文献资料。本书的出版得到了中国纺织出版社领导和编辑们以及智董集团旗下中华第一财税网的大力支持和帮助，在此均深表谢意。有兴趣的读者可以加入中华第一财税网（又名“智董网”，www.tax.org.cn）官方微信（微信号：zhdycsw）获取每日财税资讯汇总快递。

囿于学识、科研经费、编写时间等方面原因，书中倘有不足之处，请读者不吝批评指正，以便今后再版时修订（E-mail：jianyi@tax.org.cn）。

编者

2016 年 8 月

目录

第一章　出纳概述

第一节　出纳综合知识

一、出纳的概念

出纳，顾名思义，“出”是“支出”的意思，“纳”是“收入”的意思，合起来就是支出与收入。

作为会计术语的出纳，它包含出纳工作和出纳人员两层含义。

（一）出纳工作

出纳工作是企事业单位、国家机关、社会团体等的货币资金、票据和有价证券等的收付、保管、核算工作的总称。

1. 广义

只要是票据、货币资金和有价证券的收付、保管、核算，都属于出纳工作。它既包括各单位会计部门专设出纳机构的各项票据、货币资金、有价证券收付业务的处理，票据、货币资金、有价证券的整理和保管，货币资金和有价证券的核算等各项工作，也包括各单位业务部门的货币资金收付、保管等方面的工作。

2. 狭义

仅指各单位会计部门专设出纳岗位或人员的各项工作。

（二）出纳人员

出纳人员是指从事出纳工作的人员。

1. 广义

既包括会计部门的出纳工作人员，也包括业务部门的各类收款员（收银员）。

收款员（收银员），从其工作内容、方法、要求，以及他们本身应具备的素质等方面看，与会计部门的专职出纳人员有很多相同之处。他们的主要工作是办理货币资金和各种票据的收入，保证自己经手的货币资金和票据的安全与完整；他们也要填制和审核许多原始凭证；他们也直接与货币打交道，除了要有过硬的出纳业务知识以外，还必须具备良好的财经法纪素养和职业道德修养。所不同的是，他们一般工作在经济活动的第一线，各种票据和货币资金的收入，特别是货币资金的收入，通常是由他们转交给专职出纳的。另外，他们的工作过程是收入、保管、核对与上交，一般不专门设置账户进行核算。所以，也可以说，收款员（收银员）是会计机构的出纳派出人员，他们是各单位出纳队伍中的一员，他们的工作是整个出纳工作的一部分。出纳业务的管理和出纳人员的教育与培训，应从广义角度综合考虑。

2. 狭义

仅指会计部门的出纳人员。

二、出纳工作的特点

出纳工作是会计工作的重要组成部分，它除了具有会计工作的共性外，还具有其自身的特点，主要体现在如下几个方面：

（一）社会性

一个单位货币资金的收入与付出必须通过出纳工作来完成。此外，各种有价证券的经营以及其他金融业务的办理，更是离不开出纳人员的参与，而单位的这些经济活动是与整个社会的经济运转紧密联系的。可以说，出纳工作直接参与着经济活动过程，出纳一般工作在经济活动的第一线。因此，出纳工作具有普遍的社会性。

（二）专业性

出纳是一个专门的岗位，又是一项专门的技术，有着专门的工作规则。从事出纳工作，除了要有扎实的会计专业基础知识，还要熟练掌握出纳工作的基本技能，如点钞技术，珠算操作，账、证、表的书写技能，点钞机、电子收款机、保险柜的使用以及电脑的运用等，这其中有不少的学问。一个称职的出纳，除了要接受专门的职业培训，还要在工作中不断学习、积累经验，熟练掌握各项工作要领。

（三）政策性

出纳人员分管的工作，政策性很强，出纳人员必须熟悉各种财经法纪和银行结算法规，并有很强的守法意识。其中，《现金管理暂行条例》、《支付结算办法》、《会计法》、《会计基础工作规范》、企业产品成本核算制度、税收管理制度、发票管理办法以及本单位自己的财务管理规定等，都对出纳工作或提出具体规定，或具有指导意义。出纳人员必须不断学习，了解、掌握财经法规和制度，提高自己的政策水平，才能做个“好管家”。

（四）时间性

出纳工作具有很强的时间性，何时核对银行的对账单，何时发放职工工资等都有严格时间要求。对于现金日记账和银行存款日记账，出纳要逐笔序时登记，做到日清月结。出纳只有及时办理好各项工作，才能保证出纳工作质量。

三、出纳和会计的关系

出纳工作是财会部门的一项最基础的工作，是财会工作的一个重要组成部分。所以说，出纳工作是会计工作的一种。但是从工作性质上说，出纳工作又确实存在着自身的特点，与其他会计工作有较大的区别。事实上，财会部门内部也常把总账会计与明细分类账会计叫作会计，把分管日记账的会计叫出纳。

出纳与会计的关系，总的来说是既有区别又有联系，它们是分工与协作的关系。

（一）各有各的分工

总账会计负责企业经济业务的总括核算，为企业经济管理和经营决策提供全面的核算资料；明细分类账会计分管企业的明细账，为企业经济管理和经营决策提供明细分类核算资料；出纳则分管企业票据、货币资金，以及有价证券等的收付、保管、核算工作，为企业经济管理和经营决策提供各种金融信息。

总体上讲，必须实行钱账分管。

（二）既互相依赖又互相牵制

出纳、明细分类账会计、总账会计之间，有着很强的依赖性。它们核算的依据是相同的，都是会计原始凭证和会计记账凭证。这些作为记账凭据的会计凭证必须在出纳、明细账会计、总账会计之间按照一定的顺序进行传递；它们相互利用对方的核算资料；它们共同完成会计任务，不可或缺。同时，它们之间又互相牵制与控制。出纳的现金和银行存款日记账与总账会计的现金和银行存款总分类账，总分类账与其所属的明细分类账，明细账中的有价证券账与出纳账中相应的有价证券账，在金额上是等量关系。这样，出纳、明细账会计、总账会计三者之间就构成了相互牵制与控制的关系，三者之间必须相互核对保持一致。

（三）出纳与明细账会计的区别只是相对的，出纳核算也是一种特殊的明细核算

财会部门一般分别按照库存现金和银行存款设置日记账，银行存款还要按照存入的不同户头分别设置日记账，逐笔序时地进行明细核算。

“现金日记账”要每天结出余额，并与库存数核对；“银行存款日记账”也要在

月内多次结出余额，与开户银行核对。月末都必须按规定结账。月内还要多次出具报告单，报告核算结果，并与现金和银行存款总分类账核对。

（四）出纳工作是一种账实兼管的工作

出纳工作，主要是库存现金、银行存款和各种有价证券的收支与结存核算，以及现金、有价证券的保管和银行存款账户的管理工作。现金和有价证券放在出纳的保险柜中保管；银行存款，由出纳办理收支结算手续。既要进行出纳账务处理，又要进行现金、有价证券等实物的管理和银行存款收付业务。在这一点上与其他财会工作有着显著的区别。除了出纳人员，其他财会人员是只管账不管钱和物的。

对出纳工作的这种分工，并不违背财务“钱账分管”的原则。由于出纳账是一种特殊的明细账，总账会计还要设置“库存现金”、“银行存款”、“长期股权投资”、“持有至到期投资”、“交易性金融资产”等相应的总分类账对出纳保管和核算的库存现金、银行存款、有价证券等进行总金额的控制。其中，有价证券还应有出纳核算以外的其他形式的明细分类核算。

（五）出纳工作直接参与经济活动过程

货物的购销必须经过两个过程：货物移交和货款的结算。其中货款结算，即货物价款的收入与支付就必须通过出纳工作来完成；往来款项的收付、各种有价证券的经营以及其他金融业务的办理，更是离不开出纳人员的参与。这也是出纳工作的一个显著特点，其他财务工作，一般不直接参与经济活动过程，而只是对其进行反映和监督。

四、出纳工作的范围

出纳工作，是企业、事业等单位的货币资金、票据以及有价证券等的收付、保管、核算工作的总称。出纳工作与会计工作对单位来说同等重要，出纳工作是整个会计核算工作的基础和重要组成部分，但两者的工作范围有所区别。

出纳工作范围是，根据现金管理制度和银行结算制度的有关规定，办理现金、银行存款以及各种票据、有价证券的收入、付出、保管等业务。现金和各种票据、有价证券放在出纳人员的保险柜中保管；银行存款，由出纳人员办理收支结算手续。除此以外，出纳工作还包括出纳账务处理。出纳人员必须负责现金日记账，银行存款日记账和有关有价证券方面的一些明细分类账簿，另外一些与出纳业务没有直接联系的固定资产账、低值易耗品账，可以由出纳人员兼管，但是，出纳人员不得兼管稽核、会计档案保管和收入、支出、费用、债权债务账目的登记工作。除了出纳人员，其他会计人员是只管账不管钱和物的。会计人员进行除出纳工作以外的其他会计核算业务处理，主要包括审核和办理财务收支，编制记账凭证，登记会计账簿，编制会计报表和办理其他会计事项。

规模小的公司，根据钱账分设的原则，最少应设一个会计人员和一个出纳人员，以便内部相互控制、监督，以确保公司财务的安全与完整。

五、出纳工作的意义

随着社会主义市场经济的深入发展，单位与单位、单位与个人之间的经济往来越来越频繁，而每一项经济往来又都与出纳工作紧密相连。出纳既然是会计工作中负责办理货币资金收付的专职岗位，从某种意义上讲，出纳是单位财会工作的重要基础和前哨，是单位经济业务活动的第一道“关卡”。出纳工作做好了，对提高单位财会管理水平有着十分重要的意义。

出纳工作的重要性体现在：

（1）出纳员担负着各单位会计核算的基础工作，只有做好出纳工作，才能为整个会计工作的良性发展提供必要的支持。

（2）出纳工作范围包括负责办理现金收付和银行的结算业务以及现金、票据、有价证券的保管，出纳人员只有拥有高度责任感、娴熟的技能和扎实的专业基础知识，才能避免给单位带来经济损失。

（3）出纳工作质量的好坏直接影响单位财会管理水平和单位经营决策。出纳是否能合理安排、调度资金，是否能及时准确地提供单位货币资金活动信息，是否能保证货币资金的安全与完整，这些都会对单位的会计核算和经营管理产生重要影响。

六、出纳工作的职能

出纳工作，是财会工作的一个重要组成部分，从总的方面来讲，其职能可概括为收付、反映、监督、管理四个方面。

（一）出纳的收付职能

出纳最基本的职能是收付职能。企业经营活动少不了货物价款的收付、往来款项的收付，也少不了各种有价证券以及金融业务往来的办理，这些业务往来的现金、票据和有价证券的收付和办理，以及银行存款收付业务的办理，都必须经过出纳人员之手。

（二）出纳的反映职能

出纳工作要利用统一的货币计量单位，通过其特有的现金与银行存款日记账、有价证券的各种明细分类账，对本单位的货币资金和有价证券进行详细的记录与核算，以便为经济管理和投资决策提供所需的完整、系统的经济信息。

（三）出纳的监督职能

出纳不仅要对本单位的货币资金和有价证券进行详细的记录与核算，为经济管理和投资决策提供所需的完整、系统的经济信息，还要对企业的各种经济业务，特别是货币资金收付业务的合法性、合理性和有效性进行全过程的监督。国家通过银行对现金的收放，可以扩大现金回笼，加强现金投放，有效地发挥对全社会现金的监督和控制作用。

（四）出纳的管理职能

即对货币资金与有价证券进行保管，对银行存款和各种票据进行管理，对企业资金使用效益进行分析研究，为企业投资决策提供金融信息，甚至直接参与企业的方案评估、投资效益预测分析等。

七、出纳的任务

出纳是会计工作的重要环节，涉及的是现金收付、银行结算等活动，而这些又直接关系到职工个人、单位乃至国家的经济利益，工作出了差错，就会造成不可挽回的损失。因此，明确出纳人员的职责和权限，是做好出纳工作的起码条件。根据《会计法》、《会计基础工作规范》等财会法规，出纳员的基本任务包括：

（一）做好现金收付的核算和管理

严格按照国家现金管理制度的要求，根据会计稽核人员审核签章的收付款凭证，进行复核，办理款项的收付。对于重大的开支项目，须经单位有关领导审核批准并签字盖章，否则，不得随意收支现金。收付款后，出纳员应在收付款凭证上签章，并加盖“收讫”或“付讫”戳记。

（二）办理银行结算，规范使用支票

严格按照银行《支付结算办法》的规定，办理银行结算业务。严格控制签发空白支票。例如，因特殊情况确需签发不填写金额的转账支票时，必须在支票上写明收款单位名称、款项用途、签发日期、规定限额和报销期限，并由领用支票人在专设登记簿上签章。逾期未用的空白支票应交给签发人。对于填写错误的支票，必须加盖“作废”戳记，与存根一并保存。支票遗失时要立即向银行办理挂失手续。不准将银行账户出租、出借给任何单位或个人办理结算。

（三）设置并登记日记账，保证日清月结

各单位应当设置现金日记账和银行存款日记账，然后根据已经办理完的收付款凭证，逐笔序时登记现金和银行存款日记账，并结出余额。现金日记账余额要每日与实际库存现金核对，月份终了，“现金日记账”的余额必须与“库存现金”总账科目的余额核对相符。银行存款日记账的账面余额要及时与银行对账单核对，有未达账项，及时查询，及时调整，月末编制银行存款余额调节表，使账面余额与对账单上余额调节相符。要随时掌握银行存款余额，不准签发空头支票。

（四）保管库存现金、有价证券及有关印章、空白支票和收据

库存现金不得超过银行核定的限额，超出限额的部分要及时送存银行，不得以“白条”抵充现金，不得任意挪用库存现金。如果发现库存现金有溢余或短缺，应查明原因，根据情况分别处理，不得私下取走或补足，如有短缺，要负赔偿责任。出纳人员应当保管好现金、有价证券、印章、空白支票和收据等财产的安全完整，对于空白支票等专用票据，一般应建立严格的支票领用和注销登记制度，对于保险柜密码、开户账户和取款密码等，要严守秘密，保管好钥匙，不得随意转借给他人。

（五）检查、监督本单位执行国家财经纪律的情况，保证出纳工作的合法性、合规性和合理性

出纳在办理各项业务过程中，要严格执行国家的财经法纪，对违反规定的各项业务一律拒绝办理，随时监督和检查执行财经纪律的情况，同一切违反规定的行为作坚决的斗争，以确保出纳工作按照合理、合法、合规的轨道正常进行。

八、出纳工作的基本要求

做好出纳工作并不是一件容易的事，它要求出纳员要有全面精通的政策水平、熟练高超的业务技能和严谨细致的工作作风。

（一）政策水平

没有规矩，不成方圆。出纳工作涉及的“严规矩”很多，如《会计法》及各种会计制，先进管理制度及银行结算制度，《会计基础工作规范》，成本管理条例及费用报销额度，税收管理制度及发票管理办法，还有本单位自己的财务管理规定等。这些法规、制度如果不熟悉、不掌握，是绝对做不好出纳工作的。所以，要做好出纳工作的第一件大事就是学习、了解、掌握财经法规和制度，提高自己的政策水平。出纳人员只有刻苦掌握政策法规和制度，明白了自己哪些该干，哪些不该干，哪些该抵制，工作起来才会得心应手，才不会犯错误。

（二）业务技能

“台上一分钟，台下十年功”，这对出纳工作来说是十分适用的。出纳工作需要很强的操作技巧。打算盘、用计算机、填票据、点钞票等，都需要深厚的基本功。作为专职出纳人员，不但要具备处理一般会计事务的财会专业基本知识，还要具备较高的处理出纳事务的出纳专业知识水平和较强的数字运算能力。出纳的数字运算往往在结算过程中进行，要按计算结果当场开出票据或收付现金，速度既要快，又不能出错。这和事后的账目计算有着很大的区别。账目计算错了可以按规定方法更改，但钱算错了就不一定说得清楚，不一定能“改”得过来了。

所以说，出纳人员要有很强的数字运算能力，不管你用计算机、算盘、计算器，还是别的什么运算器具，都必须具备较快的速度和非常高的准确性。在快和准的关系上，作为出纳员，要把准确放在第一位，要准中求快。

提高出纳业务技术水平关键在手上，打算盘、用计算机、开票据都离不开手。而要提高手的功夫，关键又在勤，勤能生巧，巧自勤来。有了勤，就一定能达到出纳技术操作的理想境界。另外，还要苦练汉字、阿拉伯数字，提高写作概括能力，使人见其字如见其人，一张书写工整、填写齐全、摘要精练的票据能表现一个出纳员的工作能力。

（三）工作作风

要做好出纳工作首先要热爱出纳工作，要有严谨细致的工作作风和职业习惯。作风的培养在成就事业方面至关重要。出纳每天和金钱打交道，稍有不慎就会造成意想不到的损失，出纳员必须养成与出纳职业相符合的工作作风，概括起来就是：精力集中，有条不紊，严谨细致，沉着冷静。精力集中就是工作起来要全身心地投入，不为外界所干扰；有条不紊就是计算器具摆放整齐，钱款票据存放有序，办公环境洁而不乱；严谨细致就是收支计算准确无误，手续完备，不发生工作差错；沉着冷静就是在复杂的环境中随机应变，化险为夷。

（四）安全意识

现金、有价证券、票据、各种印鉴，既要有内部的保管分工，各负其责，并相互牵制；也要有对外的保安措施，从办公用房的建造，门、屉、柜的锁具配置，到保险柜密码的管理，都要符合保安的要求。出纳人员既要密切配合保安部门的工作，更要增强自身的保安意识，学习保安知识，把保护自身分管的公共财产物资的安全完整作为自己的首要任务来完成。

（五）道德修养

出纳人员必须具备良好的职业道德修养，要热爱本职工作，精业、敬业；要科学理财，充分发挥资金的使用效益；要遵纪守法，严格监督，并且以身作则；要洁身自好，不贪、不占公家便宜；要实事求是，真实客观地反映经济活动的本来面目；要注意保守机密；要竭力为本单位中心工作、为单位的总体利益、为全体员工服务，牢固地树立为人民服务的思想。

此外，出纳人员应遵循出纳工作的基本原则。

出纳工作的基本原则主要指内部牵制原则或者说钱账分管原则。《会计法》第三十七条规定："会计机构内部应当建立稽核制度。出纳人员不得兼任稽核、会计档案保管和收入、费用、债权债务账目的登记工作。"钱账分管原则是指凡是涉及款项和财物收付、结算及登记的任何一项工作，必须由两人或两人以上分工办理，以起到相互制约作用。例如，现金和银行存款的支付，应由会计主管人员或其授权的代理人审核、批准，出纳人员付款，记账人员记账；发放工资，应由工资核算人员编制工资单，出纳人员向银行提取现金和分发工资，记账人员记账。实行钱账分管，主要是为了加强会计人员相互制约、相互监督、相互核对，提高会计核算质量，防止工作误差和营私舞弊等行为。

《会计法》专门规定出纳员不得兼管稽核、会计档案保管和收入、费用、债权债务账目的登记工作，是由于出纳员是各单位专门从事货币资金收付业务的会计人员，根据复式记账原则，每发生一笔货币资金收付业务，必然引起收入、费用或债权、债务等账簿记录的变化，或者说每发生一笔货币资金收付业务都要登记收入、费用或债权、债务等相关账簿，如果把这些账簿登记工作都交由出纳员办理，会给贪污舞弊行为以可乘之机。当然，出纳员不是完全不能记账，非收人、费用、债权、债务方面的账目，是可以承担一部分记账工作的。总之，钱账分管原则是出纳工作的一项重要原则，各单位都应建立健全这一制度，维护国家和集体财产的安全。

九、出纳工作的方法

出纳的方法是用来反映和监督会计对象、完成出纳任务的手段。出纳方法主要包括以下几点：

（一）设置账户

设置账户，是指对出纳对象的具体内容进行分类反映和监督的一项专门方法。出纳对象的具体内容是复杂多样的，要对出纳对象所包含的经济内容进行系统的反映和监督，就要对它们进行科学的分类，以便取得各种不同性质的核算指标。因此，对各项货币资金和有价证券的增加和减少，都要按规定设置账户，进行分类记账，以便取得经营管理所需要的各种不同性质的核算指标。出纳常设的账户有："现金日记账——人民币户"、"现金日记账——××外币户"、"银行存款日记账——结算户存款"、"银行存款日记账——××专用户存款"、"长期股权投资"、"持有至到期投资"、"交易性金融资产"等。

（二）复式记账

复式记账是记录经济业务的一种方法。这种方法的特点是：对每一项经济业务都要以相等的金额，同时记入两个或两个以上的有关账户。采用复式记账法，既可以通过账户的对应关系了解有关经济业务的全貌，又可以通过账户的平衡关系检查有关经济业务的记录是否正确。复式记账法又可分为收付记账法、增减记账法和借贷记账法。而借贷记账法是一种比较完善、科学的记账方法，为世界各国所普遍采用。企业在进行会计核算时，应统一采用借贷记账法。

（三）填制和审核凭证

出纳凭证是记录经济业务、明确经济责任的书面证明，是登记账簿的依据。对于已经发生或已经完成的经济业务，都要由经办人员或有关单位填制凭证，并签名盖章。出纳凭证的审核，主要是对各种原始凭证的审核和记账凭证的审核，只有通过审核无误的凭证，才可以作为出纳记账的依据。填制和审核出纳凭证是实行出纳监督的一个非常重要的方面。

（四）登记账簿

账簿是用来全面、连续、系统、综合地记录各项经济业务的簿籍，也是保存会计数据资料的重要工具。登记账簿就是把所有的经济业务按其发生的顺序，分门别类地记入有关账簿，以便为经营管理提供完整的、系统的数据资料。登记账簿必须以经过审核的凭证为依据，同时按照规定，把所有的经济业务分别记入有关账户，并定期进行对账、结账、计算和累计各项核算指标，还要定期核对账目，使账实保持一致。

（五）财产清查

财产清查就是盘点实物、核对账目，查明各项财产物资和资金的实有数额及占用情况。在实际工作中，由于种种原因，账面资料有时同实际情况不一致，为了做到账实相符，挖掘财产、物资的潜力，加强对财产、物资的管理，就必须进行财产清查。在清查中，如果发现某些财产物资和资金的实有数额同账面结存数额不一致，则应查明账实不符的原因，做出相应的处理，并调整账簿记录，使账面数额同实存数额保持一致。通过财产清查，还可查明各项财产物资的保管和使用情况以及往来款项的结算情况，以便对积压或残损的物资和逾期未收的款项，及时采取措施进行清理和加强财产管理，以挖掘物资潜力和加速资金周转。

（六）编制出纳报告

出纳报告，是指根据现金日记账、银行存款日记账、有价证券明细账、银行对账单等核算资料定期编制的书面文件，报告本单位一定时期（月、年）现金、银行存款、有价证券的收、支、存情况，并与总分类账核对期末余额。

出纳人员应当根据本单位的实际情况设计出纳报告的形式，出纳报告所提供的信息应当满足有关各方了解单位货币资金收支状况和库存情况的需要，满足单位制订资金调度计划和预算的需要。

（七）保管出纳文件，按规定办理移交手续

出纳工作过程中的各种核算资料，都必须按照规定办理移交和保管手续。一般而言，出纳人员的会计凭证应当根据业务量的大小每天或定期移交给会计人员；出纳日记账在本年度内由出纳人员负责登记保管，年度终了后，移交给会计人员保管；出纳报告中的日报表一个月移交一次，月报表一个会计年度终了后移交会计人员。

上述各种专门方法是出纳为完成其基本任务而使用的方法体系，它们相互联系，密切配合，缺少哪一环，或在哪一个环节上出了问题，都将影响到整个出纳工作的质量。

十、出纳业务处理程序与要求

出纳的日常工作主要包括货币资金核算、往来结算、工资核算三个方面的内容。

（一）货币资金核算

1. 办理现金收付，严格按规定收付款项

严格按照国家有关现金管理制度的规定，根据稽核人员审核签章的收付款凭证进行复核，办理款项收付。对于重大的开支项目，必须经过会计主管人员、总会计师或单位领导审核签章，方可办理。收付款后，要在收付款凭证上签章，并加盖“收讫”“付讫”戳记。

2. 办理银行结算，规范使用支票，严格控制签发空白支票

如因特殊情况确需签发不填写金额的转账支票时，必须在支票上写明收款单位名称、款项用途、签发日期、规定限额和报销期限，并由领用支票人在专设登记簿上签章。逾期未用的空白支票应交给签发人。对于填写错误的支票，必须加盖“作废”

戳记，与存根一并保存。支票遗失时要立即向银行办理挂失手续。不准将银行账户出租、出借给任何单位或个人办理结算。

3. 登记日记账，保证日清月结

根据已经办理完毕的收付款凭证，逐笔顺序登记现金日记账和银行存款日记账，并结出余额。银行存款日记账的账面余额要及时与银行对账单核对。月末要编制银行存款余额调节表，使账面余额与对账单上的余额调节后相符。对于未达账款，要及时查询。要随时掌握银行存款余额，不准签发空头支票。

4. 保管库存现金，保管有价证券

对于现金和各种有价证券，要确保其安全和完整无缺。库存现金不得超过银行核定的限额，超过部分要及时存入银行。不得以“白条”充抵现金，更不得任意挪用现金。如果发现库存现金有短缺或盈余，应查明原因，根据情况分别处理，不得私自取走或补足。如有短缺，要负赔偿责任。保险柜密码要保密，保管好钥匙，不得任意转交他人。

5. 保管有关印章，登记注销支票

出纳必须妥善保管所管的印章，严格按照规定用途使用（但签发支票的各种印章，不得全部交由出纳一人保管）。对于空白收据和空白支票必须严格管理，专设登记簿登记，认真办理领用注销手续。

6. 复核收入凭证，办理销售结算

认真审查销售业务的有关凭证，严格按照销售合同和银行结算制度办理销售款项结算，催收销售货款。发生销售纠纷、货款被拒付时，要通知有关部门及时处理。

（二）往来结算

1. 办理往来结算，建立清算制度

现金结算业务的内容主要包括：企业与内部核算单位和职工之间的款项结算；企业与外部不能办理转账手续的单位和个人之间的款项结算；低于结算起点的小额款项结算；根据规定可以用于其他方面的结算。对购销业务以外的各种应收、暂付款项，要及时催收结算；应付、暂收款项，要抓紧清偿。对确实无法收回的应收账款和无法偿还的应付账款，应查明原因，按照规定报经批准后处理。实行备用金制度的企业，要核定备用金定额，及时办理领用和报销手续，加强管理。对预借的差旅费，要督促及时办理报销手续，收回余额，不得拖欠，不准挪用。建立其他往来款项清算手续制度。对购销业务以外的暂收、暂付、应收、应付、备用金等债权债务及往来款项，要建立清算手续制度，加强管理，及时清算。

2. 核算其他往来款项，防止坏账损失

对购销业务以外的各项往来款项，要按照单位和个人分户设置明细账，根据审核后的记账凭证逐笔登记，并经常核对余额。年终要抄列清单，并向领导或有关部门报告。

（三）职工薪酬结算

1. 执行职工薪酬计划，监督职工薪酬使用

根据批准的职工薪酬计划，会同劳动人事部门，严格按照规定掌握职工薪酬和奖金的支付，分析职工薪酬计划的执行情况。对于违反职工薪酬政策、滥发津贴奖金的，要予以制止或向领导和有关部门报告。

2. 审核职工薪酬单据，发放职工薪酬奖金

根据实有职工人数、工资等级和工资标准，审核工资奖金计算表，办理代扣款项（包括计算个人所得税、养老保险、医疗保险、失业保险、工伤保险、生育保险和住房公积金等），计算实发工资。按照车间和部门归类，编制工资、奖金汇总表，填制记账凭证，经审核后，会同有关人员提取现金，组织发放。发放的工资和奖金，必须由领款人签名或盖章。发放完毕后，要及时将工资和奖金计算表附在记账凭证后或单独装订成册，并注明记账凭证编号，妥善保管。

3. 负责职工薪酬核算，提供职工薪酬数据

按照工资总额的组成和工资的领取对象，进行明细核算。根据管理部门的要求，编制有关工资总额报表。

十一、出纳工作组织

合理地组织出纳工作，是发挥出纳作用，完成出纳任务，提高出纳工作质量的重要保证。各企业、行政事业等单位，要根据本单位业务处理和经营管理的实际需要、财政部门以及上级主管部门的有关规定和要求，设置合理的出纳机构，配备必要的出纳人员，建立和健全各种内部工作职责与制度，使本单位出纳工作正常有序地进行。

（一）出纳机构的设置

《会计法》规定：“各单位根据会计任务的需要设置会计机构，或者在有关机构中设置会计人员并指定会计主管人员。不具备条件的，可以委托经批准设立的会计咨询、服务机构代理记账。”

会计法对各单位会计、出纳机构与人员的设置没有作出硬性规定，而是要求各单位根据需要来设定。各单位都应结合自身经济活动的特点、规模和业务量的大小及会计人员力量等设置出纳机构、配备出纳人员。

出纳机构一般设置在会计部门内部，如各企事业单位财会科、财会处内设置专门处理出纳业务的出纳组、出纳室。规模小、人员少、业务简单的单位，可以指定一名专职或兼职出纳人员，但因为其工作的特殊性，要设立专门的办公场所，所以，在名称上也叫出纳室（或叫出纳组）。有些主管公司，为了资金的有效管理和总体利用效益，把若干分公司的出纳业务（或部分出纳业务）集中起来办理，成立专门的内部“结算中心”，这种“结算中心”，实际上也是出纳机构。

（二）出纳人员的内部分工

单位规模较大、业务复杂、出纳人员有两名以上的单位，要在出纳部门内部实行岗位责任制，要对出纳人员的工作进行明确的分工，使每一项出纳工作都有出纳人员负责，每一个出纳人员都有明确的职责。

出纳人员的具体分工，要从管理的要求等方面综合考虑。通常可按现金与银行存款、银行存款的不同户头、票据与有价证券的管理等工作性质上的差异进行分工；也可以将整个出纳工作划分为不同的阶段和步骤，按工作阶段和步骤分工。

对于公司内部“结算中心”式的出纳机构中的人员分工，还可以按不同分公司定岗定人。

（三）出纳工作岗位的设置

各个企业的实际情况不同，出纳工作的组织内容也不尽相同，但无论哪一种形式，一般都要设置合理的出纳机构，配备必要的出纳人员，并建立各种内部工作职责与制度等。出纳机构一般设置在会计机构内部，如各企事业单位财会科、财会处内部设置专门处理出纳业务的出纳组、出纳室。《会计法》第三十六条第一款规定：“各单位应当根据会计业务的需要，设置会计机构，或者在有关机构中设置会计人员并指定会计主管人员；不具备设置条件的，应当委托经批准设立从事会计代理记账业务的中介机构代理记账”。《会计法》对各单位会计、出纳机构与人员的设置并没有硬性规定，而是让企业根据自身情况和实际需要来设定。因此，企业应结合自身经济活动的规模、特点、业务量的大小等进行机构设置和人员配置。以工业企业为例，大型企业可在财务处下设出纳科；中型企业可在财务科下设出纳室；小型企业可在财务股下配备专职出纳员。有些主管公司，为了资金的有效管理和总体利用效益，把若干分公司的出纳业务（或部分出纳业务）集中起来办理，成立专门的内部“结算中心”，这种“结算中心”，实际上也是出纳机构。

××公司出纳人员岗位职责

第一，按照国家财会法规、公司财会制度的有关规定，认真办理提取和保管现金，完成收付手续和银行结算业务。

第二，根据审核无误的手续，办理银行存款、取款和转账结算业务；登记银行存款日记账；及时根据银行存款对账单，在月末作出相应调整，做到与银行对账单相符。

第三，登记现金和银行日记账，做到日清月结，保证账证相符、账款相符、账账相符，发现差错及时查清更正。

第四，认真审查临时借支的用途、金额和批准手续，严格执行领用支票的手续，控制使用限额和报销期限。

第五，正确编制现金、银行存款的记账凭证，及时传递给会计登账。

第六，配合对应收款的清算工作。

第七，严格审核报销单据、发票等原始凭证，按照费用报销的有关规定，办理现金支付业务，做到合法准确、手续完备、单证齐全。

第八，核算人事部提供的薪金发放名册，按时发放公司职工的工资、奖金。

第九，负责及时、准确结缴各种社会统筹保险、公积金等基金的工作。

第十，负责妥善保管现金、有价证券、有关印章、空白支票和收据，做好有关单据、账册、报表等会计资料的整理、归档工作。

第十一，负责掌管公司财务保险柜。

第十二，完成单位主管财务领导临时交办的其他工作。

（四）出纳人员配备

一般来讲，实行独立核算的企业单位，在银行开户的行政、事业单位，有经常性现金收入和支出业务的企业、行政事业单位都应配备专职或兼职出纳人员，担任本单位的出纳工作。出纳人员配备的多少，主要取决于本单位出纳业务量的大小和繁简程度，要以业务需要为原则，既要满足出纳工作量的需要，又要避免徒具形式、人浮于事的现象。一般可采用一人一岗、一人多岗、一岗多人等几种形式：

（1）一人一岗：规模不大的单位，出纳工作量不大，可设专职出纳员一名。

（2）一人多岗：规模较小的单位，出纳工作量较小，可设兼职出纳员一名。

如无条件单独设置会计机构的单位，至少要在有关机构中（如单位的办公室、后勤部门等）配备兼职出纳员一名。但兼职出纳不得兼管收入、费用、债权、债务账目的登记工作及稽核工作和会计档案保管工作。

（3）一岗多人：规模较大的单位，出纳工作量较大，可设多名出纳员，如分设管理收付的出纳员和管账的出纳员，或分设现金出纳员和银行结算出纳员等。

（五）出纳工作的回避要求

由于出纳工作的特殊性，特定人员需要回避。《会计基础工作规范》第十六条规定：

国家机关、国有企业、事业单位任用会计人员应当实行回避制度。

单位领导人的直系亲属不得担任本单位的会计机构负责人、会计主管人员。会计机构负责人，会计主管人员的直系亲属不得在本单位会计机构中担任出纳工作。

需要回避的直系亲属为：夫妻关系、直系血亲关系、三代以内旁系血亲以及配偶亲关系。

（六）出纳人员的职责

明确出纳人员的职责和权限，是做好出纳工作的起码条件。出纳人员具有以下职责：

（1）按照国家有关现金管理和银行结算制度的规定，办理现金收付和银行结算业务。出纳员应严格遵守现金开支范围，非现金结算范围不得用现金收付；遵守库存现金限额，超限额的现金按规定及时送存银行；现金管理要做到日清月结，账面余额与库存现金每日下班前应核对，发现问题，及时查对；银行存款账与银行对账单也要及时核对，如有不符，应立即通知银行调整。

（2）根据会计准则的规定，在办理现金和银行存款收付业务时，要严格审核有关原始凭证，再据以编制收付款凭证，根据编制的收付款凭证逐笔顺序登记现金日记账和银行存款日记账，并结出余额。

（3）按照国家外汇管理和结购汇制度的规定及有关批文，办理外汇出纳业务。外汇出纳业务是政策性很强的工作，随着改革开放的深入发展，国际间经济交往日益频繁，外汇出纳也越来越重要。出纳人员应熟悉国家外汇管理制度，及时办理结汇、购汇、付汇，避免国家外汇损失。

（4）掌握银行存款余额，不准签发空头支票，不准出租、出借银行账户为其他单位办理结算。这是出纳员必须遵守的一条纪律，也是防止经济犯罪、维护经济秩序的重要方面。出纳员应严格支票和银行账户的使用和管理，从出纳这个岗位上堵塞结算漏洞。

（5）保管库存现金和各种有价证券（如国库券、债券、股票等）的安全与完整。要建立适合本单位情况的现金和有价证券保管责任制，如发生短缺，属于出纳员责任的要予以赔偿。

（6）保管有关印章、空白收据和空白支票。印章、空白票据的安全保管十分重要，在实际工作中，因丢失印章和空白票据给单位带来经济损失的不乏其例。对此，出纳员必须高度重视，建立严格的管理办法。通常，单位财务公章和出纳员名章要实行分管，交由出纳员保管的出纳印章要严格按规定用途使用，各种票据要办理领用和注销手续。

（七）出纳人员的权限

出纳人员具有以下权限：

1. 维护财经纪律，执行财会制度，抵制不合法的收支

修订后的《会计法》对会计人员如何维护财经纪律提出了如下要求：

A. 会计机构、会计人员依照《会计法》规定进行会计核算，实行会计监督。

B. 会计机构、会计人员必须按照国家统一的会计制度的规定对原始凭证进行审核，对不真实、不合法的原始凭证，有权不予接受，并向单位负责人报告；对记载不准确、不完整的原始凭证应予以退回，并要求按照国家统一的会计制度的规定更正、补充。

C. 会计机构、会计人员发现账簿记录与实物、款项及有关资料不相符的，有权自行按照国家统一的会计制度的规定处理的，应当及时处理；无权处理的，应当立即向单位负责人报告，请求查明原因，作出处理。

D. 任何单位和个人对违反《会计法》和国家统一的会计制度规定的行为，有权检举。接到检举的部门有权处理的，应当依法按照职责分工及时处理；无权处理的，应当及时移送有权处理的部门处理。

这些规定，为出纳人员实行会计监督、维护财经纪律提供了法律保障。出纳人员应认真学习、领会，在工作中贯彻这些法规，充分发挥出纳工作的“关卡”、“前哨”作用，为维护财经纪律、抵制不正之风作出贡献。

2. 参与货币资金计划定额管理的权力

现金管理制度和银行结算制度是出纳人员开展工作必须遵照执行的法规，而执行这些法规，实际上是赋予了出纳人员管理货币资金的职权。例如，加强现金管理，要求各单位的库存现金必须限制在一定的范围内，多余的要按规定送存银行，这便为银

行部门利用社会资金进行有计划放款提供了资金基础。因此，出纳工作不是简单的货币资金的收收付付，不是无足轻重的点点钞票，其意义只有和许多方面的工作联系起来才能体现其价值。

3. 管好用好货币资金的权力

出纳工作每天和货币资金打交道，单位的一切货币资金往来都与出纳工作紧密相连，货币资金的来龙去脉，周转速度的快慢，出纳员都清清楚楚。因此，提出合理安排利用资金的意见和建议，及时提供货币资金的使用与周转信息，也是出纳人员义不容辞的责任。出纳人员应抛弃被动工作观念，树立主动参与意识，把出纳工作放到整个会计工作、经济管理工作中。这样，既能增强出纳自身的职业光荣感，又为出纳工作开辟了新的视野。

十二、出纳人员应具备的基本技能

出纳岗位是一种十分特殊的会计工作岗位，出纳机构素有各单位的“结算中心”、“金融中心”、“金库”等雅称，而表现较好的出纳人员则常被尊称为“红管家”。确实，各单位出纳人员肩负着本单位全部货币资金与有价证券的收支、保管、核算任务，掌管着本单位全部票据，责任重大，出纳人员必须具备相应的素质和技能才能完成本职工作，当好“红管家”。从工作需要方面看，作为出纳人员一般应具备以下几项基本的业务技能：

（一）规范书写

出纳人员要不断地填制凭证、记账、结账和对账，经常要书写数字，因此，规范地书写是出纳人员必须掌握的重要基本功。如果数字书写不正确、不清晰、不符合规范，就会带来很大的麻烦。因此，客观上要求出纳人员掌握一定的书写技能，使书写的数字清晰、整洁、正确并符合规范化的要求。

1. 小写金额数字的书写

小写金额是用阿拉伯数字来书写的。具体书写要求如下：

（1）阿拉伯数字应当从左到右一个一个地写，不得连笔。在书写数字时，每一个数字都要占有一个位置，这个位置称为数位。数位自小到大，是从右向左排列的，但在书写数字时却是自大到小，从左到右的。书写数字时字迹工整，排列整齐有序且有一定的倾斜度（数字与底线应呈 60 度的倾斜），并以向左下方倾斜为好；同时，书写的每位数字要紧靠底线但不要顶满格（行），一般每格（行）上方预留 1/3 或 1/2 空格位置，用于以后修订错误记录时使用。

（2）阿拉伯数字前面应当书写货币币种符号或者货币名称简写。币种符号与阿拉伯金额数字之间不得留有空白。凡阿拉伯数字前写有币种符号的，数字后面不再写货币单位。人民币符号为“￥”。

（3）角分书写。所有以元为单位（其他货币种类为货币基本单位）的阿拉伯数字，除表示单价等情况外，一律填写到角分；无角分的，角位和分位可写“00”，或者符号“–”；有角无分的，分位应当写“0”，不得用符号“–”代替。

（4）各个数字的书写基本要求。

“1”字不能写得比其他数字短，以免被篡改；

“2”字不能写成“Z”，以免被改作“3”；

“3”字要使起笔处至转弯处距离稍长，不应太短，同时转弯处要光滑，避免被误认为“5”；

“4”字的“上”要写成死折，使其不易改作“6”；

“5”字的短横与“称钩”必须明显，以防与“8”混淆；

“6”字起笔要伸至上半格四分之一处，下圈要明显，使其不易被改作“4”或“8”；

“7”字上端一横要既明显又要平直，折画不得圆滑，以易与“1”和“9”相区别；

“8”字要注意上下两个圈儿明显可见；

“9”字的小圈儿要闭合，并且一竖要稍长，略出行，使其不易与“4”混淆；

“0”字不要写小，并要闭合，以免被改作“9”，连写几个“0”时不要写连线。

表 1–1　数字的规范书写

1	2	3	4	5	6	7	8	9	0

2. 大写金额数字的书写

大写金额是用汉字大写数字零、壹、贰、叁、肆、伍、陆、柒、捌、玖、拾、佰、仟、万、亿等来书写的。具体书写要求如下：

（1）以上汉字大写数字一律用正楷或者行书体书写，不得用○、一、二、三、四、五、六、七、八、九、十、百、千等简化字代替，不得任意自造简化字。

（2）大写金额数字到元或者角为止的，在“元”或者“角”字之后应当写“整”字或“正”字；大写金额数字有分的，分字后面不再写“整”或“正”字。

（3）大写金额数字前未印有货币名称的，应当加填货币名称，货币名称与金额数字之间不得留有空白。例如，“人民币伍佰元正”。

（4）阿拉伯金额数字中间有“0”时，汉字大写金额要写“零”字，阿拉伯数字金额中间连续有几个“0”时，汉字大写金额中可以只写一个“零”字；阿拉伯金额数字元位是“0”，或者数字中间连续有几个“0”、元位也是“0”，但角位不是“0”时，汉字大写金额可以只写一个“零”字，也可不写“零”字。

（5）大写金额中“壹拾几”、“壹佰（仟、万）几”的“壹”字，一定不能省略，必须书写。因为“拾、佰、仟、万、亿”等字仅代表数位，并不是数字。

表 1-2 大写金额数字的规范书写

大写金额数字的规范书写	
正楷	壹 贰 叁 肆 伍 陆 柒 捌 玖 拾 佰 仟 万 亿 零 整 圆 角 分
行书	壹 贰 叁 肆 伍 陆 柒 捌 玖 拾 佰 仟 万 亿 零 整 圆 角 分

（二）票币整点与防伪技术

现钞的整理、清点、捆扎、真假辨认是出纳人员日常工作的重要内容，这些工作的技术性很强，必须勤加练习。

（三）银行转账业务的办理

单位间的经济往来，除了按现金管理规定可以使用现金的以外，都必须通过银行办理转账结算；而各单位转账结算业务主要由出纳人员经办，所以，作为出纳人员，必须熟练掌握银行转账结算办法。

（四）出纳账证的使用与管理

处理各种结算凭证、登记出纳日记账，是出纳工作的一项基本业务。出纳人员必须熟记账簿的设置与启用要求，掌握出纳账簿的登记方法、出纳凭证的填制方法与要求、出纳凭证的审核与整理装订办法。

（五）记账方法的运用

出纳要编制与审核收、付款记账凭证，登记日记账，必须熟练掌握现行的记账方法。

（六）出纳对账方法与错账更正技术

对账是指核对账目。为了保证账簿记录的真实、正确、可靠，对账簿和账户所记录的有关数据加以检查和核对，这就是对账工作。出纳人员应熟练掌握对账方法，并学会对查找出来的错账进行正确更正的技术。

（七）珠算及计算器的应用

出纳的数字运算往往在结算过程中进行，要按结果当场开出票据或收付现金。速度要快，又不能出错。这与事后的账目计算有着很大的区别。账目计算错了可以按规定方法更改，但钱算错了就不一定说得清楚，不一定能“改”得过来了。所以说，出纳人员一定要有很强的运算能力。出纳人员常用的计算工具是算盘和计算器。一般来讲，珠算应该练到三级以上水平，计算器要能非常熟练地运用。

（八）计算机中常用计算功能的运用

计算机已经成为财会部门普遍运用的核算工具，普及电算化已经成为势不可挡的趋势。出纳人员要专门学习会计电算化课程。另外，出纳工作中数字计算比较多，有些计算还很烦琐，出纳人员要多学习点计算机基础知识，学会利用身边的计算机代替手工去完成那些重复而烦琐的数字运算，以提高工作效率和工作质量。

（九）出纳专用机具的使用

验钞机、点钞机、支票打印机等机具是出纳人员的得力助手，出纳人员应该熟练掌握其操作方法，充分发挥其功能。

十三、出纳人员的职业道德

出纳工作由于其岗位的特殊性，出纳人员每天会与金钱打交道，稍有不慎就会造成难以挽回的经济损失。出纳人员除了要有丰富的专业知识与过硬的出纳技术，更需要有良好的职业道德。

除此之外，出纳人员还应特别注意以下两点：

1. 清正廉洁

清正廉洁是出纳员的立业之本，是出纳员职业道德的首要方面。出纳员掌握着一个单位的现金和银行存款，若要把公款据为己有或挪作私用，均有方便的条件和较多的机会。同时，外部的经济违法分子也往往会在出纳员身上打主意，施以小惠，拉其下水。应该说，面对钱欲物欲的考验，绝大多数出纳员以坚定的意志和清正廉洁的高贵品质赢得了人们的赞誉。当然，也有少数出纳员利用职务之便营私舞弊、监守自盗、挪用公款，到头来，害了集体也害了自己。

2. 坚持原则

出纳员肩负着处理各种利益关系的重任，只有坚持原则，才能正确处理国家、集体与个人的利益关系。在工作中，有时需要牺牲局部与个人利益以维护国家利益，有时需要为了维护法律、法规的尊严而去得罪同志和领导。这些都是出纳员应该坚持和必须做好的。长期以来，广大出纳员在工作中坚持原则，无私无畏地维护财经纪律，不少出纳员因此受到国家和人民的表彰和嘉奖。这是出纳人员的荣誉。当然，也有一些出纳员因坚持原则而遭打击报复，但坚持原则终究会得到社会的理解和支持，打击报复迟早会受到处罚。为了保障国家和集体的利益，保护社会主义公共资财，广大出纳员要真正肩负起国家赋予的实行会计监督的职责，在出纳工作中坚持原则，自觉抵制不正之风，为维护会计工作的正常进行贡献自己的力量。

会计人员应该遵守的职业道德是：

3. 敬业爱岗

会计人员应当热爱本职工作，努力钻研业务，使自己的知识和技能适应所从事工作的要求。

4. 熟悉法规

会计人员应当熟悉财经法律、法规、规章和国家统一会计制度，并结合会计工作进行广泛宣传。

5. 依法办事

会计人员应当按照会计法律、法规和国家统一会计制度规定的程序和要求进行会计工作，保证提供的会计信息合法、真实、准确、及时、完整。

6. 客观公正

会计人员在办理会计事务中，应当实事求是，客观公正。

7. 搞好服务

会计人员应当尽其所能，为改善单位的内部管理、提高经济效益服务。

8. 保守秘密

会计人员应当保守本单位的商业秘密，除法律规定和单位领导同意外，不能私自向外提供或泄露单位的会计信息。

××公司出纳作业处理准则

第一条　本处理程序包括现金及银行存款收入与支出等作业。

第二条　为便于零星支付，可设零用金，采用定额制，其额度由总经理核定，其零用金由出纳人员经管。

第三条　零用款项的支付。零用金保管员凭支付证明单付款，支付证明单是否符合规定，由零用金保管员负责审核。

第四条　零用金的拨补应由零用金保管员填“零用金补充申请单”两份，一份自存，一份汇同所有支出凭证并呈会计部门请款。

第五条　除零用金外，本公司一切支付，由会计部门根据原始凭证编制支出传票，办理审核后呈主管及总经理核定后支付。

第六条　本公司出纳人员根据会计部门编制经总经理核准的支出传票，办理现金、票据的支付、登记及移转。

第七条　除零用金外，所有支出凭证应由会计部门严格审核其内容与金额是否与实际相符、领款人的印鉴是否相符，如有疑问应先查询后才能支付。

第八条　凡一次支付未超过人民币 1000 元者而由零用金支付外，其余一律开支票支付。

第九条　出纳人员对各项货款及费用的支付，应将本支票或现金交付受款人或厂商，本公司人员不得代领，如因特殊原因必须由本公司人员代领者，需经总经理核准。

第十条　本公司一切支付，应以处理妥善的传票或凭证为依据，任何要求先行支付后补手续者均应予拒绝。

第十一条　支付款项应在传票上加盖领款人印鉴，付讫后加盖付讫日期及经手人戳记。

第十二条　本公司支付款项的付款程序，悉依照下列步骤办理。

第一，原始凭证的审核：

内购、工程发包款：应根据统一发票、普通凭证，以及收到货物、器材的验收单并附请购单经有关单位签章证明及核准，才能送交会计部门开具传票。

预付、暂付款项：应根据合同或核准文件，由总办单位填写出具请款单，注明合同文件字号，呈报核准后送交会计部门开具传票。

一般费用：应根据发票、收据或内部凭证，经有关主管签章证明及核准，才能送交会计部门开具传票。

第二，会计凭证的核准：

会计部门应根据原始凭证开具传票。

会计部门开具传票时，应先审核原始凭证是否符合财税法令及公司规定的手续。

传票经主管及总经理核准后，送交会计部门转出纳人员办理支付工作。

第十三条　有关船务运费及外汇结汇款、各项费用等支出款，应填具“借款单”，送交会计部门以“预付”或“暂付”方式制票转出纳人员办理支付。钱款可由经办人员直接向出纳人员签收，但必须于支付后 7 日内向会计部门办理冲转手续。

第十四条　本公司各项支出的付款日期如下：

第一，国内采购货品的付款，每月 25 日付款一次（星期日及节假日顺延），但以原始凭证经核准后于付款日前 5 日送达会计部门者为限。

第二，一般费用的付款：

经常发生的费用，仍以前项期限办理；

内部员工费用，每天支付的，以原始凭证齐全并经核准者为限。

第三，工资的付款：

职员每月 10 日。

作业员分 10 日、25 日两次。

因特殊情况需提前支付者，须由经办部门另签呈主管转呈总经理批准后，再予支付。

第十五条　工资的支付，应由人力资源部门根据考勤表编制“工资表”，于付款期限前一日送交会计部门。

第十六条　业务部门在收到货款后，应将其中所收货款结缴出纳，出纳应将结缴凭证送交会计部门，并据以编制传票。

十四、出纳怎样与有关机构、个人打交道

（一）与机构打交道

1. 出纳与银行打交道

银行是现代经济社会资金往来的中转站和金融财务中介，是企业重要的融资渠道和收付结算中心。现代经济生活中企业离不开银行，银行也离不开企业。企业与银行之间的业务主要是存款、借款、结算等，同时银行也对企业的有关行为进行一定的监督。正确处理与银行的关系，可以为企业的资金筹集、加速周转、信息获取等提供便利。

在企业中，出纳人员与银行接触很频繁。出纳人员在现金、银行存款、票据的收付和管理上，在与银行的各种支付结算业务中都不可避免地要与银行打交道。与银行建立良好的关系，保证各项支付、结算业务的顺利进行，是出纳人员必须掌握的工作技能。下面，我们总结出了与银行打交道的几个要点。

（1）严格按照银行的要求处理各项业务；

（2）定期、及时向银行提供必需的资料；

（3）需要贷款时，应提前通知银行；

（4）与银行有关人员建立良好的个人往来关系。

企业还可以利用一些机会帮助银行，如将大部分结算业务、各种存款放在该银行，鼓励其他员工在该银行存款，介绍客户给银行等。与银行建立良好的关系，不仅有利于出纳人员各项业务的顺利开展，还可以在借款方面打下良好的信任基础，便于企业筹集资金。

2. 出纳与财政、税务部门打交道

出纳人员在办理各项收支、结算业务时，需要把握好与企业相关的外部财务关系，其中重点要处理好与财政、税务部门的关系。

财政部门，作为政府重要的职能部门，负责制定企业的有关财务制度、会计制度、税收政策等。随着市场化改革的不断深入，虽然企业已经逐步演绎为市场经济条件下独立的竞争主体，但重要的财务列支政策、会计政策、税收政策等仍是由财政部门制定的，企业仍必须按照财政部门确定的宏观政策处理本企业的各项财务事宜。这些制度和政策直接影响着企业的财务行为。企业与财政部门的财务关系极为密切和重要。因此，企业财务人员应及时关注财政部门出台的相关政策、制度，严格按照国家法律、法规办事。

税务部门则经常对企业进行税务检查，不仅要检查纳税人的各种凭证、账簿及相关资料，还要检查企业的产品、货物财产等经营情况。企业的财务人员应当积极协助、配合税务机关的检查工作。

具体说来，应当做到以下几点：

（1）准备好有关账簿及涉税资料，并自行检查有无错误或疏漏以便及时纠正；

（2）仔细查看检查证。记录其有关联系方式，以便出现问题及时联系；

（3）对税务检查人员提出的工作要求应积极配合，如不能及时配合，则应说明情况以求谅解；

（4）及时掌握调查情况，必要时积极申辩自己的理由；

（5）避免用言语或行为攻击税务人员。

（二）与个人打交道

1. 出纳与财务主管相处

（1）尊重原则。尊重来源于人的内在因素。尊重能让主管感到自己的价值得到了体现。跟上级说话，要尊重，要慎重，但也不能一味附和，在坚持原则的前提下，应采取不卑不亢的态度。在必要的场合，也不必害怕表示自己的不同观点。只要从工作出发，摆事实，讲道理即可。

（2）服从原则。作为下级应该认识到，一个部门或组织都是通过对上级的服从来建立其秩序的，这里要强调的是不要无原则地服从。服从也必须是有原则的服从，应该以服从组织的最高利益为根本原则，不能违背职业道德和法律法规，还要对企业的整体利益和长远发展负责。

（3）请示原则。作为下属要做好请示工作。

（4）申辩原则。有些情况下，财务主管对你的批评或评价是错误的，这时如果必要的话你应该鼓起勇气进行申辩。当然申辩时是要讲求策略的。比如，是原则问题，要坚决申辩；是比较重要的问题，有合适的机会可适当申辩；一般的小问题可以忽略；申辩态度要谦和诚恳，陈述要得体，方式应据情求实等。

2. 出纳与其他财务人员相处

（1）要多向同事学习请教。

（2）要赢得同事的尊敬。

（3）要注重跟同事的沟通协调。

（4）碰到问题立刻解决。

（5）提出合理要求时不必表示歉意。

（6）应和同事保持适当的距离。

（7）不要把自己的责任推给别人。

（8）了解同事的潜在语言。

（9）重视同事的感受。

（10）学会及时有效地化解冲突。

十五、出纳工作的交接

出纳工作的交接，是指出纳人员因调动工作或者离职等原因，由离任出纳人员将有关工作和资料移交给继任出纳人员的工作过程。

出纳人员因工作调动或者其他原因离职，必须将本人所经管的出纳工作全部移交给接替人员，没有办清交接手续的，不得调动或者离职。通过交接可以明确移交人员与接管人员的责任，便于继任出纳熟悉工作，做到出纳工作前后衔接。

出纳工作交接要做到两点：一是移交人员与接管人员要办清手续；二是交接过程中要有专人负责监交。交接要求进行财产清理，账账核对，账款核对；交接清理后要填写移交表，将所有移交的票、款、物编制详细的移交清册，逐册向接交人点清；然后由出交方、接交方、监督方三方签字盖章，同时将移交表存入会计档案。

（一）需要进行出纳工作交接的几种情况

出纳人员办理交接手续主要有以下几个方面的原因：

（1）出纳人员辞职或离开原单位。

（2）企业内部工作变动不再担任出纳职务。

（3）出纳岗位轮岗调换到会计岗位。

（4）出纳岗位内部增加工作人员进行重新分工。

（5）因病假、事假或临时调用，不能继续从事出纳工作。

（6）因特殊情况如停职审查等按规定不宜继续从事出纳工作的。

（7）企业因其他情况按规定应办理出纳交接工作的，如企业解散、破产、兼并、合并、分立等情况发生时，出纳人员应向接收单位或清算组移交。

（二）出纳工作交接的作用

《会计法》第四十一条规定：“会计人员调动工作或者离职，必须与接管人员办清交接手续。一般会计人员办理交接手续，由会计机构负责人（会计主管人员）监交”。出纳交接要按照会计人员交接的要求进行。出纳人员调动工作或者离职时，与接管人员办清交接手续，是出纳人员应尽的职责，也是分清移交人员与接管人员责任的重大措施。办好交接工作，可以使出纳工作前后衔接，可以防止账目不清、财务混乱。

出纳人员必须按有关规定和要求办理好工作的交接手续，搞好工作的移交。出纳工作交接的作用主要有：

（1）可以明确工作责任。

（2）便于接办的出纳人员熟悉工作。

（3）有利于发现和处理出纳工作和资金管理工作中存在的问题。

（4）预防经济责任事故与经济犯罪的发生。

（三）出纳工作交接的内容

出纳交接的具体内容根据各单位的具体情况而定，情况不一样，移交的内容也不一样。但总体来看，出纳的交接工作，主要包括以下一些基本内容：

1. 财产与物资

（1）会计凭证（原始凭证、记账凭证）。

（2）会计账簿（现金日记账、银行存款日记账等）。

（3）相关报表（出纳报告等）。

（4）现金、银行存款、金银珠宝、有价证券和其他一切公有物品。

（5）用于银行结算的各种票据、票证、支票簿等。

（6）各种发票、收款收据。包括空白发票、空白收据、已用或作废的发票或收据的存根联等。

（7）印章。包括财务专用章、银行预留印鉴以及“现金收讫”、“现金付讫”、“银行收讫”、“银行付讫”等业务专用章。

（8）各种文件资料和其他业务资料。例如，银行对账单、应由出纳人员保管的合同、协议等。

（9）办公室、办公桌与保险工具的钥匙，各种保密号码。

（10）本部门保管的各种档案资料和公用会计工具、器具等。

（11）经办未了的事项。

2. 电算化资料

实行会计电算化的单位，还应包括以下内容：

（1）会计软件。

（2）密码、磁盘、磁带等有关电算化的资料、实物。

3. 业务介绍

（1）原出纳人员工作职责和工作范围的介绍。

（2）每期固定办理的业务介绍，如按期交纳电费、水费、电话费的时间等。

（3）复杂业务的具体说明，如交纳电话费的号码、台数等，银行账户的开户地址、联系人等。

（4）历史遗留问题的说明。

（5）其他需要说明的业务事项。

（四）出纳工作交接程序、方法

出纳交接一般分三个阶段进行：

1. 交接前的准备工作

（1）移交人员交接前的准备工作

①将出纳账登记完毕，并在最后一笔余额后加盖名章；

②出纳账与现金、银行存款总账核对相符，现金账面余额与实际库存现金核对一致，银行存款账面余额与银行对账单核对无误；

③在出纳账启用表上填写移交日期，并加盖名章；

④整理应移交的各种资料，对未了事项要写出书面说明；

⑤编制“移交清册”，填明移交的账簿、凭证、现金、有价证券、支票簿、文件资料、印鉴和其他物品的具体名称和数量。

“移交清册”包括移交表和交接说明书两部分。移交表有“库存现金移交表”、“银行存款移交表”、“有价证券、贵重物品移交表”、“核算资料移交表”、“物品移交表”，具体格式如表 1–3 至表 1–7 所示。

表 1–3　库存现金移交表

第　　页

币种：　　　　　　　　　　　　　移交日期　　　年　　月　　日　　　　　　　　　　　单位：元

币种	数量	移交金额	接交金额	备注
100 元				
50 元				
20 元				
10 元				
5 元				
2 元				
1 元				
5 角				
1 角				
5 分				
1 分				
合计				

单位领导：　　　　　　　移交人：　　　　　　　监交人：　　　　　　　接交人：

“库存现金移交表”应按库存现金实有数分币种按币别填制。

表 1–4　银行存款移交表

第　　页

移交日期　　　年　　月　　日　　　　　　　　　　　　　　　　　　　　　　　　单位：元

开户应行	币种	期限	账面数	实有数	备注
合计					

附：1）银行存款余额调节表一份

2）银行预留卡片一张

单位领导：　　　　　　　移交人：　　　　　　　监交人：　　　　　　　接交人：

因为有的单位可能在几家银行开户，银行存款也有定期存款和活期存款之分，因此，“银行存款移交表”应根据开户银行、币种、期限、账面数、实有数分别填列。

表 1–5　有价证券、贵重物品移交表

移交日期：　　年　　月　　日　　　　　　　　　　　　　　　　　　第　　页

名称	购入日期	单位	数量	金额	备注
国库卷					
×× 债券					
×× 债券					
×× 债券					
×× 债券					
……					

单位领导：　　　　　移交人：　　　　　监交人：　　　　　接交人：

有价证券、贵重物品在单位里归出纳保管，出纳工作移交时在对其进行清理核对后，按名称、购入日期、数量、金额等填入“有价证券、贵重物品移交表”。

表 1–6　核算资料移交表

移交日期：　　年　　月　　日　　　　　　　　　　　　　　　　　　第　　页

名称	年度	数量	起止号	备注
现金收入日记账				
现金支出日记账				
银行存款收入日记账				
银行存款支出日记账				
收据领用登记簿				
支票领用登记簿				
托收承付登记簿				
付款委托书				
信汇登记簿				
收据				
借据				
现金支票				
转账支票				
……				

单位领导：　　　　　移交人：　　　　　监交人：　　　　　接交人：

表 1–7　物品移交表

移交日期：　　　年　　月　　日　　　　　　　　　　　　　　　　第　　页

名称	型（号）	购入时间	单位	数量	备注
保险柜					
文件柜					
照相机					
打印机					
密码箱					
财务专用章					
财务主管印鉴					
……					

单位领导：　　　　　移交人：　　　　　监交人：　　　　　接交人：

“交接说明书”是把移交表中无法列入或尚未列入的内容作具体说明的文件。该说明书应包括：交接日期、交接双方及监交人员的职务和姓名、移交清册页数、需要说明的问题和意见。“交接说明书”格式如表 1–8 所示。

表 1–8

交接说明书

原出纳员王 ××，因工作调动，财务处已决定将出纳工作移交给张 ×× 接管。交接情况如下：

一、交接日期：2016 年 × 月 × 日

二、移交清册共 ×× 页。

三、需要说明的问题：

四、交接前后工作责任的划分：

2016 年 × 月 × 日前的出纳工作责任事项由王 ×× 负责；2016 年 × 月 × 日起的出纳工作由张 ×× 负责。以上移交事项均经交接双方认定无误。

五、本移交清册一式三份，交接双方各执一份，存档一份。

移交人：王 ××（签名盖章）

接管人：张 ××（签名盖章）

监交人：林 ××（签名盖章）

××公司财务处（公章）

2016 年 × 月 × 日

（2）接交人交接前的准备工作

接交人员在交接前应作好接替准备，尤其是做好存款印鉴更换准备工作，便于接任后可以立即开始工作。

2. 出纳工作交接

《会计基础工作规范》规定：会计人员办理交接手续，必须由监交人员负责监交。一般会计人员交接，由单位会计机构负责人、会计主管人员负责监交；会计机构负责人、会计主管人员交接，由单位领导人负责监交，必要时可由上级主管部门派人会同监交。

出纳工作交接一般在单位会计机构负责人、会计主管人员监督下进行。出纳员的离职交接，必须在规定的期限内，向接交人员移交清楚。移交人员在办理交接时应根据移交清册内容逐项移交。具体操作如下：

（1）现金、有价证券、贵重物品要根据会计账簿有关记录由移交人向接交人逐一点交，库存现金、有价证券、贵重物品必须与会计账簿记录保持一致，如有不符，移交人员必须在限期内查清。

（2）银行存款账户余额要与银行对账单核对，在核对时如发现疑问，移交人和接交人应一起到开户银行当场复核核对，并编制银行存款余额调节表。

（3）在银行存款账户余额与银行对账单余额核对相符的前提下，移交有关票据、票证及印章，同时由接交人更换预留在银行的印鉴章。

（4）出纳账簿移交时，接交人应核对账账、账实是否相符，即现金日记账、银行存款日记账、有价证券明细账与现金、银行存款和有价证券总账的账账相符；实行会计电算化的单位，应先将账页打印出来，装订成册后，再进行交接。

（5）出纳凭证、出纳账簿和其他会计核算资料必须完整无缺，如有短缺，必须查清原因，并在移交清册中注明，由移交人员负责。

（6）工作计划移交时，为了方便接交人开展工作，移交人应向接交人介绍工作计划执行情况以及今后在执行过程中应注意的问题。

（7）移交人应将保险柜密码、钥匙、办公桌和办公室钥匙一一移交给接交人，接交人在接交完毕后，应立即更换保险柜密码及有关锁具。

（8）接交人办理接收后，应在出纳账簿启用表上填写接收时间，并签名盖章。

3. 交接结束

交接结束后，交接双方和监交人员要在移交清册上签名或盖章。“移交清册”一般一式三份，其中交接双方各持一份，另一份作为会计档案在交接结束后归档保管。

（五）出纳交接的基本要求及注意事项

（1）交接双方都要以对工作认真负责的态度来搞好交接工作。移交人员必须做到交好工作、交好思想、交好作风、交好经验；接交人员在接交过程中要做到认真细致，要认真听取移交人的建议，虚心学习移交人员好的思想、好的作风、好的经验，接好班。

（2）出纳人员进行交接时，一般应由会计主管人员或由领导指定人员监交，必要时，还可请上级领导一同监交。

（3）监交过程中，如果前任交代不清，或者后任故意为难，监交人应及时处理裁决。监交人一时处理不了的，要由监交人员报请领导解决。移交人员不作交代，或者交代不清的，不得离职。否则，监交人和单位领导人应负连带责任。

（4）移交时，交接双方人员一定要当面看清、点数、核对，不得由别人代替。

（5）交接后，接管的出纳人员应及时向开立账户的银行办理更换出纳人员印鉴的手续，检查保险柜的使用是否正常、妥善，保管现金、有价证券、贵重物品、公章等的条件和周围环境是否齐全。如不够妥善、安全，要立即采取改善措施。

（6）接管的出纳人员应继续使用移交的账簿，不得自行另立新账，以保持会计记录的连续性。对移交的银行存折和未用的支票，应继续使用，不要把它搁置、浪费，以免单位遭到损失。

（7）交接后，移交人应对自己经办的已经移交的资料的合法性、真实性承担法律责任，不能因为资料已经移交而推脱责任。

总而言之，出纳交接要做到两点：

一是移交人与接管人要办清手续；二是交接过程中要有专人负责监交，交接要求进行财产清理，做到账账核对、账款核对，交接清楚后填妥移交清册，由交、接、监三方签字盖章。

（六）办理移交手续后发现问题的责任确定

《会计基础工作规范》第三十五条规定："移交人员对所移交的会计凭证、会计账簿、会计报表和其他会计资料的合法性、真实性承担法律责任。"这是对会计工作交接后，交接双方责任的具体确定。移交人员所移交的会计资料是在其经办会计工作期间内所发生的，应当对这些会计资料的合法性、真实性负责，即便接替人员在交接时因疏忽没有发现所接会计资料在合法性、真实性方面的问题，如事后发现，仍应由原移交人员负责，原移交人员不应以会计资料已移交而推脱责任。

第二节 出纳工作流程

出纳人员每天要处理大量的经济业务，协调各方面的经济利益关系，如何才能提高工作效率，保证工作质量呢？这就需要制定一个合理而有效的工作流程，使得出纳工作有条不紊地执行，满足单位财务管理的需要。

一、资金收支的基本程序

（一）资金收入的基本程序

1. 明确收入的金额和来源

（1）与钱打交道是出纳人员的工作。对于每一笔资金，出纳人员不但应该清楚地知道它的来源、数额、性质，还要懂得进行账务处理。

（2）确定收款的金额。如为现金收入，要按照库存限额的要求，超过的部分应及时存入银行。

（3）明确付款人。付款人的全称和有关情况是出纳人员应当明确的信息。对于收到的背书支票和其他代为付款的情况，应由经办人加以注明。

（4）为了保证账实相符，收到销售或劳务性质的收入时，出纳人员应当根据有关的销售或劳务合同确定收款额是否按协议执行，并对预收账款、当期实现的收入和收回以前欠款分别进行处理，保证账实相符。

（5）收回代付、代垫及其他应收款（包括单位为职工代付的水电费、房租、保险金、个人所得税，职工的个人借款和差旅费借款，单位交纳的押金等）时，出纳人员应根据账务记录确定其收款额是否一致。

2. 清点收入并开具票据

确定款项的来源和数目后，出纳人员还要对资金进行清点核对，清点时应仔细谨慎，不能马虎。

（1）清点现金。对于现金收入，出纳人员应当与经办人当面点清。在清点过程中，如果发现有短缺、假钞等特殊现象时，要及时指出，并由经办人负责。

（2）银行核实。对于银行结算收入，出纳人员应与银行相核实，在取得银行有关的收款凭证后，才能确认收入，进行账务处理。对于电话询问或电话银行查询，则只能作为参考，不能据此入账，必须在取得银行有关的收款凭证后才能确认收入。

（3）清点核对无误后，出纳人员要按规定开具发票或内部使用的收据。一切现金收入都应开具收款收据，即使有些现金收入已有对方付款凭证，也应开出收据交付款人，以明确经济职责；收入现金签发收据与经手收款，按要求也应当分开，由两个经办人分工办理，如销货收入应由经销人员负责填制发票单据，出纳人员据以收款，以防差错与作弊。

（4）如果收入金额较大，还应及时上报有关领导，以便于资金的安排调度。手续办理完毕后，在有关收款收据上加盖“收讫”章。

（5）在清点的过程中，出纳人员应该认真对待，一丝不苟，否则一旦在开出单据后才发现现金短缺或假钞，就应由出纳人员负责，赔偿损失。

3. 收入退回

由于某些特殊原因，如支票印鉴不清、收款账号错误等导致收入退回的，应由出纳人员及时联系有关经办人和对方单位，重新办理收款。

4. 收入的处理

根据规定，企业收入的现金应于当日送存开户银行，如果收进的现金是银行当天停止收款以后发生的，也应在第二天送存银行。当日送存确有困难的，由开户银行确定送存时间。

（二）资金支出的基本程序

办理资金支出是出纳的一项重要业务，也是出纳最容易出问题的地方。为此，在办理资金支出时，出纳人员应时刻保持认真谨慎的工作态度，并按特定的程序进行。

1. 明确支出的金额和用途

在支付任何一笔资金前，出纳人员都应该明确支出的金额、收款人和用途，而不能对其所支出的资金一概不知。

（1）明确收款人。出纳人员应严格按合同、发票或有关依据记载的收款人进行付款。对于代为收款的，应当出具原收款人证明材料并与原收款人核实后，方可办理付款手续。

（2）明确付款金额。出纳人员应清楚准确的付款金额，以便合理安排款项。

（3）明确付款用途。对于用途不明的，出纳人员可以拒付；对于不合法、不合理的付款，出纳人员应当坚决抵制，并向有关领导汇报，行使出纳人员的工作权力。

2. 付款审批

付款时，出纳人员还要严格审查付款单证。付款单证是由经办人填制的，要注明付款金额和用途，并要对付款事项的真实性和准确性负责。

（1）有关证明人的签章。经办人的付款用途中，如果涉及实物，应当有仓库管理员或实物负责人的签收；如果涉及差旅、销售费用等，应当有证明人或知情人加以证明。

（2）有关领导的签字。收款人应持证明手续完备的付款单据，报有关领导审阅并签字。只有经过审批的付款单据，出纳人员才能付款。

（3）到财务部门办理付款。收款人应持内容完备的付款单证，经会计审核后，才能由出纳办理付款。

3. 办理付款

办理付款是资金支出中最为关键的一个环节，出纳人员应当特别谨慎，因为款项付出后一旦发现差错是很难追回的。

（1）严格核实付款金额、用途及有关审批手续。

（2）对于现金付款，双方应当面点清，在清点过程中如果发现短缺、假钞等情况，要由出纳人员负责。

（3）对于银行付款，在开具支票时，出纳人员应认真填写各项内容，保证要素完整、印鉴清晰、书写正确。办理转账或汇款时，出纳人员应书写准确、清晰、完整，保证收款人能按时收到款项。如果是现金支票，应附领票人的姓名、身份证号码和单位名称等。

（4）付款金额经双方确认后，出纳人员应让收款人在付款单据上签字并加盖“付讫”章。如为转账或汇款的，银行单据可以直接作为已付款证明。

（5）在确认签字后，才发现现金短缺或其他情况，应由收款经办人负责。

4. 付款退回

对于因特殊原因造成支票或汇款被退回的，出纳人员应当立即查明原因，如因我方责任引起的，应换开支票或重新汇款，不得借故拖延；如因对方责任引起的，应由对方重新补办相关手续后方可办理付款。

二、资金收支的账务处理

出纳人员的账务处理相对而言较为简单，其程序与会计处理基本一致。具体账务处理程序见表 1–9。

表 1–9　出纳人员的账务处理

出纳人员的账务处理	按照经济业务内容设置出纳账户
	按照各项规章制度审核原始凭证
	根据复式记账原理填制记账凭证
	登记出纳日记账和相关备查簿
	财产清查，保证账实相符、账账相符
	编制出纳报告
	保管出纳资料，按规定办理移交手续

三、出纳工作的阶段日程

出纳工作是按时间分阶段进行处理和总结的，因此出纳员在了解资金收支的一般程序和账务处理之后，要对工作有个时间的概念，以保证出纳业务得到及时处理，出纳信息得到及时反映（表1-10）。

表1-10　出纳工作的阶段日程

出纳工作的阶段日程	（1）上班第一时间，检查现金、有价证券及其他贵重物品
	（2）向有关领导及会计主管请示资金安排计划
	（3）列明当天应处理事项，分清轻重缓急，根据工作时间合理安排
	（4）按顺序办理各项收付款业务
	（5）当天下班前，应将所有的收付款单据编制记账凭证登记入账
	（6）因特殊事项或情况，造成工作未完成的，应列明未尽事项，留待翌日优先办理
	（7）根据单位需要，每天或每周报送一次出纳报告
	（8）当天下班前，出纳人员进行账实核对，必须保证现金实有数与日记账、总账相符；收到银行对账单的当天，出纳人员进行核实，使银行存款日记账、总账与银行对账单在进行余额调节后完全相符
	（9）每月终了3天内，出纳人员应当对其保管的支票、发票、有价证券、重要结算凭证进行清点，按顺序进行登记核对
	（10）其他出纳工作的办理
	（11）当天下班前，出纳人员应整理好办公用品，锁好抽屉及保险柜，保持办公场所的整洁，无资料遗漏或乱放现象

第三节　会计基础知识

会计是以货币计量为基本形式，采用专门方法，连续、完整、系统地反映和控制单位的经济行为，进而达到加强经济管理，提高经济效益目的的一种管理活动。

出纳工作是会计工作的一种，因此出纳人员必须掌握相关会计知识。

一、会计基本假设

会计基本假设是指一般在会计实践中长期奉行，不需证明便为人们所接受的前提条件。财务会计要在一定的假设条件下才能确认、计量、记录和报告会计信息，所以会计假设也称为会计核算的基本前提。

我国会计基本准则明确了四个基本假设，即会计主体、持续经营、会计分期和货币计量。

（一）会计主体

《企业会计准则——基本准则》第五条规定：企业应当对其本身发生的交易或者事项进行会计确认、计量和报告。

1. 定义

会计主体，又称为会计实体、会计个体，是指会计信息所反映的特定单位，它规范了会计工作的空间范围。

2. 为什么会计主体要作为会计核算的基本前提

会计工作的目的是反映一个单位的财务状况、经营成果和现金流量，为包括投资者在内的各个方面作出决策服务。会计所要反映的总是特定的对象，只有明确规定会计核算的对象，将会计所要反映的对象与包括所有者在内的其他经济实体区别开来，才能保证会计核算工作的正常开展，实现会计的目标。

在会计主体前提下，企业应当对其本身发生的交易或者事项进行会计确认、计量和报告。会计主体基本前提，为会计人员在日常的会计核算中对各项交易或事项作出正确判断、对会计处理方法和会计处理程序作出正确选择提供了依据。

（1）明确会计主体，才能划定会计所要处理的各项交易或事项的范围。在会计核算工作中，只有那些影响企业本身经济利益的各项交易或事项才能加以确认和计量，那些不影响企业本身经济利益的各项交易或事项则不能加以确认和计量。会计核算工作中通常所讲的资产、负债的确认，收入的取得，费用的发生，都是针对特定会计主体而言的。

（2）明确会计主体，才能把握会计处理的立场。企业作为一个会计主体，对外销售商品时（不涉及税金），一方面形成一笔收入，同时增加一笔资产或者减少一笔负债，而不是相反；采购材料时，一方面导致现金减少、存货增加，或者债务增加、存货增加，而不是相反。

（3）明确会计主体，才能将会计主体的经济活动与会计主体所有者的经济活动区分开来。例如，由自然人所创办的独资企业或合伙企业，不具有法人资格，企业的资产和负债在法律上被视为业主或合伙人的资产和负债，但在会计核算上必须将企业作为一个会计主体，以便将会计主体的经济活动与会计主体所有者的经济活动区分开来。这主要是因为，无论是会计主体的经济活动，还是会计主体所有者的经济活动，都最终影响所有者的经济利益，但是，会计核算工作只涉及会计主体范围内的经济活动。为了真实地反映会计主体的财务状况、经营成果和现金流量，必须将会计主体的经济活动与会计主体所有者的经济活动区别开来。

3. 会计主体与法律主体的区别

会计主体不同于法律主体。一般来说，法律主体往往是一个会计主体。例如，一个企业作为一个法律主体，应当建立会计核算体系，独立地反映其财务状况、经营成果和现金流量。但是，会计主体不一定是法律主体。例如，在企业集团的情况下，一个母公司拥有若干个子公司，企业集团在母公司的统一领导下开展生产经营活动。母子公司虽然是不同的法律主体，但是，为了全面反映企业集团的财务状况、经营成果和现金流量，就有必要将这个企业集团作为一个会计主体，编制合并会计报表。

（二）持续经营

《企业会计准则——基本准则》第六条规定：企业会计确认、计量和报告应当以持续经营为前提。

1. 定义

持续经营，是指在可以预见的将来，企业将会按当前的规模和状态继续经营下去，不会停业，也不会大规模削减业务。在持续经营前提下，企业会计确认、计量和报告应当以持续、正常的生产经营活动为前提。

2. 为什么持续经营要作为会计核算的基本前提

企业是否持续经营，在会计原则、会计方法的选择上有很大差别。一般情况下，应当假定企业将会按当前的规模和状态继续经营下去，不会停业，也不会大规模削减业务。明确这个基本前提，就意味着会计主体将按照既定用途使用资产，按照既定的合约条件清偿债务，会计人员就可以在此基础上选择会计原则和会计方法。

例如，一般情况下，企业的固定资产可以在一个较长的时期发挥作用，如果可以判断企业会持续经营，就可以假定企业的固定资产会在持续经营的生产经营过程中长期发挥作用，并服务于生产经营过程，固定资产就可以根据历史成本进行记录，并采用折旧的方法，将历史成本分摊到各个会计期间或相关产品的成本中。如果判断企业不会持续经营，固定资产就不应采用历史成本进行记录并按期计提折旧。

由于持续经营是根据企业发展的一般情况所作的设定，而任何企业都存在破产、清算的风险，也就是说，企业不能持续经营的可能性总是存在的。为此，需要企业定期对其持续经营基本前提作出分析和判断。如果可以判断企业不会持续经营，就应当改变会计核算的原则和方法，并在企业财务会计报告中作相应披露。

（三）会计分期

《企业会计准则——基本准则》第七条规定：企业应当划分会计期间，分期结算账目和编制财务会计报告。会计期间分为年度和中期。中期是指短于一个完整的会计年度的报告期间。

1. 会计分期的定义

会计分期，又称会计期间，是指将一个企业持续经营的生产经营活动划分为一个个连续的、长短相同的期间。

在会计分期前提下，会计应当划分会计期间，分期结算账目和编制财务会计报告。会计期间分为年度、半年度、季度和月度。年度、半年度、季度和月度均按公历起讫日期确定。半年度、季度和月度均称为会计中期。

2. 会计分期的目的

会计分期的目的是，将持续经营的生产经营活动划分成连续、相等的期间，据以结算盈亏，按期编报财务会计报告，从而及时向各方面提供有关企业财务状况、经营成果和现金流量的信息。

3. 为什么会计分期要作为会计核算的基本前提

根据持续经营基本前提，一个企业将要按当前的规模和状态持续经营下去。要最终确定企业的生产经营成果，只能等到一个企业在若干年后歇业的时候核算一次盈亏。但是，企业的生产经营活动和投资决策要求及时得到有关信息，不能等到歇业时一次性地核算盈亏。因此，就需要将企业持续经营的生产经营活动划分为一个个连续的、长短相同的期间，分期核算和反映。明确会计分期基本前提对会计核算有着重要影响。由于会计分期，才产生了当期与其他期间的差别，从而出现权责发生制和收付实现制的区别，才使不同类型的会计主体有了记账的基准，进而出现了应收、应付、递延、预提、待摊等会计处理方法。

最常见的会计期间是一年，以一年确定的会计期间称为会计年度，按年度编制的财务会计报表也称为年报，以中期为基础编制的财务报告也称为中期财务报告。在我国，会计年度自公历每年的 1 月 1 日起至 12 月 31 日止。为满足人们对会计信息的需要，也要求企业按短于一年的期间编制财务报告，如要求上市公司每个季度提供一次财务会计报告。

（四）货币计量

《企业会计准则——基本准则》第八条规定：企业会计应当以货币计量。

1. 定义

货币计量，是指会计主体在会计核算过程中采用货币作为计量单位，计量、记录和报告会计主体的生产经营活动。

2. 为什么货币计量要作为会计核算的基本前提

在会计核算过程中之所以选择货币作为计量单位，是由货币的本身属性决定的。货币是商品的一般等价物，是衡量一般商品价值的共同尺度，具有价值尺度、流通手段、贮藏手段和支付手段等特点。其他的计量单位，如重量、长度、容积、台、件等，只能从一个侧面反映企业的生产经营情况，无法在量上进行汇总和比较，不便于实物管理和会计计量。所以，为全面反映企业的生产经营、业务收支等情况，会计核算就选择了货币作为计量单位。

当然，统一采用货币尺度，也有不利之处，许多影响财务状况和经营成果的一些因素并不是都能用货币来计量的，如企业经营战略、在消费者当中的信誉度、企业的地理位置、企业的技术开发能力等。为了弥补货币计量的局限性，要求企业采用一些非货币指标作为会计报表的补充。

3. 记账本位币

（1）定义。

记账本位币，是指企业经营所处的主要经济环境中的货币。

在货币计量前提下，企业会计应当以货币计量。在我国，企业会计通常应当以人民币为记账本位币。业务收支以人民币以外的货币为主的企业，可以选定其中一种货币作为记账本位币，但是编报的财务会计报告应当折算为人民币。在境外设立的中国企业向国内报送的财务会计报告，应当折算为人民币。

（2）在选定记账本位币时，应当考虑的因素。

企业在选定记账本位币时，应当考虑下列因素：

①该货币主要影响商品和劳务的销售价格，通常以该货币进行商品和劳务的计价和结算。

②该货币主要影响商品和劳务所需人工、材料和其他费用，通常以该货币进行上述费用的计价和结算。

③融资活动获得的货币以及保存从经营活动中收取款项所使用的货币。

④企业在选定境外经营的记账本位币时，还应当考虑下列因素。

a. 境外经营对其所从事的活动是否拥有很强的自主性。

b. 境外经营活动中与企业的交易是否在境外经营活动中占有较大比重。

c. 境外经营活动产生的现金流量是否直接影响企业的现金流量、是否可以随时汇回。

d. 境外经营活动产生的现金流量是否足以偿还其现有债务和可预期的债务。

其中，境外经营，是指企业在境外的子公司、合营企业、联营企业、分支机构。

在境内的子公司、合营企业、联营企业、分支机构，采用不同于企业记账本位币的，也视同境外经营。

二、会计信息质量要求

什么样的信息才是有用的信息？这涉及财务会计信息的质量特征。财务会计报告的目标不会自动实现，只有通过会计人员运用良好的具体准则、会计程序和方法来生成会计信息，才能最终实现财务会计报告的目标。财务会计信息的质量特征正是选择或评价可供取舍的具体会计准则、会计程序和方法的标准，是财务会计报告目标的具体化，主要回答什么样的会计信息才是有用的或有助于决策的会计信息。

会计工作的基本任务就是向财务会计报告使用者提供与企业财务状况、经营成果和现金流量等有关的会计信息。会计信息质量的高低是评价会计工作成败的标准。会计信息质量要求主要包括客观性、相关性、明晰性、可比性、实质重于形式、重要性、谨慎性、及时性等。

（一）客观性

《企业会计准则——基本准则》第十二条规定：企业应当以实际发生的交易或者事项为依据进行会计确认、计量和报告，如实反映符合确认和计量要求的各项会计要素及其他相关信息，保证会计信息真实可靠、内容完整。

客观性要求企业应当以实际发生的交易或者事项为依据进行会计确认、计量和报告，如实反映符合确认和计量要求的各项会计要素及其他相关会计信息，保证会计信息真实可靠、内容完整。

客观性是对会计工作的基本要求。会计工作提供信息是为了满足会计信息使用者的决策需要，因此，就应做到内容真实、数字准确、资料可靠。在会计核算工作中坚持客观性原则，就应当在会计核算时客观地反映企业的财务状况、经营成果和现金流量，保证会计信息的真实性；会计工作应当正确运用会计原则和方法，准确反映企业的实际情况；会计信息应当能够经受验证，以核实其是否真实。如果企业的会计核算不是以实际发生的交易或事项为依据，没有如实地反映企业的财务状况、经营成果和现金流量，会计工作就失去了存在的意义，甚至会误导会计信息使用者，导致决策的失误。

（二）相关性

《企业会计准则——基本准则》第十三条规定：企业提供的会计信息应当与财务会计报告使用者的经济决策需要相关，有助于财务会计报告使用者对企业过去、现在或者未来的情况作出评价或者预测。

相关性要求企业提供的会计信息应当与财务会计报告使用者的经济需要相关，有助于财务会计报告使用者对企业过去、现在或者未来的情况作出评价或者预测。信息的价值在于其与决策相关，有助于决策。相关的会计信息能够有助于财务会计报告使用者评价过去的决策，证实或修正某些预测，从而具有反馈价值；有助于财务会计报告使用者作出预测，作出决策，从而具有预测价值。在会计核算工作中坚持相关性原则，就要求在收集、加工、处理和提供会计信息过程中，充分考虑财务会计报告使用者的信息需求。对于特定用途的会计信息，不一定都能通过财务会计报告来提供，而可以采用其他形式加以提供。如果会计信息提供以后，没有满足财务会计报告使用者的需要，对财务会计报告使用者的决策没有什么作用，就不具有相关性。

（三）明晰性

《企业会计准则——基本准则》第十四条规定：企业提供的会计信息应当清晰明了，便于财务会计报告使用者理解和使用。

明晰性要求企业提供的会计信息应当清晰明了，便于财务会计报告使用者理解和使用。

提供会计信息的目的在于使用，要使用会计信息首先必须了解会计信息的内涵，弄懂会计信息的内容，这就要求会计核算和财务会计报告必须清晰明了。在会计核算工作中坚持明晰性原则，会计记录应当准确、清晰，填制会计凭证、登记会计账簿必须做到依据合法、账户对应关系清楚、文字摘要完整；在编制会计报表时，项目勾稽关系清楚、项目完整、数字准确。

如果企业的会计核算和编制的财务会计报告不能做到清晰明了、便于理解和使用，就不符合明晰性原则的要求，不能满足财务会计报告使用者的决策需求。

（四）可比性（含一致性）

《企业会计准则——基本准则》第十五条规定：企业提供的会计信息应当具有可比性。同一企业不同时期发生的相同或者相似的交易或者事项，应当采用一致的会计政策，不得随意变更。确需变更的，应当在附注中说明。不同企业发生的相同或者相似的交易或者事项，应当采用规定的会计政策，确保会计信息口径一致、相互可比。

可比性要求企业提供的会计信息应当具有可比性。企业发生的交易或事项具有复杂性和多样化，对于某些交易或事项可以有多种会计核算方法。例如，存货的领用和发出，可以采用先进先出法、加权平均法或者个别计价法确定其实际成本；固定资产折旧方法可以采用年限平均法、工作量法、年数总和法、双倍余额递减法等。保证会计信息可比性的前提是企业在各个会计期间应尽可能地采用相同的会计核算方法，即同一企业不同时期发生的相同或者相似的交易或者事项，应当采用一致的会计政策，不能随意变更。确需变更的，应当在附注中说明。

不同的企业可能处于不同行业、不同地区，经济业务发生于不同时点，为了保证会计信息能够满足决策的需要，便于比较不同企业的财务状况、经营成果和现金流量，企业应当遵循可比性要求，即不同企业发生的相同或者相似的交易或者事项，应当采用规定的会计政策，确保会计信息口径一致、相互可比。如果对于相同或者相似的交易或者事项，不同的企业或者同一企业在不同的会计期间采用不同的会计政策，将不利于财务会计报告使用者对会计信息的理解，不利于会计信息作用的发挥。

（五）实质重于形式

《企业会计准则——基本准则》第十六条规定：企业应当按照交易或者事项的经济实质进行会计确认、计量和报告，不应仅以交易或者事项的法律形式为依据。

实质重于形式要求企业应当按照交易或者事项的经济实质进行会计确认、计量和报告，不应仅仅以交易或者事项的法律形式为依据。

在实际工作中，交易或事项的外在法律形式或人为形式并不总能完全反映其实质内容。所以，会计信息要想反映其所拟反映的交易或事项，就必须根据交易或事项的实质和经济现实，而不能仅仅根据它们的法律形式进行核算和反映。

例如，销售商品的售后回购，如果企业已将商品所有权上的主要风险和报酬转移给购货方，并同时满足收入确认的其他条件，则销售实现，应当确认收入；如果企业没有将商品所有权上的主要风险和报酬转移给购货方，或没有满足收入确认的其他条件，即使企业已将商品交付购货方，销售也没有实现，不应当确认收入。

再如，以融资租赁方式租入的资产，虽然从法律形式上讲企业并不拥有其所有权，但是由于租赁合同中规定的租赁期相当长，接近于该资产的使用寿命；租赁期结束时承租企业有优先购买该资产的选择权；在租赁期内承租企业有权支配资产并从中受益，所以，从其经济实质来看，企业能够控制其创造的未来经济利益，所以，会计核算上将以融资租赁方式租入的资产视为企业的资产。

如果企业的会计核算仅仅按照交易或事项的法律形式或人为形式进行，而其法律形式或人为形式又没有反映其经济实质和经济现实，那么，其最终结果将不仅不会有利于财务会计报告使用者的决策，反而会误导财务会计报告使用者的决策。

（六）重要性

《企业会计准则——基本准则》第十七条规定：企业提供的会计信息应当反映与

企业财务状况、经营成果和现金流量等有关的所有重要交易或者事项。

重要性要求企业提供的会计信息应当反映与企业财务状况、经营成果和现金流量等有关的所有重要交易或者事项。

重要性，是指财务报表某项目的省略或错报会影响使用者据此作出经济决策的，该项目就具有重要性。重要性原则与会计信息成本效益直接相关。坚持重要性原则，就能够使提供会计信息的收益大于成本。对于那些不重要的项目，如果也采用严格的会计程序，分别核算，分项反映，就会导致会计信息的成本大于收益。

在评价某些项目的重要性时，很大程度上取决于会计人员的职业判断。一般来说，应当根据企业所处环境，从项目的性质和金额大小两方面加以判断。从性质方面来说，当某一事项有可能对决策产生一定影响时，就属于重要项目；从金额方面来说，当某一项目的数量达到一定规模时，就可能对决策产生影响。

（七）谨慎性

《企业会计准则——基本准则》第十八条规定：企业对交易或者事项进行会计确认、计量和报告应当保持应有的谨慎，不应高估资产或者收益、低估负债或者费用。

谨慎性要求企业对交易或者事项进行会计确认、计量和报告应当保持应有的谨慎，不应高估资产或者收益、低估负债或者费用。

企业的经营活动充满风险和不确定性，在会计核算工作中坚持谨慎性原则，要求企业在面临不确定因素的情况下作出职业判断时，应当保持必要的谨慎，充分估计到各种风险和损失，既不高估资产或收益，也不低估负债或费用。例如，要求－企业在资产负债表日判断资产是否存在可能发生减值的迹象。资产存在减值迹象的，应当估计其可收回金额。可收回金额的计量结果表明资产的可收回金额低于其账面价值的，应当将资产的账面价值减记至可收回金额，减记的金额确认为资产减值损失，计入当期损益，同时计提相应的资产减值准备，就充分体现了谨慎性原则。

需要注意的是，谨慎性并不意味着企业可以任意设置各种秘密准备，否则，就属于滥用谨慎性，将按照对会计差错更正的要求进行相应的会计处理。

（八）及时性

《企业会计准则——基本准则》第十九条规定：企业对于已经发生的交易或者事项，应当及时进行会计确认、计量和报告，不得提前或者延后。

及时性要求企业对于已经发生的交易或者事项，应当及时进行会计确认、计量和报告，不得提前或者延后。

会计信息的价值在于帮助所有者或其他方面作出经济决策，具有时效性。即使是客观、可比、相关的会计信息，如果不及时提供，对于财务会计报告使用者也没有任何意义，甚至可能误导财务会计报告使用者。在会计核算过程中坚持上述基本原则，一是要求及时收集会计信息，即在经济业务发生后，及时收集整理各种原始单据；二是及时处理会计信息，即在国家统一的会计制度规定的时限内，及时编制出财务会计报告；三是及时传递会计信息，即在国家统一的会计制度规定的时限内，及时将编制出的财务会计报告传递给财务会计报告使用者。

如果企业的会计核算不能及时进行，会计信息不能及时提供，就无助于经济决策，就不符合及时性原则的要求。

三、会计确认、计量和报告的基础及核算原则

（一）权责发生制

企业应当以权责发生制为基础进行会计确认、计量和报告。

1. 权责发生制基础的要求

在企业会计核算以权责发生制为基础的情况下，凡是当期已经实现的收入和已经发生或应当负担的费用，不论款项是否收付，都应当作为当期的收入和费用；凡是不属于当期的收入和费用，即使款项已在当期收付，也不应当作为当期的收入和费用。有时，企业发生的货币收支业务与交易或事项本身并不完全一致。例如，款项已经收到，但销售并未实现；或者款项已经支付，但并不是为本期生产经营活动而发生的。为了明确会计核算的确认基础，更真实地反映特定会计期间的财务状况和经营成果，就要求企业在会计核算过程中以权责发生制为基础。

2. 权责发生制与收付实现制的区别

收付实现制是与权责发生制相对应的一种确认基础，它是以收到或支付现金作为确认收入和费用的依据。目前，我国的行政单位采用收付实现制，事业单位除经营业务采用权责发生制外，其他业务也采用收付实现制。

（二）配比

1. 配比的要求

企业为生产产品、提供劳务等发生的可归属于产品成本、劳务成本等的费用，应当在确认主营业务收入、劳务收入等时，将已销售产品、已提供劳务的成本等计入当期损益；企业发生的支出不产生经济利益的，或者即使能够产生经济利益但不符合或者不再符合资产确认条件的，应当在发生时确认为费用，计入当期损益；企业发生的交易或者事项导致其承担了一项负债而又不确认为一项资产的，应当在发生时确认为

费用，计入当期损益。

换句话说，配比原则要求企业在进行会计核算时，收入与其成本、费用应当相互配比，同一会计期间内的各项收入和与其相关的成本、费用，应当在该会计期间内确认。

2. 配比的两层含义

配比原则是根据收入与费用的内在联系，要求将一定时期内的收入与为取得收入所发生的费用在同一期间进行确认和计量。在会计核算工作中坚持配比原则有两层含义：

（1）因果配比。

将收入与其对应的成本相配比，如将主营业务收入与主营业务成本相配比，将其他业务收入与其他业务成本相配比。

（2）期间配比。

将一定时期的收入与同时期的费用相配比，如将当期的收入与管理费用、财务费用等期间费用相配比等。

（三）划分资本性支出和收益性支出

划分资本性支出和收益性支出，是指企业的会计处理应当合理划分收益性支出与资本性支出的界限。凡支出的效益仅及于本会计期间的，应当作为收益性支出；凡支出的效益及于几个会计期间的，应当作为资本性支出，以便正确计算各会计期间的损益。

四、会计要素与会计等式

（一）会计要素

会计要素是根据交易或者事项的经济特征确定的财务会计对象所进行的基本分类。

会计要素按照其性质分为资产、负债、所有者权益、收入、费用和利润，其中，资产、负债和所有者权益要素侧重于反映企业的财务状况，收入、费用和利润要素侧重于反映企业的经营成果。

1. 资产

资产，是指企业过去的交易或者事项形成的、由企业拥有或者控制的、预期会给企业带来经济利益的资源。

（1）资产的特征。

资产具有以下特征：

①资产应为企业拥有或者控制的资源。

资产作为一项资源，应当由企业拥有或者控制，具体是指企业享有某项资源的所有权，或者虽然不享有某项资源的所有权，但该资源能被企业所控制。

企业享有资产的所有权，通常表明企业能够排他性地从资产中获取经济利益。一般而言，在判断资产是否存在时，所有权是考虑的首要因素。有些情况下，资产虽然不为企业所拥有，即企业并不享有其所有权，但企业控制了这些资产，同样表明企业能够从资产中获取经济利益，符合会计上对资产的定义。例如，智董公司以融资租赁方式租入一项固定资产，尽管企业并不拥有其所有权，但是如果租赁合同规定的租赁期相当长，接近于该资产的使用寿命，表明企业控制了该资产的使用及其所能带来的经济利益，应当将其作为企业资产予以确认、计量和报告。

②资产预期会给企业带来经济利益。

资产预期会给企业带来经济利益，是指资产直接或者间接导致现金和现金等价物流入企业的潜力。这种潜力可以来自企业日常的生产经营活动，也可以是非日常活动；带来经济利益的形式可以是现金或者现金等价物形式，也可以是能转化为现金或者现金等价物的形式，或者是可以减少现金或者现金等价物流出的形式。

资产预期能否为企业带来经济利益是资产的重要特征。例如，企业采购的原材料、购置的固定资产等可以用于生产经营过程，制造商品或者提供劳务，对外出售后收回货款，货款即为企业所获得的经济利益。如果某一项目预期不能给企业带来经济利益，那么就不能将其确认为企业的资产。前期已经确认为资产的项目，如果不能再为企业带来经济利益，也不能再确认为企业的资产。例如，待处理财产损失以及某些财务挂账等，由于不符合资产定义，均不应当确认为资产。

③资产是由企业过去的交易或者事项形成的。

资产应当由企业过去的交易或者事项所形成，过去的交易或者事项包括购买、生产、建造行为或者其他交易或事项。换句话说，只有过去的交易或者事项才能产生资产，企业预期在未来发生的交易或者事项不形成资产。例如，企业有购买某存货的意愿或者计划，但是购买行为尚未发生，就不符合资产的定义，不能因此而确认存货资产。

（2）资产的确认条件。

将一项资源确认为资产，需要符合资产的定义，还应同时满足以下两个条件：

①与该资源有关的经济利益很可能流入企业。从资产的定义来看，能否带来经济利益是资产的一个本质特征，但在现实生活中，由于经济环境瞬息万变，与资源有关的经济利益能否流入企业或者能够流入多少实际上带有不确定性。因此，资产的确认

还应与经济利益流入的不确定性程度的判断结合起来。如果根据编制财务报表时所取得的证据，与资源有关的经济利益很可能流入企业，那么就应当将其作为资产予以确认；反之，不能确认为资产。

②该资源的成本或者价值能够可靠地计量。财务会计系统是一个确认、计量和报告的系统，其中可计量性是所有会计要素确认的重要前提，资产的确认也是如此。只有当有关资源的成本或者价值能够可靠地计量时，资产才能予以确认。在实务中，企业取得的许多资产都是发生了实际成本的，如企业购买或者生产的存货，企业购置的厂房或者设备等，对于这些资产，只要实际发生的购买成本或者生产成本能够可靠计量，就视为符合了资产确认的可计量条件。在某些特定情况下，企业取得的资产没有发生实际成本或者发生的实际成本很小，如企业持有的某些衍生金融工具形成的资产，对于这些资产，尽管它们没有实际成本或者发生的实际成本很小，但是如果其公允价值能够可靠计量的话，也被认为符合了资产可计量性的确认条件。

资产的分类

资产可以按照不同的标准进行分类，比较常见的是按照流动性和按有无实物形态分类。

1. 按照流动性对资产进行分类，可以分为流动资产和非流动资产

流动资产。《企业会计准则第 30 号——财务报表列报》（2014 年 1 月 26 日修订，自 2014 年 7 月 1 日起在所有执行企业会计准则的企业范围内施行）第十七条规定："资产满足下列条件之一的，应当归类为流动资产：

（一）预计在一个正常营业周期中变现、出售或耗用。

（二）主要为交易目的而持有。

（三）预计在资产负债表日起一年内变现。

（四）自资产负债表日起一年内，交换其他资产或清偿负债的能力不受限制的现金或现金等价物。

正常营业周期，是指企业从购买用于加工的资产起至实现现金或现金等价物的期间。正常营业周期通常短于一年。因生产周期较长等导致正常营业周期长于一年的，尽管相关资产往往超过一年才变现、出售或耗用，仍应当划分为流动资产。正常营业周期不能确定的，应当以一年（12 个月）作为正常营业周期。"

通常情况下，流动资产主要包括货币资金、以公允价值计量且其变动计入当期损益的金融资产、应收款项、预付款项、存货、被划分为持有待售的非流动资产及被划分为持有待售的处置组中的资产。

非流动资产。《企业会计准则第30号——财务报表列报》（2014年1月26日修订，自2014年7月1日起在所有执行企业会计准则的企业范围内施行）第十八条规定："流动资产以外的资产应当归类为非流动资产，并应按其性质分类列示。被划分为持有待售的非流动资产应当归类为流动资产。"

非流动资产主要包括可供出售金融资产、持有至到期投资、长期股权投资、投资性房地产、固定资产、生物资产、无形资产、递延所得税资产。

2. 按照有无实物形态对资产进行分类，可以分为有形资产和无形资产

如存货、固定资产等属于有形资产，因为它们具有物质实体；货币资金、应收款项、短期投资、长期股权投资、长期债权投资、专利权、商标权等属于无形资产，因为它们没有物质实体，而是表现为某种法定权利或技术。

一般来说，通常将无形资产作狭义的理解，仅将专利权、商标权等不具有物质形态，能够为企业带来超额利润的资产称为无形资产。

2. 负债

负债，是指企业过去的交易或者事项形成的预期会导致经济利益流出企业的现时义务。

（1）负债的特征。

负债具有以下特征：

①负债是企业承担的现时义务。负债必须是企业承担的现时义务，这是负债的一个基本特征。其中，现时义务是指企业在现行条件下已承担的义务。未来发生的交易或者事项形成的义务，不属于现时义务，不应当确认为负债。这里所指的义务可以是法定义务，也可以是推定义务。其中法定义务是指具有约束力的合同或者法律法规规定的义务，通常必须依法执行。例如，企业购买原材料形成应付账款，企业向银行借入款项形成借款，企业按照税法规定应当交纳的税款等，均属于企业承担的法定义务，需要依法予以偿还。推定义务是指根据企业多年来的习惯做法、公开的承诺或者公开宣布的政策而导致企业将承担的责任，这些责任也使有关各方形成了企业将履行义务解脱责任的合理预期。

②负债预期会导致经济利益流出企业。预期会导致经济利益流出企业也是负债

的一个本质特征，只有企业在履行义务时会导致经济利益流出企业的，才符合负债的定义，如果不会导致企业经济利益流出，就不符合负债的定义。在履行现时义务清偿负债时，导致经济利益流出企业的形式多种多样，如用现金偿还或以实物资产形式偿还；以提供劳务形式偿还；以部分转移资产、部分提供劳务形式偿还等。

③负债是由企业过去的交易或者事项形成的。负债应当由企业过去的交易或者事项所形成。换句话说，只有过去的交易或者事项才形成负债，企业将在未来发生的承诺、签订的合同等交易或者事项，不形成负债。

（2）负债的确认条件。

将一项现时义务确认为负债，需要符合负债的定义，还应当同时满足以下两个条件：

①与该义务有关的经济利益很可能流出企业。从负债的定义来看，负债预期会导致经济利益流出企业，但是履行义务所需流出的经济利益带有不确定性，尤其是与推定义务相关的经济利益通常需要依赖于大量的估计。因此，负债的确认应当与经济利益流出的不确定性程度的判断结合起来。如果有确凿证据表明，与现时义务有关的经济利益很可能流出企业，就应当将其作为负债予以确认；反之，如果企业承担了现时义务，但是导致经济利益流出企业的可能性若已不复存在，就不符合负债的确认条件，不应将其作为负债予以确认。

②未来流出的经济利益的金额能够可靠地计量。负债的确认在考虑经济利益流出企业的同时，对于未来流出的经济利益的金额应当能够可靠计量。对于与法定义务有关的经济利益流出金额，通常可以根据合同或者法律规定的金额予以确定，考虑到经济利益流出的金额通常在未来期间，有时未来期间较长，有关金额的计量需要考虑货币时间价值等因素的影响。对于与推定义务有关的经济利益流出金额，企业应当根据履行相关义务所需支出的最佳估计数进行估计，并综合考虑有关货币时间价值、风险等因素的影响。

负债的分类

按照流动性对负债进行分类，可以分为流动负债和非流动负债。

1. 流动负债

《企业会计准则第 30 号——财务报表列报》（2014 年 1 月 26 日修订，自 2014

年7月1日起在所有执行企业会计准则的企业范围内施行）第十九条规定：“负债满足下列条件之一的，应当归类为流动负债：

（一）预计在一个正常营业周期中清偿。

（二）主要为交易目的而持有。

（三）自资产负债表日起一年内到期应予以清偿。

（四）企业无权自主地将清偿推迟至资产负债表日后一年以上。负债在其对手方选择的情况下可通过发行权益进行清偿的条款与负债的流动性划分无关。

企业对资产和负债进行流动性分类时，应当采用相同的正常营业周期。企业正常营业周期中的经营性负债项目即使在资产负债表日后超过一年才予清偿的，仍应当划分为流动负债。经营性负债项目包括应付账款、应付职工薪酬等，这些项目属于企业正常营业周期中使用的营运资金的一部分。”

通常情况下，流动负债包括短期借款、以公允价值计量且其变动计入当期损益的金融负债、应付款项、预收款项、应付职工薪酬、应交税费、被划分为持有待售的处置组中的负债。

2. 非流动负债

《企业会计准则第30号——财务报表列报》（2014年1月26日修订，自2014年7月1日起在所有执行企业会计准则的企业范围内施行）第二十条规定：“流动负债以外的负债应当归类为非流动负债，并应当按其性质分类列示。被划分为持有待售的非流动负债应当归类为流动负债。”

非流动负债主要包括长期借款、应付债券、长期应付款、预计负债、递延所得税负债。

3. 两种应特别指出的情况

（1）对于在资产负债表日起一年内到期的负债，企业预计能够自主地将清偿义务展期至资产负债表日起一年以上的，应当归类为非流动负债；不能自主地将清偿义务展期的，即使在资产负债表日后、财务报表批准报出日前签订了重新安排清偿计划协议，该项负债仍应归类为流动负债。

（2）企业在资产负债表日或之前违反了长期借款协议，导致贷款人可随时要求清偿的负债，应当归类为流动负债。贷款人在资产负债表日或之前同意提供在资产负债表日起一年以上的宽限期，企业能够在此期限内改正违约行为，且贷款人不能要求随时清偿的，该项负债应当归类为非流动负债。

【法律依据】

《企业会计准则第30号——财务报表列报》规定：

第二十一条 对于在资产负债表日起一年内到期的负债，企业有意图且有能力自主地将清偿义务展期至资产负债表日后一年以上的，应当归类为非流动负债；不能自主地将清偿义务展期的，即使在资产负债表日后、财务报告批准报出日前签订了重新安排清偿计划协议，该项负债仍应当归类为流动负债。

第二十二条 企业在资产负债表日或之前违反了长期借款协议，导致贷款人可随时要求清偿的负债，应当归类为流动负债。

贷款人在资产负债表日或之前同意提供在资产负债表日后一年以上的宽限期，在此期限内企业能够改正违约行为，且贷款人不能要求随时清偿的，该项负债应当归类为非流动负债。

其他长期负债存在类似情况的，比照上述第一款和第二款处理。

3. 所有者权益

所有者权益，是指企业资产扣除负债后由所有者享有的剩余权益。公司的所有者权益又称为股东权益。

所有者权益是所有者对企业资产的剩余索取权，它是企业资产中扣除债权人权益后应由所有者享有的部分，既可反映所有者投入资本的保值增值情况，又体现了保护债权人权益的理念。

（1）所有者权益的来源构成。

所有者权益的来源包括所有者投入的资本、直接计入所有者权益的利得和损失、留存收益等，通常由实收资本（或股本）、资本公积（含资本溢价或股本溢价、其他资本公积）、盈余公积和未分配利润构成，商业银行等金融企业按照规定在税后利润中提取的一般风险准备，也构成所有者权益。

所有者投入的资本是指所有者投入企业的资本部分，它既包括构成企业注册资本或者股本部分的金额，也包括投入资本超过注册资本或者股本部分的金额，即资本溢价或者股本溢价，这部分投入资本在我国企业会计准则体系中被计入了资本公积，并在资产负债表中的资本公积项目下反映。

直接计入所有者权益的利得和损失，是指不应计入当期损益、会导致所有者权益发生增减变动的、与所有者投入资本或者向所有者分配利润无关的利得或者损失。

其中，利得是指由企业非日常活动所形成的、会导致所有者权益增加的、与所有者投入资本无关的经济利益的流入，利得包括直接计入所有者权益的利得和直接计入当期利润的利得。损失是指由企业非日常活动所发生的、会导致所有者权益减少的、与向所有者分配利润无关的经济利益的流出，损失包括直接计入所有者权益的损失和直接计入当期利润的损失。直接计入所有者权益的利得和损失主要包括可供出售金融资产的公允价值变动额、现金流量套期中套期工具公允价值变动额（有效套期部分）等。

留存收益是企业历年实现的净利润留存于企业的部分，主要包括累计计提的盈余公积和未分配利润。

（2）所有者权益的确认条件。

所有者权益的确认和计量主要取决于资产、负债、收入、费用等其他会计要素的确认和计量。所有者权益即为企业的净资产，是企业资产总额中扣除债权人权益后的净额，反映所有者（股东）财富的净增加额。通常企业收入增加时，会导致资产的增加，相应地会增加所有者权益；企业发生费用时，会导致负债增加，相应地会减少所有者权益。因此，企业日常经营的好坏和资产负债的质量直接决定着企业所有者权益的增减变化和资本的保值增值。

所有者权益反映的是企业所有者对企业资产的索取权，负债反映的是企业债权人对企业资产的索取权，而且通常债权人对企业资产的索取权要优先于所有者对企业资产的索取权，因此，所有者享有的是企业资产的剩余索取权，两者在性质上有本质区别，因此企业在会计确认、计量和报告中应当严格区分负债和所有者权益，以如实反映企业的财务状况，尤其是企业的偿债能力和产权比率等。在实务中，企业某些交易或者事项可能同时具有负债和所有者权益的特征，在这种情况下，企业应当将属于负债和所有者权益的部分分开核算和列报。例如，企业发行的可转换公司债券，企业应当将其中的负债部分和权益性工具部分进行分拆，分别确认负债和所有者权益。

4. 收入

收入，是指企业在日常活动中形成的、会导致所有者权益增加的、与所有者投入资本无关的经济利益的总流入。

（1）收入的特征。

收入具有以下特征：

①收入是企业在日常活动中形成的。日常活动是指企业为完成其经营目标所从事的经常性活动以及与之相关的活动。例如，工业企业制造并销售产品、商业企业销售商品、保险公司签发保单、咨询公司提供咨询服务、软件企业为客户开发软件、

安装公司提供安装服务、商业银行对外贷款、租赁公司出租资产等，均属于企业的日常活动。明确界定日常活动是为了将收入与利得相区分，日常活动是确认收入的重要判断标准，凡是日常活动所形成的经济利益的流入应当确认为收入，反之，非日常活动所形成的经济利益的流入不能确认为收入，而应当计入利得。比如，处置固定资产属于非日常活动，所形成的净利益就不应确认为收入，而应当确认为利得。再如，无形资产出租所取得的租金收入属于日常活动所形成的，应当确认为收入，但是处置无形资产属于非日常活动，所形成的净利益，不应当确认为收入，而应当确认为利得。

②收入会导致所有者权益的增加。与收入相关的经济利益的流入应当会导致所有者权益的增加，不会导致所有者权益增加的经济利益的流入不符合收入的定义，不应确认为收入。例如，企业向银行借入款项，尽管也导致了企业经济利益的流入，但该流入并不导致所有者权益的增加，而使企业承担了一项现时义务，不应将其确认为收入，应当确认为一项负债。

③收入是与所有者投入资本无关的经济利益的总流入。收入应当会导致经济利益的流入，从而导致资产的增加。例如，企业销售商品，应当收到现金或者在未来有权收到现金，才表明该交易符合收入的定义。但是，经济利益的流入有时是所有者投入资本的增加所致，所有者投入资本的增加不应当确认为收入，应当将其直接确认为所有者权益。

（2）收入的确认条件。

企业收入的来源渠道多种多样，不同收入来源的特征有所不同，其收入确认条件也往往存在一些差别，如销售商品、提供劳务、让渡资产使用权等。一般而言，收入的确认至少应当符合以下条件：一是与收入相关的经济利益应当很可能流入企业；二是经济利益流入企业的结果会导致资产的增加或者负债的减少；三是经济利益的流入额能够可靠计量。

5. 费用

费用，是指企业在日常活动中发生的、会导致所有者权益减少的、与向所有者分配利润无关的经济利益的总流出。

（1）费用的特征。

费用具有以下特征：

①费用是企业在日常活动中形成的。费用必须是企业在其日常活动中所形成的，这些日常活动的界定与收入定义中涉及的日常活动的界定相一致。因日常活动所产生的费用通常包括销售成本（营业成本）、管理费用等。将费用界定为日常活动所形成

的，目的是将其与损失相区分，企业非日常活动所形成的经济利益的流出不能确认为费用，而应当计入损失。

②费用会导致所有者权益的减少。与费用相关的经济利益的流出应当会导致所有者权益的减少，不会导致所有者权益减少的经济利益的流出不符合费用的定义，不应确认为费用。

③费用导致的经济利益总流出与向所有者分配利润无关。费用的发生应当会导致经济利益的流出，从而导致资产的减少或者负债的增加（最终也会导致资产的减少）。其表现形式包括现金或者现金等价物的流出，存货、固定资产和无形资产等的流出或者消耗等。企业向所有者分配利润也会导致经济利益的流出，而该经济利益的流出属于投资者投资回报的分配，是所有者权益的直接抵减项目，不应确认为费用，应当将其排除在费用的定义之外。

（2）费用的确认条件。

费用的确认除了应当符合定义外，至少应当符合以下条件：一是与费用相关的经济利益应当很可能流出企业；二是经济利益流出企业的结果会导致资产的减少或者负债的增加；三是经济利益的流出额能够可靠计量。

6. 利润

利润是指企业在一定会计期间的经营成果。

通常情况下，如果企业实现了利润，表明企业的所有者权益将增加，业绩得到了提升；反之，如果企业发生了亏损（即利润为负数），表明企业的所有者权益将减少，业绩下降。利润是评价企业管理层业绩的指标之一，也是投资者等财务报告使用者进行决策时的重要参考。

（1）利润的来源构成。

利润包括收入减去费用后的净额、直接计入当期利润的利得和损失等。其中收入减去费用后的净额反映企业日常活动的经营业绩，直接计入当期利润的利得和损失反映企业非日常活动取得的。直接计入当期利润的利得和损失，是指应当计入当期损益、最终会引起所有者权益发生增减变动的、与所有者投入资本或者向所有者分配利润无关的利得或者损失。企业应当严格区分收入和利得、费用和损失，以便更加全面地反映企业的经营成果。

（2）利润的确认条件。

利润反映收入减去费用、利得减去损失后的净额。利润的确认主要依赖于收入和费用以及利得和损失的确认，其金额的确定也主要取决于收入、费用、利得、损失金额的计量。

2014年7月1日起施行的新修订会计准则中修订“综合收益”的有关内容

我国《企业会计准则第30号——财务报表列报》（以下简称我国列报准则）自2006年2月发布后，《国际会计准则第1号——财务报表列报》（以下简称国际列报准则）就综合收益的列报进行了两次修订，我国企业会计准则也通过发布解释等对财务报表列报提出了一些新的要求。

国际会计准则理事会（IASB）曾于2007年9月发布了对国际列报准则的修订，引入了“综合收益”的概念。对此，我国已于2009年6月11日发布了《企业会计准则解释第3号》（以下简称《解释第3号》），在利润表中增加了“其他综合收益”和“综合收益总额”项目，实现了与国际列报准则的持续趋同，并且在实务中实施良好。

2011年6月16日，国际会计准则理事会正式发布了《对〈国际会计准则第1号——财务报表列报〉的修改——其他综合收益项目的列报》，于2012年7月1日或以后日期开始的年度期间生效，允许提前采用。国际列报准则的此次修订主要包括：一是将其他综合收益项目划分为“满足特定条件时后续将重分类计入损益的项目”和“不能重分类计入损益的项目”两类区别列报。二是当企业选择以税前为基础列报其他综合收益项目时，要求将相关税收影响在上述两类项目之间分配。

《企业会计准则第30号——财务报表列报》（2014年1月26日修订，自2014年7月1日起在所有执行企业会计准则的企业范围内施行）在利润表中增加了“其他综合收益”和“综合收益总额”项目并进行了定义，同时将其他综合收益项目进一步划分为“以后会计期间不能重分类进损益的其他综合收益项目”和“以后会计期间在满足规定条件时将重分类进损益的其他综合收益项目”两类区别列报。此外，原在所有者权益变动表中反映的“综合收益”有关内容也作出相应调整，并在附注中增加有关披露内容。

《企业会计准则第30号——财务报表列报》（2014年1月26日修订，自2014年7月1日起在所有执行企业会计准则的企业范围内施行）第三十二条规定：“综合收益，是指企业在某一期间除与所有者以其所有者身份进行的交易之外的其他交易或事项所引起的所有者权益变动。综合收益总额项目反映净利润和其他综合收益扣除所得税影响后的净额相加后的合计金额。”

第三十三条规定："其他综合收益，是指企业根据其他会计准则规定未在当期损益中确认的各项利得和损失。

其他综合收益项目应当根据其他相关会计准则的规定分为下列两类列报：

（一）以后会计期间不能重分类进损益的其他综合收益项目，主要包括重新计量设定受益计划净负债或净资产导致的变动、按照权益法核算的在被投资单位以后会计期间不能重分类进损益的其他综合收益中所享有的份额等；

（二）以后会计期间在满足规定条件时将重分类进损益的其他综合收益项目，主要包括按照权益法核算的在被投资单位以后会计期间在满足规定条件时将重分类进损益的其他综合收益中所享有的份额、可供出售金融资产公允价值变动形成的利得或损失、持有至到期投资重分类为可供出售金融资产形成的利得或损失、现金流量套期工具产生的利得或损失中属于有效套期的部分、外币财务报表折算差额等。"

（二）会计等式

会计等式，也称会计平衡式、会计方程式，是表明各会计要素之间关系的恒等式。它是会计核算中进行复式记账、试算平衡及编制会计报表的理论依据。

1. 资产＝负债＋所有者权益

企业要开始生产经营活动，必须从投资者和债权人那里取得一定的经营资金或一定的实物，即首先得占用一定的资财才能开始生产经营活动。这些资财就形成企业的资产，在会计核算上以货币形式表现并确认。另外，这些资产要么来源于债权人提供的资金，形成企业的负债；要么来源于所有者的资本投资，形成企业的所有者权益。资产、负债与所有者权益，实质上是同一价值运动的两个方面的表现。在所有者权益数额一定的情况下，从债权人手中取得多少数额的资金，必然是使资产按同一数额增加；在负债数额一定的情况下，所有者向企业投入多少数额的资金，也必然使资产按同一数额增加。所以，资产的价值量必然等于负债与所有者权益之和。

企业的生产经营活动就是不断地取得、使用、生产和销售不同资财的过程。从静态来看，企业开始生产经营活动后，在某一时点上总是表现为占用一定的资财，即占用一定的资产。这些资财同样也只能是来源于债权人的债务、所有者的投资或归所有者所有。企业的资产价值总量也仍然等于企业的负债和所有者对企业初始投资额及其增值额的总和。企业经济活动的发生，只是表现在数量上影响企业资产总额与负债或所有者权益总额的同时增减变化，并不能也不会破坏这一基本的恒等关系。

这一基本平衡关系用公式表示出来，就是会计等式，即

资产＝负债＋所有者权益

这一会计等式，表明某一会计主体在某一特定时点所拥有的各种资产，以及债权人和投资者（即所有者）对企业资产要求权的基本状况，表明资产和负债与所有者权益之间的基本关系。这一会计等式，还是会计复式记账、会计核算和会计报表的基础。

2. 利润 = 收入 - 费用 + 直接计入当期利润的利得和损失等

企业的目标就是从生产经营活动中获取收入，实现盈利。企业在取得收入的同时，也必然要发生相应的费用。企业通过收入与费用的比较，才能计算确定一定期间的盈利水平，确定当期实现的利润总额。利润与收入和费用关系用公式表示出来，即

利润 = 收入 - 费用 + 直接计入当期利润的利得和损失等

其中，直接计入当期利润的利得和损失，是指应当计入当期损益、会导致所有者权益发生增减变动的、与所有者投入资本或者向所有者分配利润无关的利得或者损失。

这一等式表明经营成果与相应期间的收入和费用的关系。

3. 会计事项对会计方程式的影响

（1）会计事项的定义。

会计事项又称经济业务，是指那些能用货币计量，并足以引起会计要素增减变动的经济业务或经济事项。

（2）会计事项的类型。

一个企业在经营活动中所发生的会计事项是多种多样的，但从它们对资产、负债和所有者权益所引起的变化来说，则可概括为以下类型：

①资产增加，负债增加。

②资产增加，所有者权益增加。

③资产增加，另一项资产减少。

④负债减少，资产减少。

⑤负债减少，另一项负债增加。

⑥负债减少，所有者权益增加。

⑦所有者权益减少，资产减少。

⑧所有者权益减少，负债增加。

⑨所有者权益减少，另一项所有者权益增加。

（3）会计事项对基本会计方程式的影响。

一个企业的所有资产和权益（负债和资本）经常随着它在经营中所进行的各种经济活动而不断发生变化。但不论它们怎样变化，总不会破坏上述会计方程式的平衡关

系。也就是说，不论企业的经济活动会使它的资产与权益（负债和资本）发生怎样的变化，它在一定时日所有的资产总额必定等于它的权益（负债和资本）总额。

五、会计计量

会计计量，是指根据一定的计量标准和计量方法，在资产负债表和利润表中确认和列示会计要素而确定其金额的过程。会计计量基础，又称会计计量属性，是指用货币对会计要素进行计量时的标准。根据基本准则的规定，会计计量属性主要有历史成本、重置成本、可变现净值、现值和公允价值。

（一）会计计量的要求

《企业会计准则——基本准则》第四十一条规定：“企业在将符合确认条件的会计要素登记入账并列报于会计报表及其附注（又称财务报表，下同）时，应当按照规定的会计计量属性进行计量，确定其金额。”

（二）会计计量属性的采用

《企业会计准则——基本准则》第四十三条规定：“企业在对会计要素进行计量时，一般应当采用历史成本，采用重置成本、可变现净值、现值、公允价值计量的，应当保证所确定的会计要素金额能够取得并可靠计量。”

（三）5 种会计计量属性

会计计量属性如图 1-1 所示。

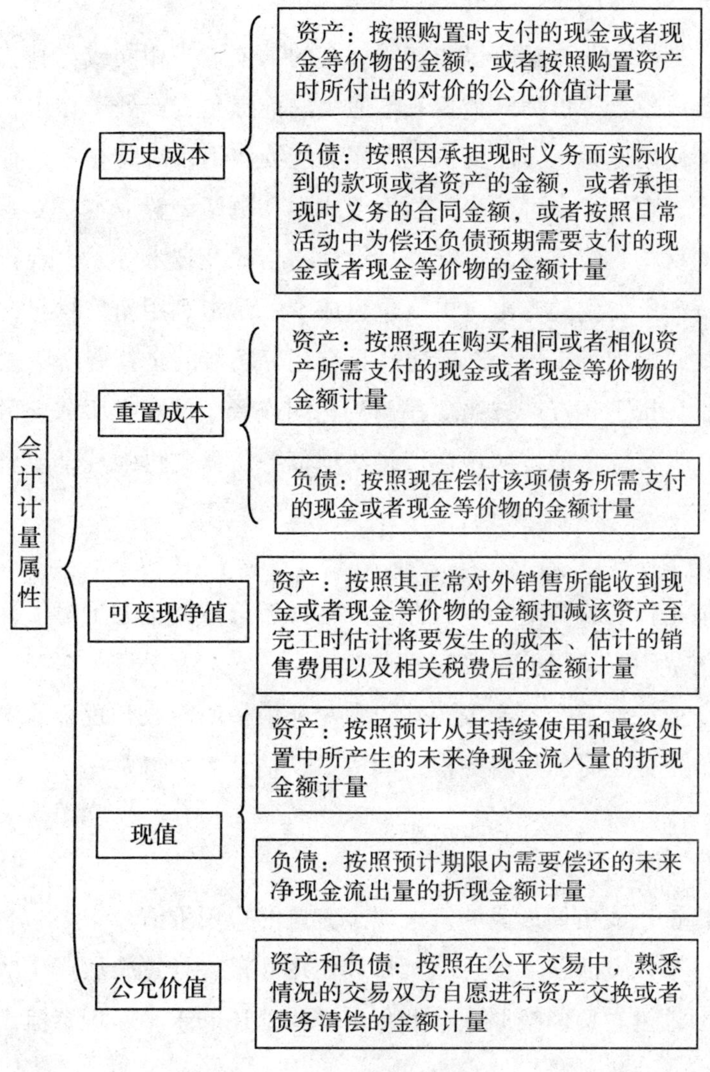

图 1–1 会计计量属性

1. 历史成本

历史成本，又称原始成本，是指以取得资产时实际发生的成本作为资产的入账价值。一般情况下，资产的历史成本越高，资产的原始价值就越大；反之，资产的原始价值就越小，二者在质和量的内涵上是一致的。

在历史成本计量下，资产按照购置时支付的现金或者现金等价物的金额，或者按照购置资产时所付出的对价的公允价值计量。负债按照因承担现时义务而实际收到的款项或者资产的金额，或者承担现时义务的合同金额，或者按照日常活动中为偿还负债预期需要支付的现金或者现金等价物的金额计量。

2. 重置成本

重置成本，是指企业重新取得与其所拥有的某项资产相同或与其功能相当的资产需要支付的现金或现金等价物。重置成本适用的前提是资产处于在用状态，一方面反映资产已经投入使用，另一方面反映资产能够继续使用，对所有者具有使用价值。

一般情况下，重置成本可分为复原重置成本和更新重置成本。复原重置成本是指运用原来相同的材料、建筑或制造标准、设计、格式及技术等，以现行市价复原购建原来某项全新资产所发生的支出。更新重置成本，是指利用新型材料，并根据现代标准、设计及格式，以现行市价生产或建造具有相等功能的全新资产所发生的支出。

在重置成本计量下，资产按照现在购买相同或者相似资产所需支付的现金或者现金等价物的金额计量。负债按照现在偿付该项债务所需支付的现金或者现金等价物的金额计量。

3. 可变现净值

可变现净值是指在日常活动中，存货的估计售价减去至完工时估计将要发生的成本、估计的销售费用以及相关税费后的金额。

在可变现净值计量下，资产按照其正常对外销售所能收到现金或者现金等价物的金额扣减该资产至完工时估计将要发生的成本、估计的销售费用以及相关税费后的金额计量。

4. 现值

现值，是指资产或负债形成的未来现金流量的折现价值。

在现值计量下，资产按照预计从其持续使用和最终处置中所产生的未来净现金流入量的折现金额计量。负债按照预计期限内需要偿还的未来净现金流出量的折现金额计量。

5. 公允价值

公允价值，是指在公平交易中，熟悉情况的交易双方自愿进行资产交换或债务清偿的金额。在公允价值计量下，资产和负债按照在公平交易中，熟悉情况的交易双方自愿进行资产交换或者债务清偿的金额计量。

（四）各种计量属性之间的关系

在各种会计要素计量属性中，历史成本通常反映的是资产或者负债过去的价值，而重置成本、可变现净值、现值以及公允价值通常反映的是资产或者负债的现时成本或者现时价值，是与历史成本相对应的计量属性。当然这种关系也并不是绝对的。比如，资产或者负债的历史成本有时就是根据交易时有关资产或者负债的公允价值确定的，在非货币性资产交换中，如果交换具有商业实质，且换入、换出资产的公允价值能够可靠计量，换入资产入账成本的确定应当以换出资产的公允价值为基础，除非有确凿证据表明换入资产的公允价值更加可靠；在非同一控制下的企业合并交易中，合并成本也是以购买方在购买日为取得对被购买方的控制权而付出的资产、发生或承担的负债等的公允价值确定的。再如，在应用公允价值时，当相关资产或者负债不存在活跃市场的报价或者不存在同类或者类似资产的活跃市场报价时，需要采用估值技术来确定相关资产或者负债的公允价值，而在采用估值技术估计相关资产或者负债的公允价值时，现值往往是比较普遍的一种估值方法，在这种情况下，公允价值就是以现值为基础确定的。另外，公允价值相对于历史成本而言，具有很强的时间概念，也就是说，当前环境下某项资产或负债的历史成本可能是过去环境下该项资产或负债的公允价值，而当前环境下某项资产或负债的公允价值也许就是未来环境下该项资产或负债的历史成本。

（五）计量属性的应用原则

基本准则规定，企业在对会计要素进行计量时，一般应当采用历史成本，采用重置成本、可变现净值、现值、公允价值计量的，应当保证所确定的会计要素金额能够取得并可靠计量。

在企业会计准则体系建设中适度、谨慎地引入公允价值这一计量属性，是因为随着我国资本市场的发展，股权分置改革的基本完成，越来越多的股票、债券、基金等金融产品在交易所挂牌上市，使得这类金融资产的交易已经形成了较为活跃的市场。因此，我国已经具备了引入公允价值的条件。在这种情况下，引入公允价值，更能反映企业的实际情况，对投资者等财务报告使用者的决策更加有用，而且也正因如此，我国准则才实现了与国际财务报告准则的趋同。

在引入公允价值过程中，我国充分考虑了国际财务报告准则中公允价值应用的三个级次，即：

第一，资产或负债等存在活跃市场的，活跃市场中的报价应当用于确定其公允价值；

第二，不存在活跃市场的，参考熟悉情况并自愿交易的各方最近进行的市场交易中使用的价格或参照实质上相同或相似的其他资产或负债等的市场价格确定其公允价值；

第三，不存在活跃市场，且不满足上述两个条件的，应当采用估值技术等确定公允价值。

我国引入公允价值是适度、谨慎和有条件的。原因是考虑到我国尚属新兴的市场经济国家，如果不加限制地引入公允价值，有可能出现公允价值计量不可靠，甚至借机人为操纵利润的现象。因此，在投资性房地产和生物资产等具体准则中规定，只有存在活跃市场、公允价值能够取得并可靠计量的情况下，才能采用公允价值计量。

六、会计记账方法

《企业会计准则——基本准则》第十一条规定：企业应当采用借贷记账法记账。

（一）复式记账法

1. 复式记账法的含义

复式记账法，是指根据资产与负债和所有者权益的平衡原理，对于每一项经济业务所引起的资金运动，都必须用相等的金额同时在两个或两个以上的相互联系的账户中进行全面登记的一种科学的记账方法。

由于科目分类、记账符号、记账规则和试算平衡等方面有所不同，可以将复式记账法分为不同种类，如图 1-2 所示。

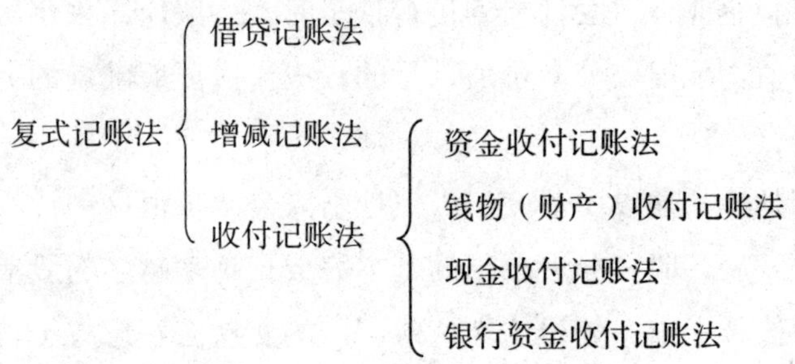

图 1-2　复式记账法的种类

2. 复式记账法的优点

复式记账法是从单式记账法发展而来的。单式记账法是一种比较原始的、不完整的记账方法，它是就经济业务的单方面或一个方面来记账。最早的单式簿记是以现金为主体来进行的。采用单式记账方法，账户设置要求不严格，记录比较简单，账务处理不严密，内容不完整，各账户之间的记录互不联系，也没有明显的平衡关系。因此，这种记账方法，无法适应社会经济发展的客观需要，目前已不再采用。

复式记账法克服了单式记账法的缺点，扩大了记账法的应用领域，提高了记账质量。其优点表现在以下几个方面：

（1）设置了较完整的会计科目，各个会计科目固定了一定的经济内容，明确了账户的用途和结构，使会计科目系统化。

（2）对发生的每一项经济业务，都要将相同的金额在两个或两个以上相互联系的账户中按规定的会计科目，并以分类的形式来进行登记，显示出它们的对应关系。

（3）使用复式记账法可使经济业务的本期发生额和期末结余额均能自行保持平衡关系，保证了会计记录的正确性。所以，记账方法从单式发展到复式，是会计方法上的一个重大进步。使用复式记账法，能够保证会计在反映、监督和分析经济业务的发生更加合理化和科学化，促使会计管理更好地发挥它应有的职能作用。

3. 复式记账法的基本内容

复式记账法以“资产＝负债＋所有者权益”的平衡公式作为其理论依据。按照这个平衡原理，任何一项经济业务的发生，都会引起资金运用和来源或者它们两者之间内部关系发生增减变化，这种变化，通过两个或两个以上的账户（科目），以相同的金额，相互联系地、全面地反映出来。

采用复式记账法，首先，必须制定会计科目，然后，根据会计科目开设相应的账户，这样才能把发生的每一项经济业务，以相等的金额，记入两个或两个以上相互关联的账户中。

采用复式记账法时，对所有的账户都要固定记账方向，表示这个方向的记号，就是记账符号。如企业资产增加记在这个方向，负债和所有者权益减少记在那个方向等，都要事先确定记账符号，才能进行复式记账。

采用复式记账时，必须根据资金增减变化的客观规律制定记账规则，以便每发生一项经济业务，都按照记账规则去记账。填制记账凭证、登记账簿和编制报表都必须严格遵守记账规则，以取得正确的会计资料。

会计分录，又称记账公式，是指经济业务所运用的账户、记账方向（即记账符号，如收付、借贷、增减等）和入账金额的一种记录。编制会计分录是对经济业务的发生或完成进行反映和监督的一种形式，也是保证记账正确的重要手段。由于各种记账方法的记账符号、记账规则不同，因此，编制会计分录的表达方式也不同。

会计分录始终保持平衡关系是复式记账法的基本要求。平衡关系可用公式表示为：

资产类所有账户借方余额合计＝负债类所有账户贷方余额合计＋所有者权益类所有账户贷方余额合计

通过平衡公式的计算，就可以根据经济业务所编制的分录和入账金额进行发生额和余额的试算平衡，以检查会计记录是否正确无误。

（二）借贷记账法

1. 借贷记账法的含义

借贷记账法是历史上第一个复式记账法，也是当前世界各国普遍使用的一种记账方法。借贷记账法开始是单式记账法，到了15世纪逐步形成比较完备的复式记账法。采用“借”和“贷”这两个字，其目的是适应借贷资本家记录其货币的存入和支出的需要。随着资本主义的发展，记账的内容不断扩大，用来记录各种经济业务，借贷两字也就逐渐失去了原来的含义，而转化为纯粹的记账符号，变成了会计上的专用术语。

借贷记账法以“借”和“贷”作为记账符号，以“有借必有贷，借贷必相等”作为记账规则，对每一项经济业务，都在两个或两个以上账户中，以相等的金额、相反的方向，全面地、相互联系地记录经济业务。

2. 借贷记账法的基本原理

（1）理论依据。

借贷记账法一般以“资产＝负债＋所有者权益”平衡公式为理论基础。

（2）账户结构。

在借贷记账法下，任何账户都分为借、贷两方，一方登记数额的增加，另一方登记数额的减少。在资产类账户中，习惯上用借方登记它的增加数，贷方登记它的减少数，而在负债及所有者权益中，则用贷方登记它的增加数，借方登记它的减少数。在资产类账户中，其减少额不可能大于它的期初余额与本期增加额之和，所以期末如有余额，必定在借方。而在负债及所有者权益账户中，其增加额与期初余额之和，通常要大于本期减少数，所以，期末如有余额，必定在贷方。资产类账户和负债及所有者权益类账户期末余额计算公式为：

资产类账户余额＝期初余额＋本期借方发生额－本期贷方发生额

负债及所有者权益类账户余额＝期初余额＋本期贷方发生额－本期借方发生额

（3）记账规则。

采用借贷记账法，对每一项经济业务，不论其只涉及资产或负债与所有者权益的方面的账户，还是同时涉及资产和负债与所有者权益两方面的账户，都必须记入一个账户的借方和另一个账户的贷方，而且记入借方与记入贷方的数额必须相等。因此，借贷记账法的记账规则可概括为：有借必有贷，借贷必相等。

例如，甲公司销售一批商品，收入实现，货款尚未收回，形成应收账款。对于这笔销售业务，如果其符合会计要素的确认标准，那么，甲公司一方面要在借方记录资产类账户“应收账款”的增加，另一方面要在贷方记录收入类账户“主营业务收入”的增加；与此同时，为反映这笔收入的费用，还要在借方记录损益类账户“主营业务成本”的增加，并在贷方记录资产类账户“库存商品”的减少。

再如，乙公司购买一台不需要安装即可投入使用的设备，已投入使用，货款尚未支付，形成应付账款。对于这笔采购业务，如果其符合会计要素的确认标准，那么，乙公司一方面要在借方记录资产类账户“固定资产”的增加，另一方面要在贷方记录负债类账户“应付账款”的增加。

以上对某项经济业务标明其应借应贷账户及其金额的记录，我们将其称为会计分录。

按照所涉及账户的多少，会计分录分为简单会计分录和复合会计分录。简单会计分录是指只涉及一个账户借方和另一个账户贷方的会计分录，即一借一贷的会计分录；复合会计分录是指由两个以上（不含两个）对应账户所组成的会计分录，即一借多贷或一贷多借的会计分录。通常情况下，复合会计分录可以分解为若干个简单会计分录。

3. 借贷记账法的试算平衡

（1）试算平衡的定义。

试算平衡，是指根据资产、负债和所有者权益的会计等式以及借贷记账法的记账规则，检查所有账户记录是否正确。它是通过编制总分类账户试算平衡表来进行的。

（2）试算平衡的分类。

试算平衡有发生额试算平衡法和余额试算平衡法。

①发生额试算平衡法。发生额试算平衡法是根据本期所有账户借方发生额合计等于贷方发生额合计的恒等关系，检查本期发生额记录是否正确的方法。

计算公式为：

全部账户本期借方发生额合计＝全部账户本期贷方发生额合计

②余额试算平衡法。余额试算平衡法是根据本期所有账户借方余额合计与贷方余额合计的恒等关系，检查本期账户记录是否正确的方法。根据余额时间的不同，余额试算平衡法又分为期初余额平衡与期末余额平衡两种。

期初余额平衡是期初所有账户借方余额合计与贷方余额合计相等。

期末余额平衡是期末所有账户借方余额合计与贷方余额合计相等。

计算公式为：

全部账户的借方期初余额合计＝全部账户的贷方期初余额合计

全部账户的借方期末余额合计＝全部账户的贷方期末余额合计

七、会计科目与账户

（一）会计科目的概念

会计工作的基本任务就是反映资产、负债等会计要素的信息。为了全面了解企业的财务状况和经营成果，还需要对这些资产、负债等加以细化，以具体了解其内部的组成情况。比如，对于货币资金而言，其中，库存现金、银行存款、其他货币资金各有多少；对于存货而言，其中，原材料、低值易耗品、自制半成品、库存商品、包装物、分期收款发出商品、委托加工物资等各有多少。因此，在具体的会计核算工作中，需要对会计要素的内容进行分类核算，这些分类核算的项目就是会计科目。

会计科目是指在企业会计核算中，为了分析、反映和监督各种经济业务，而对会计核算对象的具体内容进行分类核算的项目。设置会计科目是会计核算的一种专门方法。

企业单位的资金运动总是体现在资金的增减变化之中，通过设置会计科目，可以把资金的增减变化分门别类地予以反映，保证各单位能取得经济管理所需的会计核算资料，并可以为编制会计报表、进行会计分析和会计检查提供客观、真实、可靠的资料。为了保证会计核算资料在全国范围内口径统一，便于国家经济宏观调控部门对会计资料的综合汇总和分析利用，会计科目的名称、编号、核算内容和科目对应关系都由国家统一规定，各企业、单位必须按照国家统一规定的会计科目来设置账户，对其各项经济业务进行日常核算，以正确、全面、系统地反映各企业、单位的生产经营活动。

（二）会计科目的设置原则

会计科目的设置原则有以下几点：

第一，会计科目的设置要保持会计指标体系的完整和统一，要在会计要素的基础上对会计对象的具体内容作进一步分类，达到既能全面而概括地反映企业资金运动情况，满足国家宏观经济管理的要求和有关各方了解企业财务状况和经营成果的需要，又要适合企业经营活动的特点，满足企业内部经营管理的需要。

第二，会计科目的设置要讲究实用，以便清晰地提供经营管理上所需要的资料。

第三，会计科目的含义要简单明了，能确切地表达其所要反映的经济业务。同时，会计科目应保持相对稳定。

（三）会计科目结构和会计科目一览表

国家统一制定的会计科目由三部分组成，即会计科目名称和编号、会计科目使用说明和主要会计事项分类举例。

会计科目一览表，请参见表 1-11。

表 1-11 会计科目一览表

小企业会计准则会计科目			企业会计准则会计科目		
顺序号	编号	会计科目名称	顺序号	编号	会计科目名称
		一、资产类			一、资产类
1	1001	库存现金	1	1001	库存现金
2	1002	银行存款	2	1002	银行存款
			3	1003	存放中央银行款项
			4	1011	存放同业
3	1012	其他货币资金	5	1012	其他货币资金
			6	1021	结算备付金
			7	1031	存出保证金
4	1101	短期投资	8	1101	交易性金融资产
			9	1111	买入返售金融资产
5	1121	应收票据	10	1121	应收票据
6	1122	应收账款	11	1122	应收账款
7	1123	预付账款	12	1123	预付账款
8	1131	应收股利	13	1131	应收股利
9	1132	应收利息	14	1132	应收利息
			15	1201	应收代位追偿款
			16	1211	应收分保账款
			17	1212	应收分保合同准备金
10	1221	其他应收款	18	1221	其他应收款
			19	1231	坏账准备
			20	1301	贴现资产
			21	1302	拆出资金
			22	1303	贷款
			23	1304	贷款损失准备
			24	1311	代理兑付证券
			25	1321	代理业务资产
11	1401	材料采购	26	1401	材料采购
12	1402	在途物资	27	1402	在途物资
13	1403	原材料	28	1403	原材料

续表

小企业会计准则会计科目			企业会计准则会计科目		
顺序号	编号	会计科目名称	顺序号	编号	会计科目名称
14	1404	材料成本差异	29	1404	材料成本差异
15	1405	库存商品	30	1405	库存商品
			31	1406	发出商品
16	1407	商品进销差价	32	1407	商品进销差价
17	1408	委托加工物资	33	1408	委托加工物资
18	1411	周转材料	34	1411	周转材料
19	1421	消耗性生物资产	35	1421	消耗性生物资产
			36	1431	贵金属
			37	1441	抵债资产
			38	1451	损余物资
			39	1461	融资租赁资产
			40	1471	存货跌价准备
20	1501	长期债权投资	41	1501	持有至到期投资
			42	1502	持有至到期投资减值准备
			43	1503	可供出售金融资产
21	1511	长期股权投资	44	1511	长期股权投资
			45	1512	长期股权投资减值准备
			46	1521	投资性房地产
			47	1531	长期应收款
			48	1532	未实现融资收益
			49	1541	存出资本保证金
22	1601	固定资产	50	1601	固定资产
23	1602	累计折旧	51	1602	累计折旧
			52	1603	固定资产减值准备
24	1604	在建工程	53	1604	在建工程
25	1605	工程物资	54	1605	工程物资
26	1606	固定资产清理	55	1606	固定资产清理
			56	1611	未担保余值
27	1621	生产性生物资产	57	1621	生产性生物资产

续表

小企业会计准则会计科目			企业会计准则会计科目		
顺序号	编号	会计科目名称	顺序号	编号	会计科目名称
28	1622	生产性生物资产累计折旧	58	1622	生产性生物资产累计折旧
			59	1623	公益性生物资产
			60	1631	油气资产
			61	1632	累计折耗
29	1701	无形资产	62	1701	无形资产
30	1702	累计摊销	63	1702	累计摊销
			64	1703	无形资产减值准备
			65	1711	商誉
31	1801	长期待摊费用	66	1801	长期待摊费用
			67	1811	递延所得税资产
			68	1821	独立账户资产
32	1901	待处理财产损溢	69	1901	待处理财产损溢
		二、负债类			二、负债类
33	2001	短期借款	70	2001	短期借款
			71	2002	存入保证金
			72	2003	拆入资金
			73	2004	向中央银行借款
			74	2011	吸收存款
			75	2012	同业存放
			76	2021	贴现负债
			77	2101	交易性金融负债
			78	2111	卖出回购金融资产款
34	2201	应付票据	79	2201	应付票据
35	2202	应付账款	80	2202	应付账款
36	2203	预收账款	81	2203	预收账款
37	2211	应付职工薪酬	82	2211	应付职工薪酬
38	2221	应交税费	83	2221	应交税费
39	2231	应付利息	84	2231	应付利息
40	2232	应付利润	85	2232	应付股利

续表

小企业会计准则会计科目			企业会计准则会计科目		
顺序号	编号	会计科目名称	顺序号	编号	会计科目名称
41	2241	其他应付款	86	2241	其他应付款
			87	2251	应付保单红利
			88	2261	应付分保账款
			89	2311	代理买卖证券款
			90	2312	代理承销证券款
			91	2313	代理兑付证券款
			92	2314	代理业务负债
42	2401	递延收益	93	2401	递延收益
43	2501	长期借款	94	2501	长期借款
			95	2502	应付债券
			96	2601	未到期责任准备金
			97	2602	保险责任准备金
			98	2611	保户储金
			99	2621	独立账户负债
44	2701	长期应付款	100	2701	长期应付款
			101	2702	未确认融资费用
			102	2711	专项应付款
			103	2801	预计负债
			104	2901	递延所得税负债
					三、共同类
			105	3001	清算资金往来
			106	3002	货币兑换
			107	3101	衍生工具
			108	3201	套期工具
			109	3202	被套期项目
		三、所有者权益类			四、所有者权益类
45	3001	实收资本	110	4001	实收资本
46	3002	资本公积	111	4002	资本公积
47	3101	热余公积	112	4101	盈余公积

续表

小企业会计准则会计科目			企业会计准则会计科目		
顺序号	编号	会计科目名称	顺序号	编号	会计科目名称
			113	4102	一般风险准备
48	3103	本年利润	114	4103	本年利润
49	3104	利润分配	115	4104	利润分配
			116	4201	库存股
		四、成本类			五、成本类
50	4001	生产成本	117	5001	生产成本
51	4101	制造费用	118	5101	制造费用
			119	5201	劳务成本
52	4301	研发支出	120	5301	研发支出
53	4401	工程施工	121	5401	工程施工
			122	5402	工程结算
54	4403	机械作业	123	5403	机械作业
		五、损益类			六、损益类
55	5001	主营业务收入	124	6001	主营业务收入
			125	6011	利息收入
			126	6021	手续费及佣金收入
			127	6031	保费收入
			128	6041	租赁收入
56	5051	其他业务收入	129	6051	其他业务收入
			130	6061	汇兑损益
			131	6101	公允价值变动损益
57	5111	投资收益	132	6111	投资收益
			133	6201	摊回保险责任准备金
			134	6202	摊回赔付支出
			135	6203	摊回分保费用
58	5301	营业外收入	136	6301	营业外收入
59	5401	主营业务成本	137	6401	主营业务成本
60	5402	其他业务成本	138	6402	其他业务成本
61	5403	营业税金及附加	139	6403	营业税金及附加

续表

小企业会计准则会计科目			企业会计准则会计科目		
顺序号	编号	会计科目名称	顺序号	编号	会计科目名称
			140	6411	利息支出
			141	6421	手续费及佣金支出
			142	6501	提取未到期责任准备金
			143	6502	提取保险责任准备金
			144	6511	赔付支出
			145	6521	保单红利支出
			146	6531	退保金
			147	6541	分出保费
			148	6542	分保费用
62	5601	销售费用	149	6601	销售费用
63	5602	管理费用	150	6602	管理费用
64	5603	财务费用	151	6603	财务费用
			152	6604	勘探费用
			153	6701	资产减值损失
65	5711	营业外支出	154	6711	营业外支出
66	5801	所得税费用	155	6801	所得税费用
			156	6901	以前年度损益调整

企业应当按照企业会计准则及其应用指南规定，设置会计科目进行账务处理，在不违反统一规定的前提下，可以根据本企业的实际情况自行增设、分拆、合并会计科目。不存在的交易或者事项，可以不设置相关的会计科目。应用指南中的会计科目编号，供企业填制会计凭证、登记会计账簿、查阅会计账目、采用会计软件系统时参考，企业也可以根据该规定，结合本企业的实际情况自行确定会计科目编号。

（四）会计科目的分类

会计科目的分类是按照不同的标准对会计科目的归类。在实际工作中，对会计科目的分类一般有以下两种方法：

1. 按列入的会计报表分类

会计科目表中的科目，根据期末时列入会计报表的种类，主要分为资产负债表科目和利润表科目。资产负债表科目主要包括资产类、负债类和所有者权益类三种，它们分别与资产负债表中这三类项目对应。此外，成本类科目的“生产成本”和“制造费用”，如果有期末余额，也将作为“存货”项目的一部分列入资产负债表。因此，它们也属于资产负债表科目。利润表科目包括会计科目中的所有损益类科目。

2. 按其经济内容分类

每个会计科目核算的经济内容是不同的，据此，会计科目可以分为六类，即资产类、负债类、共同类、所有者权益类、成本类和损益类。这种分类，对于正确使用会计科目、运用复式记账法有着重要意义。

（五）账户

1. 账户的含义

账户是根据会计科目设置，具有一定格式和结构，用于分类反映会计要素各项目增减变动情况及其结果的载体。根据一级会计科目设置的账户，称为总分类账户；根据明细会计科目设置的账户，称为明细分类账户。

在实际工作中，对账户和会计科目一般不作严格区分，往往相互通用。

2. 账户的结构

为反映经济业务的具体内容，账户除了要有明确的核算内容外，还要有一定的结构。账户在结构上一般分为两个基本部分，用以分别记录资产、负债和所有者权益的增减数。在实际工作中，通常把账户分为左、右两方，一方登记增加，另一方登记减少。账户的这种结构可用“丁”字形账户表示。

在账户登记中，账户的左、右两方，具体到哪一方登记增加，哪一方登记减少，则要视所记录经济业务和账户的性质。登记本期增加的金额，称为本期增加额；登记本期减少的金额，称为本期减少额；增减相抵后的差额，称为余额。其余额按照时间的不同，分为期初余额和期末余额。基本关系可表示为：

期末余额 = 期初余额 + 本期增加额 - 本期减少额

在借贷记账法下，把账户的左方称为借方，右方称为贷方，但到底是“借方”登记增加，还是“贷方”登记增加，则要根据在借贷记账法下账户所反映的经济内容来确定。其一般规则为：

（1）资产的增加数记入左方（借方），减少数记入右方（贷方）；

（2）负债的增加数记入右方（贷方），减少数记入左方（借方）；

（3）所有者权益增加数记入右方（贷方），减少数记入左方（借方）；

3. 账户与会计科目的关系

会计科目与会计账户是两个不同的概念，两者之间既有区别又有联系。

（1）会计科目与会计账户的区别。

会计科目是对会计核算对象的具体内容进行分类核算的项目，只有分类的名称，没有一定的格式，不能把发生的经济业务连续、系统地记录下来；而会计账户不仅有名称，而且有一定的结构（格式），能把发生的经济业务系统地记录下来，具有反映和监督资金增减变化的独特作用。

（2）会计科目与会计账户的联系。

会计科目和会计账户是分门别类地反映企业资金变化的经济内容，会计账户是根据会计科目来设置的，会计科目的名称就是会计账户名称，会计科目规定的核算内容就是会计账户应记录反映的内容。在实际工作中，会计科目和会计账户往往是相互通用的。

4. 账户分类

账户可以按照不同的标准进行分类。

（1）按照账户所反映的会计要素的具体内容分类。

按照账户所反映的会计要素的具体内容分类，可以分为资产类、负债类、所有者权益类、共同类、成本类和损益类。

（2）按照账户所提供信息的详细程度及其统驭关系分类。

按照账户所提供信息的详细程度及其统驭关系，可以分为总分类账户和明细分类账户。总分类账户用来对会计要素具体内容进行总括分类，提供总括信息；明细分类账户用来对总分类账户作进一步分类，提供更详细更具体的会计信息。

①总分类账户。总分类账户，又称一级账户，是指按照各项资产、负债以及所有者权益分别设置的，仅以货币计量单位进行登记，用来提供总括核算资料的账户。利用总分类账户提供各种总括核算资料，可概括地了解一个单位的各项资产与负债及所有者权益的增减情况及其结果。但是，总分类账户并不能提供关于各项资产、负债及所有者权益的增减变动情况及其结果的详细资料，从而也就难以满足经济管理上的具体需要。因此，各单位在设置总分类账户的同时，还应当根据实际需要，在某些总分类账户的统驭之下，分别设置若干明细分类账户。

②明细分类账户。明细分类账户，是指根据总分类账户核算内容的具体分类，分别设置的用来提供详细核算资料的账户。例如，为了具体了解各种商品收、发、结存情况，就有必要在“库存商品”总分类账户下，按照商品的品种设置明细分类账户。再如，为了具体掌握企业与各供应单位之间的货款结算情况，就应在“应付账款”总分类账户下，按各供应单位名称分别设置明细分类账户。在明细分类账户中，除了以货币计量单位进行金额核算外，还要用实物计量单位进行数量核算，以便通过提供数量方面的资料，对总分类账户进行必要的补充。

③总分类账户与明细分类账户的关系。总分类账户是所属明细分类账户的统驭账

户，对所属明细分类账户起着控制作用；而明细分类账户则是某一总分类账户的从属账户，对其所隶属的总分类账户起着辅助作用。某一总分类账户及其所属明细分类账户的核算内容是相同的，它们所提供的核算资料的详细程度是不同的。因此，总分类账户与明细分类账户应当平行登记。

平行登记的要点有如下几点：

a. 对于每一项经济业务，一方面要记入有关总分类账户，另一方面要记入它所属的一个或几个明细分类账户。

b. 在某一总分类账户及其所属的明细分类账户中登记经济业务时，方向必须相同，即在总分类账户中记入借方，在其所属的明细分类账户中也应记入借方；在总分类账户中记入贷方，在其所属的明细分类账户中也应记入贷方。

c. 记入某一总分类账户的金额必须与记入其所属的一个或几个明细分类账户的金额合计数相等。

第二章　支付结算

第一节　票据结算

一、概述

（一）票据法的概念及我国票据立法

1. 票据的概念

关于票据的概念，有广狭二义。广义上的票据包括各种有价证券和凭证，如股票、国库券、企业债券、发票、提单、仓单等；狭义上的票据则是指票据法上的票据。

我国票据法上的票据就是指出票人依法签发的，约定自己或委托付款人在见票时或指定的日期向收款人或持票人无条件支付一定金额并可转让的有价证券。

为了更好地把握票据的概念，这里进一步对其作以下说明：

①票据是出票人依法签发的有价证券。法律依据不同的票据种类，规定了不同的形式，出票人必须依照法律规定的要求签发相关票据，否则不受法律的保护。

②票据以支付一定金额为目的。票据的签发和转让以支付票据上的金额为最终目的，该等金额得到全部支付，票据上的权利义务即为消灭。

③票据所表示的权利与票据不可分离。票据权利的发生，必须作成票据，票据权利转让，必须交付票据，票据权利的行使，必须提示票据，权利与票据融为一体。

④票据所记载的金额由出票人自行支付或委托他人支付。由出票人自行支付的是本票，由出票人委托他人支付的是汇票和支票。

⑤票据的持票人只要向付款人提示票据，付款人即应无条件向持票人或收款人支付票据金额。票据是一种无因证券，持票人只要向票据债务人提示票据就可行使票据权利，而不问票据取得的原因是否无效或有瑕疵。

⑥票据是一种可转让的证券。根据国际上通行的做法，凡记名票据，必须经背书

才能交付转让；凡无记名票据，则可直接交付转让。我国票据法规定的票据均为记名票据，故其必须通过背书的方式进行转让。

2. 票据法的概念

票据法，是指规定票据的种类、形式、内容以及各当事人之间权利义务关系的法律规范的总称。票据法亦有广狭二义。广义上的票据法是指各种法律中有关票据规定的总称，包括以“票据法”名称颁布的法律以及其他法律中有关票据的规定。例如，民法中有关法律行为、代理、票据设置的规定；刑法中有关伪造有价证券罪的规定；民事诉讼中有关票据诉讼、公示催告等的规定，等等。狭义上的票据法则仅是指票据的专门立法，即可称为“票据法”的法律及其有关实施性规定。

3. 我国票据立法概况

新中国成立以后，由于我国长期实施计划经济体制，一切信用集中于银行，因而实践中便缺少票据使用的条件，我国的票据立法也几乎处于空白状态。

党的十一届三中全会以来，随着我国经济、金融体制的不断改革，社会主义市场经济体制的逐步建立，票据的使用也得到了较大的发展。在 20 世纪 80 年代末，中国人民银行全面推行了以汇票、本票、支票为主体的结算制度，允许票据在经济主体之间使用和流通，票据便得到了普遍的推广和广泛的应用。

适应票据的发展和需要，中国人民银行及一些地方人民政府先后颁布了若干调整票据关系的法律规定。1988 年 6 月，上海市人民政府发布了《上海市票据暂行规定》；1988 年 12 月，中国人民银行颁布了《银行结算办法》；1993 年 5 月，中国人民银行颁布了《商业汇票办法》，等等。但是，随着票据的推广使用和流通，运用票据进行支付和资金清算的日益增多，国际贸易往来支付活动的日趋上升，没有一部专门的票据法具体调整各种票据关系是不行的，在实践中出现了一系列的问题，如出票、背书、承兑、保证、付款等票据行为不够规范；有的票据权利人不正确地行使票据权利；有的票据债务人不履行票据义务，随意宣布票据无效，拒付票款，形成许多票据纠纷；有的甚至利用票据进行违法犯罪行为等。因此，从 1990 年开始，有关部门便组织力量起草《票据法》草案，经过多次研究、讨论和修改，在广泛征求社会各界意见的基础上，终于在 1993 年年底完成了《票据法》送审稿。国务院经过讨论修改，于 1994 年 12 月 5 日提交全国人大常委会审议，第八届全国人大常委会第十三次会议于 1995 年 5 月 10 日正式通过。从此，中华人民共和国第一部《票据法》诞生了，该法于 1996 年 1 月 1 日起施行。

《票据法》出台之后，中国人民银行组织制定了《票据管理实施办法》和《支付结算办法》等有关票据方面的实施办法及配套规定，最高人民法院为了正确适用《票据法》，公正、及时审理票据纠纷案件，保护票据当事人的合法权益，维护金融秩序和金融安全，于2000年11月14日公布了《最高人民法院关于审理票据纠纷案件若干问题的规定》（以下简称《高法审理票据纠纷案司法解释》）。这些配套立法工作完成和司法解释出台之后，可以说，中国已初步建立起一套适应社会主义市场经济发展需要的票据法体系。

（二）票据法律关系

1. 票据法律关系的概念

票据法律关系，是指票据当事人之间在票据的签发和转让等过程中发生的权利义务关系。

票据法律关系可分为票据关系和票据法上的非票据关系。票据关系，是指当事人之间基于票据行为而发生的债权债务关系，如出票人与受款人之间的关系、受款人与付款人之间的关系、背书人与被背书人之间的关系，等等。票据法上的非票据关系则是指由票据法所规定的，不是基于票据行为直接发生的法律关系，如票据上的正当权利人对于因恶意而取得票据的人行使票据返还请示权而发生的关系、因手续欠缺而丧失票据上权利的持票人对于出票人或承兑人行使利益偿还请求权而发生的关系、票据付款人付款后请求持票人交还票据的关系等。总体来说，票据关系是票据当事人之间的基本法律关系，为了保障该基本法律关系中权利义务的实现，法律另外作出了相应规定，当事人之间依照这类规定而发生的权利义务关系，即为票据上的非票据关系。

票据关系与票据的基础关系不同。票据关系的发生是基于票据的授受行为，那么当事人之间为何而授受票据，则是基于一定的原因或前提，这种授受票据的原因或前提关系即是票据的基础关系，如基于购买货物或返还资金而授受票据，该购货关系和返还资金关系即是票据的基础关系。在法理上，票据的基础关系往往都是民法上的法律关系。票据关系与票据的基础关系具有密切的联系。一般来说，票据关系的发生总是以票据的基础关系为原因和前提的，正因如此，《票据法》第十条第一款规定："票据的签发、取得和转让，应当遵循诚实信用的原则，具有真实的交易关系和债权债务关系。"这里的交易关系和债权债务关系就是基础关系的范畴。但是，票据关系一经形成，就与基础关系相分离，基础关系是否存在，是否有效，对票据关系都不起影响作用。也就是说，如果票据当事人违反《票据法》的上述规定而签发、取得和转让了没有真实的交易关系和债权债务关系的票据，该票据只要符合法定的形式要件，票据关系就是有效的，该票据关系的债务人就必须依票据上的记载事项对票据债权人承担票据责任，而不得以该票据没有真实的交易和债权债务关系为由而进行抗辩。除非依《票据法》第十三条第二款之规定，持票人是不履行约定义务的与自己有直接债权债务关系的人，票据债务人才可进行抗辩。此外，票据关系因一定原因失效，也不影响基础关系的效力。《票据法》第十八条明确规定：“持票人因超过票据权利时效或者因票据记载事项欠缺而丧失票据权利的，仍享有民事权利，可以请求出票人或者承兑人返还其与未支付的票据金额相当的利益。”因此，票据关系与票据之基础关系不容混淆。

票据法律关系与其他民事法律关系一样，由主体（即当事人）、内容和客体三大要素构成，以下分别对此作些分析。

2. 票据法律关系的主体

票据法律关系的主体是指票据法律关系的当事人。

总体来说，因票据而发生的法律关系是一种债权债务关系，因而该关系之当事人可概括为债权人和债务人。但是，票据法律关系是一种特殊的关系，其主体都有特定的名称，被冠以不同名称的当事人在票据法律关系中具有不同的地位和作用，因此，其当事人也就显得较为复杂。总而言之，该等当事人有出票人（亦称发票人）、持票人、承兑人、付款人、受款人、背书人、被背书人、保证人、参加付款人、预备付款人等。由于票据的种类不同，当事人的构成不尽相同，票据行为的性质不同，当事人的称谓亦有区别，在某些情况下，同一个当事人可以有两个名称，即具有双重身份，如汇票中的付款人在承兑汇票后又称为承兑人等。因此，为了便于读者理解各种当事人的身份，待以后分析票据行为及说明各类票据时再具体解释。

3. 票据法律关系的内容

票据法律关系的内容是指票据法律关系的主体依法所享有的权利和承担的义务。权利和义务是票据法律关系的实质所在。该等权利是指票据法律关系之当事人依照票据法或票据行为可以为一定行为或要求他人为一定行为。例如，依照《票据法》第五条和第九条之规定，票据当事人可以委托其代理人在票据上签章，票据之原记载人可以对票据上一些非主要记载事项进行更改；依据汇票出票人的出票行为，持票人可以要求承兑人或其他付款人按票据上所记载的金额付款等。该等义务系指票据法律关系之当事人依照票据或票据行为必须进行或不进行一定的行为。例如，依照《票据法》第十三条的规定，票据债务人不得以自己与出票人或者与持票人的前手之间的抗辩事由对抗持票人。该法第十四条规定，票据上的记载事项应当真实，不得伪造、变造；依照本票出票人的出票行为，出票人应该无条件地按票据上所记载的金额支付给收款人或持票人等。

4. 票据法律关系的客体

票据法律关系的客体是指票据法律关系的权利和义务所共同指向的对象。该对象亦称为标的。这是权利义务的载体，否则权利义务即无所依归。鉴于票据法律关系是因支付或清偿一定的金钱而发生的法律关系，因此，其客体只能是一定数额的金钱，而不是某种物品。尽管签发票据可能是由于买卖某种货物（即物品）而引起的，但因票据关系是一种独立的法律关系，与票据的基础关系不同，因而基础关系中的客体（即物品）并不是票据关系中的客体，故物品也就不能成为票据法律关系的客体，由此也不允许用其他物品来代替金钱进行支付或清偿。

（三）票据行为

1. 票据行为的概念

票据行为，是指票据关系的当事人之间以发生、变更或终止票据关系为目的而进行的法律行为。在理解这一概念时，应把握以下几个要点：

（1）票据行为是在票据关系当事人之间进行的行为。

该当事人包括：

①出票人（亦称发票人）。是指依法定方式作成票据并在票据上签字盖章，并将票据交付给收款人的人。

②收款人（亦称抬头人）。是指票据到期并经提示后收取票款的人。收款人有时又是持票人。

③付款人。是指根据出票人的命令支付票款的人。

④持票人。指持有票据的人。占有票据的收款人、被背书人或来人抬头票据的持有人都是票据的持票人。

⑤承兑人。即是汇票的主债务人，是指接受汇票之出票人的付款委托，同意承担支付票款义务的人。

⑥背书人。是指在转让票据时，在票据背面签字或盖章，并将该票据交付给受让人的票据收款人或持有人。

⑦被背书人。是指被记名受让票据或接受票据转让的人。

⑧保证人。即为票据债务提供担保的人。

⑨其他当事人。如参加承兑人、参加付款人、预备付款人等与票据的债权、债务直接或间接发生关系的当事人。

（2）票据行为是以设立、变更或终止票据关系为目的的行为。

这表明，票据行为是一种意思表示行为，即票据关系之当事人进行票据行为时都是有目的地设定、变更或终止某项票据权利或义务，并将该种意思表现于外。事实行为不具备意思表示的因素，因而其不属票据行为。

（3）票据行为是一种合法行为。

票据行为是一种民事法律行为。根据《民法通则》第五十四条之规定，民事法律行为是一种合法行为，故票据行为就是一种合法行为。换言之，凡是行为主体不合格、意思表示不真实、行为内容违法等的违法行为就不是票据行为，不受法律的保护。

2. 票据行为成立的有效条件

票据行为是一种民事法律行为，故其必须符合民事法律行为成立的一般条件。根据《民法通则》和《票据法》的有关规定，票据行为的成立必须符合以下基本条件：

（1）行为人必须具有从事票据行为的能力。

从事票据行为的能力亦称票据能力。票据能力可概括为权利能力和行为能力。所谓权利能力是指行为人可以享有票据上的权利和承担票据上的义务的资格。所谓行为能力则是指行为人可以通过自己的票据行为取得票据上的权利和承担票据上的义务的资格。

根据一般民法理论，法人的权利能力与行为能力是一致的，即如果法人不能享有票据上的权利和承担票据上的义务，即也不能通过自己的行为取得该权利和承担该义务。至于法人是否具有从事某一票据行为的能力，则只能依法律的规定而定。从《票据法》及其他有关法律、法规的规定来看，法人的票据能力并无严格限制，法人可以依法从事各种票据行为。

公民的权利能力与行为能力往往不尽一致，即公民可以享有票据上的权利和承担票据上的义务，但却不一定能通过自己的行为取得该权利和承担该义务。《票据法》第六条规定："无民事行为能力人或者限制民事行为能力人在票据上签章的，其签章无效……"因此，在票据行为中，在票据上签章的自然人必须是具有完全民事行为能力的人，否则，该签章不具有任何效力，签章者并不因此而成为票据上的债务人，其他票据当事人也不得据此签章向无民事行为能力人或限制行为能力人主张任何票据债权。此外，法律、法规禁止公民从事某项票据行为的，公民即不具有从事该行为的能力。

（2）行为人的意思表示必须真实或无缺陷。

依照民法的一般原则，意思表示真实应是行为人的内心意思与外在表示一致，意思表示无缺陷即是意思表示不存在法律上的障碍或欠缺。票据行为作为一种意思表示行为，即必须意思表示真实且无缺陷。鉴于票据行为的特殊性，应该更注重的是票据行为的外在表示形式，即形式上的合法性。但是，我国《票据法》第十二条第一款规定："以欺诈、偷盗或者胁迫等手段取得票据的，或者明知有前列情形，出于恶意取得票据的，不得享有票据权利"。这一规定表明，尽管票据的形式符合法定条件，但从事票据行为的意思表示不真实或存在缺陷，票据持有人亦不得享有票据上的权利，该等行为无效。具体来说：

①因欺诈而取得票据的行为。这是指票据受让人故意告知签发人或转让人虚假情况，或者故意隐瞒真实情况，诱使签发人或转让人做出错误的出票行为或转让行为。由于签发人或转让人受蒙骗而不知真实情况，做出的出票或转让行为并不是其真实意思的反映，故其是无效的。

②因偷盗而取得票据的行为。这是指行为人在票据权利人或票据保管人不知情的情况下窃取其票据而占为已有的行为。实际上，票据权利人并未作出任何转让票据的意思表示，当然非法占有人取得票据的行为也就不能成为有效的行为，不受法律的保护。

③因胁迫而取得票据的行为。这是指行为人以给公民及其亲友的生命、健康、荣誉、名誉、财产等造成损害或者以给法人、其他组织的荣誉、名誉、财产等造成损害为要挟，迫使对方做出违背真实意思表示而签发或转让票据的行为。签发票据的人或转让票据的人，因精神受到恐吓做出的行为不是其真实的意思表示，故而该行为是无效的。

④因恶意而取得票据的行为。这是指票据取得人明知票据转让者存在权利上的瑕疵，没有处分、转让票据的权利，仍受让其票据的权利。恶意是相对善意而言的。票据取得人明知票据转让者因欺诈、偷盗、胁迫而取得票据，还受让该票据，这表明行为人有主观上的恶性，意思表示有缺陷，故其行为不受法律的保护。换言之，如果票据取得人不知道或者不可能知道票据转让者存在权利上的瑕疵，没有处分、转让票据的权利而受让其票据，根据民法理论中善意取得原则，只要根据形式合法，该票据取得人获得的票据即受法律保护。在实践中，受让人除明知转让人因欺诈、偷盗、胁迫而无权处分票据的情形之外，还可能会明知票据转让者无权转让票据的其他情形，如转让者转让拾得的票据、转让者转让因他人疏忽而不当取得的票据等，也应推定为恶意取得，该取得票据之行为无效。

除上述情形外，根据《民法通则》第五十八条之规定，行为人之间恶意串通损害国家、集体或者第三人利益的，其行为无效。这亦适用于票据行为。

（3）票据行为的内容必须符合法律、法规的规定。

票据行为是一种合法行为，故其内容必须符合法律、法规的规定。我国《票据法》第三条规定："票据活动应当遵守法律、行政法规，不得损害社会公共利益。"凡违背法律的规定而进行的行为，将不取得票据行为的法律效力。需要明确的是，这里所指的合法主要是指票据行为本身必须合法，即票据行为的进行程序、记载的内容等合法，至于票据的基础关系涉及的行为是否合法，则与此无关。例如，当事人发出票据是基于买卖关系，如果该买卖关系违反法律、法规而无效，则不影响票据行为的有效性。

（4）票据行为必须符合法定形式。

票据行为是一种要式行为，即须采用法律规定的形式，因此，票据行为必须符合法律、法规规定的形式。我国《票据法》对此内容作了详尽的规定，具体表现在以下几个方面：

①关于签章。在票据上，签章是票据行为生效的一个重要条件。“签章”与“签名”不是同一个概念。国外票据法律普遍使用的是“签名”的概念，然而我国在传统和实践中习惯于使用盖章表现特定身份，特别是企事业单位及组织的盖章具有很强的法律效力。因此，我国《票据法》第七条第一款规定：“票据上的签章，为签名、盖章或者签名加盖章。”也就是说，签章既包括签名，也包括盖章，这是我国票据法上一个特有的概念。具体来说，行为人在票据上签章，可以采用签名、盖章或者签名加盖章的其中之一。

票据上的签章是票据行为表现形式中绝对应记载的事项，如无该项内容，票据行为即为无效。票据上的签章因票据行为的性质不同，签章人也不相同。票据签发时，由出票人签章；票据转让时，由背书人签章；票据承兑时，由承兑人签章；票据保证时由保证人签章；票据代理时，由代理人签章；持票人行使票据权利时，由持票人签章，等等。

《票据法》第七条第二款规定：“法人和其他使用票据的单位在票据上的签章，为该法人或者该单位的盖章加其法定代表人或者其授权的代理人的签章。”根据该规定，法人和其他单位的签章必须同时采用两种方式，即该法人或该单位的盖章和该法人或该单位的法定代表人或者授权的代理人的签章。这是法律规定的特定要求，否则，票据行为就不产生效力。《高法审理票据纠纷案司法解释》第四十一条和中国人民银行颁布的《支付结算办法》第二十三条，就票据的签章要求作出了详尽的规定，即 a. 银行汇票的出票人在票据上的签章和银行承兑汇票的承兑人的签章，应为经中国人民银行批准使用的该银行汇票专用章加其法定代表人或其授权的代理人的签名或者盖章；b. 商业汇票的出票人在票据上的签章，为该法人或者该单位的财务专用章或者公章加其法定代表人、单位负责人或者其授权的代理人的签名或者盖章；c. 银行本票的出票人在票据上的签章，应为经中国人民银行批准使用的该银行本票专用章加其法定代表人或其授权的代理人的签名或者盖章；d. 单位在票据上的签章，应为该单位的财务专用章或者公章加其法定代表人或其授权的代理人的签名或者盖章；e. 个人在票据上的签章，应为该个人的签名或者盖章；f. 支票的出票人和商业承兑汇票的承兑人在票据上的签章，应为其预留银行的签章。

但是，根据《高法审理票据纠纷案司法解释》第四十二条之规定，银行汇票、银行本票的出票人以及银行承兑汇票的承兑人在票据上未加盖规定的专用章而加盖该银行的公章，支票的出票人在票据上未加盖与该单位在银行预留签章一致的财务专用章而加盖该出票人的公章的，签章人应当承担票据责任。

关于票据的签名，《票据法》第七条第三款规定："在票据上的签名，应当为该当事人的本名。"这一规定主要是针对公司而言的。鉴于公民使用姓名的情况较为复杂，如有的人除本名外，还有乳名、学名；还有的人有一个或多个笔名，甚至有的人取了外文名等，故票据法强调公民在票据上签名时只能使用本名。《票据管理实施办法》第十六条规定，该本名是指符合法律、行政法规以及国家有关规定的身份证件上的姓名。

根据《高法审理票据纠纷案司法解释》第四十六条和《支付结算办法》第二十四条之规定，出票人在票据上的签章不符合规定的，票据无效；承兑人、保证人在票据上的签章不符合规定的，或者无民事行为能力人、限制民事行为能力人在票据上签章的，其签章无效，但不影响其他符合规定签章的效力；背书人在票据上的签章不符合规定的，其签章无效，但不影响其前手符合规定签章的能力。

②关于票据记载事项。票据记载相关事项是票据行为的一项重要内容。票据记载事项一般分为绝对记载事项、相对记载事项、非法定记载事项等。绝对记载事项是指票据法明文规定必须记载的，如无记载，票据即为无效的事项；相对记载事项是指某些应该记载而未记载，适用法律的有关规定而不使票据失效的事项；非法定记载事项是指票据法规定由当事人任意记载的事项。

根据《支付结算办法》的规定，票据上可以记载《票据法》及该办法规定事项以外的其他出票事项，但是该记载事项不具有票据上的效力，银行不负审查责任。由于票据种类不同，记载的事项亦不一样，故这里只说明各类票据共同必须绝对记载的内容：

第一，票据种类的记载，即汇票、本票、支票的记载。

第二，票据金额的记载。我国《票据法》第八条规定："票据金额以中文大写和数码同时记载，二者必须一致，二者不一致的，票据无效。"这一规定与国外票据立法不尽相同。国外普遍的做法：票据金额同时以文字和数码记载，两者有差异时，以文字记载的金额为准。我国《票据法》则要求票据金额必须以中文大写和数码同时记载，二者必须一致，否则票据即为无效。

③票据收款人的记载。收款人是票据到期收取票款的人，并且是票据的主债权人，因此，票据必须记载这一内容，否则票据即为无效。

④年月日的记载。这一般是指发票年月日的记载。年月日是判定票据权利义务的发生、变更和终止的重要标准，因此票据必须将此作为必须记载的事项，否则票据即为无效。

正是基于票据金额、日期、收款人名称等内容在票据上的重要性，所以我国《票据法》第九条第二款规定："票据金额、日期、收款人名称不得更改，更改的票据无效。"因此，有关人员在进行票据行为时，必须严格审查这三项内容是否有过更改。如果确属记载错误或需要重新记载，只能由出票人重新签发票据。根据《高法审理票据纠纷案司法解释》第四十三条之规定，在前述情形下，付款人或者代理人对此类票据付款的，应当承担责任。

票据行为只有同时具备以上四个条件，才能发生法律效力，达到行为人预期的目的，否则票据行为即为无效。

3. 票据行为的代理

（1）代理概述。

票据行为是一种民事法律行为，故民法中的代理也适用票据行为。

我国《票据法》对票据行为的代理作了相应规定。该法第五条第一款规定："票据当事人可以委托其代理人在票据上签章，并应当在票据上表明其代理关系。"根据这一规定，票据行为的代理必须具备以下条件：第一，票据当事人必须有委托代理的意思表示。根据票据代理的特殊性，该种授权委托一般以书面形式，即授权委托书的方式为宜。第二，代理人必须按被代理人委托在票据上签章。代理人在行使代理权时，必须在票据上以自己的名字或名称作签章。如果代理人未在票据上以自己的名字或名称签章，则不产生票据代理的效力。第三，代理人在应在票据上表明代理关系，即注明"代理"字样或类似的文句。凡是符合上述条件的，该票据行为的代理即对被代理人发生法律效力，其后果由被代理人承担。

（2）无权代理。

票据上的无权代理主要表现为行为人没有被代理人的授权而以代理人名义上在票据上签章。根据我国《票据法》第五条第二款之规定，没有代理权而以代理人名义在票据上签章的，应当由签章人承担票据责任。

所谓票据责任，是指票据债务人向持票人支付票据金额的义务。如果没有代理权以代理人名义在票据上签章，签章人应承担向持票人支付票据金额的义务。但是，签章人承担这一责任，必须存在三个条件：第一，必须是无权代理人在票据上以自己的名义签章。不论该票据记载的被代理人是何人，只要无权代理人在票据上以自己名义签章，其就应对此行为承担责任。第二，必须是行为人没有代理权。如果行为人不能证明自己具有代理权，即使票据上记载为被代理人代理并以自己的名义签章，也应承担责任。第三，必须是该行为能产生票据上的效力。如果无权代理人的行为不能产生票据上的效力，那么他不承担无权代理的责任。例如，无权代理人系无民事行为能力人等。

（3）越权代理。

在民法理论上，越权代理的越权部分，亦属无权代理，但是其与前述所言的无权代理不同的是：后者从一开始就没有代理权，而前者则有代理权，只是行为人超越了被代理人的授权范围而进行代理行为。在票据行为代理中，越权代理实则表现为增加了被代理人的票据义务。根据《票据法》第五条第二款之规定，代理人超越代理权限的，应当就其超越权限的部分承担票据责任。

（四）票据权利与抗辩

1. 票据权利

（1）票据权利的概念。

票据权利，是指持票人向票据债务人请求支付票据金额的权利。根据我国《票据法》第四条第四款的规定，票据权利包括付款请求权和追索权。

票据权利是票据关系中票据债权人享有的权利，是一种证券权利，产生于票据债务人的票据行为，因此在学理上，该权利也叫票据上的权利。这与票据法上的权利不是同一概念。票据法上的权利是根据票据法的规定产生的权利，从广义上讲，票据权利也属票据法上的权利范畴，但一般认为，票据法上的权利在性质上属于非票据关系，如《票据法》第五条规定的票据当事人可以委托其代理人在票据上签章的委托权，第九条规定票据的原记载人可以更改票据上一些非主要记载事项等，该等权利就是票据法上的权利，而非票据权利。

（2）票据权利的内容。

票据权利是以获得一定金钱为目的的债权。债权是一种请求权，即为请求他人为一定行为或不为一定行为的权利。票据权利作为一种金钱债权，表现为请求支付一定数额货币的权利。如前所述，我国《票据法》规定票据权利为付款请求权和追索权。这表明票据权利的内容与一般的金钱债权不同。一般的金钱债权是一种简单的一次性的请求权，而票据权利则体现为二次请求权。第一次请求权是付款请求权，这是票据上的主要权利；第二次请求权为追索权，这是指第一次请求权（即付款请求权）得不到满足时，向付款人以外的票据债务人要求清偿票据金额及有关费用的权利，故该权利又称偿还请求权。由于追索权是一种附条件的权利，即有赖于第一次请求权不能实现才得以行使的权利，故又叫从票据权利。正因如此，《高法审理票据纠纷案司法解释》第四条规定："持票人不先行使付款请求权而先行使追索权遭拒绝提起诉讼的，人民法院不予受理。除有《票据法》第六十一条第二款和本规定第三条所列情形外，持票人只能在首先向付款人行使付款请求权而得不到付款时，才可以行使追索权。"

（3）票据权利的取得。

票据权利的取得，亦称票据权利的发生。票据权利是以持有票据为依据的，因此，行为人合法取得票据，即取得了票据权利。根据一般情形，当事人取得票据主要有以下几种情况：第一，从出票人处取得。出票是创设票据权利的票据行为，从出票人处取得票据，即取得票据权利。第二，从持有票据的人处受让票据。票据通过背书或交付等方式可以转让他人，以此取得票据即获得票据权利。第三，依税收、继承、赠与、企业合并等方式获得票据。

根据我国《票据法》的有关规定，行为人合法取得票据，依法取得票据权利，必须注意以下几个问题：

①票据的取得，必须给付对价。对价是一个特定的法律概念，这是指当事人一方在获得某种利益时，必须给付对方相应的代价。《票据法》第十条第二款规定："票据的取得，必须给付对价，即应当给付票据双方当事人认可的相对应的代价。"这里所指的"相对应的代价"就是指相当或相等的代价。例如，出票人签发一张金额为5万元的汇票，收款人提供5万元的商品，该商品即是相对应的代价。该等对价是否相当或相等，一般以票据双方当事人签订的合同或达成的协议为准。如果一方当事人提供不符合双方认可的对价，不仅构成民法中的违约责任，而且在票据法中也被认为是无对价的，只有在事后追认同意的，才构成对价。

票据的取得是无对价或无相当对价的，根据票据法的一般原理，只要票据取得人取得票据没有恶意，即不存在欺诈、偷盗、胁迫等，那么他自然享有票据权利，但该票据权利不得优于其前手，所谓"前手"是指在票据签章人或者持票人之前签间的其他票据债务人。这就是说，凡是无对价或无相当对价取得票据的，如果属于善意取得，仍然享有票据权利，但票据持有人必须承受其前手的权利瑕疵。如果前手的权利因违法或有瑕疵而受影响或丧失，该持票人的权利也因此而受影响或丧失。

②因税收、继承、赠与可以依法无偿取得票据的，不受给付对价之限制。这是一种例外的情况。由于法律允许一些无偿法律行为存在，故也承认一方当事人给付他方当事人某种利益时，他方当事人只接受该种利益而无须支付任何报酬。所以《票据

法》第十一条第一款规定："因税收、继承、赠与可以依法无偿取得票据的，不受给付对价的限制。但是，所享有的票据权利不得优于其前手的权利。"这一规定一方面强调了在法律认可的无偿关系情况下，可以取得票据并不受给付对价之限制，另一方面又对无偿取得票据者的票据权利作了相应的限制，这一限制表现在两个方面：一是由此取得的票据权利范围不得超过其前手的权利范围；二是如果前手的权利有瑕疵，票据取得人取得的权利亦受此影响。

③因欺诈、偷盗、胁迫、恶意或重大过失而取得票据的，不得享有票据权利。前述有关部分对欺诈、偷盗、胁迫和恶意取得票据的情形已作过说明，这里不再赘述。该等行为取得的票据，即使票据的要式齐全、票据的背书连续，也不得享有票据权利，由此而触犯其他法律、法规的，还要依法追究其相应的法律责任。

根据《票据法》第十二条第二款之规定："持票人因重大过失取得不符合本法规定的票据的，也不得享有票据权利。"民法理论上的重大过失是指行为人因疏忽或过于自信不仅没有遵守法律对他较高的注意之要求，甚至连人们一般应当注意并能够注意的要求都未达到，以致造成某种损害后果。此处的持票人因重大过失取得票据，是指票据受让人虽不是明知，但如果凭一般业务交往和日常生活之基本经验和习惯稍加注意就可知道票据转让人转让的票据不符合票据法规定的票据。在此情况下，票据取得人不得享有票据权利。但是，应该注意的是，如果持票人因重大过失取得符合规定的有效票据，是否享有票据权利，《票据法》没有规定。如果持票人因重大过失而没有注意到票据转让人对票据没有处分权，尽管该票据是有效票据，亦应视为不得享有票据权利。

（4）票据权利的消灭。

票据权利的消灭，是指因发生一定的法律事实而使票据权利不复存在。票据权利消灭之后，票据上的债权、债务关系也随之消灭。在一般情况下，票据权利可因履行、免除、抵销等事由的发生而消灭。这里主要说明票据权利因时效而消灭的情形。我国民法确定的时效主要是指消灭时效，这是指权利人在法律规定的时效期间内不行使权利，即引起权利丧失的一种制度。根据我国《票据法》第十七条之规定，票据权利因在一定期限内不行使而消灭的情形有四种：

①持票人对票据的出票人和承兑人的权利，自票据到期日起 2 年。见票即付的汇票、本票，自出票日起 2 年。这是有关付款请求权的时效规定。依此规定，持票人对票据的出票人和承兑人、本票的发票人享有的付款请求权，自票据到期日起 2 年内不行使，见票即付的汇票、本票的付款请求权，自出票日起 2 年内不行使，其权利归于消灭。

②持票人对支票出票人的权利，自出票日起6个月。这也是有关付款请求权的时效规定，依此规定，持票人对支票出票人的付款请求权，自出票日起6个月内不行使，其权利归于消灭。

③持票人对前手的追索权，自被拒绝承兑或者被拒绝付款之日起6个月。这是有关追索权的时效规定。持票人的付款请求权被拒绝之后，自被拒绝承兑或者被拒绝付款之日起6个月内不行使追索权的，该项权利归于消灭。

④持票人对前手的再追索权，自清偿日或者被提起诉讼之日起3个月。这也是有关追索权的时效规定，再追索权是指受到追索而偿还了票款的人因取得票据上的权利而向其前手再追索的追索权。票据的被追索人清还了票款之后，即取得持票人的同一权利，故有权向其前手行使追索权。根据我国《票据法》的规定，被追索人清偿了票款之后，自清偿日或者被提起诉讼之日起3个月内，应向其前手行使再追索权，否则即丧失了该权利。

根据《高法审理票据纠纷案司法解释》第十三条和第十八条之规定，前述四种情形中，第一种和第二种所指的权利，包括付款请求权和追索权；第三种和第四种所指的追索权，不包括对票据出票人的追索权。

上述时效的规定都适用民法上有关时效中断和中止的有关规定。但是，根据《高法审理票据纠纷案司法解释》第二十条之规定，上述票据权利时效发生中断的，只对发生时效中断事由的当事人有效。

（5）票据权利的行使与保全。

票据权利的行使，是指票据权利人向票据债务人提示票据，请求实现票据权利的行为，如请求承兑、提示票据请求定期付款、行使追索权等。票据权利的保全，是指票据权利人防止票据权利丧失的行为，如为防止付款请求权与追索权因时效而丧失，采取中断时效的行为；为防止追索权丧失而请求做成拒绝证明的行为等。

票据权利人为了防止票据权利的丧失，在人民法院审理、执行票据纠纷案件时，可以请求人民法院依法对票据采取保全措施或者执行措施。根据《高法审理票据纠纷案司法解释》第八条之规定，经当事人申请并提供担保，对具有下列情形之一的票据，可以依法采取保全措施和执行措施：①不履行约定义务，与票据债务人有直接债权债务关系的票据当事人所持有的票据；②持票人恶意取得的票据；③应付对价而未付对价的持票人持有的票据；④记载有“不得转让”字样而用于贴现的票据；⑤记载有“不得转让”字样而用于质押的票据；⑥法律或者司法解释规定有其他情形的票据。

无论是票据权利的行使还是保全，都涉及一个在何地进行的问题。根据民法的一般原理，在债的履行中，除特定物的给付外，凡债务的清偿，除非当事人之间有特别约定，应当在债权人的住所进行。但是，票据是一种流通证券，转让较为频繁，因而票据债务人往往很难确定票据到期的债权人，到债权人处履行债务亦较为困难。为此，《票据法》第十六条规定："持票人对票据债务人行使票据权利，或者保全票据权利，应当在票据当事人的营业场所和营业时间内进行，票据当事人无营业场所的，应当在其住所进行"。此处所指的票据当事人是指对票据债务承担义务的承兑人、付款人、保证人、出票人或前手背书人等。此外，所指的住所，依照《民法通则》第三十九条之规定："法人以它的主要办事机构所在地为住所"；第十五条规定："公民以他的户籍所在地的居住地为住所，经常居住地与住所不一致的，经常居住地视为住所"。

（6）票据权利的补救。

票据权利与票据是紧密相连的，如果票据丧失，票据权利的实现就会受到影响。为此，我国《票据法》第十五条规定了票据丧失后的补救措施。该补救措施主要有三种形式，即挂失止付、公示催告、普通诉讼。无论采取哪一种补救措施，均必须符合以下几个条件：

第一，必须有丧失票据的事实。所谓丧失票据（或票据丧失）是指票据因失、遗失、被盗等原因而使票据权利人脱离其对票据的占有。在此情况下，票据的物质客体可能已经消灭，或者虽然还存在但失票人不知其在何处。

第二，失票人必须是真正的票据权利人。

第三，丧失的票据必须是未获付款的有效票据。如果是已经付款的票据，或者属于必要记载事项不全的票据，或手续欠缺以及时效届满其权利已消灭的票据等，均不得采取该等补救措施。以下分别对三种补救措施作一说明。

①挂失止付。这是指失票人将丧失票据的情况通知付款人并由接受通知的付款人暂停支付的一种方法。我国《票据法》第十五条第一款规定："票据丧失，失票人可以及时通知票据的付款人挂失止付，但是，未记载付款人或者无法确定付款人及其代理付款人的票据除外。"根据这一规定，挂失止付的票据应当是不属于未记载付款人的票据或者无法确定付款人及其代理付款人的票据。未记载付款人的汇票、本票、支票属于无效票据，故不能挂失止付；无法确定付款人的代理付款人（一般指银行）的银行汇票、银行承兑汇票、银行本票是由代理付款人在见票时直接支付票款，且代理付款人的名称都未在票据上记载，经背书转让后，更难确定代理付款人，故挂失止付通知无法送达，当然也不能挂失止付。

失票人在通知票据的付款人或者代理付款人挂失止付时，应当填写挂失止付通知书并签章。根据《票据管理实施办法》第十九条的规定，挂失止付通知书应当记载下列事项：a. 票据丧失的时间和事由；b. 票据种类、号码、金额、出票日期、付款日期、付款人名称、收款人名称；c. 挂失止付人的名称、营业场所或者住所及联系方法。

《票据法》第十五条第二款规定："收到挂失止付通知的付款人，应当暂停支付。"依此规定，付款人对通知止付的票据，应承担停止付款的义务，否则，则应承担民事赔偿责任。

挂失止付并不是票据丧失后票据权利补救的必经程序，它仅仅是失票人在丧失票据后可以采取的一种暂时的预防措施，以防止票据被冒领或骗取。因此，失票人既可在票据丧失后先采取挂失止付，再申请公示催告或提起诉讼；也可以不采取挂失止付，直接向人民法院申请公示催告，由人民法院在受理后发出停止支付通知，或向人民法院直接起诉。但是票据丧失后，票据极易被冒被、骗取，而且人民法院在受理公示催告或起诉时有一个过程，故失票人应在票据丧失后通知付款人挂失止付为宜。根据《票据管理实施办法》的规定，付款人或者代理付款人自收到挂失止付通知书之日起 12 日内没有收到人民法院的止付通知书的，自第 13 日起，挂失止付通知书失效。但是，如果付款人或者代理付款人在收到挂失止付通知书前，已经依法向持票人付款的，不再接受挂失止付。

②公示催告。这是指在票据丧失后，由失票人向人民法院提出申请，请求人民法院以公告方法通知不确定的利害关系人限期申报权利，逾期未申报者，则权利失效，而由人民法院通过除权判决宣告所丧失的票据无效的一种制度或程序。我国《民事诉讼法》第十八章规定了公示催告程序，该法第二百一十八条规定："按照规定可以背书转让的票据持有人，因票据被盗、遗失或者灭失，可以向票据支付地的基层人民法院申请公示催告"。我国《票据法》第十五条第三款规定："失票人应当在通知挂失止付后三日内，也可以在票据丧失后，依法向人民法院申请公示催告……"根据《民事诉讼法》的规定，票据丧失后的公示催告程序如下：

a. 失票人向票据支付地的基层人民法院提出公示催告的申请。票据支付地是指票据的履行地。银行汇票以出票人所在地在地为支付地；商业汇票以承兑人或付款人所在地为支付地；银行本票以出票人所在地为支付地；支票以出票人开户银行所在地为支付地。票据的代理付款银行是受付款人的委托向持票人支付票款，因此，代理付款银行所在地不能确定为票据支付地。失票人向人民法院递交公示催告申请书时，应当写明票面金额、出票人、持票人、背书人等主要内容和申请的理由以及事实等。如果是已通知挂失止付的，应当在通知挂失止付后 3 日内向人民法院提出公示催告的申请。

b. 人民法院决定受理申请后，应当同时向付款人及代理付款人发出止付通知，并自立案之日起 3 日内发出公告。止付通知是由人民法院向付款人发出的停止付款的通知，如果付款人拒不止付，由此给失票人造成损失的，应承担相应的责任。付款人接到停止付款通知后，应当停止支付，直至公示催告程序终结。公告是由人民法院在受理公示催告申请后，以公开文字形式向社会发出的旨在敦促利害关系人限期申报权利的一种告示。该公告应当在全国性的报刊上登载。人民法院应在受理申请后 3 日内发出公告，公示催告的期间不得少于 60 日，涉外票据可根据情况适当延长，但最长不得超过 90 日。

c. 人民法院收到利害关系人的申报后，应当裁定终结公示催告程序。人民法院在收到利害关系人提出的票据权利主张后，应通知公示催告申请人在指定的期间察看票据。如果公示催告的票据与利害关系人出示的票据不一致，人民法院应裁定予以驳回利害关系人的申报。

d. 公示催告期间届满以及在判决作出前，没有利害关系人申报权利的，公示催告申请人应当自申报权利期间届满的次日起一个月内申请人民法院作出判决。人民法院判决丧失票据无效。判决应当公告，并通知付款人。判决生效后，公示催告申请人有权依据判决向付款人请求付款或向其他票据债务人行使追索权。至此，票据丧失的权利补救措施完成。

③普通诉讼。这是指丧失票据的失票人向人民法院提起民事诉讼，要求法院判定付款人向其支付票据金额的活动。《票据法》第十五要第三款规定：“失票人应当在通知挂失止付后三日内，也可以在票据丧失后……向人民法院提起诉讼。”失票人向人民法院提起诉讼以补救票据权利的，应注意以下几点：

第一，票据丧失后的诉讼被告一般是付款人，但在找不到付款人或付款人不能付款时，也可将其他票据债务人（出票人、背书人、保证人等）作为被告。

第二，诉讼请求的内容是要求付款人或其他票据债务人在票据的到期日或判决生效前支付或清偿票据金额。

第三，失票人在向人民法院起诉时，应提供所丧失票据的有关书面证明。

第四，失票人向人民法院起诉起，应当提供担保，以防由于付款人支付已丧失的票据票款后可能出现的损失。担保的数额相当于票据载明的金额。

第五，在判决前，丧失的票据出现时，付款人应以该票据正处于诉讼阶段为由暂不付款，而将情况迅速通知失票人和人民法院。人民法院应终结诉讼程序。失票人与提示人对票据债权人没有争议的，应由真正的票据债权人持有票据并向付款人行使票据权利；如失票人与提示人对票据债权人有争议的，任何一方均可向人民法院起诉，由人民法院确认。在判决生效后，丧失的票据出现时，付款人暂不付款，应将情况通知失票人。如果失票人与提示人对票据权利没有争议，由真正的票据权利人向付款人行使票据权利；如有争议，任何一方可向人民法院起诉，请求确认权利人。

2. 票据抗辩

（1）票据抗辩的概念。

票据抗辩，是指票据的债务人依照票据法的规定，对票据债权人拒绝履行义务的行为。票据抗辩是票据债务人的一种权利，是债务人保护自己的一种手段。法律之所以规定债务人可以在一定情况下具有拒绝履行义务的权利，主要是基于票据是一种可流通证券，让与极为频繁，在每一个转让环节都有可能使票据出现缺陷，因此赋予债务人的票据抗辩权则可依法保护其合法利益。

（2）票据抗辩的种类。

票据债务人行使抗辩权的情形较为复杂，前述有关内容已提及一些。总体来看，票据抗辩权的行使必须严格依照票据法的规定进行，否则不得行使抗辩权。根据抗辩原因不同以及抗辩效力的不同，票据抗辩可分为两种：

①对物抗辩。这是指基于票据本身的内容而发生的事由所进行的抗辩。这一抗辩可以对任何持票人提出。其主要包括以下情形：

a. 票据行为不成立而为的抗辩。如票据应记载的内容有欠缺；票据债务人无行为能力；无权代理或超越代理权进行票据行为；票据上有禁止记载的事项（如付款附有条件，记载到期日不合法）；背书不连续；持票人的票据权利有瑕疵（如因欺诈、偷盗、胁迫、恶意、重大过失取得票据）等。

b. 依票据记载不能提出请求而为的抗辩。如票据未到期、付款地不符等。

c. 票据载明的权利已消灭或已失效而为的抗辩。如票据债权因付款、抵销、提存、免除、除权判决、时效届满而消灭等。

d. 票据权利的保全手续欠缺而为的抗辩。如应作成拒绝证书而未作等。

e. 票据上有伪造、变造情形而为的抗辩。

②对人抗辩。这是指票据债务人对抗特定债权人的抗辩。这一抗辩多与票据的基础关系有关。例如，甲签发一张票据给乙而购买商品，甲就可以乙未交货，不具有对价为由向乙主张抗辩。为此，《票据法》第十三条第二款亦规定：“票据债务人可以对不履行约定义务的与自己有直接债权债务关系的持票人，进行抗辩。”在理解这一规定时，应注意的是，票据债务人只能对基础关系中的直接相对人不履行约定义务的行为进行抗辩，该基础关系必须是该票据赖以产生的民事法律关系，而不是其他的民

事法律关系；如果该票据已被不履行约定义务的持票人转让给第三人，而该第三人属善意、已对价取得票据的持票人，则票据债务人不能对其进行抗辩。

（3）票据抗辩的限制。

票据抗辩是有限制的，这是各国立法普遍采用的做法。我国《票据法》第十三条第一款规定："票据债务人不得以自己与出票人或者与持票人的前手之间的抗辩事由，对抗持票人。但是，持票人明知存在抗辩事由而取得票据的除外。"这便是对票据抗辩限制的规定。根据这一规定，我国票据法中对票据抗辩的限制主要表现在以下方面：

①票据债务人不得以自己与出票人之间的抗辩事由对抗持票人。也就是说，如果票据债务人（如承兑人、付款人）与出票人之间存在抗辩事由（如出票人与票据债务人存在合同纠纷；出票人存入票据债务人的资金不够等），该票据债务人不得以此抗辩事由对抗善意持票人。

②票据债务人不得以自己与持票人的前手之间的抗辩事由对抗持票人。例如，票据债务人与持票人的前手（如背书人、保证人等）存在抵销关系，而持票人的前手将票据转让给了持票人，票据债务人就不能以其与持票人的前手存在抗辩事由而拒绝向持票人付款。

上述对票据抗辩的限制实际是把票据债务人与出票人之间存在的抗辩以及票据债务人与其前债权人（持票人的前手）之间所存在的抗辩限制在他们之间，而不允许将这些抗辩扩大到其他人。这主要在于保证票据作为一种流通和支付工具的正常使用和流通，不致使票据权利缺乏安全感而无端造成善意持票人的经济损失。但是如果持票人明知票据债务人与出票人之间存在抗辩以及票据债务人与其前债权人之间存在抗辩，拒绝付款。在此情况下，票据债务人应对持票人的恶意行为承担举证责任。

③凡是善意的、已付对价的正当持票人可以向票据上的一切债务人请求付款，不受前手权利瑕疵和前手相互间抗辩的影响。例如，持票人不知道其前手取得的票据存在欺诈、偷盗、胁迫、重大过失等情形，并已为取得票据支付了相应的代价，那么票据债务人不能以持票人的前手存在权利瑕疵而对抗持票人。

④持票人取得的票据是无对价或不相当对价的，由于其享有的权利不能优于其前手的权利，故票据债务人可以对抗持票人前手的抗辩事由对抗该持票人。

根据《高法审理票据纠纷案司法解释》第二十三条之规定，"代理付款人在人民法院公示催告公告发布以前按照规定程序善意付款后，承兑人或者付款人以已经公示催告为由拒付代理付款人已经垫付的款项的，人民法院不予支持。"

3. 票据的伪造和变造

伪造和变造的票据直接影响票据权利，因此，我国《票据法》第十四条对票据的伪造和变造的责任和效力作了规定。

（1）票据的伪造。

票据的伪造是指假冒他人名义或虚构人的名义而进行的票据行为。一般认为，票据上的伪造包括票据的伪造和票据上签章的伪造两种。前者是指假冒他人或虚构人的名义进行出票行为，如在空白票据上伪造出票人的签章或者盗盖出票人的印章而进行出票；后者则是指假冒他人名义而进行出票行为之外的其他票据行为，如伪造背书签章、承兑签章、保证签章等。票据的伪造与票据的无权代理不同的是，票据伪造的伪造人必须是假冒他人名义签章，而票据的无权代理则是在票据上表明了代理关系，将被代理人的姓名或名称记载在票据上并由代理人签章，因此二者不能等同。

票据的伪造行为是一种扰乱社会经济秩序、损害他人利益的行为，在法律上不具有任何票据行为的效力。由于其从一开始就是无效的，故持票人即使是善意取得，对被伪造人也不能行使票据权利。对伪造人而言，由于票据上没有以自己名义所作的签章，因此也不应承担票据责任。但是，如果伪造人的行为给他人造成损害的，必须承担民事责任，构成犯罪的，还应承担刑事责任。

根据《票据法》第十四条第二款之规定，票据上有伪造签章的，不影响票据上其他真实签章的效力。也就是说，在票据上真正签章的人，仍应对被伪造的票据的债权人承担票据责任，票据债权人按票据法的规定提示承兑、提示付款或行使追索权时，在票据上真正签章人不能以伪造为由进行抗辩。

（2）票据的变造。

票据的变造是指无权更改票据内容的人，对票据上签章以外的记载事项加以变更的行为。例如，变更票据上的到期日、付款日、付款地、金额等。构成票据的变造，须符合以下条件：一是变造的票据是合法成立的有效票据，二是变造的内容是票据上所记载的除签章以外的事项，三是变造人无权变更票据的内容。

有些行为与票据的变造相似，但不属于票据的变造：①有变更权限的人依法对票据进行的变更，这属于有效变更，不属于票据的变造；②在空白票据上经授权进行补记的，由于该空白票据欠缺有效成立的条件，此等补记只是使票据符合有效票据的条件，不属票据的变造；③变更票据上的签章，属于票据的伪造，而不属于票据的变造。

根据《票据法》第十四条第三款之规定，票据的变造应依照签章是在变造之前或之后来承担责任。如果当事人签章在变造之前，应按原记载的内容负责；如果当事人签章在变造之后，则应按变造后的记载内容负责；如果无法辨别是在票据被变造之前或之后签章的，视同在变造之前签章。例如，甲签发一张本票交受款人乙，金额为2万元，乙背书转让给丙，丙取得本票后将金额改为5万元然后转让给丁，丁又背书转让给戊。因甲乙签章在变造之前，故应就2万元负责；丙为变造人，应对其所变造的文义负责，即对5万元负责；丁签章在变造之后，应对5万元负责。如果戊向甲请求付款，甲只负责付给2万元。戊已付给丁5万元，其所受损失3万元应向丁和丙请求赔偿。但是，在实践中，变造人可能签章，也可能不签章，无论是否签章，其都应就行为承担法律责任。

尽管被变造的票据仍为有效，但是，票据的变造是一种违法行为，故变造人的变造行为给他人造成经济损失的，应对此承担赔偿责任，构成犯罪的，应承担刑事责任。

二、汇票

（一）汇票的概念和种类

汇票是出票人签发的、委托付款人在见票时或者在指定日期无条件支付确定的金额给收款人或者持票人的票据。由此可见，汇票是这样一种票据：

第一，汇票有三个基本当事人，即出票人，付款人和收款人。由于这三个当事人在汇票发行时既已存在，故属基本当事人，缺一不可。但是随着汇票的背书转让，汇票上设立保证等，被背书人、保证人等也成为汇票上的当事人。

第二，汇票是由出票人委托他人支付的票据，是一种委托证券，而非自付证券。

第三，汇票是在指定到期日付款的票据。指定到期日是指见票即付、定日付款、出票后定期付款、见票后定期付款四种形式。

第四，汇票是付款人无条件支付票据金额给持票人的票据，此处的持票人包括收款人、被背书人或受让人。

汇票可从不同角度作出不同分类：

（1）以付款期限长短为标准，汇票可分为即期汇票和远期汇票。即期汇票是指见票即行付款的汇票，包括标明见票即付的汇票、到期日与出票日相同的汇票以及未记载到期日的汇票（以提示日为到期日）。远期汇票是指约定一定的到期日付款的汇票，包括定期付款汇票、出票日后定期付款汇票（也叫计期汇票）和见票后定期付款汇票。

（2）以记载受款人的方式不同为标准，汇票可分为记名式汇票和无记名式汇票。

（3）以签发和支付地点不同，汇票可分为国内汇票和国际汇票，前者指在一国境内签发和付款的汇票，后者指汇票的签发和付款一方在国外，或都在国外的汇票。

（4）以银行对付款的要求不同，汇票可分为跟单汇票和原票，前者指使用汇票时需附加各种单据（如提货单、运货单、保险单等），后者指只需提出汇票本身即可付款，无须附加任何单据的汇票。

我国《票据法》将汇票分为银行汇票和商业汇票，前者是指银行签发的汇票，后者则是银行之外的企事业单位、机关、团体等签发的汇票。

在实践中，银行汇票一般由汇款人将款项交存当地银行，由银行签发给汇款人持往异地办理转账结算或支取现金。单位、个体经济户和个人需要使用各种款项，均可使用银行汇票。

银行汇票的当事人是：①出票人。这是指“签发行”。根据我国现行做法，只有参加“全国联行往来”的银行才能签发汇票，即充当出票人。②受款人。这是指收款人，收款人可以是“汇款人”，也可以是其他人。③付款人。这是汇票名的兑付行。“汇款人”不是汇票上的当事人，而是与出票人有原因关系的人。“汇款人”可以是单位、个体经济户和个人。汇款人与签发行的关系是委托关系。

商业汇票，是指收款人或付款人（或承兑申请人）签发，由承兑人承兑，并于到期日向收款人或被背书人支付款项的票据。商业汇票按承兑人的不同，分为商业承兑汇票和银行承兑汇票，前者指由收款人签发，经付款人承兑，或由付款人签发并承兑的票据；后者指由收款人或者承兑申请人签发并由承兑申请人向开户银行申请，经银行审查同意承兑的票据。商业汇票的收款人、付款人或承兑申请人一般指供货和购货单位。在商业承兑汇票中，汇票上的当事人是：①出票人，是交易中的收款人，即卖方，或者交易中的付款人，即买方。②承兑人，出票人如是卖方，承兑人为买方，出票人如是买方，本人为承兑人。③付款人，是买方的开户银行。④受款人，是交易中的收款人，即卖方。在银行承兑汇票中，汇票上的当事人是：出票人是承兑申请人；付款人和承兑人是承兑行，即承兑申请人的开户银行；受款人是与出票人签订购销合同的收款人，即卖方。

（二）出票

1. 出票的概念

出票亦称发票。《票据法》第二十条规定：“出票是指出票人签发票据并将其交付给收款人的票据行为。”依此规定，出票实际包括两个行为：一是出票人依照票据法的规定作成票据，即在原始票据上记载法定事项并签章；二是交付票据，即将作成的票据交付给他人占有。这两者相辅相成，缺一不可。

根据《票据法》第二十一条之规定，汇票的出票人在为出票行为时，必须与付款人具有真实的委托付款关系，并且具有支付汇票金额的可靠资金来源；汇票的出票人不得签发无对价的汇票用以骗取银行或者其他票据当事人的资金。由于汇票是出票人委托付款人向持票人支付票据金额的一种委付证券，故出票人与付款人之间必须存在真实的支付委托关系，即出票人与付款人之间必须存在事实上的资金关系或者其他的债权债务关系。与此同时，出票人在出票时，必须确保在汇票不承兑或不获付款时，必须具有足够的清偿能力。《票据法》强调汇票的签发，必须给付对价，即出票人不得与其他当事人相互串通，利用签发没有对价的承兑汇票，通过转让、贴现来骗取银行或其他票据当事人的资金。由于票据是一种无因证券，因此，即使出票人签发没有对价的汇票，出票人等债务人仍应按照汇票上记载的事项承担票据责任。

2. 汇票的格式

汇票是一种要式证券，出票行为是一种要式行为，故汇票的作成必须符合法定的格式。汇票的格式就是作成汇票后表现于汇票之上的内容。该内容可分为绝对应记载事项、相对应记载事项和非法定记载事项。

（1）汇票的绝对应记载事项。

汇票的绝对应记载事项是指票据法规定必须在票据上记载的事项，若欠缺记载，票据便为无效。根据《票据法》第二十二条之规定，汇票的绝对应记载事项包括七个方面的内容，如果汇票上未记载该七个方面事项之一的，汇票无效。具体内容如下：

①表明“汇票”的字样。这是指在票据上必须记载足以表明该票据是汇票的文字。如果没有该等文字，“汇票”则为无效。根据我国现行汇票的用法，汇票可有“银行汇票”“银行承兑汇票”“商业承兑汇票”等称谓，因此，只要有能够表明“汇票”字样的，即可。

②无条件支付的委托。这是汇票的支付文句，即须表明出票人委托付款人支付汇票金额是不附带任何条件的。换言之，如果汇票附有条件（如收货后付款），则汇票无效。那么汇票上未记载“无条件支付的委托”是否就导致汇票无效呢？从我国目前使用的汇票来看，主要有银行汇票、商业承兑汇票、银行承兑汇票三种。这三种汇票都未记载支付文句。从银行汇票来看，出票人同时又是付款人，出票人实际上是约定自己支付汇票金额，而不存在出票人对他人的支付委托，也就没有必要记载支付委托。从商业承兑汇票来看，以付款人为出票人的，出票人与付款人为同一个，也不存在支付委托问题；以收款人为出票人的，则存在出票人对付款人的支付委托。从银行承兑汇票来看，则存在支付委托的问题。我们认为，尽管实务中上述三种汇票的付款都是无条件付款，但是，《票据法》生效之后，应严格依此规定记载该等支付文句，否则，汇票即为无效。

③确定的金额。这是指汇票上记载的金额必须是固定的数额。如果汇票上记载的金额是不确定的，如10万元以下、5万元以上等，汇票将无效。在实践中，银行汇票记载的金额有汇票金额和实际结算金额。汇票金额是指出票时汇票上应该记载的确定金额；实际结算金额是指不超过汇票金额，而另外记载的具体结算的金额。汇票上记载有实际结算金额的，以实际结算金额为汇票金额。如果银行汇票记载汇票金额而未记载实际结算金额，并不影响该汇票的效力，而以汇票金额为实际结算金额。实际结算金额只能小于或等于汇票金额，如果实际结算金额大于汇票金额的，实际结算金额无效，以汇票金额为付款金额。

④付款人名称。付款人是指出票人在汇票上委托支付汇票金额的人。付款人是汇票的主债务人，如果汇票上未记载付款人的名称，收款人或者持票人将不知道向谁提示承兑或提示付款。因此，汇票上未记载付款人，汇票便为无效。

⑤收款人名称。收款人是指出票人在汇票上记载的受领汇票金额的最初票据权利人。在英美法国家，法律允许签发无记名式汇票，没有将收款人名称规定为应记载事项，而我国《票据法》则不允许签发无记名汇票，故汇票上应将收款人名称作为应记载的绝对之事宜，这有利于汇票的转让和流通，减少发生纠纷。

⑥出票日期。这是指出票人在汇票上记载的签发汇票的日期。出票日期在法律上具有重要的作用，即可以确定出票后定期付款汇票的付款日期、确定见票即付汇票的付款提示期限、确定见票后定期付款汇票的承兑提示期限、确定利息起算日、确定某些票据权利的时效期限、确定保证成立之日期、判定出票人于出票时的行为能力状态以及代理人的代理权限状态等。因此，如果汇票上不记载出票日期，将不利于保护持票人的票据权利。其应为绝对应记载事项。

⑦出票人签章。这是指出票人在票据上亲自书写自己的姓名或盖章。这一问题在前述有关内容已作说明。如果汇票出票人不在汇票上签章，汇票即为无效。

（2）汇票的相对应记载事项。

这也是汇票上必须应记载的内容，但是相对应记载事项未在汇票上记载，并不影响汇票本身的效力，汇票仍然有效。该等未记载的事项可以通过法律的直接规定来补充确定。《票据法》第二十三条规定了这一内容，以下分别加以阐释。

①付款日期。这是指支付汇票金额的日期。汇票除见票即付外，其金额一般是在签发汇票后一段时间才支付。因此，汇票应记载一个付款日期以作为票据权利人行使票据权利的依据。但是，如果汇票上未记载付款日期，并不必然导致票据的无效，根据《票据法》第二十三条第二款之规定，此为见票即付。

关于付款日期，《票据法》第二十五条规定了四种形式，即见票即付、定日付款、出票后定期付款、见票后定期付款。付款日期为汇票到期日。出票人签发汇票时，只能在这四种法定形式中选定，而不能选用法定形式以外的其他任何形式。见票即付是指汇票的付款人一经持票人为付款提示，即应该予以付款的一种付款日期形式。汇票上未记载具体付款时间，表明了“见票即付”字样或依法推定为见票即付的，持票人提示汇票的提示日就是付款日期，即属汇票到期。但是，为了防止持票人久久不提示票据，损害债务人的利益，《票据法》第五十三条规定，见票即付汇票的法定付款提示期限为出票日起 1 个月。持票人未在此期限内为付款提示的，即丧失对其一切前手的追索权。定日付款是指汇票上记载特定年、月、日为支付日期的一种形式。由于该形式的付款日期最为明确，故实践中使用较多。出票后定期付款是指汇票上记载的从出票日起经过一定期间方能付款的一种付款日期形式。这是从出票日作为起算日，直到汇票上记载的一定期间（如 2 个月）的末日为到期日。见票后定期付款是指出票人在汇票上记载的于付款人承兑日起经过一定期间方能付款的一种付款日期形式，如见票后 3 个月付款或承兑后 6 个月付款等。这里的起算日即为见票日。

②付款地。这是指汇票金额的支付地点。此内容应在票据上加以明确记载，以便于收款人或持票人知道在何地提示付款。但是，如果汇票上未记载付款地的，也不必然导致票据无效，而是依据法律的规定确定付款地。根据《票据法》第二十三条第三款之规定，在此情况下，付款地为付款人的营业场所、住所或者经常居住地。付款人的营业场所为其从事生产经营活动的固定场所，付款人没有经营场所的，以其住所为付款地，住所与经常居住地不一致的，则以其经常居住地为付款地。根据我国有关法律解释，经常居住地一般是指公民最后连续居住满 1 年以上的日常生活居住地。

③出票地。这是指出票人签发票据的地点，此内容亦应在票据上加以明确记载。如果汇票上未记载出票地的，依照《票据法》第二十三条第四款之规定，出票人的营业场所、住所或者经常居住地为出票地。

（3）汇票的非法定记载事项。

汇票的非法定记载事项，是指法律规定以外的记载事项。根据《票据法》第二十四条之规定，汇票上可以记载本法规定事项以外的其他出票事项，但是该记载事项不具有汇票上的效力。法律规定以外的事项主要是指与汇票的基础关系有关的事项，如签发票据的原因或用途、该票据项下交易的合同号码，等等。因此，这些事项尽管有利于当事人清算方便，但却与票据关系本身关系不大，故其不具有票据上的效力。

3. 出票的效力

出票是以创设票据权利为目的的票据行为。所以，出票人依照《票据法》的规定完成出票行为之后，即产生票据上的效力。这一效力表现为创设票据权利和引起票据债务的发生，这种权利义务因汇票当事人的地位不同而不同。

（1）对收款人的效力。

收款人取得出票人发出的汇票后，即取得票据权利，一方面，就票据金额享有付款请求权，另一方面，在该请求权不能满足时，即享有追索权。

（2）对付款上的效力。

出票行为是单方行为，付款人并不因此而有付款义务，只有付款之权限。但基于出票人的付款委托使其具有承兑人的地位，在其对汇票进行承兑后，即成为汇票上的主债务人。

（3）对出票人的效力。

出票人委托他人付款，一旦该行为成立，就必须保证该付款能得以实现。如果付款人不予付款，出票人就应该承担票据责任。因此，《票据法》第二十六条规定："出票人签发汇票后，即承担保证该汇票承兑和付款的责任。出票人在汇票得不到承兑或者付款时，应当向持票人清偿本法第七十条、第七十一条规定的金额和费用。"这一规定表明，收款人在向付款人行使票据权利而得不到满足时，出票人必须就此承担票据责任，从法律上讲，该责任是一种担保责任，即担保汇票的承兑和付款。担保汇票的承兑是指汇票到期日前不获承兑时，收款人或持票人可以请求出票人偿还票据金额、利息和有关费用。担保汇票的付款是指汇票到期时，付款人虽已承兑但拒绝付款的，出票人必须承担清偿责任。

（三）背书

1. 汇票的转让与背书

汇票的转让，是指汇票的持票人以背书或仅凭交付的方式而将票据权利让与他人的一种票据行为。票据权利与票据是不可分的，因而票据的转让也就是票据权利的转让。一般而言，票据转让主要有背书交付和单纯交付两种。单纯交付是指持票从未在票据上作任何转让事项的记载而直接将票据交与他人的一种法律行为；背书交付是指持票人以转让票据权利为目的，按法定的事项和方式记载于票据上的一种票据行为。但是，我国《票据法》第二十七条第三款规定，"持票人行使第一款规定的权利时，应当背书并交付汇票"，而该条第一款规定，"持票人可以将汇票权利转让给他人或者将一定的汇票权利授予他人行使"。这表明，我国票据法规定的汇票转让只能采用背书的方式，而不能仅凭单纯交付方式，否则就不产生票据转让的效力。

根据《票据法》第二十七条第二款之规定，出票人在汇票上记载"不得转让"字样的，汇票不得转让。根据《高法审理票据纠纷案司法解释》第五十三条之规定，对于背书人在票据上记载“不得转让”字样，其后手以此票据进行贴现、质押的，通过贴现、质押取得票据的持票人主张票据权利的，人民法院不予支持。这是有关出票人的禁止背书的规定。尽管此处标明的是“不得转让”，但在实践中只要表明了禁止背书的含义，如“禁止背书”“禁止转让”等字样，亦是有效的。依此规定，如果收款人或持票人将出票人作禁止背书的汇票转让的，该转让不发生票据法上的效力，出票人和承兑人对受让人不承担票据责任。

2. 背书的形式

背书是一种要式行为，故其必须符合法定的形式，即其必须作成背书并交付，才能有效成立。从背书的记载事项而言，根据《票据法》的有关规定，其应与出票一样，符合有关出票时应记载的事项内容。现就有关汇票记载的事项作一说明：

（1）关于背书签章和背书日期的记载。

《票据法》第二十九条规定：“背书由背书人签章并记载背书日期。背书未记载日期的，视为在汇票到期日前背书。”背书人背书时，必须在票据上签章，背书才能成立，否则，背书行为无效。背书人签章是确定背书的债务人地位及其担保责任的依据，故此属绝对应记载事项。关于背书日期，其是相对应记载事项，因为，背书未记载日期的，视为在汇票到期日前背书。这表明背书未记载背书日期，并不因之无效，而是以法律的补充规定来确定背书日期。票据法确定“汇票到期日前”作为未记载背书日期的日期，这主要是为了保护善意持票人的权利不因背书未记载日期而无效。

（2）关于被背书人名称的记载。

我国《票据法》第三十条规定：“汇票以背书转让或者以背书将一定的汇票权利授予他人行使时，必须记载被背书人名称。”这一规定表明，我国票据法不承认不记名背书。如果背书人不作成记名背书，即不记载被背书人名称，汇票转让将不能成立，背书行为无效。因此，被背书人名称是背书应记载之绝对事项。但是，根据《高法审理票据纠纷案司法解释》第四十九条之规定，背书人未记载被背书人名称即将票据交付他人的，持票人在票据被背书人栏内记载自己的名称和背书人记载具有同等法律效力。

（3）关于禁止背书的记载。

背书人的禁止背书是背书行为的一项任意记载事项，如果背书人不愿意对其后手以后的当事人承担票据责任，即可在背书时记载禁止背书。《票据法》第三十四条规定：“背书人在汇票上记载‘不得转让’字样，其后手再背书转让的，原背书人对后手的被背书人不承担保证责任。”这是指背书人之后手将记载有禁止背书的汇票转让，原被背书人对依此取得汇票的一切当事人，包括以后的被背书人、背书人、最后持票人等，将不承担票据责任，其只对直接的被背书人承担责任。

（4）关于背书时粘单的使用。

《票据法》第二十八条规定：“票据凭证不能满足背书人记载事项的需要，可以加附粘单，粘附于票据凭证上。粘单上的第一记载人，应当在汇票和粘单的粘接处签章。”由于票据转让次数较多，票据背面没有记载的余地，背书人可以使用粘单，即因票据不能满足背书记载事项的需要而粘附于票据上的纸张，将背书的事项记载于粘单上。为了保证粘单的有效性和真实性，第一位使用粘单的背书人必须将沾单粘接在票据上，并且在粘接处签章，否则该粘单记载的内容即为无效。

（5）关于背书不得记载的内容。

根据我国《票据法》第三十三条之规定，背书不得记载的内容有两项：一是附有条件的背书，二是部分背书。附有条件的背书是指背书人在背书时，记载一定的条件，以限制或者影响背书效力。根据《票据法》第三十三条第一款的规定，背书时附有条件的，所附条件不具有汇票上的效力。这与一般民事法律的行为可以附条件是不同的。这里所指的“所附条件不具有汇票上的效力”并不影响背书行为本身的效力，被背书人仍可依该背书取得票据权利。部分背书是指背书人在背书时，将汇票金额的一部分或者将汇票金额分别转让给二人以上的背书。由于背书人将背书金额的一部分或将背书金额分别转让给二人以上，该背书金额的另一部分权利人或数个权利人对同一背书金额无从行使票据权利。因此，《票据法》第三十三条第二款便规定部分背书无效。

3. 背书连续

背书连续，是指在票据转让中，转让汇票的背书人与受让汇票的被背书人在汇票上的签章依次前后衔接。这就是说，票据上记载的多次背书，从第一次到最后一次在形式上相连续而无间断。例如，第一次背书的被背书人是第二次背书的背书人，第二次背书的被背书人是第三次背书的背书人，依次类推，在形式上该等背书连续。换言之，如果第一次背书的被背书人是第二次背书的背书人，第二次背书的被背书人是第四次背书的背书人，而不是第三次背书的背书人，那么，该等背书就不连续。一般而言，连续背书的第一背书人应当是在票据上记载的收款人，最后的票据持有人应当是最后一次背书的被背书人。《票据法》第三十一条第一款规定：“以背书转让的汇票，背书应当连续”。这就是说，如果背书不连续的，付款人可以拒绝向持票人付款，否则付款人得自行承担责任。

背书连续主要是指背书在形式上连续，如果背书在实质上不连续，如有伪造签章等，付款人仍应对持票人付款。但是，如果付款人明知持票人不是真正票据权利人，则不得向持票人付款，否则应自行承担责任。

在实践中，如何认定背书连续是十分重要的。这里从几个方面对此作一说明：首先，各种背书在形式上是有效的，即背书不存在要式上的缺陷。如果背书存在实质上的原因而无效，如无行为能力人或限制行为能力签章或伪造背书等，则不影响背书的连续。这里所指的形式上有效除了背书的连续之外，还包括背书行为必须符合法定的形式条件。其次，背书的连续是指转让背书连续，而不包括非转让背书在内，如委托收款背书、质押背书（在以下内容说明）等。再次，后次背书的背书人与收款人或者前次背书的被背书人必须具有同一性。也就是说，后次背书的背书人的名称，从背书记载来看，应与前次背书的被背书人的名称完全一致。但是，应注意的是，有的背书人在作背书或被背书人在再作背书时，尽管记载的这两方面的当事人一致，但所表述的名称有不一致的情况，如将“中国注册会计师协会”写成“中注协”，这应根据实际情况确定当事人，而不应以名称不一致而认定背书不连续。第四，对于非经背书转让，而以其他合法方式取得汇票的，不涉及背书连续的问题。该其他合法方式主要是指因税收、继承、赠与等方式而取得票据的形式，这些都不是依背书而取得的票据，依据《票据法》第三十一条第一款之规定，只要取得票据的人依法举证，表现其合法取得票据的方式，证明其汇票权利，就能享有票据上的权利。

4. 委托收款背书和质押背书

委托收款背书和质押背书属非转主背书，具有自己的特殊性，以下分别加以说明。

（1）委托收款背书。

委托收款背书，是指持票人以行使票据上的权利为目的，而授予被背书人以代理权的背书。由此可见，该背书方式不以转让票据权利为目的，而是以授与他人一定的代理权为目的，其确立的法律关系不属于票据上的权利转让与被转让关系，而是背书人（原持票人）与被背书人（代理人）之间在民法上的代理关系，该关系形成后，被背书人可以代理行使票据上的一切权利。在此情形下，被背书人只是代理人，而未取得票据权利，背书人仍是票据权利人。

《票据法》第三十五条第一款规定，“背书记载‘委托收款’字样的，被背书人有权代背书人行使被委托的汇票权利。但是，被背书人不得再以背书转让汇票权利”。也就是说，被背书人因委托收款背书而取得代理权后，可以代为行使付款请求权和追索权，在具体行使这些权利的过程中，还可以请求作成拒绝证明、发出拒绝事由通知、行使利益偿还请求权等，但不能行使转让票据等处分权利，否则，原背书人对后手的被背书人不承担票据责任，但不影响出票人、承兑人以及原背书人之前手的票据责任。

委托收款背书与其他背书一样，持票人依据法律规定的记载事项作成背书并交付，才能生效。按票据法的规定，背书人可以记载“委托收款”字样，但如果记载“因收款”、“托收”、“代理”等字样的，也应该认为有效。

（2）质押背书。

质押背书，是指持票人以票据权利设定质权为目的而在票据上作成的背书。背书人是原持票人，也是出质人，被背书人则是质权人。质押背书确立的是一种担保关系，即在背书人（原持票人）与被背书人之间产生一种质押关系，而不是一种票据权利的转让与被转让关系。因此，质押背书成立后，即背书人作成背书并交付，背书人仍然是票据权利人，被背书人并不因此而取得票据权利。但是，被背书人取得质权人地位后，在背书人不履行其债务的情况下，可以行使票据权利，并从票据金额中按担保债权的数额优先得到偿还。换言之，如果背书人履行了所担保的债务，被背书人则必须将票据返还背书人。

质押背书与其他背书一样，也必须依照法定的形式作成背书并交付。与此同时，根据《票据法》第三十五条第二款之规定，质押时应当以背书记载“质押”字样。但如果在票据上记载质押文句表明了质押意思的，如“为担保”、“为设质”等，也应视为其有效。如果记载“质押”文句的，其后手再背书转让或者质押的，原背书人对后手的被背书人不承担票据责任，但不影响出票人、承兑人以及原背书人之前手的票据责任。该条第二款还规定：“被背书人依法实现其质权时，可以行使汇票权利。”这里所指的汇票权利包括付款请求权和追索权以及为实现该等权利而进行的一切行为，如提示票据、请求付款、受领票款、请求作成拒绝证明、进行诉讼等。

根据《高法审理票据纠纷案司法解释》的规定，以汇票设定质押时，出质人在汇票上只记载了“质押”字样而未在票据上签章的，或者出质人未在汇票、粘单上记载“质押”字样而另行签订质押合同、质押条款的，不构成票据质押。此外，贷款人恶意或者有重大过失从事票据质押贷款的，人民法院应当认定质押行为无效。

5. 法定禁止背书

法定禁止背书是指根据《票据法》的规定而禁止背书转让的情形。由于法律规定在某些情况下，汇票不得背书转让，因此，如果背书人将此类汇票以背书方式转让的，应当承担汇票责任。《票据法》第三十六条规定：“汇票被拒绝承兑、被拒绝付款或者超过付款提示期限的，不得背书转让；背书转让的，背书人应当承担汇票责任。”根据这一规定，法定禁止背书的情形有三种：

一是被拒绝承兑的汇票。这是指持票人在汇票到期日前，向付款人提示承兑而遭拒绝的汇票。汇票上的付款人只有在汇票承兑后，才是汇票上的主债务人。如果付款人对汇票拒绝承兑的，就不具有汇票上债务人的地位，不承担支付票据金额的责任，因此，收款人或持票人虽然在汇票成立时即已取得付款请求权，但因付款人拒绝承兑，该付款请求权也就无法确定，当然也就不能将这种付款请求权再背书转让。在付款人拒绝承兑的情况下，收款人或持票人只能向其前手行使追索权，取得票据金额；如果其将这种票据转让的，受让人取得该汇票时，也只能通过向其前手行使追索权，取得票据金额。

二是被拒绝付款的汇票，这是指对不需承兑的汇票或者业已经付款人承兑的汇票，持票人于汇票到期日向付款人提示付款而被拒绝的汇票。被拒绝付款的汇票，付款人即使对汇票已作承兑，负有于汇票到期日无条件付款的责任，但是，付款人在汇票到期日拒绝付款的，收款人或者持票人的付款请求权也不能得到实现。如果持票人将该种汇票再行转让，受让人尽管也可以取得付款请求权，但实现的可能性极小。因此，票据法便禁止将该种票据再行背书转让，如果背书转让的，背书人应承担汇票责任，受让人有权向其前手行使追索权。

三是超过付款提示期限的汇票。这是指持票人未在法定付款提示期间内向付款人提示付款的汇票。法定付款提示期间是法律规定的由收款人或者持票人行使付款请求权的期限。收款人或者持票人应当在汇票到期日起至法定提示期间届满前行使付款请求权，如果收款人或持票人未在此期间内行使付款请求权，即丧失对其前手的追索权。因此，票据法便规定不允许将该种汇票再行转让，否则，受让人的利益就可能受到损害。背书人以背书将该种票据进行转让，应该承担汇票责任。

（四）承兑

1. 承兑的概念

承兑，是指汇票付款人承诺在汇票到期日支付汇票金额的票据行为。承兑是汇票特有的制度。汇票是一种出票人委托他人付款的委托证券。但是出票人的出票行为完成之后，由于其是一种单方法律行为，故对付款人并不当然产生约束力，只有在付款人表示愿意向收款人或持票人支付汇票金额后，持票人才可于汇票到期日向付款人行使付款请求权，承兑就是这样一种明确付款人的付款责任，确定持票人票据权利的制度。

2. 承兑的程序

承兑的程序主要包括两个方面：一是提示承兑，二是承兑成立。以下分别加以说明。

（1）提示承兑。

提示承兑是指持票人向付款人出示汇票，并要求付款人承诺付款的行为。根据我国《票据法》的有关规定，因汇票付款日期的形式不同，提示承兑的期限也不一样。

①定日付款和出票后定期付款汇票的提示承兑期限。《票据法》第三十九条规定："定日付款或者出票后定期付款的汇票，持票人应当在汇票到期日前向付款人提示承兑。"在票据法理论上，定日付款汇票和出票后定期付款的汇票，属于可以提示承兑汇票。也就是说，持票人既可以在到期日前提示承兑，待付款人承兑后而于到期日即行使付款请求权，也可以不提示承兑，而于到期日直接向付款人请求付款。但是，根据我国目前使用的银行承兑汇票和商业承兑汇票来看，其都必须提示承兑。因此，这两种汇票都属必须提示承兑的汇票。根据票据法的上述规定，上述两类汇票的提示承兑期限实际是指从出票人出票日起至汇票到期日止。在此期间，持票人应当向付款人提示承兑，否则即丧失对其前手的追索权。

②见票后定期付款汇票的提示承兑期限。根据《票据法》第四十条第一款之规定："见票后定期付款的汇票，持票人应当自出票日起一个月内向付款人提示承兑。"见票后定期付款汇票的付款日期，是以见票日为起算日期来确定的，汇票不经提示承兑，就无法确定见票日，也就无法确定付款日期，从而持票人便无法行使票据权利，因此，该种汇票属于必须提示承兑的汇票。根据《票据法》的规定，该种汇票的持票人应当自出票日起 1 个月内向付款人提示承兑。否则，即丧失对其前手的追索权。

③见票即付汇票的提示承兑问题。《票据法》第四十条第三款规定："见票即付的汇票无需提示承兑。"这就是票据法理论上通常所说的无须提示承兑汇票。这种汇票主要包括两种：一是汇票上明确记载有"见票即付"的汇票；二是汇票上没有记载付款日期，根据法律直接规定视为见票即付的汇票。我国的银行汇票，未记载付款日期，故其属见票即付的汇票，该汇票无须提示承兑。

（2）承兑成立。

①承兑时间。持票人向付款人提示承兑后，付款人应立即决定是否承兑。为此，法律一般都规定一个让付款人考虑的时间。我国《票据法》第四十一条第一款规定："付款人对向其提示承兑的汇票，应当自收到提示承兑的汇票之日起三日内承兑或者拒绝承兑。"一般来说，如果付款人在 3 日内不作承兑与否表示的，则应视为拒绝承兑，持票人可以请求其作出拒绝承兑证明，向其前手行使追索权。

②接受承兑。这是指持票人向付款人提示承兑时，付款人需要向持票人办理的收取汇票的手续。《票据法》第四十一条第二款规定："付款人收到持票人提示承兑的汇票时，应当向持票人签发收到汇票的回单。回单上应当说明汇票提示承兑日期并签章。"这里所说的回单实际是指持票人收到的付款人向其出具的已收到请求承兑汇票的证明。这一手续办理完毕，即意味着接受承兑。

③承兑的格式。这是指付款人办理承兑手续时需要在汇票上记载的事项和如何记载该等事项。《票据法》第四十二条规定：“付款人承兑汇票的，应当在汇票正面记载‘承兑’字样和承兑日期并签章；见票后定期付款的汇票，应当在承兑时记载付款日期。汇票上未记载承兑日期的，以前条第一款规定期限的最后一日为承兑日期。”根据这一规定，付款人办理承兑手续时，应在汇票上记载承兑的事项包括承兑文句、承兑日期、承兑人签章。在这三个记载事项中，承兑文句和承兑人签章是绝对应记载事项，缺一不可，否则承兑行为无效。而承兑日期则属于相对应记载事项，即使该项内容欠缺，承兑仍然有效，但应以法律的规定作为补充，即以付款人 3 天的承兑考虑时间的最后 1 天为承兑日期。与此同时，见票后定期付款的汇票，付款人还应当在承兑时记载付款日期，这是因为，该汇票的付款日期是依据见票日计算确定的，如果不记载这一内容，收款人或持票人的付款请求权就无法得以行使。

根据票据法的上述规定，上列应记载事项必须记载于汇票的正面，而不能记载于汇票的背面或粘单上，当然，更不能以口头方式或电报、传真等书面方式来表示。在实务中，上列应记载事项一般已全部印在正式的标准格式上，因而只需付款人填写即可。

④退回已承兑的汇票。付款人依承兑格式填写完毕应记载事项，并不意味着承兑生效，只有在其将已承兑的汇票退回持票人才产生承兑的效力。

3. 不单纯承兑

承兑有单纯承兑与不单纯承兑之分。前者是指付款人完全依汇票文义而不附加任何条件的限制或改变原汇票文义所为的承兑；后者系指付款人对原汇票文义或附加限制或予以变更所为的承兑。我国《票据法》不允许不单纯承兑。《票据法》第四十三条规定：“付款人承兑汇票，不得附有条件；承兑附有条件的，视为拒绝承兑。”这里所说的附有条件的承兑即是指不单纯承兑。付款人作出的承兑是无条件的，如果附有条件，则应视为拒绝承兑，持票人可以请求作成拒绝证明，向其前手行使追索权。在票据理论上，部分承兑、变更票据记载事项的承兑都属不单纯承兑的范畴，如果付款人作出该等承兑，其效力与前相同。

4. 承兑的效力

承兑生效，即对付款人产生相应的效力。《票据法》第四十四条规定：“付款人承兑汇票后，应当承担到期付款的责任。”这就是有关承兑效力的规定。该等到期付款的责任是一种绝对责任，其表现在：第一，承兑人于汇票到期日必须向持票人无条件地支付汇票上的金额，否则其必须承担迟延付款责任；第二，承兑人必须对汇票上的一切权利人承担责任，该等权利人包括付款请求权人和追索权人；第三，承兑人不得以其与出票人之间的资金关系来对抗持票人，拒绝支付汇票金额；第四，承兑人的票据责任不因持票人未在法定期限提示付款而解除。

（五）保证

1. 保证的概念

这里所说的保证即是票据保证，即为票据债务人以外的第三人，以担保特定债务人履行票据债务为目的，而在票据上所为的一种附属票据行为。保证的作用在于加强持票人票据权利的实现，确保票据付款义务的履行，促进票据流通。

2. 保证的当事人与格式

（1）保证的当事人。

保证的当事人为保证人与被保证人。就保证人而言，根据《票据法》第四十五条第2款之规定，其由汇票债务人以外的他人担当。由此可见，保证人是指票据债务人以外的，为票据债务的履行提供担保而参与票据关系中的第三人。已成为票据债务人的，不得再充当票据上的保证人。此外，根据《票据管理实施办法》第十二条和《高院审理票据纠纷案司法解释》第六十条之规定，保证人应是具有代为清偿票据债务能力的法人、其他组织或者个人；国家机关、以公益为目的的事业单位、社会团体、企业法人的分支机构和职能部门不得为保证人；但是经国务院批准为使用外国政府或者国际经济组织贷款进行转贷，国家机关提供票据保证的，以及企业法人的分支机构在法人书面授权范围内提供票据保证的除外。票据保证无效的，票据的保证人应当承担与其过错相应的民事责任。就被保证人而言，是指票据关系中已有的债务人，包括出票人、背书人、承兑人。票据债务人一旦由他人为其提供保证，其在保证关系中就称为被保证人。

（2）保证的格式。

是指在办理保证手续时需要在汇票上记载的事项和如何记载该等事项。根据《票据法》第四十六条之规定，在办理保证手续时，“保证人必须在汇票或粘单上记载下列事项：（一）表明‘保证’的字样；（二）保证人名称和住所；（三）被保证人的名称；（四）保证日期；（五）保证人签章。”有关保证的记载事项和记载方法问题，可以具体分析如下：

①票据保证必须作成汇票或粘单之上。保证是一种书面行为，并须作成汇票或粘单之上，如果另行签订保证合同或者保证条款的，不属于票据保证，人民法院应当适用《中华人民共和国担保法》的有关规定。

②票据保证记载的事项，有绝对应记载事项和相对应记载事项。其中绝对应记载事项包括保证文句和保证人签章两项；相对应记载事项包括被保证人的名称、保证

日期和保证人住所。关于被保证人的名称，如果不记载这一内容，根据《票据法》第四十七条第一款之规定，已承兑的汇票，承兑人为被保证人；未承兑的汇票，出票人为被保证人。关于保证日期，如果不记载这一内容，根据《票据法》第四十七条第二款之规定，出票日期为保证日期。关于保证人的住所，如果不记载这一内容，依据《票据法》第十六条之规定，可以推定为保证人的营业场所或住所。

③保证的记载方法。《票据法》未规定保证的记载方法，但是，依照《支付结算办法》第三十五条第二款之规定，如果是为出票人、承兑人保证的，则应记载于汇票的正面；如果为背书人保证，则应记载于汇票的背面或者粘单上。

④保证不得记载的内容。《票据法》第四十八条规定："保证不得附有条件；附有条件的，不影响对汇票的保证责任。"这一规定表明，保证是无条件的，即不得附加任何条件。如果保证附加条件，不论是作为停止条件，还是作为解除条件都会使票据保证的效力具有不确定性，从而使保证人的票据债务人地位不能得到明确，这就不能达到设立票据保证的目的。因此，票据法便规定保证附有条件的，所附条件无效，保证本身仍然具有效力，保证人应向持票人承担保证责任。

3. 保证的效力

保证一旦成立，即在保证人与被保证人之间产生法律效力，保证人必须对保证行为承担相应的责任。

（1）保证人的责任。

《票据法》第四十九条规定："保证人对合法取得汇票的持票人所享有的汇票权利，承担保证责任。但是，被保证人的债务因汇票记载事项欠缺而无效的除外。"这是有关保证人责任的规定。根据这一规定，保证行为成立之后，保证人就成为票据上的债务人，必须向被保证人的一切后手承担票据责任，即满足被保证人票据权利的实现。但是，保证人承担保证责任是有一定前提条件的。根据票据法的前述规定，如果被保证人的债务因形式要件欠缺而无效，保证人的债务，即承担的保证责任也将归于无效。换言之，如果被保证人的债务无效是因实质上的原因而无效，保证人的债务，即保证责任则不能免除。如果被保证人因无行为能力发出汇票或伪造汇票等原因而使汇票无效，保证人的责任不能免除。这里所说的形式要件欠缺是指汇票记载事项有缺陷而导致汇票无效的情况。

在票据法理论上，保证具有从属性，这是指保证人的责任与被保证人的责任是同一的。我国《票据法》第五十条亦肯定了这一内容，即"被保证的汇票，保证人应当与被保证人对持票人承担连带责任。汇票到期后得不到付款的，持票人有权向保证人请求付款，保证人应当足额付款。"

《票据法》对保证人的责任与被保证人的责任同一性的规定，即连带责任的规定包含以下含义：第一，保证人与被保证人的责任在数量上是同一的，即被保证人承担多少债务，保证人也承担与之相同的债务。我国《票据法》不允许作部分保证。第二，保证人与被保证人的责任在种类上是同一的，即如果保证人是为承兑人提供保证，那么保证人就取得了票据上主债务人的地位，必须承担绝对付款的责任；如果保证人是为出票人或者背书人提供保证的，就取得了票据上次债务人的地位，必须承担担保票据承兑和付款的责任。第三，保证人与被保证人在顺序上是同一的，即保证人与被保证人对持票人所承担的票据责任，没有先后顺序的区分，持票人可以不分先后向保证人或被保证人行使票据上的权利，亦可同时向保证人和被保证人行使票据权利。正是基于上述原因，票据法便规定，汇票到期后得不到付款的，持票人有权向保证人请求付款，保证人应当足额付款。保证人不得以持票人未先向被保证人行使权利，拒绝履行其债务，亦不得以由被保证人承担一部分债务，自己只就部分债务承担责任为由而拒绝完全履行债务。

（2）共同保证人的责任。

共同保证是指保证人为二人以上的保证。《票据法》第五十一条规定："保证人为二人以上的，保证人之间承担连带责任。"也就是说，在共同保证的情况下，持票人可以不分先后向保证人中的一人或者数人或者全体就全部票据金额及有关费用行使票据权利，共同保证人不得拒绝。

（3）保证人的追索权。

保证人的追索权，是指保证人在向持票人清偿债务后，依照法律规定取得持票人对被保证人及被保证人之前手的偿还请求权。这一偿还请求权不是从持票人处获得的，而是根据法律规定获得的。《票据法》第五十二条对此作了规定："保证人清偿汇票债务后，可以行使持票人对被保证人及其前手的追索权。"由此可见，保证人的这一偿还请求权是一种追索权，保证人行使这一权利时，被保证人及其前手不得以对抗持票人的事由而对抗保证人。

保证人是否可以享有对票据承兑人的付款请求权和追索权，《票据法》未作明确规定。由于承兑人并不因保证人清偿债务而解除责任，承兑人仍是票据上的主债务人，保证人应该享有对承兑人的付款请求权和追索权。

（六）付款

1. 付款的概念

付款，是指付款人依据票据文义支付票据金额，以消灭票据关系的行为。付款是付款人的行为，这与出票人、背书人等偿还义务的行为不同；前者是支付票据金额的行为，并以消灭票据关系为目的；后者则并不以票据金额为依据而支付，不能引起票据关系的消灭。

2. 付款的程序

付款的程序包括提示与支付。以下分别作些分析。

（1）付款提示。

付款提示是指持票人向付款人或承兑人出示票据，请求付款的行为。持票人只有在法定期限内为付款提示的，才产生法律效力。关于这种法律效力，主要表现在两个方面：一是付款人一经持票人提示，即应付款；二是持票人得以保全对其前手的追索权，即在付款人拒绝付款的情况下，持票人可以请求付款人作成拒绝证明，向其前手行使追索权。

根据《票据法》第五十三条的规定，持票人提示付款的法定期限如下：第一，见票即付的汇票，自出票日起 1 个月内向付款人提示付款；第二，定日付款、出票后定期付款或者见票后定期付款的汇票，自到期日起 10 日内向承兑人提示付款。如果持票人未在上述法定期限内为付款提示的，则丧失对其前手的追索权。但是，持票人丧失的追索权仅限于其前手，而对于承兑人并不发生失权的效果。因为承兑人是汇票的主债务人，所负责任为绝对责任，即使持票人未在法定期内为付款提示，承兑人仍应负责。如果承兑人或者付款人对逾期提示付款的持票人付款的，与按照规定的期限付款具有同等法律效力。《票据法》第五十三条第二款规定："持票人未按照前款规定期限提示付款的，在作出证明后，承兑人或者付款人仍应当继续对持票人承担付款责任"。这是一种例外性规定。在实践中，持票人可能会因不可抗力的原因等而不能在法定提示付款期间提示付款，如果持票人由此而丧失对其前手的追索权，有些不尽合理，因此，法律便要求持票人作出说明，承兑人或付款人仍应继续对持票人承担付款责任。关于付款提示的方法，一般是由持票人亲自到付款人处，或者通过邮局寄交付款人处。但根据《票据法》第五十三条第三款的规定，通过委托收款银行或者通过票据交换系统向付款人提示付款的，视同持票人提示付款。

付款提示的当事人包括提示人和受提示人。提示人一般是持票人，但也可以是持票人的代理人和质权人；受提示人通常是付款人，在汇票中受提示人包括已进行承兑的承兑人及未承兑的付款人。在我国实践中，银行汇票属见票即付汇票，银行为受提示人；因银行之间建立联行结算制度建立了代理关系的，银行汇票的代理付款银行也可为受提示人。银行承兑汇票的受提示人是承兑银行，因银行之间建立联行结算代理关系的，该代理付款银行也是受提示人。

（2）支付票款。

支付票款，是指持票人向付款人或承兑人进行付款提示后，付款人无条件地在当日按票据金额足额支付给持票人的行为。《票据法》第五十四条规定：“持票人依照前条规定提示付款的，付款人必须在当日足额付款。”依此规定，付款人必须在当日向提示人付款，且该支付的款项为票据金额的全部，而非部分。如果付款人或承兑人不能当日足额付款的，依照《票据法》第一百零六条之规定，应承担迟延付款的责任。

在支付票款的过程中，持票人必须向付款人履行一定的手续，根据《票据法》第五十五条的规定，持票人获得付款的，应当在汇票上签收，并将汇票交给付款人。

根据《票据管理实施办法》第二十五条之规定，此处的“签收”是指持票人在票据的正面签章，表明持票人已经获得付款。

在实践中，持票人和付款人的收款或付款行为往往是通过委托银行代理进行的。该等受托收款或付款的银行不是汇票的当事人，只是代理人，因此，他们只能依照委托按汇票上记载的内容进行资金结算。因此，《票据法》第五十六条规定：“持票人委托的收款银行的责任，限于按照汇票上记载事项将汇票金额转入持票人账户。付款人委托的付款银行的责任，限于按照汇票上记载事项从付款人账户支付汇票金额。”换言之，如果委托付款银行多付或少付，委托收款银行多收或少收，都应自行承担责任。

付款人或者代理付款人在付款时应当尽审查义务。根据《票据法》第五十七条的规定，付款人及其代理付款人付款时，应当审查汇票背书的连续，并审查提示付款人的合法身份证明或者有效证件。但该等审查义务仅限于汇票格式是否合法，即汇票形式上的审查，而不负责实质上的审查。如果付款人及其代理付款人以恶意或者有重大过失付款的，应当自行承担责任。此外，如果付款人对定日付款、出票后定期付款或者见票后定期付款的汇票在到期日前付款，根据《票据法》第五十八条的规定，应由付款人自行承担所产生的责任。付款人的这一责任包括，在持票人不是票据权利人时，对于真正的票据权利人并不能免除其票据责任，而对由此造成损失的，付款人只能向非正当持票人请求赔偿。

如果汇票金额为外币，依照《票据法》第五十九条的规定，应按照付款日的市场汇价，以人民币支付。汇票当事人对汇票支付的货币种类另有约定的，从其约定。

3. 付款的效力

根据《票据法》第六十条之规定，付款人依法足额付款后，全体汇票债务人的责任解除。付款人依照票据文义支付票据金额之后，票据关系随之消灭，汇票上的全体债务人的责任便予以解除。但是，如果付款人付款存在瑕疵，即未尽审查义务而对不符法定形式的票据付款，或其存在恶意或重大过失而付款的，则不发生上述法律效力，付款人的义务不能免除，其他债务人也不能免除责任。

（七）追索权

1. 追索权的概念

追索权，是指持票人在票据到期不获付款或期前不获承兑或有其他法定原因，并在实施行使或保全票据上权利的行为后，可以向其前手请求偿还票据金额、利息及其他法定款项的一种票据权利。追索权是在票据权利人的付款请求权得不到满足之后，法律赋予持票人对票据债务人进行追偿的权利。它是用来弥补付款请求权对保护持票人票据权利的实现所带来的局限的一种制度。因此，追索权与付款请求权在权利行使对象上有一定的区别：后者的行使对象是票据上的付款人；前者的行使对象可以是票据上的主债务人，但主要还是票据上的次债务人，如票据上的出票人、背书人、保证人等。

2. 追索权发生的原因

追索权的发生须具备一定的条件，该条件包括实质条件和形式条件，以下分别加以说明。

（1）追索权发生的实质条件。

根据《票据法》第六十一条的规定，追索权发生的实质条件包括以下内容：第一，汇票到期被拒绝付款的；第二，汇票在到期日前被拒绝承兑的；第三，在汇票到期日前，承兑人或付款人死亡、逃匿的；第四，在汇票到期日前，承兑人或付款人被依法宣告破产或因违法被责令终止业务活动的。发生上述情形之一的，持票人可以行使追索权。

（2）追索权发生的形式条件。

追索权的发生除了构成前述实质条件之外，还须具有一定的形式条件。这一形式条件即是持票人行使追索权必须履行一定的保全手续而不致使追索权丧失。该等保全手续包括：第一，在法定提示期限提示承兑或提示付款；第二，在不获承兑或不获付款时，在法定期限内作成拒绝证明。根据《支付结算办法》第四十一条的规定，拒绝证明应当包括下列事项：①被拒绝承兑、付款的票据种类及其主要记载事项；②拒绝承兑、付款的事实依据和法律依据；③拒绝承兑、付款的时间；④拒绝承兑人、拒绝付款人的签章。根据《票据法》的有关规定，该等拒绝证明主要有：

①拒绝证书。拒绝证书是由国家授权的机关制作的用以证明持票人已依法行使票据权利而被拒绝，或者无法行使票据权利的一种公证书。拒绝证书分拒绝承兑证书和拒绝付款证书。拒绝承兑证书是指汇票因付款人拒绝承兑或者因付款人死亡等原因而

无须提示承兑时，持票人请求作成的证书。拒绝付款证书是指汇票因付款人拒绝付款或者因其他法定原因而无法提示付款致使持票人不获付款所作成的证书。持票人已请求作成拒绝承兑证书的，而无须再请求作成拒绝付款证书。拒绝证书是公证机关制作的公证书，其有一定的格式，主要包括以下内容：①拒绝人和被拒绝人的名称；②汇票的内容，即汇票记载的事项；③提示日期；④拒绝事由或无从提示的原因；⑤作成日期；⑥公证机关和公证员盖章。

②退票理由书。汇票的持票人委托银行办理票据托收，或者向代理付款银行提示付款时，如果付款人或者代理付款银行拒绝付款，可由其出具退票理由书，说明退票理由。该退票理由书可起到拒绝证书的作用，即证明持票人已行使其权利而未获结果，故持票人有退票理由书就无须再请求作成拒绝证书。根据《支付结算办法》第四十二条的规定，退票理由书应包括下列事项：a. 所退票据的种类；b. 退票的事实依据和法律依据；c. 退票时间；d. 退票人签章。

③承兑人、付款人或者代理付款银行直接在汇票上记载提示日期、拒绝事由、拒绝日期并盖章。这也是拒绝证明的形式之一，可起到证明持票人已行使其权利而无结果的情况，可代替拒绝证书。

④持票人因承兑人或者付款人死亡、逃匿或者其他原因，不能取得拒绝证明的，可以依法取得其他有关证明。该等证明包括死亡证明、失踪证明书等。这些证明也具有拒绝证明的作用，也为《票据法》所肯定（第六十三条）。

⑤人民法院的有关司法文书。根据《票据法》第六十四条第一款的规定，承兑人或者付款人被人民法院依法宣告破产的，人民法院的有关司法文书具有拒绝证明的效力。这表明持票人在上述情形下无法向承兑人或者付款人提示承兑或者提示付款，故有权向其前手行使追索权。

⑥有关行政主管部门的处罚决定。承兑人或者付款人因违法被责令终止业务活动的，持票人也无法向承兑人或者付款人提示承兑或者付款，因而，该等处罚决定便具有拒绝证明的作用。

持票人出具上述文书之一的，即构成其行使追索权的形式条件。《票据法》第六十五条规定：“持票人不能出示拒绝证明、退票理由书或者未按照规定期限提供其他合法证明的，丧失对其前手的追索权。但是，承兑人或者付款人仍应当对持票人承担责任。”这表明，持票人未依法提供拒绝证明，将丧失的是对其前手的追索权，其前手却是票据上的偿还债务人，即次债务人，而对于付款人或承兑人来讲，他们是票据上的主债务人，即使持票人未在法定期限内作成拒绝证明，主债务人仍应负绝对付款责任。根据《支付结算办法》第四十四条之规定，持票人应当自收到被拒绝承兑或者被拒绝付款的有关证明之日起 3 日内，将被拒绝事由书面通知其前手，其前手应当自收到通知之日起 3 日内书面通知其再前手。持票人也可以同时向各票据债务人发出书面通知。

3. 追索权的行使

持票人按照法定手续保全了追索权之后，就可进入行使追索权的程序。该程序一般包括：由持票人发出追索通知、确定追索对象、请求偿还、受领清偿金额等。以下分别作分析。

（1）发出追索通知。

①通知的当事人。通知的当事人分为通知人和被通知人。通知人是指持票人以及收到通知后再为通知的背书人及其保证人。持票人是最初的通知人，但收到持票人发来追索通知的债务人，如果在其前手还存在债务人，其也必须向其前手发出该追索通知，因此收到追索通知的债务人也可以成为通知人，这些债务人一般包括背书人及其保证人。被通知人是指向持票人承担担保承兑和付款的票据上的次债务人；他们都是被追索的当事人，因此被通知人可泛指持票人的一切前手，包括出票人、背书人、保证人等。

②通知的期限。这是指票据法规定的持票人向其前手或者收到通知的被通知人向其前手发出追索通知的期间。《票据法》第六十六条第一款规定："持票人应当自收到被拒绝承兑或者被拒绝付款的有关证明之日起三日内，将被拒绝事由书面通知其前手；其前手应当自收到通知之日起三日内书面通知其再前手。持票人也可以同时向各汇票债务人发出书面通知。"这就是票据法有关通知期限的规定。依此规定，无论是持票人，还是收到追索通知的背书人及其保证人，发出追索通知的期限都是 3 天。在时间计算上，持票人发出追索通知的起算日为其收到拒绝证明之日，收到追索通知的背书人及其保证人发出追索通知的起算日为其收到追索通知之日。

③通知的方式和通知应记载的内容。依照《票据法》第六十六条之规定，通知应当以书面形式发同。书面形式包括书信、电报、电传等。在规定期限内将通知按照法定地址或约定的地址邮寄的，视为已发出通知。根据《根据法》第六十七条规定，书面通知应记明汇票的主要记载事项，并说明该汇票已被退票。该等主要记载事项包括出票人、背书人、保证人以及付款人的名称和地址、汇票金额、出票日期、付款日期等。汇票退票的情况主要是指汇票何以不获承兑或者不获付款。

④未在规定期限内发出追索通知的后果。如果持票人未按规定期限发出追索通知或者说其前手收到通知未按规定期限再通知其前手，根据《票据法》第六十六条第二款之规定，持票人仍可以行使追索权。因延期通知给其前手或者出票人造成损失的，

由没有按照规定期限通知的汇票当事人，承担对该损失的赔偿责任，但是所赔偿的金额以汇票金额为限。

（2）确定追索对象。

①确定追索对象。这里所指的追索对象是指在追索关系中的被追索人，该被追索人为出票人、背书人、承兑人和保证人。根据《票据法》第六十八条第二款之规定，持票人可以不按照汇票债务人的先后顺序，对其中任何一人、数人或者全体行使追索权。这是有关持票人选择追索权的规定。据此规定，持票人在确定追索权行使对象时，可以根据自己的意愿，自由选择其前手债务人或者承兑人，并请求其偿还。根据《支付结算办法》第四十五条第二款之规定，持票人对票据债务人中的一人或者数人已经进行追索的，对其他票据债务仍可以行使追索权。但是，《票据法》第六十九条规定："持票人为出票人的，对其前手无追索权"。这是有关回头背书中持票人追索限制的规定。所谓回头背书是指背书人以其前手债务人为被背书人所作的背书。它以票据上既存的债务人为受让人，因此又称为还原背书或逆背书。例如，A 签发一张汇票给收款人 B，B 背书转让给 C，C 再背书转让给 D，这是一般转让背书。如果持票人 D 再将汇票背书转让给 A 或 B，这就是回头背书。在回头背书中，出票人 A 是持票人时，D、C、B 均属于其前手，但不得对他们行使追索权，因为 D、C、B 在一般转让背书中，都是 A 的前手，对 A 享有票据权利。背书人 B 作为持票人时，D、C、A 属于其前手，而 C、D 在一般转让背书中又是 B 的后手，对 B 享有票据权利，因此 B 只能向 A 行使追索权，而不能向其原来的后手 C、D 行使追索权。

②被追索人的责任承担。如前所述，出票人、背书人、承兑人和保证人均为被追索人。依《票据法》第六十八条之规定，该等被追索人对持票人承担连带责任。这一责任的含义是指各票据债务人在持票人向其行使追索权时，必须承担全部清偿的责任，而不得以持票人未向其他票据债务人请求清偿为由拒绝履行清偿责任；同时，也不得只为部分金额的清偿而要求持票人就其余部分金额，再向其他票据债务人请求清偿。

在票据上存在着多个债务人的情况下，票据的追索并不以持票人完成追索而宣告结束。《票据法》第六十八条第三款规定："持票人对汇票债务人中的一人或者数人已经进行追索的，对其他汇票债务人仍可以行使追索权。被追索人清偿债务后，与持票人享有同一权利。"也就是说，持票人受领被追索人清偿的，如不足清偿，还可向其他票据债务人继续追索，在其完全得到清偿之后，其追索即宣告完成，但被追索人则可以向其前手进行追索而又进入新的追索程序中，该被追索人的前手清偿债务后，也可以向其前手进行追索而又开始一个新的追索程序，直至出票人为止。正因如此，被追索人清偿债务后，即取得了向其前手及承兑人的票据权利，该权利与持票人享有的权利相同，即既包括再追索权，也包括对承兑人的付款请求权。

（3）请求清偿金额和受领。

①请求清偿金额。这是指持票人行使追索权，可以请求被追索人支付的金额和费用。根据《票据法》第七十条之规定，该金额和费用包括：a. 被拒绝付款的汇票金额；b. 汇票金额自到期日或者提示付款日起至清偿日止，按照中国人民银行规定的利率计算的利息；c. 取得有关拒绝证明和发出通知书的费用。由此可见，作为追索权标的追索金额，通常要比作为付款请求权标的票据金额要大。

根据《票据法》第七十一条之规定，被追索人在依前述内容向持票人支付清偿金额及费用后，可以向其他汇票债务人行使再追索权，请求其他汇票债务人支付相应的金额和费用，其包括：a. 已清偿的全部金额，即为满足其后手（包括持票人或者其他追索权人）的追索权而支付的全部金额；b. 前项金额自清偿日起至再追索清偿日止，按照中国人民银行规定的利率计算的利息；c. 发出通知书的费用，即指被追索人在追索过程中发生的费用。

②受领清偿金额。这是指持票人或行使再追索权的被追索人接受被追索人的清偿金额。根据《票据法》第七十条和第七十一条之规定，持票人或行使再追索权的被追索人在接受清偿金额时，应当履行相应的义务，这一义务即是其应交出汇票和有关拒绝证明，并出具所收到利息和费用的收据。如果持票人或行使再追索权的被追索人拒绝履行该等义务，被追索人即可拒绝清偿有关金额和费用。

③被追索人清偿债务后的效力。根据《票据法》第七十二条之规定，被追索人清偿债务（依被追索的金额清偿债务）后，其责任解除。这里的责任解除是以被追索人自己或其前手清偿票据债务为前提的，在被追索人按照《票据法》第七十条、第七十一条的规定向追索权人进行清偿后，即发生解除票据责任的效力。

三、本票

（一）本票的概念

1. 本票的定义

本票是出票人签发的，承诺自己在见票时无条件支付确定的金额给收款人或者持票人的票据。本票是由出票人约定自己付款的一种自付证券，其基本当事人有两个，即出票人和收款人，在出票人之外不存在独立的付款人。在出票人完成出票行为之后，即承担了到期日无条件支付票据金额的责任，不需要在到期日前承兑。因此，本票与汇票是不同的。

2. 本票的种类

依照不同的标准，可以对本票作不同分类，如记名式本票、指定式本票和不记名本票；远期本票和即期本票；银行本票和商业本票等。根据我国《票据法》第七十三条第二款和第七十六条之规定，本票仅限于银行本票，且为记名式本票和即期本票。

银行本票是银行签发的，承诺自己在见票时无条件支付确定的金额给收款人或者持票人的票据。单位和个人在同一票据交换区域需要支付各种款项，均可以使用银行本票。银行本票分为定额银行本票和不定额银行本票。根据《支付结算办法》的规定，定额银行本票面额为1000元、5000元、1万元和5万元。

3.《票据法》对本票体例的规定

本票作为票据的一种，具有与其他票据相同的一般性质和特征，因此《票据法》总则中的内容均适用于本票。《票据法》对汇票的规定较为详细，而汇票中的有关规定，如出票、背书、保证、付款、追索权等具体制度，都可适用于本票，故《票据法》在立法体制上对本票的规定只就其个性方面，即与其他票据不同的方面加以规定，而对于与汇票相同的方面，则采用准用的办法适用汇票的有关规定。因此本节也采用与《票据法》立法体例相同的做法说明本票的内容。

（二）出票

本票的出票与汇票一样，包括作成票据和交付票据。本票的出票行为是以自己负担支付本票金额的债务为目的的票据行为。因此，《票据法》第七十四条规定："本票的出票人必须具有支付本票金额的可靠性资金来源，并保证支付。"由此可见，本票出票人是票据金额的直接支付人，与汇票的承兑人相同，这与汇票的出票人只承担担保责任是不同的。

在实践中，本票的出票人在出票时，除自身具有良好的资信状况外，还应该在按照规定收妥款项后，方可签发本票。由于法律对本票出票人的资信状况有一定要求，故究竟何人能作为出票人，则有一定的规定。根据《票据法》第七十五条之规定，本票出票人的资格由中国人民银行审定，具体管理办法由中国人民银行规定。根据《支付结算办法》第一百条之规定，银行本票的出票人，为经中国人民银行当地支行批准办理银行本票业务的银行机构。由此可见，银行本票的出票人是经过人民银行批准设立的银行机构，非银行金融机构不得签发银行本票。

本票出票人出票，必须按一定的格式记载相关内容。与汇票一样，本票的记载事项也包括绝对应记载事项和相对应记载事项。

1. 本票的绝对应记载事项

根据《票据法》第七十五条之规定，本票的绝对应记载事项包括以下六个方面的内容：

（1）表明“本票”的字样。这是本票文句记载事项，无此记载，本票即为无效。

（2）无条件支付的承诺。这是有关支付文句，表明出票人无条件支付票据金额，而不附加任何条件，否则票据即为无效。

（3）确定的金额。

（4）收款人名称。

（5）出票日期。

（6）出票人签章。

在上述绝对应记载事项中，除第（1）（2）项以及未规定付款人名称外，其余四项与汇票的规定完全相同。

2. 本票的相对应记载事项

根据《票据法》第七十六条规定，本票的相对应记载事项包括两项内容：

①付款地。本票上未记载付款地的，出票人的营业场所为付款地。

②出票地。本票上未记载出票地的，出票人的营业场所为出票地。

此外，根据《票据法》第八十条第二款之规定，本票的出票行为，可适用《票据法》第二十四条关于汇票的规定。根据该条之规定，本票上可以记载《票据法》规定事项以外的其他出票事项，但是这些事项并不发生本票外的效力。

（三）见票付款

根据《票据法》的规定，银行本票是见票付款的票据，收款人或持票人在取得银行本票后，随时可以向出票人请求付款。但是，为了防止收款人或持票人久不提示票据而给出票人造成不利，《票据法》第七十九条规定了本票的付款提示期限，即“本票自出票日起，付款期限最长不得超过二个月。”持票人依照前述规定的期限提示本票的，出票人必须承担付款的责任（《票据法》第七十条）。这与汇票的出票人的地位不同。本票的出票人是票据上的主债务人，负有向持票人绝对付款的责任。

如果本票的持票人未按照规定期限提示本票的，则丧失对出票人以外的前手的追索权。这里所指的出票人以外的前手是指背书人及其保证人。由于本票的出票人是票据上的主债务人，对持票人负有绝对付款责任，除票据时效届满而使票据权利消灭或者要式欠缺而使票据无效外，并不因持票人未在规定期限内向其行使会议请求权而使其责任得以解除。因此，持票人仍对出票人享有付款请求权和追索权，只是丧失对背书人及其保证人的追索权。

（四）对汇票有关规定的引用

《票据法》第八十条规定："本票的背书、保证、付款行为和追索权的行使，除本章规定外，适用本法第二章有关汇票规定。本票的出票行为，除本章规定外，适用本法第二十四条关于汇票的规定。"关于出票的引用，前述有关内容已作过说明，这里主要说明以下内容：

1. 背书

本票的背书与汇票的背书完全相同，可以准用《票据法》第二章第二十七条至第三十四条、第三十五条第一款、第三十六条、第三十七条之规定。

2. 保证

本票的保证可以准用《票据法》第二章第四节关于保证第四十五条至第五十二条之规定。

3. 付款

本票的付款可以准用《票据法》第二章第五节关于付款的某些规定，即为第五十三条第三款、第五十四条、第五十五条、第五十六条第一款、第五十七条、第五十九条、第六十条。

4. 追索权

本票的追索权可以准用《票据法》第二章第六节关于追索权即第六十一条第一款、第二款第三项、第六十二条、第六十四条、第六十六条至第七十二条之规定。

四、支票

（一）支票概述

1. 支票的概念

支票是出票人委托银行或者其他金融机构见票时无条件支付一定金额给受款人或者持票人的票据。支票的基本当事人有三个：出票人、付款人和收款人。支票是一种委付证券，与汇票相同，与本票不同。

支票与汇票和本票相比，有两个显著的特点：第一，以银行或者其他金融机构作为付款人；第二，见票即付。

2. 支票的种类

依不同的分类标准，可以对支票作不同的分类，如记名支票、无记名支票、指示支票；对已支票、受付支票、普通支票、特殊支票等。我国《票据法》按照支付票款方式，将支票分为普通支票、现金支票和转账支票。

（1）普通支票。

该种支票既可以用来支取现金，亦可用来转账。根据《票据法》第八十三条第一款的规定，普通支票用于转账时，应当在支票正面注明。这一注明方式一般是在支票外画线，未画线者可用于支取现金。

（2）现金支票。

《票据法》第八十三条第二款规定，支票中专门用于支取现金的，可以另行制作现金支票，现金支票只能用于支取现金。

（3）转账支票。

《票据法》第八十三条第三款规定，支票中专门用于转账的，可以另行制作转账支票，转账支票只能用于转账，不得支取现金。

在实践中，我国一直采用的是现金支票和转账支票，没有普通支票，但为了方便当事人，并借鉴国外的方法经验，《票据法》便规定了普通支票的形式。

3.《票据法》对支票体例的规定

与本票一样，《票据法》只是对支票的个性方面的问题作了规定，而有关其一般性问题，则适用《票据法》总则中的有关规定和汇票中的相关规定。本节也仅对支票有关个性方面的问题，即与汇票、本票不同的有关内容加以说明。

（二）出票

1. 出票的概念

出票人签发支票并交付的行为即为出票。但是，出票人签发支票必须具备一定的条件，即为在经中国人民银行当地分支行批准办理支票业务的银行机构开立可以使用支票的存款账户的单位和个人。根据《票据法》第八十二条之规定："开立支票存款账户，申请人必须使用其本名，并提交证明其身份的合法证件。开立支票存款账户和领用支票，应当有可靠的资信，并存入一定的资金。开立支票存款账户，申请人应当预留其本名的签名式样和印鉴。"这些规定主要在于保证支付支票票款的安全，保护支票权利义务各方当事人的合法权益。

2. 支票的格式

与汇票一样，支票出票人作成有效的支票，必须按法定要求记载有关事项。该等事项亦可分为绝对应记载事项和相对应记载事项。

（1）绝对应记载事项。

根据《票据法》第八十四条之规定，支票的绝对应记载事项共有六项内容：

①表明"支票"的字样。这是支票文句的记载事项，无此内容即为无效。

②无条件支付的委托。这是支票有关支付文句的记载事项。我国现行使用的支票记载支付的文句，一般是支票上已印好的"上列款项请从我账户内支付"的字样。

③确定的金额。

④付款人名称。

⑤出票日期。

⑥出票人签章。

为了发挥支票灵活便利的特点，我国《票据法》规定了两项绝对应记载事项可以通过授权补记的方式记载：

一是关于支票金额的授权补记。支票的金额本是绝对应记载事项，但在使用中，往往发生难以确定支票金额的情况，如果事先就确定一个固定金额，就会发生所载金额与所用金额不一致的情况，给支票使用人造成极大的不便。因此《票据法》第八十五条规定："支票上的金额可以由出票人授权补记，未补记前的支票，不得使用。"这就是说，出票人可以授权收款人就支票金额补记，收款人以外的其他人不得补记；在支票金额未补记之前，收款人不得背书转让，提示付款。

二是关于收款人名称的授权补记。我国《票据法》规定的票据都是记名式票据，故无收款人名称记载，票据即为无效。但是，在实际中，出票人往往不能事先确定收款人，无法在出票时记载收款人名称。为了方便人们的日常生活，《票据法》第八十六条第一款便规定："支票上未记载收款人名称的，经出票人授权，可以补记。"如前所述，未补记这一内容的，支票不得背书转让、提示付款。此外，由于实践中存在出票人兼任收款人的情况，如单位签发支票向其开户银行领取现金，故《票据法》第八十六条第四款规定："出票人可以在支票上记载自己为收款人。"这是一种例外性规定。

（2）相对应记载事项。

《票据法》第八十六条第二款、第三款规定了相对应记载事项。该相对应记载事项包括两项内容：

①付款地。根据《票据法》第八十六条第二款之规定，支票上未记载付款地的，付款人的营业场所为付款地。

②出票地。根据《票据法》第八十六条第三款之规定，支票上未记载出票地的，出票人的营业场所、住所或者经常居住地为出票地。

此外，根据《票据法》第九十三条第二款之规定，支票上可以记载非法定记载事项，但这些事项并不发生支票上的效力。

3. 出票的其他法定条件

支票的出票行为取得法律上的效力，必须依法进行，除须按法定格式签发票据外，还须符合其他法定条件。根据《票据法》第八十八条和第八十九条之规定，这些法定条件有：

第一，支票的出票人所签发的支票金额不得超过其付款时在付款人处实有的存款金额。如果出票人签发的支票金额超过其付款时在付款人处实有的存款金额，在法律上，该支票称为空头支票。签发空头支票是一种违法行为，对其责任人要给予严厉的处罚和制裁，构成犯罪的，要依法追究其刑事责任。

第二，支票的出票人不得签发与其预留本名的签名式样或者印鉴不符的支票。支票的出票人委托付款人支付票款给收款人或持票人，作为支票付款人的银行并不是支票上的债务人，只是受出票人的委托为其账户支付票款。由于出票人开立支票存款账户时必须预留其本名的签名式样和印鉴，为了保障银行支付的票款确系出票人签发支票的票款，故出票人签发支票时，必须使用与其本名的签名式样和印鉴相一致的签章，否则，该支票即为无效。

4. 出票的效力

出票人作成支票并交付之后，对出票人产生相应的法律效力。依照《票据法》第八十九条第一款之规定，出票人必须按照签发的支票金额承担保证向该持票人付款的责任。这一责任包括两项：一是出票人必须在付款人处存有足够可处分的资金，以保证支票票款的支付；二是当付款人对支票拒绝付款或者超过支票付款提示期限的，出票人应向持票人承担付款责任。

（三）付款

如前所述，支票属见票即付的票据，因而没有到期日的规定。支票的出票日实质上就是到期日。我国《票据法》第九十条规定：“支票限于见票即付，不得另行记载付款日期。另行记载付款日期的，该记载无效。”因此，出票人在付款人处的存款足以支付支票金额时，付款人应当在见票当日足额付款。以下对付款的相关问题加以说明。

1. 提示期间

支票为见票即付票据，但是，为了防止持票人久不提示支票，给出票人在管理上造成不便，以及防止空头支票的出现，《票据法》规定了持票人的提示期间。《票据法》第九十一条第一款规定：“支票的持票人应当自出票日起十日内提示付款；异地使用的支票，其提示付款期限由中国人民银行另行规定。”目前，我国支票主要在城市票据交换范围内使用和流通，若在同城范围内，支票的提示期间为 10 天。随着支票使用和流通范围的扩大，在异地使用时，则需延长提示期间，而这一提示期间最终由中国人民银行另行规定。

超过提示付款期限的，依照《票据法》第九十一条第二款的规定，付款人可以不予付款，但是付款人不予付款的，出票人仍应当对持票人承担票据责任。由于支票不同于汇票、本票，没有主债务人，出票人处于相当于主债务人的地位，所以必须加重出票人的责任。持票人超过提示付款期限的，并不丧失对出票人的追索权，出票人仍应当对持票人承担支付票款的责任。

2. 付款

持票人在提示期间内向付款人提示票据，付款人在对支票进行审查之后，如未发现有不符规定之处，即应向持票人付款。《票据法》第八十九条规定："出票人在付款人处的存款足以支付支票金额时，付款人应当在当日足额付款。"

3. 付款责任的解除

《票据法》第九十二条规定："付款人依法支付支票金额的，对出票人不再承担受委托付款的责任，对持票人不再承担付款的责任。但是，付款人以恶意或者有重大过失付款的除外。"这是有关付款人付款责任解除的规定。

这里的恶意或者有重大过失付款是指付款人在收到持票人提示的支票时，明知持票人不是真正的票据权利人，支票的背书以及其他签章系属伪造，或者付款人不按照正常的操作程序审查票据，即为付款的情形。在此情况下，付款人不能解除付款责任，由此造成损失的，由付款人承担赔偿责任。

（四）支票准用汇票的有关规定

《票据法》第九十三条规定："支票的背书、付款行为和追索权的行使，除本章规定外，适用本法第二章有关汇票的规定。支票的出票行为，除本章规定外，适用本法第二十四条、第二十六条关于汇票的规定。"据此规定，支票准用汇票的条款有如下情形：

1. 出票

如前所述的出票引用汇票的有关规定外，还适用《票据法》第二十六条的规定。

2. 背书

支票背书准用《票据法》第二章第二节第二十七条至第三十四条、第三十五条第一款、第三十六条、第三十七条的规定。

3. 付款

支票的付款行为准用《票据法》第二章第五节第五十三条第三款、第五十五条、第五十六条第一款、第五十七条第一款、第五十九条、第六十条之规定。

4. 追索权

支票的追索权的行使准用《票据法》第二章第六节第六十一条第一款和第二款第三项、第六十二条、第六十四条、第六十六条、第七十二条之规定。

五、涉外票据

（一）涉外票据的概念

涉外票据，是指出票、背书、承兑、保证、付款等行为中，既有发生在中华人民共和国境内又有发生在中华人民共和国境外的票据。涉外票据必须具有涉外因素。《票据法》对涉外票据涉外因素的规定，主要是从行为角度加以认定的，即出票、背书、承兑、保证、付款等行为中，只要有一项发生在境外，就被认定为涉外票据。

（二）我国《票据法》与有关国际条约、国际惯例的关系

国际条约是指国家之间缔结的，确定其相互关系中权利和义务的一种国际书面协议。我国《票据法》属国内法。根据国际法优于国内法的原则，《票据法》第九十五条第一款规定："中华人民共和国缔结或者参加的国际条约同本法有不同规定的，适用国际条约的规定。但是，中华人民共和国声明保留的条款除外。"声明保留的条款仍然适用国内法。

国际惯例是指在国际经济交往中所形成的被普遍认可并具有一定约束力的习惯和惯例。我国《票据法》第九十五条第二款规定，"本法和中华人民共和国缔结或者参加的国际条约没有规定的，可以适用国际惯例。"这里的"可以适用"不是"必须适用"，因而也可不适用。究竟是否适用，需要协商或有关机关的裁判来确定。

（三）涉外票据的法律适用

1. 关于民事行为能力的法律适用

《票据法》第九十六条对此规定了两种情况：一是在一般情况下，票据债务人的民事行为能力，适用其本国法律；二是票据债务人的民事行为能力，依照其本国法律为无民事行为能力或者为限制民事行为能力而依照行为地法律为完全民事行为能力的，适用行为地法律。

2. 关于出票里记载事项的法律适用

这里的记载事项包括汇票、本票、支票各章中规定的出票时的绝对应记载事项、相对应记载事项和非法定记载事项等。《票据法》第九十七条规定了两种情况：一是汇票、本票出票时的记载事项，适用出票地法律；二是支票出票时的记载事项，适用出票地法律，经当事人协议，也可以适用付款地法律。

3. 关于背书、承兑、保证、付款行为的法律适用

《票据法》第九十九条规定："票据的背书、承兑、付款和保证行为，适用行为地法律。"依此规定，上述四种行为可能会在汇票中出现，但对本票和支票而言，由于没有承兑制度，故不存在适用承兑行为地法律适用问题；对支票而言，由于没有保

证制度，故也不存在保证行为地的法律适用问题。

4. 关于追索权行使期限的法律适用

依照《票据法》第九十九条之规定，票据追索权的行使期限，适用出票地法律。

5. 关于提示期限、拒绝证明的方式及出具期限的法律适用

根据《票据法》第一百条规定，上述问题适用付款地法律。

6. 关于票据丧失时保全票据权利程序的法律适用

《票据法》第一百零一条规定，票据丧失时，失票人请求保全票据权利的程序，适用付款地法律。

六、法律责任

我国《票据法》第六章专门规定了法律责任问题。该章中的法律责任是指票据责任之外的刑事法律责任、行政法律责任和民事法律责任。以下分别予以说明。

（一）票据欺诈行为的法律责任

《票据法》第一百零二条规定了七种票据欺诈行为是：①伪造、变造票据；②故意使用伪造、变造的票据；③签发空头支票或者故意签发与此其预留的本名签名式样或者印鉴不符的支票，骗取财物；④签发无可靠资金来源的汇票、本票，骗取资金；⑤汇票、本票的出票人在出票时作虚假记载，骗取财物；⑥冒用他人的票据，或者故意使用过期或者作废的票据，骗取财物；⑦付款人同出票人、持票人恶意串通，实施前六项所列行为之一的。凡行为人实施上述行为之一，即构成犯罪，应依法承担刑事法律责任。

根据《刑法》第一百七十七条和第一百九十四条的规定，对构成前述第一项行为的，处5年以下有期徒刑或者拘役，并处或单处2万元以上20万元以下罚金；情节严重的，处5年以上10年以下有期徒刑，并处5万元以上50万元以下罚金；情节特别严重的，处10年以上有期徒刑或者无期徒刑，并处5万元以上50万元以下罚金或者没收财产。对构成前述第二、三、四、五、六项行为，数额较大的，处5年以下有期徒刑或者拘役，并处2万元以上20万元以下罚金；数额巨大或者有其他严重情节的，处5年以上10年以下有期徒刑，并处5万元以上50万元以下罚金；数额特别巨大或者有其他特别严重情节的，处10年以上有期徒刑或者无期徒刑，并处5万元以上50万元以下罚金或者没收财产。付款人同出票人、持票人恶意串通，实施票据欺诈行为的，与出票人、持票人一起作为共犯，承担与之相应的刑事责任。

《票据法》第一百零三条规定了行为人实施前述票据欺诈行为之一的，情节轻微，不构成犯罪的，依照国家有关规定给予行政处罚的问题。所谓行政处罚是指国家行政机关对违反法律、国家行政管理法规的人所作的处罚。该等处罚主要有警告、罚金、罚款、没收非法所得、停止办理某项业务、停业整顿、吊销营业执照或经营许可证、拘留等。

行为人实施前述票据欺诈行为，给他人造成损失的，还应当承担民事赔偿责任。但被伪造签章者不承担票据责任。

（二）金融机构工作人员的法律责任

金融机构工作人员在票据业务中玩忽职守，对违反票据法规定的票据予以承兑、付款或者保证的，给予处分；造成重大损失，构成犯罪的，依法追究刑事责任。因上述行为给当事人造成损失的，由该金融机构和直接责任人员依法承担连带赔偿责任。此处的“处分”是指由单位给予该人员警告、记过、撤职、开除公职等行政处分；此处的刑事责任，即是依照《刑法》第三百九十七条之规定，处 3 年以下有期徒刑或者拘役；情节特别严重的，处 3 年以上 7 年以下有期徒刑。

（三）付款人故意压票，拖延支付的法律责任

该责任包括行政责任和民事责任。依照《票据法》第一百零五条第一款之规定，票据的付款人对见票即付或者到期的票据，故意压票，拖延支付的，由金融行政管理部门处以罚款，对直接责任人员给予处分。这是有关行政责任的规定，这里所指的金融行政管理部门是指中国人民银行。根据中国人民银行颁布的有关规定，该等行政处罚主要有罚款、警告、通报批评、停止使用或办理有关票据结算以及对责任人给予行政处罚。

关于民事责任，依照《票据法》第一百零五条第二款之规定，票据的付款人故意压票，拖延支付，给持票人造成损失的，依法承担赔偿责任。该等赔偿责任参照支付结算制度的有关规定执行。

第二节　非票据结算

一、概述

（一）支付结算的概念和特征

支付结算的概念源于“银行结算”一词。1988 年 12 月 19 日中国人民银行颁布的《银行结算办法》（该办法于 1989 年 4 月 1 日起施行）将票据以及票据之外的结

算方式（如汇兑、委托收款等）统称为“银行结算”。1995 年 5 月 10 日全国人大常委会审议通过《中华人民共和国票据法》（以下简称《票据法》，该法于 1996 年 1 月 1 日起施行）之后，中国人民银行即着手制定《票据法》的配套实施办法。在修订《银行结算办法》的过程中，中国人民银行根据新形势下结算制度的特点，不再使用“银行结算”一词，而采用了“支付结算”的概念。由于结算关系的实质性权利义务关系实际是当事人之间的权利义务关系，而银行往往是结算活动和资金清算的中介机构，因此，采用“支付结算”的概念更能体现结算制度的实质。

支付结算是指单位、个人在社会经济活动中使用票据、银行卡和汇兑、托收承付、委托收款等结算方式进行货币给付及其资金清算的行为。支付结算作为一种法律行为，具有以下法律特征：

1. 支付结算必须通过中国人民银行批准的金融机构进行

支付结算包括票据、信用卡和汇兑、托收承付、委托收款等结算行为，而该等结算行为必须通过中国人民银行批准的金融机构才能进行。《支付结算办法》第六条规定：“银行是支付结算和资金清算的中介机构。未经中国人民银行批准的非银行金融机构和其他单位不得作为中介机构经营支付结算业务。但法律、行政法规另有规定的除外。”这表明，支付结算与一般的货币给付及资金清算行为不同。

2. 支付结算是一种要式行为

所谓要式行为是指法律规定必须依照一定形式进行的行为。如果该行为不符合法定的形式要件，即为无效。根据《支付结算办法》第九条的规定：“票据和结算凭证是办理支付结算的工具。单位、个人和银行办理支付结算，必须使用按中国人民银行统一规定印制的票据凭证和统一规定的结算凭证。未使用按中国人民银行统一印制的票据，票据无效；未使用中国人民银行统一规定格式的结算凭证，银行不予受理。”为了保证支付结算的准确、及时和安全，以使其业务正常进行，中国人民银行除了对票据和结算凭证的格式有统一的要求外，还就正确填写票据和结算凭证作出了基本规定，如单位和银行的名称应当记载全称或者规范化的简称；票据中结算凭证上的签章，不签名、盖章或签名加盖章；单位、银行在票据上的签章和单位在结算凭证上的签章，为该单位、银行的盖章加其法定代表人或其授权的代理人的签名或盖章；个人在票据和结算凭证上签章，应为该个人本名的签名或盖章；票据和结算凭证的金额、出票或签发日期、收款人名称不得更改，更改的票据无效，更改的结算凭证，银行不予受理；票据和结算凭证金额须以中文大写和阿拉伯数字同时记载，两者必须一致，两者不一致的票据无效，两者不一致的结算凭证，银行不予受理；少数民族地区和外国驻华使领馆根据实际需要，金额大写可以使用少数民族文字或外国文字记载。

3. 支付结算的发生取决于委托人的意志

银行在支付结算中充当中介机构的角色，因此银行只要以善意且符合规定的正常操作程度审查，对伪造、变造的票据和结算凭证上的签章以及需要交验的个人有效身份证件，未发现异常而支付金额的，对出票人或付款人不再承担受委托付款的责任，对持票人或收款人不再承担付款的责任。与此同时，当事人对在银行的存款有自己的支配权；银行对单位、个人在银行开立存款账户的存款，除国家法律、行政法规另有规定外，不得为任何单位或者个人查询；除国家法律另有规定外，银行不代任何单位或个人冻结、扣款，不得停止单位、个人存款的正常支付。

4. 支付结算实行统一和分级管理相结合的管理体制

支付结算是一项政策性强，与当事人利益息息相关的活动，因此，必须对其实行统一的管理。根据《支付结算办法》第二十条的规定，中国人民银行总行负责制定统一的支付结算制度，组织、协调、管理、监督全国的支付结算工作，调解、处理银行之间的支付结算纠纷；中国人民银行各分行根据统一的支付结算制度制定实施细则，报总行备案，根据需要可以制定单项支付结算办法，报中国人民银行总行批准后执行；中国人民银行分、支行负责组织、协商、管理、监督本辖区的支付结算工作，协调、处理本辖区银行之间的支付结算纠纷；政策性银行、商业银行总行可以根据统一的支付结算制度，结合本行情况，制定具体管理实施办法，报经中国人民银行总行批准后执行，并负责组织、管理、协调本行内的支付结算工作，调解、处理本行的内分支机构之间的支付结算纠纷。

5. 支付结算必须依法进行

《支付结算办法》第五条规定："银行、城市信用合作社、农村信用合作社（以下简称银行）以及单位和个人（含个体工商户），办理支付结算必须遵守国家的法律、行政法规和本办法的各项规定，不得损害社会公共利益。"因此，支付结算的当事人必须严格依法进行支付结算活动。

（二）支付结算的基本原则

支付结算的基本原则是单位、个人和银行在进行支付结算活动时所必须遵循的行为准则。早在 1988 年 12 月由中国人民总行颁布的《银行结算办法》就根据社会经济发展的需要，在总结我国改革开放以来结算工作经验的基础上，确立了"恪守信用，履约付款；谁的钱进谁的账，由谁支配；银行不垫款"的三项基本原则。中国人民银行新发布的《支付结算办法》第十六条亦肯定了该三项原则。

1. 恪守信用，履约付款原则

这一原则是民法通则"诚实信用"原则在支付结算中的具体表现。根据该原则，结算当事人必须依照共同约定的民事法律关系内容享受权利和承担义务，严格遵守信用，依约履行付款义务，特别是应按照约定的付款金额和付款日期进行支付。这一原则对履行付款义务的当事人具有约束力，是维护经济合同秩序，保障当事人经济利益的重要保证。

2. 谁的钱进谁的账，由谁支配原则

这一原则主要在于维护存款人对存款资金的所有权或经营权，保证其对资金的自主支配权。银行作为资金结算的中介机构，在办理结算时必须遵循存款人的委托，按照其意志，保证将所收款项支付给其指定的收款人；对存款人的资金，除国家法律另有规定外，必须由其自主支配，其他任何单位、个人以及银行本身都不得对其资金进行干预和侵犯。这一原则既保护了存款人的合法权益，又加强了银行办理结算的责任。

3. 银行不垫款原则

这一原则主要在于划清银行资金和存款人资金的界限。根据该原则，银行办理结算只负责办理结算当事人之间的资金转移，而不能在结算过程中为其垫付资金。这一原则有利于保护银行资金的所有权或经营权，也有利于促使单位和个人以自己所有或经营管理的财产直接对自己的债务承担责任，从而保证了银行资金的安全。

上述三个原则既可单独发挥作用，亦是一个有机的整体，分别从不同角度强调了付款人、收款人和银行在结算过程中的权利义务，从而切实保障了结算活动的正常进行。

（三）支付结算的主要法律依据

支付结算包括票据、信用卡和汇兑、托收承付、委托收款等结算方式。因此，凡是与支付结算的各种结算方式有关的法律、行政法规以及部门规章和地方性规定都是支付结算的法律依据。此外，中国人民银行颁发的有关支付结算的政策性文件亦是当事人进行支付结算活动必须遵守的规定。

迄今为止，现行的适用支付结算的法律、行政法规以及部门规章和政策性规定主要有：《票据法》、《票据管理实施办法》（该办法于1997年6月23日经国务院批准，同年8月21日由中国人民银行发布并于同年10月1日起施行）、《支付结算办法》（该办法于1997年9月19日由中国人民银行发布，于同年12月1日起施行，原《银行结算办法》同时废止）、《中国人民银行银行卡业务管理办法》（该办法于1999年3月1日起施行，原《中国人民银行信用卡业务管理暂行办法》同时废止）、《银行账户管理办法》（1994年10月9日颁布，同年11月1日起施行）、《异地托收承付结算办法》（该办法于1994年10月9日修订，1995年1月1日起施行）等。

二、票据结算之外的结算方式

根据中国人民银行颁布的《支付结算办法》，票据结算之外的结算方式主要包括汇兑、托收承付和委托收款以及银行卡等结算方式。以下分别就汇兑、托收承付、委托收款和银行卡四种结算方式加以说明。

（一）汇兑

1. 概述

汇兑是指汇款人委托银行将其款项支付给收款人的结算方式。汇兑便于汇款人向异地的收款人主动付款，适用范围十分广泛。

汇兑分为信汇和电汇两种，汇兑适用于单位和个人的各种款项的结算。一般来说，信汇是以邮寄方式将汇款凭证转给外地收款人指定的汇入行，而电汇则是以电报方式将汇款凭证转发给收款人指定的汇入行，后者的汇款速度比前者快，汇款人可根据实际需要选择。

2. 汇兑办理程序

当事人应按以下程序办理汇兑：

（1）汇款人按要求签发汇兑凭证。

根据《支付结算办法》的规定，汇款人签发汇兑凭证时，必须记载下列事项：

①表明“信汇”或“电汇”的字样；

②无条件支付的委托；

③确定的金额；

④收款人名称；

⑤汇款人名称；

⑥汇入地点、汇入行名称；

⑦汇出地点、汇出行名称；

⑧委托日期；

⑨汇款人签章。

凡汇兑凭证上欠缺上列记载事项之一的，银行不予受理。汇兑凭证记载的汇款人名称、收款人名称，其在银行开立存款账户的，必须记载其账号，欠缺记载的，银行不予受理。此外，汇兑凭证上记载收款人为个人的，收款人需要到汇入银行领取汇款，汇款人应在汇兑凭证上注明“留行待取”字样；留行待取的汇款，需要指定单位的收款人领取汇款的，应注明收款人的单位名称；信汇凭收款人签章支取的，应在信汇凭证上预留其签章。如果汇款人确定不得转汇的，应在汇兑凭证备注栏注明“不得转汇”字样。

汇款人和收款人均为个人，需要在汇入银行支取现金的，应在信、电汇凭证的“汇款金额”大写栏，先填写“现金”字样，后填写汇款金额。

（2）汇出银行受理汇兑凭证并认真审查。

汇出银行审查汇兑凭证的内容有：汇兑凭证填写的各项内容是否齐全、正确；汇款入账户内是否有足够支付的余额；汇款人的印章是否与预留银行印鉴相符。汇出银行审查无误后，应及时向汇入银行办理汇款，并向汇款人签发汇款回单。但汇款回单只能作为汇出银行受理汇款的依据，不能作为该笔汇款已转入收款人账户的证明。

（3）汇入银行接收汇兑凭证，审查并办理付款手续。

汇入银行接收汇出银行的汇兑凭证之后，应审查汇兑凭证上联行专用章与联行报单印章是否一致，无误后，根据收款人的不同情况进行审查并办理付款手续。

汇入银行对开立存款账户的收款人，应将汇给其的款项直接转入收款人账户，并向其发出收账通知，收账通知是银行将款项确已收入收款人账户的凭据。未在银行开立存款账户的收款人，凭信、电汇的取款通知或“留行待取”的，向汇入银行支取款项，必须交验本人的身份证件，在信、电汇凭证上注明证件名称、号码及发证机关，并在“收款人盖章”处签章；信汇凭签章支取的，收款人的签章必须与预留信汇凭让上的签章相符，银行审查无误后，以收款人的姓名开立应解汇款及临时存款账户，该账户只付不收，付完清户，不计付利息。

需要支取现金的，信、电汇凭证上必须有按规定填明的“现金”字样，才能办理。未填明“现金”字样，需要支取现金的，由汇入银行按照国家现金管理规定审查支付。

根据《支付结算办法》的规定，如果收款人需要委托他人向汇入银行支取款项的，应在取款通知上签章，注明本人身份证件的名称、号码、发证机关和“代理”字样以及代理人姓名。代理人代理取款时，也应在取款通知上签章，注明其身份证件的名称、号码及发证机关，并同时交验代理人和被代理人的身份证件。此规定是对原汇兑结算方式的进一步完善。

如果收款人转账支付的，应由原收款人向银行填制支款凭证，并由本人交验其身份证件办理支付款项。但该账户的款项只能转入单位或个体工商户的存款账户，严禁转入储蓄和信用卡账户。

如果转汇的，应由原由款人向银行填制信、电汇凭证，并由本人交验其身份证件。转汇的收款人必须是原收款人。原汇入银行必须在信、电汇凭证上加盖“转汇”戳记。

3. 汇兑的撤销和退汇

（1）汇兑的撤销。

这是指汇款人对汇出银行尚未汇出的款项，向汇出银行申请撤销的行为。汇款人申请撤销汇款必须是该款项尚未汇出汇出银行。在申请撤销时，汇款人应出具正式函件或本人身份证件及原信、电汇回单；汇出银行只有在查明确未汇款项，并收回原信、电汇回单时，方可办理撤销手续。但转汇银行不得受理汇款人或汇出银行对汇款的撤销。

（2）退汇。

这是指汇款人对汇出银行已经汇出的款项申请退回汇款的行为。汇款人申请退汇必须是该汇款已汇出汇出银行。对在汇入银行开立存款账户的收款人，由汇款人与收款人自行联系退汇，换言之，如果汇款人与收款人不能达成一致退汇的意见，不能办理退汇。

对在汇入银行未开立存款账户的收款人，汇款人应出具正式函件或本人身份证件以及原信、电汇回单，由汇出银行通知汇入银行，经汇入银行核实汇款确未支付，并将款项退回汇出银行，方可办理退汇，否则不能办理退汇。但转汇银行不得受理汇款人或汇出银行对汇款的退汇。

汇入银行对于收款人拒绝接受的汇款，应即办理退汇。汇入银行对于向收款人发出取款通知，经过 2 个月无法交付的汇款，应主动办理退汇。

（二）托收承付

1. 概述

托收承付亦称异地托收承付，是指根据购销合同由收款人发货后委托银行向异地付款人收取款项，由付款人向银行承认付款的结算方式。人民银行自 1990 年 4 月 1 日起恢复这一结算方式，1994 年 10 月 9 日又修订了《异地托收承付结算办法》，该办法于 1995 年 1 月 1 日起施行。《支付结算办法》进一步肯定了托收承付的结算方式。

根据《支付结算办法》的规定，托收承付结算每笔的金额起点为 1 万元，新华书店系统每笔的金额起点为 1000 元。这一规定对原托收承付的金额起点 10 万元作了改变。有关结算款项的划回方式，分邮寄和电报两种，由收款人选用。

2. 托收承付的适用范围

根据《支付结算办法》的规定，托收承付的适用范围是：

（1）使用该结算方式的收款单位和付款单位，必须是国有企业、供销合作社以及经营管理较好，并经开户银行审查同意的城乡集体所有制工业企业；

（2）办理结算的款项必须是商品交易以及因商品交易而产生的劳务供应的款项。代销、寄销、赊销商品的款项，不得办理托收承付结算。

凡办理托收承付，必须同时符合上述两项规定。

3. 托收承付的适用条件

根据《支付结算办法》的规定，办理托收承付，除符合前述适用范围的规定外，还必须具备以下三个前提条件：

（1）收付双方使用托收承付结算必须签有符合合同法规定的购销合同，并在合同上订明使用异地托收承付结算方式。

（2）收款人办理托收，必须具有商品确已发运的证件（包括铁路、航运、公路等运输部门签发的运单、运单副本和邮局包裹回执）。没有发运证件，可凭国家规定的其他有关证件办理。

根据《支付结算办法》的规定，如果收款人对同一付款人发货托收累计三次收不回货款的，收款人开户银行应暂停收款人向付款人办理托收；付款人累计三次提出无理拒付的，付款人开户银行应暂停其向外办理托收。

4. 托收承付凭证的格式

根据《支付结算办法》第一百八十九条规定，当事人签发托收承付凭证时，必须记载下列事项：

（1）表明“托收承付”的字样；

（2）确定的金额；

（3）付款人名称及账号；

（4）收款人名称及账号；

（5）付款人开户银行名称；

（6）收款人开户银行名称；

（7）托收附寄单证张数或册数；

（8）合同名称、号码；

（9）委托日期；

（10）收款人签章。

托收承付凭证上欠缺记载上列事项之一的，银行不予受理。

5. 托收承付的托收与承付

（1）托收。

托收是指收款人根据购销合同发货后委托银行向付款人收取款项的行为。收款人办理托收，应填制托收凭证，盖章后并附发运证件或其他符合托收承付结算的有关证明和交易单证（所附单证的张数应在托收凭证上注明）送交银行。收款人如需取回发运证件，银行应在托收凭证上加盖“已验发运证件”戳记。对于军品托收，有驻厂军代表检验产品或有指定专人负责财务监督的，收款人还应当填制有驻厂军代表或指定人员签章（在银行预留印鉴）的结算通知单，将交易单证和发运证件装入密封袋，并在密封袋上填明托收号码，同时在托收凭证上填明结算通知单和密封袋的号码。然后将托收凭证和结算通知单送交银行办理托收。没有驻厂军代表使用代号明件办理托收的，不填结算通知单，但应在交易单证上填写保密代号，按照正常托收办法办理。

收款人开户银行接到托收凭证及其附件后，应当按照托收范围、条件和托收凭证填写的要求认真进行审查，审查内容包括：

①托收款项是否符合异地托收承付结算办法规定的范围、条件、金额起点以及其他有关规定；

②有无商品确已发运的证件；

③托收凭证应填的各栏是否填写齐全和符合填写凭证的要求；

④托收凭证与所附单证的张数是否相符；

⑤托收凭证上是否加盖收款人印章。

必要时，还应查验收付款人签订的购销合同。托收凭证的审查时间不得超过次日。凡不合要求或违反购销合同发货的，不能办理。经审查无误的，将有关托收凭证连同交易单证，一并寄交付款人开户银行。

（2）承付。

承付是指由付款人向银行承认付款的行为。付款人开户银行收到托收凭证及其附件后，应当及时通知付款人。根据《支付结算办法》的规定，该等通知办法可以采取付款人来行自取、派人送达、对距离较远的付款人邮寄等。付款人在承付期内审查核对，安排资金。

付款人的承付期依验单付款还是验货付款而不相同。验单付款的承付期为3天，从付款人开户银行发出承付通知的次日算起（承付期内遇法定休假日顺延）。付款人在承付期内，未向银行表示拒绝付款，银行即视为承付，并在承付期满的次日（遇法定休假日顺延）上午银行开始营业时，将款项主动从付款人的账户内付出，划给收款人。验货付款的承付期为10天，从运输部门向付款人发出提货通知的次日算起，收付双方在合同中明确规定，并在托收凭证上注明验货付款期限的，银行从其规定。

验货付款的，付款人收到提货通知后，应立即向银行交验提货通知，付款人在银行发出承付通知后（次日算起）的10天内，未收到提货通知，应在第10天将货物尚未到达的情况通知银行。在第 10 天付款人不通知银行的，银行即视同已验货，于 10 天期满的次日上午银行开始营业时，将款项划给收款人；在第 10 天付款人通知银行货物未到，而以后收到提货通知没有及时送交银行，银行仍按 10 天期满的次日作为划款日期，并按超过天数，计扣逾期付款赔偿金。

在验货付款的情况下，收款人必须在托收凭证上加盖明显的“验货付款”字样戳记。如果托收凭证未注明验货付款，经付款人提出合同证明是验货付款的，银行可按验货付款处理。

无论是验单付款还是验货付款，付款人都可以在承付期内提前向银行表示承付，并通知银行提前付款，银行应立即办理划款；因商品的价格、数量或金额变动，付款人应多承付款项的，须在承付期内向银行提出书面通知，银行据此随同当次托收款项划给收款人。但是付款人不得在承付货款中，扣抵其他款项或以前托收款项。

6. 托收承付的逾期付款处理

付款人在承付期满银行营业终了时，如无足够资金支付，其不足部分，即为逾期未付款项，按逾期付款处理。

①付款人开户银行对付款人逾期支付的款项，应当根据逾期付款金额和逾期天数，按每天 5‰计算逾期付款赔偿金。银行审查拒绝付款期间，不能算作付款人逾期付款，但对无理的拒绝付款，而增加银行审查时间的，应从承付期满日起，计算逾期付款赔偿金。

逾期付款天数从承付期满日算起。承付期满日银行营业终了时，付款人如无足够资金支付，其不足部分，应当算作逾期 1 天，计算 1 天的赔偿金。在承付期满的次日（遇法定休假日，逾期付款赔偿金的天数相应顺延，但以后遇法定休假日应当照算逾期天数）银行营业终了时，仍无足够资金支付，其不足部分，应当算作逾期 2 天，计算 2 天的赔偿金。依此类推。

②赔偿金实行定期扣付，每月计算一次，于次月 3 日内单独划给收款人。在月内有部分付款的，其赔偿金随同部分支付的款项划给收款人，对尚未支付的款项，月终再计算赔偿金，于次月 3 日内划给收款人；次月又有部分付款时，从当月 1 日起计算赔偿金，随同部分支付的款项划给收款人，对尚未支付的款项，从当月 1 日起至月终再计算赔偿金，于第三月 3 日内划给收款人。第三月仍有部分付款的，按照上述办法计扣赔偿金。

赔偿金的扣付列为企业销货收入扣款顺序的首位，如付款人账户余额不足全额支付时，应排列在工资之前，并对该账户采取“只收不付”的控制办法，待一次足额扣付赔偿金后，才准予办理其他款项的支付。因此产生的经济后果，由付款人自行负责。

③付款人开户银行要随时掌握付款人账户逾期未付的资金情况，等账户有款时，必须将逾期未付款项和应付的赔偿金及时扣划给收款人，不得拖延扣划。

④付款人开户银行对不执行合同规定，三次拖欠货款的付款人，应当通知收款人开户银行转知收款人，停止对该付款人办理托收。如果收款人不听劝告，继续对该付款人办理托收，付款人开户银行对发出通知的次日起 1 个月之后收到的托收凭证，可以拒绝受理，注明理由，原件退回。

⑤付款人开户银行对逾期未付的托收凭证，负责进行扣款的期限为 3 个月（从承付期满日算起）。在此期限内，银行必须按照扣款顺序陆续扣款。期满时，如果付款人仍无足够资金支付该笔尚未付清的欠款，银行应于次日通知付款人将有关交易单证（单证已作账处理或已部分支付的，可以填制“应付款项证明单”），在 2 日内退回银行。银行将有关结算凭证连同交易单证或应付款项证明单退回收款人开户银行转交收款人，并将应付的赔偿金划给收款人。

对付款人逾期不退回单证的，开户银行应当自发出通知的第 3 日起，按照该笔尚未付清欠款的金额，每天处以 5‰但不低于 50 元的罚款，并暂停付款人向外办理结算业务，直到退回单证时止。

7. 托收承付的拒绝付款处理

付款人在承付期内，有正当理由，可向银行提出全部或部分拒绝付款。依照《支付结算办法》规定，该理由包括：

①没有签订购销合同或未订明托收承付结算方式购销合同款项；

②未经双方事先达成协议，收款人提前交货或因逾期交货，付款人不需要该项货物的款项；

③未按合同规定的到货地址发货的款项；

④代销、寄销、赊销商品的款项；

⑤验单付款，发现所列货物的品种、规格、数量、价格与合同规定不符，或货物已到，经查验货物与合同规定或发货清单不符的款项；

⑥验货付款，经查验货物与合同规定或发货清单不符的款项；

⑦货款已经支付或计算有错误的款项。

不属于上述情况的，付款人不得向银行提出拒绝付款。

在处理拒绝付款问题时，以下情况须注意：

①外贸部门托收进口款项，在承付期内，订货部门除因商品的质量问题不能提出拒绝付款，应当另行向外贸部门提出索赔外，如果属前述其他情形的，可以向银行提

出全部或部分拒绝付款。

②付款人对以上情况提出拒绝付款时，必须填写“拒绝付款理由书”，并加盖单位公章，注明拒绝付款理由，涉及合同的应引证合同有关条款。属商品质量问题，需要提出商检部门的检验证明；属商品数量问题，需要提出数量问题的证明及有关数量的记录；属外贸进口商品，应当提出国家商品检验或运输等部门出具的证明，一并送交开户银行。

③开户银行经审查，认为拒付理由不成立，均不受理，应实行强制扣款。银行同意部分或全部拒付的，应在拒绝付款理由书上签注意见。如果是部分拒绝付款，除办理部分付款外，应将拒绝付款理由书连同拒付证明和拒付商品清单邮寄收款人开户银行转交收款人。如果是全部拒绝付款，应将拒绝付款理由书连同拒付证明和有关单证邮寄收款人开户银行转交收款人。

④凡涉及军品的拒绝付款，银行不审查拒绝付款理由。

⑤收款人对无理拒付的，可委托银行重办托收。收款人在收到退回的结算凭证及其所附单证后，需要委托银行重办托收，应当填写回联“重办托收理由书”，将其中三联连同购销合同、有关证据和退回的原托收凭证及交易单证，一并送交银行。

⑥收款人开户银行对逾期尚未划回，又未收到付款人开户银行寄来逾期付款通知或拒绝付款理由书的托收款项，应当及时发出查询。付款人开户银行要积极查明，及时答复。

⑦银行无法审查拒绝付款是非的，应由收付双方自行协商处理，或向仲裁机关、人民法院申请调解或裁决。

⑧未经开户银行批准使用托收承付结算方式的城乡集体所有制工业企业，收款人开户银行不得受理其办理托收，付款人开户行对其承付的款项按规定支付款项外，还要对该付款人按结算金额处以 5% 的罚款。

（三）委托收款

1. 概述

委托收款是收款人委托银行向付款人收取款项的结算方式。委托收款便于收款人主动收款，该结算方式适用范围亦十分宽泛。无论是同城还是异地都可使用，既适用于在银行开立账户的单位和个体经济户各种款项的结算，也适用于水电、邮电、电话等劳务款项的结算，单位和个人凭已承兑的商业汇票、债券、存单等付款人债务证明办理款项的结算，均可以使用委托收款结算方式。

委托收款分邮寄和电报划回两种。前者是以邮寄方式由付款人开户银行向收款人开户银行转送委托收款凭证、提供收款依据的方式，后者则是以电报方式由付款人开户银行向收款人开户银行转送委托收款凭证，提供收款依据的方式。这两种方式由收款人选用。

根据《支付结算办法》第二百零六条的规定，在同城范围内，收款人收取公用事业费或根据国务院的规定，可以使用同城特约委托收款。在办理公用事业费委托收款时，必须具有收付双方事先签订的合同，由付款人向开户银行授权，并经开户银行同意，报经中国人民银行当地分、支行批准。

2. 委托收款凭证的格式

根据《支付结算办法》第二百零二条的规定，当事人签发委托收款凭证时必须记载下列事项：

（1）表明“委托收款”的字样；

（2）确定的金额；

（3）付款人名称；

（4）收款人名称；

（5）委托收款凭据名称及附寄单证张数；

（6）委托日期；

（7）收款人签章。

凡欠缺上列记载事项之一的，银行不予受理。此外，如果委托收款以银行以外的单位为付款人的，委托收款凭证必须记载付款人开户银行名称；以银行以外的单位或在银行开立存款账户的个人为收款人的，委托收款凭证必须记载收款人开户银行名称；以未在银行开立存款账户的个人为收款人的，委托收款凭证必须记载被委托银行名称。欠缺上述记载的，银行不予受理。

3. 委托收款的委托和付款

（1）委托。

委托，是指收款人向银行提交委托收款凭证和有关债务证明并办理委托收款手续的行为。委托收款凭证即是如前所述的按规定填写的凭证；有关债务证明即是指能够证明付款人到期并应向收款人支付一定款项的证明。例如，水电费单、电话费单、已承兑的商业汇票、债券、存单等。

（2）付款。

付款，是指银行在接到寄来的委托收款凭证及债务证明，并经审查无误之后向收款人办理付款的行为。根据《支付结算办法》的规定，银行可根据付款人的不同而在不同的时间付款，从而改变了原《银行结算办法》中统一为 3 天的付款期。具体而言：①以银行为付款人的，银行应在当日将款项主动支付给收款人；②以单位为付款人的，银行应及时通知付款人，按照有关办法规定，需要将有关债务证明交给付款人的应交给付款人并签收。付款人应于接到通知的当日书面通知银行付款；如果付款人未在接到通知日的次日起3日内通知银行付款的，视同付款人同意付款，银行应于付款人按到通知日的次日起第4日上午开始营业时，将款项划给收款人。

在实际中，付款人可能会提前收到由其付款的债务证明，在此情形下，付款人应通知银行于债务证明的到期日付款。如果付款人未于接到通知日的次日起3日内通知银行付款，付款人接到通知日的次日起第4日在债务证明到期日之前的，银行应于债务证明到期日将款项划给收款人。

银行在办理划款时，发现付款人存款账户不足支付的，应通过被委托银行向收款人发出未付款通知书。如果债务证明留存付款人开户银行的，应将其债务证明连同未付款项通知书邮寄被委托银行转交收款人。

这里需要说明的是，以上所述的3天付款期与原《银行结算办法》规定的3天付款期限是不同的，主要表现在以下几点：第一，前者不具有普遍性，主要是为对商业承兑汇票的规定而规定的；后者则是适用委托收款的各种情况。第二，前者规定的3天期限主要是为了防止付款人拖延通知银行付款，付款人应于接到通知的当日通知银行付款，因此，不应有3天期限的问题；后者规定的是付款期限，付款人接到通知应在规定的付款期内付款。第三，前者规定的期限是从付款人接到通知的次日算起，而后者规定的付款期是从付款人开户银行发出通知的次日算起。因此，上述不同应予注意，不可混淆。

4. 付款人拒绝付款

付款人在审查有关债务证明后，对收款人委托收取的款项需要拒绝付款的，可以办理拒绝付款。根据《支付结算办法》的规定，付款人不同的拒绝付款的方式略有不同：①以银行为付款人的，应自收到委托收款及债务证明的次日起3日内出具拒绝证明，连同有关债务证明、凭证寄给被委托银行，转交收款人；②以单位为付款人的，应在付款人接到通知日的次日起3日内出具拒绝证明，持有债务证明的，应将其送交开户银行。银行将拒绝证明，债务证明和有关凭证一并寄给被委托银行，转交收款人。

三、结算纪律与责任

严格的支付结算纪律和责任是保证支付结算制度得以贯彻实施的重要条件，因此，中国人民银行历来十分重视此问题的制度建设。中国人民银行曾专门发布过《违反银行结算制度处罚规定》，并于1994年9月26日发布了《关于加强银行结算工作的决定》，对支付结算纪律和责任作了规定，为了配合《票据法》的贯彻实施，中国人民银行发布的《票据管理实施办法》和《支付结算办法》专门就此问题作了详尽的规定。

（一）结算纪律

1. 单位和个人的结算纪律

单位和个人是支付结算的重要当事人，其严格遵守结算纪律，按照结算制度办理结算，是严肃信用制度，维护结算秩序的前提条件。根据《支付结算办法》及有关规定，单位和个人必须遵守的结算纪律可以归纳为四条：

第一，不准套取银行信用，签发空头支票、印章与预留印鉴不符支票和远期支票以及没有资金保证的票据；

第二，不准无理拒付，任意占用他人资金；

第三，不准违反规定开立和使用账户；

第四，不准签发、取得和转让没有真实交易和债权债务的票据，套取银行和他人资金。

这“四不准”要求单位和个人只准在银行账户余额内按照规定向收款单位和个人支付款项；对应该支付其他单位的款项必须依约履行义务；遵守国家有关账户管理的规定，严守信用，信守合同等。

2. 银行的结算纪律

银行是办理结算的主体。银行严格按照结算制度办理结算，是维护结算秩序的重要环节。因此，《支付结算办法》和中国人民银行 1994 年 9 月 26 日发布的《关于加强银行结算工作的决定》及有关规定对银行的结算纪律作了规定，总体可归纳为以下几条：

第一，不准以任何理由压票、任意退票、截留挪用客户和他行资金、受理无理拒付、不扣少扣滞纳金；

第二，不准在结算制度之外规定附加条件，影响汇路畅通；

第三，不准违反规定为单位和个人开立账户；

第四，不准拒绝受理、代理他行正常结算业务；

第五，不准放弃对企事业单位和个人违反结算纪律的制裁；

第六，不准违章签发、承兑、贴现票据，套取银行现金；

第七，不准超额占用联行汇差资金、转嫁资金矛盾；

第八，不准逃避向人民银行转汇大额汇划款和清算大额银行汇票资金；

第九，不准签发空头银行汇票、银行本票和办理空头汇款；

第十，不准无理拒绝支付由银行支付的票据款项。

（二）结算责任

为了保证结算制度的贯彻执行，《支付结算办法》、《票据管理实施办法》和人民银行总行 1994 年 10 月 9 日发布的《违反银行结算制度处罚规定》及其他有关规定，对单位、个人和银行的结算责任作了明确具体规定。

1. 单位和个人办理结算的责任

单位和个人办理结算的责任包括三个方面：

（1）自行负责。

单位和个人办理结算，因错填结算凭证，致使银行错投结算凭证或对款项不能解付，影响资金使用的，应由责任单位和个人负责；单位和个人对使用的支票、商业承兑汇票和银行签发的银行汇票、本票、承兑的银行承兑汇票以及预留银行的印章，因管理不善造成丢失、被盗、发生款项冒领，造成资金损失的，应由责任单位和个人负责；付款人及其代理付款人以恶意或者重大过失付款的，应当自行承担责任；单位和个人违反规定，银行停止其使用有关支付结算工具，因此造成的后果，由单位和个人自行负责。

（2）连带责任。

允许背书转让的票据，由于付款人不能付款退回票据，持票人对出票人、背书人和其他债务人进行追索时，出票人、背书人和其他债务人（如保证人）要负连带责任。也就是说，持票人可以向出票人、背书人和其他债务人中的任何一方进行追索，被追索人不得拒绝。

在一般情况下，持票人可以书面通知他的前手债务人，前手债务人通知他的再前手，这是按照背书转让的顺序向前追索；持票人也可以书面分别通知汇票各债务人，各债务人中的任何一方都对持票人负有偿付票款的责任。

（3）经济处罚和行政处罚。

经济处罚包括计扣赔偿金或赔款、罚息、罚款、没收非法所得。行政处罚包括警告、通报批评、停止使用有关结算方式、停止办理部分直至全部结算业务、吊销营业执照等。上述处罚既可单独处罚，亦可合并处罚。具体来说：

①商业承兑汇票到期，付款人不能支付票款，按票面金额对其处以 5% 但不低于 1000 元的罚款；银行承兑汇票到期，承兑申请人未能足额交存票款，对尚未扣回的承兑金额按每天万分之五计收罚息。

②存款人签发空头或印章与预留印鉴不符的支票，不以骗取财物为目的的，由中国人民银行处以票面金额 5% 但不低于 1000 元的罚款，持票人有权要求出票人赔偿

支票金额 2% 的赔偿金。

③收款单位对同一付款单位发货托收累计 3 次收不回货款的，银行应暂停其向该付款单位办理托收；付款单位违反规定无理拒付，对其处以 2000 元至 5000 元的罚款，累计 3 次提出无理拒付，银行应暂停其向外办理托收。

④付款单位到期无款支付，逾期不退回托收承付有关单证的，按照应付的结算金额对其处以每天万分之五但不低于 50 元的罚款，并暂停其向外办理结算业务。付款人对托收承付逾期付款的，按照逾期付款金额每天万分之五计扣赔偿金等。

⑤银行卡的持卡人出租或转借信用卡及其账户的，发卡银行应当责令其改正，并对其处以 1000 元人民币以内罚款。

⑥银行卡的持卡人将单位的现金存入单位卡账户或将单位的款项存入个人卡账户的，中国人民银行应责令改正，并对单位卡所属单位及个人卡持卡人处以 1000 元人民币以内的罚款。

2. 银行办理结算的责任

银行办理结算违反规定，除银行承担有关责任外，还必须追究有关人员的责任。

（1）银行的责任。

①工作差错责任。银行因工作差错，延压、误投结算凭证、误划、错解结算款项，延长结算时间，影响客户和他行资金使用的按中国人民银行规定的同档次流动资金的贷款利率计付赔偿金。因错付发生冒领造成资金损失的，负责资金赔偿。

②违反结算规定责任。这类责任包括：

a. 延压、挪用、截留结算资金，影响客户和他行资金使用的，按延压结算金额每天万分之五计付赔偿金。

b. 任意压票、退票、截留、挪用结算资金，由中国人民银行按结算金额对其处以每天万分之七罚款；对直接负责的主管人员和其他责任人员给予警告、记过、撤职或者开除的处分。

c. 受理无理拒付、擅自拒付退票和有款不扣、拖延付款以及不扣、少扣赔偿金的，除按结算金额每天万分之五替付款单位承担赔偿金外，还要对其处以 2000 元至 5000 元的罚款。

d. 银行签发空头银行汇票、本票、和办理空头汇款，要追回垫付资金，并按垫付的金额对其处以每天 1/‰的罚款。

e. 银行采用欺骗手段，向外签发未办汇款的回单、帮助客户骗取银行承兑汇票或套取银行贴现资金的，对其处以 5000 元至 1 万元的罚款。

f. 银行未按规定通过人民银行办理大额转汇、清算大额银行汇票资金或将大额汇划款项和银行汇票化整为零的，对其处以每笔2000元至5000元的罚款。

g. 银行签发50万元以上的银行汇票，未及时向人民银行移存资金的，按延误天数和金额对其处以每天万分之七的罚款；3次以上未及时移存资金的，对其进行通报，情节严重的，应停止其向外签发银行汇票。汇票解讫划回签发地人民银行后，签发行仍未移存资金的，按票面金额对其处以5%的罚款。

h. 银行在结算制度之外规定附加条件，影响汇路畅通的，要限期纠正，并对其处以5000元至1万元的罚款。

i. 银行结算管理混乱，经常发生违规违纪问题，人民银行要对其发出警告，限期纠正。不顾警告，拒不纠正或屡查屡犯的，要在全辖或全国范围内通报批评，直至暂停其办理部分或全部结算业务。

j. 银行卡的发卡银行未按规定时间将止付名单发至特约单位的，应当由其承担因此造成的资金损失。银行违反规定，未经批准发行银行卡或帮助持卡人将其基本存款账户以外的存款或其他款项转入单位卡账户，将单位的款项转入个人卡账户或违反规定帮助持卡人提取现金或违反规定计息收费的，应按规定承担行政责任，即中国人民银行应当责令改正，有违法所得的，处以违法所得一倍以上三倍以下的罚款，但最高不超过3万元；没有违法所得的，按有关规定处以罚款，情节严重的应当追究直接负责的主管人员和有关直接责任人员的责任。

（2）银行有关人员的责任。

银行有关人员违反结算纪律的责任包括经济责任、行政责任和刑事责任。

①银行违反结算制度，情节严重，影响较低大的，对行长（主任）、有关责任人处以按本人月工资额20%至80%的罚款，给予警告、记过、撤职直至开除公职的处分，并追究上级行领导的责任。

②私自利用结算骗取客户或银行资金以及其他违法活动，构成犯罪的，由司法机关追究刑事责任；未构成犯罪的，除追回赃款外，并给予警告、记过、撤职直至开除公职的处分。

③在票据业务中玩忽职守，对违反票据法及有关规定的票据予以承兑、付款、保证或者贴现的对直接负责的主管人员和其他直接责任人中给予警告、记过、撤职或者开除的处分；造成重大损失，构成犯罪的，依法追究刑事责任。

3. 其他有关责任

除上述有关单位、个人、银行及其工作人员的责任外，其他有关单位和人员违反支付结算规定，亦应承担相应的法律责任。

①违反中国人民银行规定，擅自印制票据的，由中国人民银行责令改正，处以1

万元以上20万元以下的罚款；情节严重的，中国人民银行提请有关部门吊销其营业执照。

②邮电部门在传递票据、结算凭证和拍发电报中，因工作差错而发生积压、丢失、错投、错拍、漏拍、重拍等，造成结算延误，影响单位、个人和银行资金使用或造成资金损失的，由邮电部门负责。

③伪造、变造票据和结算凭证上的签章或其他记载事项的应当承担民事责任和刑事责任。

④有利用票据、银行卡、结算凭证欺诈的行为，构成犯罪的，应依法承担刑事责任；情节轻微，不构成犯罪的，应按照规定承担行政责任。

⑤特约单位未按规定的操作程序办理银行卡结算造成损失的，应承担造成的损失。

第三节 银行账户管理制度

一、银行账户管理的基本原则

根据《银行账户管理办法》的规定，银行账户管理遵守以下基本原则：

（一）一个基本账户原则

即存款人只能在银行开立一个基本存款账户，不能多头开立基本存款账户。存款人在银行开立基本存款账户，实行由中国人民银行当地分机构核发开户许可制度。

（二）自愿选择原则

即存款人可以自主选择银行开立账户，银行也可以自愿选择存款人开立账户。任何单位和个人不得强制干预存款人、银行开立或使用账户。

（三）存款保密原则

即银行必须依法为存款人保密，维护存款人资金的自主支配权。除国家法律规定和国务院授权中国人民银行总行的监督项目外，银行不代任何单位和个人查询、冻结、扣划存款人账户内存款。

二、银行账户的设置与开户条件

根据《银行账户管理办法》，银行账户分为基本存款账户、一般存款账户、临时存款账户和专用存款账户，上述各类账户有不同的设置和开户条件，以下分别作介绍：

（一）基本存款账户的设置与开户条件

基本存款账户是指存款人办理日常转账结算和现金收付的账户。存款人的工资、奖金等现金的支取，只能通过本账户办理。

1. 基本存款账户的当事人资格条件

根据《银行账户管理办法》第十三条规定，下列存款人可以申请开立基本存款账户：

（1）企业法人；

（2）企业法人内部单独核算的单位；

（3）管理财政预算资金和预算外资金的财政部门；

（4）实行财政预算管理的行政机关、事业单位；

（5）县级（含）以上军队、武警单位；

（6）外国驻华机构；

（7）社会团体；

（8）单位附设的食堂、招待所、幼儿园；

（9）外地常设机构；

（10）私营企业、个体经济户、承包户和个人。

2. 基本存款账户开立所需的证明文件

根据《银行账户管理办法》第十七条规定，存款人申请开立基本存款账户，应向开户银行出具下列证明文件之一：

（1）当地工商行政管理机关核发的《企业法人营业执照》或《营业执照》正本；

（2）中央或地方编制委员会、人事、民政等部门的批文；

（3）军队军以上、武警总队财务部门的开户证明；

（4）单位对附设机构同意开户的证明；

（5）驻地有权部门对外地常设机构的批文；

（6）承包双方签订的承包协议；

（7）个人居民身份证和户口簿。

3. 基本存款账户开立的程序

存款人申请开立基本存款账户的，应填制开户申请书，提供规定的证件，送交盖有存款人印章的印鉴卡片，经银行审核同意，并凭中国人民银行当地分支机构核发的开户许可证，即可开立该账户。

（二）一般存款账户的设置与开户条件

一般存款账户是指存款人在基本存款账户以外的银行借款转存、与基本存款账户的存款人不在同一地点的附属非独立核算单位开立的账户。存款人可以通过本账户办理转账结算和现金缴存，但不能办理现金支取。

1. 一般存款账户设置的条件和所需证明文件

根据《银行账户管理办法》第十四条和第十八条的规定，下列情况的存款人可以申请开立一般存款账户，并须提供相应的证明文件：

①在基本存款账户以外的银行取得借款的单位和个人可以申请开立该账户，并须向开户银行出具借款合同或借款借据；

②与基本存款账户的存款人不在同一地点的附属非独立核算单位可以申请开立该账户，并须向开户银行出具基本存款账户的存款人同意其附属的非独立核算单位开户的证明。

2. 一般存款账户设置的程序

存款人申请开立一般存款账户的，应填制开户申请书，提供相应的证明文件，送交盖有存款人印章的印鉴卡片，经银行审核同意后，即可开立该账户。

（三）临时存款账户的设置与开立条件

临时存款账户是指存款人因临时经营活动需要开立的账户。存款人可以通过该账户办理转账结算和根据国家现金管理规定办理现金收付。

1. 临时存款账户设置的条件和所需的证明文件

根据《银行账户管理办法》第十五条和第十九条的规定，下列存款人可以申请开立临时存款账户，并须提供相应的证明文件：

①外地临时机构可以申请开立该账户，并须出具当地工商行政管理机关核发的临时执照；

②临时经营活动需要的单位和个人可以申请开立该账户，并须出具当地有权部门同意设立外来临时机构的批件。

2. 临时存款账户开立的程序

存款人申请开立临时存款账户，应填制开户申请书，提供相应的证明文件，送交盖有存款人印章的印鉴卡片，经银行审核同意后，即可开立该账户。

（四）专用存款账户的设置与开户条件

专用存款账户是指存款人因特定用途需要开立的账户。

1. 专用存款账户设置的条件和所需的证明文件

根据《银行账户管理办法》第十六条和第二十条的规定，存款人对特定用途的资金，由存款人向开户银行出具相应证明即可开立该账户。

（1）特定用途的资金范围包括：

①基本建设的资金；

②更新改造的资金；

③其他特定用途，需要专户管理的资金。

（2）存款人须向开户银行出具下列证明文件之一：

①经有权部门批准立项的文件；

②国家有关文件的规定。

2. 专用存款账户开立的程序

存款人申请开立专用存款账户，应填制开户申请表，提供相应的证明文件，送交盖有存款人印章的印鉴卡片，经银行审核同意后开立账户。

三、银行账户的管理

银行账户的管理包括两个方面的内容：

（一）人民银行的管理

人民银行对账户的管理包括以下几个方面：

（1）负责协调、仲裁银行账户开立和使用方面的争议，监督、稽核开户银行的账户设置和开立，纠正和处罚违反账户管理办法的行为。

（2）核发开立基本存款账户的开户许可证。人民银行对存款人开立基本存款账户的，负责核发开户许可证，如果存款人需要变更基本存款账户的，亦必须经人民银行审批同意。存款人因开户银行严格执行制度、执行纪律转移基本存款账户的，人民银行不对其核发开户许可证。

（3）受理开户银行对存款人开立和撤销账户的申报。各银行对存款人开立、撤销账户，必须及时向人民银行报告。根据规定，开户银行对基本存款账户的撤销，一般存款账户、临时存款账户、专用存款账户的开立或撤销，应于开立或撤销之日起 7 日内向人民银行当地分支机构申报。人民银行将运用计算机建立账户管理数据库，加强账户管理。

（二）开户银行的管理

开户银行对账户的管理包括：

（1）依照规定对开立、撤销账户严格进行审查，对不符合开户条件的，坚决不予开户；

（2）正确办理开户和销户，建立、健全开销户登记制度；

（3）建立账户管理档案；

（4）定期与存款人对账；

（5）及时向人民银行申报存款人开立和撤销账户的情况。

四、违反银行账户管理的处罚

根据《银行账户管理办法》和《违反银行结算制度处罚规定》，违反银行账户管理的处罚包括以下内容：

（一）对存款人违反账户管理的处罚

存款人出租和转让账户的，除责令其纠正外，按规定对该行为发生的金额处以5%但不低于1000元的罚款，并没收出租账户的非法所得。

存款人违反规定开立基本存款账户的，责令其限期撤销账户，并处以5000元至1万元的罚款。

（二）对开户银行违反账户管理的处罚

开户银行违反规定，对未持有开户许可证或已开立基本存款账户的存款人开立基本存款账户以及强拉单位开户的，要限期撤销，并对其处以5000元至1万元的罚款。

开户银行违反规定，对一般存款人账户的存款人支付现金或从单位开立、撤销账户之日起7日内未向人民银行申报的，对其处以2000元至5000元的罚款。

（三）对人民银行违反账户管理的处罚

人民银行分支机构违反规定核发开户许可证的，由上级人民银行对其处以2000元至5000元的罚款。

（四）对银行工作人员违反账户管理的处罚

银行工作人员违反规定，徇私舞弊、贪污受贿、纵容违法行为的，应当根据情节轻重，给予行政处分、经济处罚以及追究刑事责任。

第三章　外汇结算和外币折算

第一节　外汇结算

一、外汇管理概述

（一）外汇的概念

外汇是指可以用作国际清偿的支付手段和资产。根据我国《外汇管理条例》的规定，我国的外汇包括外国货币、外汇支付凭证、外币有价证券、特别提款权、欧洲货币单位以及其他外汇资产。

外国货币包括外国的纸币和铸币。外币支付凭证包括票据、银行存款凭证和邮政储蓄凭证等。外币有价证券包括政府债券、公司债券和股票等。特别提款权是国际货币基金组织创设的一种用于会员国之间结算国际收支逆差的储备资产和记账单位，亦称“纸黄金”。它是基金组织成员分配给会员国的一种使用资金的权利，其定值是和“一篮子”货币挂钩，市值不是固定的。特别提款权不能直接用于贸易或非贸易的支付，使用时必须先换成其他货币。欧洲货币单位是由欧洲货币体系成员国的货币构成的综合货币单位。欧洲货币单位的币值以每个成员国的货币在欧洲共同体内部贸易和国民生产总值所占的比重，分别确定其在欧洲货币单位中的权数，并用加权平均法计算得出。欧洲货币单位以各个成员国缴纳本国 20% 的黄金储备和 20% 的外汇组成的“欧洲货币合作基金”为储备，向各成员国发行，从 1999 年 1 月 1 日起，欧洲货币单位以 1∶1 的兑换汇率全部自动转换为欧元（EUR）。其他外汇资产是指上述以外的可用作国际清偿的支付手段和资产，如黄金、旅行支票等。

根据各国货币在国际清偿中的不同特点，外汇又分为自由外汇与记账外汇。自由外汇是指不需批准就可以在国际货币市场上自由兑换、自由转让的外币和支付凭证。记账外汇是指不经发行国批准就不能自由兑换成其他国货币或对第三者支付的外汇。

（二）外汇管理概述

1. 外汇管理的概念

外汇管理又称外汇管制，是指一个国家为保持本国的国际收支平衡，对外汇的买卖、借贷、转让、收支、国际清偿、外汇汇率和外汇市场实行一定的限制措施的管理制度。外汇管制起始于20世纪初，其目的在于保持本国的国际收支平衡，限制资本外流，防止外汇投机，促进本国的经济发展。

我国从新中国成立以来一直实行外汇管制，从新中国成立初起制定了一系列的外汇管理办法，1980年12月18日国务院制定发布了《中华人民共和国外汇管理暂行条例》，标志着我国的外汇管理制度进入了一个新的阶段。当时制定外汇管理暂行条例的目的，在于加强外汇管理，增加国家外汇收入，节约外汇支出，有利于促进国民经济的发展，并维护国家权益。随后，国家外汇管理部门又制定发布了一系列的外汇管理实施细则，如《对外汇、贵金属和外汇票证等进出国境的管理施行细则》、《对外国驻华机构及其人员的外汇管理施行细则》、《对个人的外汇管理施行细则》，1985年经国务院批准，国家外汇管理局发布了《违反外汇管理处罚施行细则》等规定，先后实行了高度集中的统收统支的外汇管理制度，外汇留成和外汇调剂制度。这些规定对加强我国的外汇管理，促进对外开放起了积极的作用。随着改革开放和我国经济的不断发展，我国的外汇管理也发生变化。1993年年底，经国务院决定，中国人民银行发布了《关于进一步改革外汇管理体制的公告》，决定从1994年1月1日开始，对经常性项目外汇实行银行结售汇制，取消外汇留成，实行银行售汇制，允许人民币在经常项目下有条件可兑换，建立银行间外汇市场，改进外汇形成机制，保持合理及相对稳定的人民币汇率等新的外汇管理制度。1996年1月29日国务院制定发布了《中华人民共和国外汇管理条例》，并在1997年1月14日作了修正。新的《外汇管理条例》明确规定，国家对经常性国际支付和转移不予限制，在中华人民共和国境内，禁止外币流通，并不得以外币计价结算，条例共分七章五十五条，对我国的外汇管理作了全面的规定。新的《外汇管理条例》的发布，标志着我国的外汇管理又进入了一个新的时期。

2. 国际收支统计申报制度

我国《外汇管理条例》第六条规定："国家实行国际收支统计申报制度。国务院外汇管理部门应当对国际收支进行统计、监测，定期公布国际收支状况。"在《外汇管理条例》发布以前，经国务院批准，中国人民银行发布了《国际收支统计申报办法》，随后，国家外汇管理局又发布了《国际收支统计申报办法实施细则》，对我国的国际收支统计申报活动作了详细的规定。

国际收支是指一个国家或一个地区在某一特定时期内发生的全部对外收入和支出的总和。收支相等称为国际收支平衡，否则为不平衡。收入总额大于支出总额称为国际收支顺差，或国际收支盈余；支出总额大于收入总额称为国际收支逆差。这里讲的全部对外收入和支出不仅仅是指货币的收和支，而是包含了全部对外经济交易的总和。全部对外经济交易包括货物、服务与货物、服务的交易（如易货贸易）；金融资产与金融资产的交易；无偿转让（即单方面转移）与货物、服务的交易；货物、服务与金融资产的交易；无偿转让（即单方面转移）与金融资产的交易。国际收支统计申报是指各对外经济交易行为主体按照规定向有关机关据实报告经济交易内容的活动。国际收支统计能反映出一国在一定时期内对外经济交往的全貌以及在某一时点上全部对外资产和负债的总量，对一国外汇政策的制定、本币与外币政策的协调以及整个宏观经济决策具有重要作用。

根据《国际收支统计申报办法》及其"实施细则"的规定，凡是中国居民与非中国居民之间发生的一切经济交易，都应当向国家外汇管理机关进行申报。这里讲的中国居民是指：

（1）在中国境内居留1年以上的自然人，但外国及我国香港、澳门、台湾地区在我国境内的留学生、就医人员、外国驻华使馆外籍工作人员及其家属除外；

（2）中国短期出国人员（在境外居留时间不满1年）、在境外留学人员、就医人员及中国驻外使馆人员及家属；

（3）在中国境内依法成立的企业法人和事业法人（含外商投资企业及外资金融机构）及境外法人的驻华机构（不含国际组织驻华机构、外国驻华使领馆）；

（4）中国国家机关（包括中国驻外使领馆）、团体、部队。

国际收支统计申报实行交易主体申报的原则，采取间接申报与直接申报、逐笔申报与定期申报相结合的办法。中国居民通过境内金融机构与非中国居民进行交易的，均须在办理业务时通过金融机构向国家外汇管理局或其分支局逐笔申报交易内容。在中国境内的外商投资企业、在境外有直接投资的企业及其他有对外资产或者负债的非金融机构，必须直接向国家外汇管理局或其分支局申报其对外资产负债及其变动情况和相应的利润、股息、利息收支情况。中国境内的证券登记机构以及通过境内交易所进行自营或代理客户进行对外证券交易的证券交易商，均须通过证券交易所按照《证券投资申报表》的要求向国家外汇管理局申报其自营以及其代理客户的对外证券交易及相应的收支情况。中国境内的各类证券登记机构，须按照《证券投资申报表》的要求，通过境内证券交易所向外汇管理局申报其客户对非居民的分红派息情况。中国境内的证券交易所必须向外汇管理局传递境内证券登记机构及证券交易商申报的信息。

中国境内进行自营或者代理境内客户进行对外离岸证券交易的证券交易商，须按照《离岸证券投资申报表》的要求直接向外汇管理局申报其自营及其代理客户的离岸证券交易和相应的收支和分红派息情况。中国境内的交易商以期货、期权等方式进行交易的，须进行申报，其中，中国境内通过境内交易所或交易中心以期货、期权等方式进行自营或代理客户进行对外交易的交易商，须按照《期货、期权交易申报表》的要求通过交易所或交易中心向外汇管理局申报其自营及其代理客户的交易以及相应的收支情况。中国境内的交易所或交易中心须向外汇管理局传送交易商申报的信息；中国境内不通过境内交易所（或交易中心）以期货、期权等方式进行自营或代理境内客户进行对外交易的交易商，须按照《离岸期货、期权交易申报表》的要求向外汇管理局申报其自营及其代理客户的交易以及相应的收支情况。中国境内直接从事各类国际金融业务的金融机构，须按照《金融机构对外资产负债申报表》的要求，直接向国家外汇管理局或其分支局申报自营对外业务情况，包括其对外资产负债及变动情况，相应的利润、利息收支情况，以及对外金融服务收以和其他收支情况，并应履行与中国居民通过其进行国际收支统计申报活动有关的义务。凡在中国境外开有账户的中国非金融机构，须按照《境外账户收支申报表》的要求，直接向国家外汇管理局或其分支局申报其通过境外账户与非中国居民发生的交易及账户余额。

由于国际收支统计数据属于申报人的商业秘密，《国际收支统计申报办法》还特别规定，国家外汇管理局及其分支局应当对申报者申报的具体数据严格保密，只将其用于国际收支统计。除法律另有规定外，国际收支统计人员不得以任何形式向任何机构和个人提供申报者申报的具体数据。

（三）我国《外汇管理条例》的适用范围

根据我国《外汇管理条例》的规定，境内机构、个人、驻华机构、来华人员的外汇收支或者经营活动，都属《外汇管理条例》的调整范围。但保税区、边境贸易和边民互市的外汇管理由国家外汇管理局根据《外汇管理条例》的原则另行制定。

境内机构是指在中华人民共和国境内的企业事业单位、国家机关、社会团体、部队等，包括外商投资企业。个人是指中国公民和在中华人民共和国境内居住满 1 年的外国人。驻华机构是指外国驻华外交机构、领事机构、国际组织驻华代表机构、外国驻华商务机构和国外民间组织驻华业务机构等。来华人员是指驻华机构的常驻人员、短期入境的外国人、应聘在中国境内机构工作的外国人以及外国留学生等。

保税区是指经国务院批准在我国境内设立的、海关实行封闭监管的特定区域，其基本功能是保税仓储、国际贸易转口和出口加工。对从境外进入保税区的货物，除国家禁止和限制进出口的货物外，都可以与国际市场自由流通，在区内企业间可以自由流通，对进入保税区的为生产出口产品而进口的原材料以及仓储货物不征税，这些货物加工复出口或转口复出口也不征税，但进入非保税区则须办理进口手续，照章纳税。保税区是国内同国际市场的连接点，有利于我国同世界各国的经济贸易交往。从 1990 年 6 月，国务院批准设立我国第一个保税区——上海外高桥保税区开始，到现在已批准有 15 个保税区。这 15 个保税区是：上海外高桥、天津、深圳福田、沙头角、大连、青岛、张家港、海口、厦门、福州、宁波、青岛、汕头、珠海和深圳盐田港。海南洋浦经济技术开发区也实行保税区的管理政策。由于保税区是一个非常特殊的经济区域，在外汇管理上应有一些特殊的政策。2002 年 7 月 25 日，国家外汇管理局发布了新的《保税区外汇管理办法》，该办法共 38 条，对保税区的外汇管理作了特殊的规定：边境贸易和边民互市是指我国与相邻国家在边境地区间进行的地区贸易和边民互市贸易。由于边境贸易和边民互市贸易具有以易货贸易为主、以现钞结算为主等特点，在外汇管理上也应有一些特殊的政策。

二、人民币汇率和外汇管理

（一）人民币汇率管理

汇率是一国货币与另一国货币相互折算的比率，即以一国货币表示另一国货币的价格。汇率的高低由外汇市场供求关系和其他有关经济政治因素所决定，同时又对一国的国际收支和经济发展起着重要的反作用。各国的汇率制度主要有固定汇率制和浮动汇率制。固定汇率制是货币当局把本国货币对其他货币的汇率加以基本固定，波动幅度限制在一定的范围之内。浮动汇率是指两国的货币之间的汇率由外汇市场的供求状况自发决定。浮动汇率制又分为自由浮动汇率和管理浮动汇率两种。

我国过去一直实行单一的汇率制度。1979 年实行改革开放政策以后，实行了外汇留成制度，并建立起了外汇调剂市场，实行有管理的浮动汇率制度，形成官方汇率和调剂市场汇率并存的双重汇率局面。1993 年 12 月 28 日根据国务院决定，中国人民银行发布了《关于进一步改革外汇管理体制的公告》，决定从 1994 年 1 月 1 日起，取消外汇留成，将两种汇率并轨，实行以市场供求为基础、单一的、有管理的浮动汇率制度。2005 年 7 月 21 日，经国务院批准，中国人民银行发布了《关于完善人民币汇率形成机制改革的公告》，决定自 2005 年 7 月 21 日起，在我国开始实行以市场供求为基础，参考“一篮子”货币进行调节、有管理的浮动汇率制度。人民币汇率不再盯住单一美元，形成更高弹性的人民币汇率机制。新的汇率制度以市场供求为基础，中国人民银行于每个工作日闭市后公布当日银行间外汇市场美元等交易货币对人民币汇率的收盘价，作为下一个工作日该货币对人民币交易的中间价格。每日银行间外汇市场美元对人民币的交易价仍在人民银行公布的美元中间价上下3‰的幅度内浮动，非美元对人民币的交易价在人民银行公布的该货币交易中间价上下一定幅度内浮动。这一套新的汇率制度既是我国社会主义市场经济发展的需要，同时也符合国际货币基金组织的要求。这对于扩大我国的对外交往，充分发挥汇率的经济杠杆作用具有重要意义，也为我国最终实现人民币自由兑换创造了条件。

（二）外汇市场管理

1. 外汇市场交易的原则

外汇市场交易应当遵循公开、公平、公正和诚实信用的原则。外汇交易市场是指进行外汇买卖的场所。所谓公开原则，即外汇指定银行和其他经营外汇的金融机构在进行外汇交易时，应当公开进行。公开的内容应包括买卖外汇的金额和价格等，公开的形式可以是发布公告，或是将有关资料公布供查。所谓公平原则即交易各方的权利义务应对等。所谓公正即客观真实、公平对待。诚实信用即是要从真实的事实出发，善意地表达自己的意思，并认真地去履行义务，不得弄虚作假，恶意欺诈。

2. 外汇市场交易的币种和形式

在我国，外汇市场交易的币种和形式由国务院外汇管理部门规定和调整。目前允许交易的币种有人民币对美元、港元、日元、欧元等。交易的形式包括即期交易和远期交易。对银行间的外汇市场只允许进行即期交易，即只能进行现汇买卖，实际上是银行间调节资金余缺的外汇交易。对银行与客户之间则允许进行远明外汇交易，即允许买卖双方签约约定一个汇率，于未来一定日期买入或卖出一定数额的外汇。

三、经常项目外汇管理

1. 境内机构的经常项目外汇收入管理

（1）经常项目。根据国际货币基金组织《国际收支手册》的要求，结合我国实际情况，我国的外汇收支分为经常项目外汇和资本项目外汇。根据《外汇管理条例》以及国家外汇管理局《关于（结汇、售汇及付汇管理规定）中有关问题的解释和说明》的解释，经常项目是指国际收支中经常发生的交易项目。经常项目外汇收支包括贸易收支、劳务收支和单方面转移等。

贸易收支是一国出口商品所得收入和进口商品的外汇支出的总称。劳务收支是指对外提供劳务或接收劳务而引起的货币收支，包括：

①海陆空运输的旅客、货物，对外提供或接受的通信，对外提供港口码头；

②旅游收支，包括本国人到外国或外国人到本国旅游观光的交通费、食宿费、门票费、纪念品费等一切旅游收支；

③金融机构对外服务的手续费、利息、保险费；

④对国外直接投资与间接投资的股息、利润、利息；

⑤外交官的生活费支出、办公费、邮电费和广告费等。

单方面转移是指一国对外单方面的、无对等的、无偿的支付。分为私人单方面转移和政府单方面转移两类。私人单方面转移是指侨民汇款、年金、个人或团体赠与；政府单方面转移是指政府之间的相互援助及政府赠与收支。

经常性外汇收入包括下列各项：

①出口或先支后收转口货物及其他交易行为收入的外汇；

②境外贷款项下国际招标中标收入的外汇；

③海关监管下境内经营免税商品收入的外汇；

④交通运输（包括各种运输方式）及港口（包括海港、空港）、邮电（不包括国际汇兑款）、旅游、广告、咨询、展览、寄售、维修等行业及各类代理业务提供商品或服务收入的外汇；

⑤行政、司法机关收入的各项外汇规费、罚没款等；

⑥土地使用权、著作权、商标权、专利权、非专利技术、商誉等无形资产转让收入的外汇；

⑦出租房地产及其他资产收入的外汇；

⑧境外投资企业汇回的外汇利润、对外经援项下收回的外汇和境外资产的外汇收入；

⑨对外索赔收入的外汇、退回的外汇保证金等；

⑩保险机构受理外汇保险所得外汇收入；

⑪取得《经营外汇业务许可证》的金融机构经营外汇业务的收入；

⑫经营境外承包工程、向境外提供劳务、技术合作及其他服务业务的公司，在上述业务项目进行过程中收到的业务往来外汇；

⑬经批准经营代理进口业务的外（工）贸公司，从事外轮代理、船务代理、国际货运代理、船舶燃料代理、商标代理、专利代理、版权代理、广告代理、船检、商检代理业务的机构代收代付的外汇；

⑭境内机构暂收待付或暂收待付项下的外汇，包括境外汇入的投标保证金、履约保证金、先收后支的转口贸易收汇、邮电部门办理国际汇兑业务的外汇汇兑款、一类旅行社收取的国外旅游机构预付的外汇、铁路部门办理境外保价运输业务收取的外汇、海关收取的外汇保证金、抵押金等；

⑮经交通部批准，从事国际海洋运输业务的远洋运输公司，经外经贸部批准从事

国际货运的外运公司和租船公司在境内外经营业务所收入的外汇；

⑯捐赠协议规定用于境外支付的捐赠外汇；

⑰外国驻华使领馆、国际组织及其他境外法人驻华机构的外汇；

⑱居民个人及来华人员个人的外汇。

经常项目外汇支出具体包括：

①贸易进口支付；

②进口项下的预付货款支付；

③出口项下的佣金（回扣）；

④进出口项下的运输费、保险费；

⑤进口项下的尾款；

⑥进出口项下的资料费、技术费、信息费等从属费用；

⑦从保税区购买商品以及购买国外入境展览展品的用汇；

⑧专利权：著作权、商标、计算机软件等无形资产的进口；

⑨出口项下对外退赔外汇；

⑩境外承包工程所需的投标保证金；

⑪民航、海运、铁道部门（机构）支付境外国际联运费、设备维修费、站场港口使用费、燃料供应费、保险费、非融资性租赁费及其他服务费用；

⑫民航、海运、铁道部门（机构）支付国际营运人员伙食、津贴补助；

⑬邮电部门支付国际邮政、电信业务费用；

⑭转口贸易项下先支后收发生的对外支付；

⑮偿还外债利息和外债转贷款利息；

⑯财政预算内的机关、事业单位和社会团体的非贸易非经营性用汇；

⑰在境外举办展览、招商、培训及拍摄影视片等用汇；

⑱对外宣传费、对外援助费、对外捐赠外汇、国际组织会费、参加国际会议的注册费、报名费；

⑲在境外设立代表处或办事机构的开办费和经费；

⑳国家教委国外考试协调中心支付境外的考试费；

㉑企业的出国费用；

㉒个人因私用汇，具体包括：出境探亲、会亲、定居、旅游和自费留学、朝觐的用汇，自费出境参加国际学术会议、作学术报告、被聘任教等，对方不提供旅途零用费的用汇，缴纳国际学术团体组织会员费的用汇，从境外邮购少量药品、医疗器具等特殊用汇，出境定居后因生病或其他事故的用汇，出境定居后需将离休金、离职金、

退休金、抚恤金、人民币存款利息、房产出租收入的租金及其他资产收益汇出境外的用汇，出境定居后无工资收入的境内居民需兑换外汇的用汇，未满 14 周岁儿童出国定居的用汇，个人因私用汇；

㉓境内机构支付境外的股息；

㉔外商投资企业利润、红利的汇出；

㉕外商投资企业外籍员工的工资及其他合法收入汇出；

㉖驻华机构及来华人员的合法人民币收入汇出境外；

㉗驻华机构及来华人员由外国或者港澳等地区携入或者在中国境内购买的自用物品、设备、用具等，出售后所得合法人民币款项的汇出。

（2）银行结汇制。我国对经常项目下的外汇收入实行银行结汇制。境内机构的经常项目外汇收入必须汇回国内，并按照国家关于结汇、售汇及付汇管理的规定卖给外汇指定银行，或者经批准在外汇指定银行开立外汇账户。有些符合国家规定的经常项目外汇收入，经过批准后，可存放在国外。

根据国家《结汇、售汇及付汇管理规定》的规定，境内机构经常项目下的外汇收入应按规定卖给外汇指定银行或在外汇指定银行开立外汇账户。关于经常项目下的外汇收入，我们在前面已经谈到，其中应当结汇的包括前述第①项至第⑪项，以及国外捐赠、资助及援助的外汇和国家外汇管理局规定的其他应当结汇的外汇；其中可向国家外汇管理局及其分支局申请，在经营外汇业务的银行开立外汇账户，并按规定办理结汇的包括前述第⑫项至第⑮项；捐赠、资助及援助合同规定用于境外支付的外汇、外国驻华使领馆、国际组织及其他境外法人驻华机构的外汇、居民个人及来华人员的外汇可以保留。外商投资企业经常项目下外汇收入可在外汇管理局核定的最高金额以内保留外，其超出的部分应当卖给外汇指定银行，或者通过外汇调剂中心卖出。这里讲的外汇指定银行是指经人民银行批准经营结汇和售汇业务的金融机构，包括中资金融机构和外资金融机构。

2002 年 9 月 9 日国家外汇管理局发布了《关于进一步调整经常项目外汇账户管理政策有关问题的通知》和《境内机构经常项目外汇账户管理实施细则》，对经常项目外汇账户管理有关政策进行调整。一是进一步放宽了中资企业的开户标准，统一中外资企业经常项目外汇账户开户条件。凡经有权管理部门核准或备案具有涉外经营权或有经常项目外汇收入的境内机构（含外商投资企业），均可以向所在地国家外汇管理局及其分支局（以下简称外汇局）申请开立经常项目外汇账户。二是将现行的经常项目外汇结算账户和外汇专用账户合并为经常项目外汇账户。经常项目外汇账户的收入范围为经常项目外汇收入，支出范围为经常项目外汇支出和经外汇局核准的资本项目外汇支出。三是对经常项目外汇账户统一实行限额管理。

为方便境内机构使用外汇，促进贸易便利化，国家外汇管理局于2005年8月2日发出关于放宽境内机构保留经常项目外汇收入有关问题的通知，决定再次提高境内机构经常项目外汇账户保留现汇的比例。一是境内机构上年度经常项目外汇支出占经常项目外汇收入的比例在80%以下的，其经常项目外汇账户保留现汇的比例，由其上年度经常项目外汇收入的30%调整为50%。二是境内机构上年度经常项目外汇支出占经常项目外汇收入的比例在80%（含）以上的，其经常项目外汇账户保留现汇的比例，由其上年度经常项目外汇收入的50%调整为80%。三是新开立经常项目外汇账户的境内机构，如上年度没有经常项目外汇收入，其开立经常项目外汇账户的初始限额，由以前的不超过等值10万美元调整为不超过等值20万美元。四是境内机构开立的捐赠、援助、国际邮政汇兑及国际承包工程等暂收待付项下的经常项目外汇账户，限额可按外汇收入的100%核定，具体办法按照《国家外汇管理局关于进一步调整经常项目外汇账户管理政策有关问题的通知》（汇发〔2002〕87号）和《国家外汇管理局关于调整国际承包工程等项下经常项目外汇账户管理政策有关问题的通知》（汇发〔2003〕90号）执行。五是对于有实际经营需要的进出口及生产型企业，经各分局核准，可按其外汇收入的100%核定经常项目外汇账户限额，具体办法按照《国家外汇管理局关于调整经常项目外汇账户限额管理办法的通知》（汇发〔2005〕7号）执行。

境内机构原则上只能开立一个经常项目外汇账户。在同一银行开立相同性质、不同币种的经常项目外汇账户无须另行由外汇局核准。在已使用账户系统的地区，符合开户条件的境内机构可根据其实际经营需要，向外汇局申请开立多个经常项目外汇账户，在开户个数、开户金融机构方面不受限制，开户金融机构必须按规定为境内机构办理开户手续，并通过账户系统向外汇局传送开户信息。境内机构开立多币种、两个或两个以上经常项目外汇账户的，外汇局必须为每一个币种经常项目外汇账户核定限额，具体限额分解可以由境内机构自行确定，但境内机构所有经常项目外汇账户限额总和不得超过规定的限额。境内机构经常项目外汇收入，在外汇局核定的经常项目外汇账户限额以内的，可以结汇，也可以存入其经常项目外汇账户；超出外汇局核定的经常项目外汇账户限额的外汇收入必须结汇。境内机构经常项目外汇账户余额超出经常项目外汇账户限额后，开户金融机构应当及时通知境内机构办理结汇手续。境内机构经常项目外汇账户余额超出核定限额后，超限额部分外汇资金仍可在外汇账户内存放90日。对于超过90日后仍未结汇或对外付汇的，开户金融机构须在90日期满之后5个工作日内，为境内机构办理超限额部分外汇资金结汇手续，并通知该境内机构。

境内机构原则上不得将经常项目外汇账户中的外汇资金转作定期存款，确需转作定期存款的境内机构须凭申请书、《外汇账户使用证》或《登记证》、原账户开立核准件、对账单向开户所在地外汇局申请。境内机构经常项目外汇账户的外汇资金转作定期存款，应当纳入其经常项目外汇账户限额的管理。在已使用账户系统的地区，境内机构可以将经常项目外汇账户中的外汇资金在开户金融机构中转作定期存款，但应当纳入其经常项目外汇账户限额的管理。开户金融机构应当按原转出户的账户开立核准件编号，填写定期存款账户开户信息后，报送开户所在地外汇局。同一境内机构在不同开户金融机构开立的相同性质经常项目外汇账户之间可以相互划转外汇资金。

2. 境内机构的经常项目用汇管理

境内机构的经常项目用汇，可按国家关于结汇、售汇及付汇管理的规定，持有效凭证和商业单据向外汇指定银行购汇支付。

（1）经营性对外支付用汇管理。境内机构的经营性对外支付用汇分直接支付或兑付、先支付或兑付后核查和经审核后才予支付或兑付三种情况。

境内机构下列贸易及非贸易经营性对外支付用汇，持与支付方式相应的有效商业单据和所列有效凭证从其外汇账户中支付或者到外汇指定银行兑付：

①用跟单信用证/保函方式结算的贸易进口，如需在开证时购汇，持进口合同、进口付汇核销单、开证申请书；如需在付汇时购汇，还应当提供信用证结算方式要求的有效商业单据。核销时必须凭正本进口货物报关单办理。

②用跟单托收方式结算的贸易进口，持进口合同、进口付汇核销单、进口付汇通知书及跟单托收结算方式要求的有效商业单据。核销时必须凭正本进口货物报关单办理。

③用汇款方式结算的贸易进口，持进口合同、进口付汇核销单、发票、正本进口货物报关单、正本运输单据，若提单上的“提货人”和报关单上的“经营单位”与进口合同中列明的买方名称不一致，还应当提供两者间的代理协议。

④进口项下不超过合同总金额的15%或者虽超过15%但未超过等值10万美元的预付货款，持进口合同、进口付汇核销单。

上述第①项至第④项下进口，实行进口配额管理或者特定产品进口管理的货物，还应当提供有关部门签发的许可证或者进口证明；进口实行自动登记制的货物，还应当提供填好的登记表格。

⑤进口项下的运输费、保险费，持进口合同、正本运输费收据和保险费收据。

⑥出口项下不超过合同总金额2%的暗佣（暗扣）和5%的明佣（明扣）或者虽超过上述比例但未超过等值1万美元的佣金，持出口合同或者佣金协议、结汇水单或者

收账通知；出口项下的运输费、保险费，持出口合同、正本运输费收据和保险费收据。

⑦进口项下的尾款，持进口合同、进口付汇核销单、验货合格证明。

⑧进出口项下的资料费、技术费、信息费等从属费用，持进口合同或者出口合同、进口付汇核销单或者出口收汇核销单、发票或者收费单据及进口或者出口单位负责人签字的说明书。

⑨从保税区购买商品以及购买国外入境展览展品的用汇，持上述第①项至第⑧项规定的有效凭证和有效商业单据。

⑩专利权、著作权、商标、计算机软件等无形资产的进口，持进口合同或者协议。

⑪出口项下对外退赔外汇，持结汇水单或者收账通知、索赔协议、理赔证明和已冲减出口收汇核销的证明。

⑫境外承包工程所需的投标保证金持投标文件，履约保证金及垫付工程款项持合同。

境内机构下列贸易及非贸易经营性对外支付，经营外汇业务的银行凭用户提供的支付清单先从其外汇账户中支付或者兑付，事后核查：

①经国务院批准的免税品公司按照规定范围经营免税商品的进口支付；

②民航、海运、铁道部门（机构）支付境外国际联运费、设备维修费、站场港口使用费、燃料供应费、保险费、非融资性租赁费及其他服务费用；

③民航、海运、铁道部门（机构）支付国际营运人员伙食、津贴补助；

④邮电部门支付国际邮政、电信业务费用。

境内机构下列对外支付用汇，由国家外汇管理局审核其真实性后，从其外汇账户中支付或者到外汇指定银行兑付：

①进口项下超过合同总金额的 15% 且超过等值 10 万美元的预付货款；

②出口项下超过合同总金额 2% 的暗佣（暗扣）和 5% 的明佣（明扣）且超过等值 1 万美元佣金的；

③转口贸易项下先支后收的对外支付；

④偿还外债利息；

⑤超过等值 1 万美元的现钞提取。

境内机构偿还境内中资金融机构外汇贷款利息，持《外汇（转）贷款登记证》、借贷合同及债权人的付息通知单，从其外汇账户中支付或者到外汇指定银行兑付。

（2）非经营性对外支付用汇管理。境内机构非经营性对外支付用汇管理分两种情况：

属于预算内的机关、事业单位和社会团体非贸易非经营性用汇实行人民币预算限额控制购汇。购汇人民币限额由财政部门统一核定，由中国银行（含其分支机构）根据财政部门核定的购汇人民币限额为用汇单位建账立户并监督执行，年终账户余额由银行自动注销。预算内的非贸易非经营性用汇项目包括如下几种：

①出国留学、进修人员用汇；

②向国际组织缴纳会费、股金与基金用汇；

③对外援助、国际救济与捐款用汇；

④机关、驻外使领馆、事业单位及社会团体在境外设立代表处或办事机构的开办费和经费用汇；

⑤聘请外国专家用汇；

⑥因公临时出国访问、考察、办展览、学习、培训、出席国际会议等用汇；

⑦境外朝觐用汇；

⑧对外宣传费等用汇；

⑨经批准的其他人民币预算内用汇。

预算外的境内机构非经营性用汇，须持有效凭证从其外汇账户中支付或者到外汇指定银行兑付。主要包括如下几种：

①在境外举办展览、招商、培训及拍摄影视片等用汇，持合同、境外机构的支付通知书及主管部门批准文件；

②对外宣传费、对外援助费、对外捐赠用汇，国际组织会费、参加国际会议的注册费、报名费，持主管部门的批准文件及有关函件；

③在境外设立代表处或办事机构的开办费和年度预算经费，持主管部门批准设立该机构的批准文件和经费预算书；

④国家教育部国外考试协调机构支付境外的考试费，持对外合同和国外考试机构的账单或者结算通知书；

⑤在境外办理商标、版权注册、申请专利和法律、咨询服务等所需费用，持合同和发票；

⑥因公出国费用，持国家授权部门出国任务批件；

⑦其他非经营性用汇。

3. 境内机构外汇收支的核销管理

境内机构的出口收汇和进口付汇，应当按照国家关于出口收汇核销管理和进口付汇核销管理的规定办理核销手续。国家外汇管理局先后制定有《出口收汇核销管理办法》及实施细则，《进口付汇核销管理暂行办法》和《进口付汇核销操作规程》等规定，规定凡是出口货物的，在每笔货物出口申报时要进行登记，收汇后再逐笔按号核销；在进口货物，以外汇向境外支付货款等费用时，也要逐笔按号核销。2005 年 10 月，国家外汇管理局发出关于进一步简化出口收汇核销手续有关问题的通知，对出口收汇核销手续作了进一步简化。

四、资本项目外汇管理

（一）资本项目外汇收支管理

1. 资本项目的概念

资本项目，是指国际收支中因资本输出和输入而产生的资产与负债的增减项目，包括直接投资、各类贷款、证券投资等。直接投资包括中国企业向境外的直接投资和境外企业在中国的直接投资；各类贷款包括国际组织贷款、外国政府贷款、银行借款等；证券投资包括债券、票据等。根据国家外汇管理局《关于〈结汇、售汇及付汇管理规定〉中有关问题的解释和说明》，资本项目的外汇收入包括：

（1）境外法人或自然人作为投资汇入的收入；

（2）境内机构境外借款，包括外国政府贷款、国际金融组织贷款、国际商业贷款等；

（3）境内机构发行外币债券、股票取得的收入；

（4）境内机构向境外出售房地产及其他资产的收入；

（5）经国家外汇管理局批准的其他资本项目下外汇收入；

境内机构资本项目的外汇支出包括：

（1）偿还外债本金；

（2）对外担保履约用汇；

（3）境外投资；

（4）外商投资企业的外汇资本金的增加、转让或以其他方式外置；

（5）外商投资企业依法清算后的资金汇出；

（6）外商投资企业外方所得利润在境内增资或者再投资；

（7）投资性外商投资企业外汇资本金在境内增投资；

（8）本国居民的资产向境外转移；

（9）向境外贷款。

2. 资本项目外汇收入管理

（1）境内机构的资本项目外汇收入，除国务院另有规定外，应当调回国内。不得擅自存放在境外。因特殊原因需要将其资本项目外汇收入暂时存放国外的，也须报国家外汇管理部门批准。

（2）境内机构的资本项目外汇收入，应当按照国家有关规定在外汇指定银行开立外汇账户；卖给外汇指定银行的，须经外汇管理机关批准。根据国家《结汇、售汇及付汇管理规定》，境内机构资本项目下的外汇应当在经营外汇业务的银行开立外汇账户。

（3）境内机构下列范围内的外汇，未经外汇管理局批准，不得结汇：

①境外法人或自然人作为投资汇入的外汇；

②境外借款及发行外币债券、股票取得的外汇；

③经国家外汇管理局批准的其他资本项目项下外汇收入；

除出口押汇外的国内外汇贷款和中资企业借入的国际商业贷款不得结汇。

3. 境内机构向境外投资的外汇管理

（1）境内机构向境外投资的审批。

境内机构向境外投资，在向审批主管部门申请前，须由外汇管理机关审查其外汇资金来源。境内机构向境外投资，须向国家发展计划委员会、对外贸易经济合作部和各省、自治区、直辖市、计划单列市人民政府报批。其中在境外设立金融机构的项目，报经中国人民银行审批。在此之前应将外汇资金的来源报经国家外汇管理局审批。根据《境外投资外汇管理办法》及补充通知的规定，境外投资项目用汇金额在100万美元以下的，由外汇管理局省级分局审批；100万美元以上或累计超过100万美元的，由外汇管理局省级分局报国家外汇管理局审批。

（2）资金汇出。

境内机构向境外的投资项目经有关部门批准后，就可到所在地外汇管理局办理投资资金的汇出手续。境内投资者以外汇资金向境外投资的，应向所在地外汇管理局缴存所投资金的5%作为汇回利润保证金。以设备作为投资的，应按资本设备投资额的2.5%，以美元现汇或等值的人民币缴存作为汇回利润保证金。保证金应当存入国家外汇管理局在指定银行开立的保证金专用账户。境外企业在投资回收计划期限内汇回的利润累计达到中方实际投资额时，退还该保证金。境内机构在缴齐保证金后即可办理外汇资金汇出手续。

（二）外债管理

1. 借用国外贷款管理

借用国外贷款是我国利用外资的主要形式之一。国外贷款来自两个方面，一是政府和国际经济组织的贷款，二是国际商业贷款。

（1）对外国政府和国际金融组织贷款的管理。

①外国政府贷款。外国政府贷款是指外国政府向我国提供的，具有一定的援助或

部分赠予性质的低息优惠贷款。其特点是期限长，一般为 20 ~ 30 年，最长可达 50 年；低息优惠，一般为 2% ~ 4%，或无息贷款，具有政府间的开发援助的性质。目前我国已与日本、比利时、丹麦、法国、英国、意大利、西班牙、德国、奥地利、瑞士、卢森堡、荷兰、挪威、瑞典、芬兰、加拿大、科威特和韩国等国家建立了双边政府贷款关系。目前主要的是日本政府贷款，包括日本海外协力基金贷款、日本能源贷款、日本“黑字还流贷款”，以及其他政府贷款。外国政府贷款又分为完全由政府财政性资金提供的纯政府贷款和由政府财政性资金与商业性贷款组成的混合贷款。纯政府贷款一般无息或利率很低，还款期限较长。如日本海外协力基金贷款，偿还期为 30 年，含 10 年宽限期，年利率为 2.5% ~ 3.5%；科威特政府贷款，还款期为 18 ~ 20 年，含 3 ~ 5 年宽限期，年利率为 1% ~ 5.5%。这类贷款一般都要求用在基础设施建设上，如日本海外协力基金贷款主要用于农业、水利、电力、交通、通信、化肥、环保及城市基础设施等项目。混合贷款也有不同的具体形式，有的是由政府财政性资金和一般商业性资金混合起来的，有的是由一定比例的赠款和出口信贷混合而成，有的则是由政府财政性资金和商业银行出口信贷混合而成。

②国际金融组织贷款。国际金融组织主要有国际货币基金组织、国际农业发展基金组织、世界银行、国际结算银行、亚洲开发银行、泛美开发银行等。目前向我国提供贷款的国际经济组织主要是国际货币基金组织、世界银行、国际农业发展基金组织和亚洲开发银行。国际货币基金组织成立于 1945 年 12 月，宗旨是促进国际间货币合作，稳定汇率，促进国际贸易和国际汇兑的自由化，消除外汇管制。国际货币基金组织的贷款只限于成员国财政和金融当局，不与任何企业进行业务往来，用途仅限于弥补国际收支逆差或用于经常项目的国际支付，期限为 1 ~ 5 年。世界银行成立于 1945 年，由国际开发协会、国际复兴银行、国际金融公司和多边投资担保机构组成。其中国际开发协会的贷款被称为“软贷款”，最为优惠，还款期为 35 年（宽限期为 10 年），无息，每年对未偿还部分征收 0.75% 的手续费，另收 0 ~ 0.5% 的承诺费。国际复兴银行的贷款被称为“硬贷款”，其偿还期为 20 年，宽限期为 5 年，利率视筹资成本情况定期调整。利用世界银行贷款是我国对外借款的重要渠道。国际农业发展基金组织是联合国的一个专门机构，成立于 1977 年，专门为发展中国家提供优惠贷款发展粮食生产。其还款期分 50 年、20 年或 15 ~ 18 年不等，利率分别为 1%、4% 或 8% 不等。亚洲开发银行成立于 1996 年，是一个区域性的政府间金融开发机构。其贷款是向会员国发放的进行投资和技术援助的贷款。有优惠贷款和普通贷款之分，优惠贷款只提供给人均国内生产总值在 670 美元以下的会员国，不收利息，手续费为 1%。普通贷款利率是浮动利率，期限为 10 ~ 30 年。

（2）对国际商业贷款的管理。

①国际商业贷款主要有国外商业银行和其他金融机构贷款、出口信贷、国际金融租赁等。国际商业贷款有短期贷款和中长期贷款两种。短期国际商业贷款为1年以下的贷款，中长期贷款为1年以上的贷款。国际商业贷款的筹资方式灵活，资金投向限制较少，附加条件少，但成本较高，风险较大，应实行严格的管理。

②借用国际商业贷款应办理报批手续。首先应编制项目建设书和可行性研究报告，然后报经有关主管部门审批，有关部门审批后还要进行项目评估，在与国外金融机构签约前，还应报国家外汇管理部门审批。借用中长期贷款的，报批时应提供下列材料：有关列入国家年度利用外资计划可借用国际商业贷款的批件、外国银行的贷款条件及偿还要求、本机构的外汇资产及偿还能力情况、贷款项目可行性研究报告批件及其他有关材料。

2. 境外发债管理

在境外发行外币债券是筹集外资的一个重要手段。外币债券通常有短期、中期和长期之分，1年以下的为短期，1～5年的为中期，5年以上的为长期。根据我国《外汇管理条例》的规定，金融机构在境外发行外币债券，须经国务院外汇管理部门批准，并按照国家有关规定办理。这里讲的有关规定主要是指《中国境内机构在境外发行债券的管理规定》、《国务院关于加强借用国际商业贷款管理的通知》和《境外进行项目融资管理暂行办法》等。

3. 对外担保管理

对外担保是指我国境内机构向我国境外机构或境内的外资金融机构提供的担保。主要包括融资担保；融资租赁担保；补偿贸易项目下的担保；境外工程承包中的担保等。有权提供对外担保的人必须符合《担保法》的规定，必须是具有外汇清偿能力的法人机构。根据《境内机构对外担保管理办法》的规定，可以对外出具担保的只能是：经批准允许办理对外担保业的金融机构，或者是具有代为清偿能力的非金融企业法人。金融机构对外担保余额、境内外汇担保余额及外汇外债余额之和不得超过其自有资金的20倍；企业对外担保余额不得超过其净资产的50%，并不得超过其上年外汇收入。对外担保必须报经外汇管理机关批准，并接受外汇管理部门的监管。

4. 外债登记管理

国家对外债的总体状况进行统计监测，这就必须建立外债登记制度。我国的外债登记制度建立于1987年，发布有《外债统计监测暂行规定》和《外债登记实施细则》等规定。凡是从国外筹借并需要以外汇偿还的债务都须按规定登记。登记方式分为定期登记和逐笔登记两种，由国家有关职能部门及中国银行归口负责筹借的国际金融组织贷款、外国政府贷款等需进行定期登记，其他的外债需逐笔登记。境内机构都应按照国务院关于外债统计监测的规定办理外债登记。外债登记由国务院外汇管理部门负责，并定期公布外债情况。

（三）对依法终止的外商投资企业的外汇管理

外商投资企业经营期满或因其他原因无法继续经营而依法终止，依法终止的外商投资企业应当依法进行清理并照章纳税。清理纳税后的剩余财产属于外方投资者所有的人民币，可以向外汇指定银行购汇汇出或携带出境；属于中方投资者所有的外汇，应全部卖给外汇指定银行。

五、金融机构的外汇业务管理

（一）金融机构经营外汇业务管理

对金融机构经营外汇业务的管理，《外汇管理条例》主要作了四个方面的规定：

1. 金融机构经营外汇业务必须持有经营外汇业务许可证

金融机构分银行金融机构和非银行金融机构，两者的业务范围不一样，在外汇业务上范围也不尽相同。但金融机构要经营外汇业务必须报经国家外汇管理机构批准，并领取经营外汇业务许可证。

根据《银行外汇业务管理规定》和《非银行金融机构外汇业务规定》的规定，申请经营外汇业务的银行应符合四个条件：

（1）具有法定外汇现汇实收资本金或营运资金，全国性银行须有 5000 万美元或其他等值货币的实收外汇现汇资本金；区域性银行须有 2000 万美元或者其他等值货币的实收外汇现汇资本金；具有独立法人资格的银行分支行须有 500 万美元或者其他等值货币的实收外汇现汇资本金；不具有独立法人资格的全国性银行的分支行须有 200 万美元或者其他等值货币的实收外汇现汇营运资金；不具有独立法人资格的区域性银行的分支行须有 100 万美元或者其他等值的实收外汇现汇营运资金。银行的外汇现汇实收资本金或者营运资金可以高于上述规定的法定数额。

（2）具有与其申报的外汇业务相应数量和相当素质的外汇业务人员。其中机构和部门外汇业务主管人员应当有 3 年以上经营金融、外汇业务的资历，并在以往经营活动中有良好的经营业绩。

（3）具有适合开展外汇业务的场所和设备。

（4）国家外汇管理机关要求的其他条件。

根据中国人民银行《关于恢复国有独资商业银行分支机构外汇业务审批工作的通知》的规定，国有独资商业银行分支机构申请新开或增开外汇业务，应符合五个条件：

①遵守国家法律、法规和金融规章，最近三年内未受到中国人民银行、国家外汇管理局或其他有关管理机关的处罚；

②内部控制机制健全，具有有效的识别、监测、衡量和控制各种风险的管理制度；

③经营稳健，资产质量、流动性等主要资产负债指标控制在合理的范围内；

④具有经中国人民银行确认资格的外汇业务管理人员和业务人员；

⑤具有适合开展业务的场所和必要设备。

申请经营外汇业务的非银行金融机构也应符合四个条件，其中第一个条件为：具有法定数额的外汇现汇实收资本金。全国性非银行金融机构须有1500万美元或者其他等值货币的实收外汇现汇资本金；地方性非银行金融机构须有750万美元或者其他等值货币的实收外汇现汇资本金。非银行金融机构的外汇现汇实收资本金可以高于上述规定的法定数额。其他三项条件与申请经营外汇业务的银行应符合的条件相同。

银行在申请经营外汇业务时应当向国家外汇管理机关提交下列文件和资料：

①经营外汇业务的申请书；

②经营外汇业务的可行性报告；

③中国人民银行颁发的《经营金融业务许可证》；

④中国人民银行批准的章程（非独立法人资格的银行分支行不需提供）；

⑤国家外汇管理局指定的会计师事务所对其实收外汇资本金或者营运资金的验资报告；

⑥近三年的人民币资产负债表和损益表；

⑦机构和部门外汇业务主管人员和外汇业务操作人员的名单和简历；

⑧经营外汇业务的场所和设施情况简介；

⑨国家外汇管理机关要求提供的其他文件和资料。

银行分支机构除提供上述文件和资料外，还应当提供其上级行或者总行同意开办外汇业务的文件和筹备外汇业务的验收报告。非银行金融机构在申请经营外汇业务时应提交的文件和资料除包括上述内容外，还应提供中国人民银行批准为金融机构的文件。

根据中国人民银行《关于恢复国有独资商业银行分支机构外汇业务审批工作的通知》的规定，国有独资商业银行分支机构申请新开或增开外汇业务，应向中国人民银行相应分支机构提交下列文件和资料：

①新开或增开外汇业务申请；

②中国人民银行颁发的经营许可证正本和副本的复印件；

③中国人民银行、国家外汇管理局、外部审计机构最近三年对银行外汇业务活动

的检查报告和处理决定；

④银行最近一年的资产负债表损益表以及银行经营情况分析报告；

⑤银行内部有效批准文件；

⑥申请开办业务品种的规章制度和操作规程；

⑦业务品种管理和操作部门主要管理人员、从业人员配备情况；

⑧业务经营场所和设施情况简介；

⑨中国人民银行要求提供的其他文件和资料。

国家外汇管理机关收到银行和非银行金融机构经营外汇业务申请书之后，应当予以审核批复。对银行，应自收到经营外汇业务申请书之日起90日内予以批复；对不具有独立法人资格的银行分支行和非银行金融机构，应自收到经营外汇业务申请书之日起60日内予以批复，经营外汇业务的申请经批准后，银行和非银行金融机构应在30日内到国家外汇管理机关领取《经营外汇业务许可证》。逾期不领取的，批准文件就自动失效。

银行的外汇业务与非银行金融机构的外汇业务既有不同也有交叉。银行的外汇业务范围包括：

①外汇存款；

②外汇汇款；

③外汇贷款；

④外汇借款；

⑤发行或代理发行股票以外的外币有价证券；

⑥外汇票据的承兑和贴现；

⑦外汇投资；

⑧买卖或者代理买卖股票以外的外币有价证券；

⑨自行或代客外汇买卖；

⑩外币兑换；

⑪外汇担保；

⑫贸易、非贸易结算；

⑬资信调查、咨询、见证业务；

⑭国家外汇管理局批准的其他外汇业务。

非银行金融机构的外汇业务范围包括：

①外汇信托存款；

②外汇信托放款；

③外汇信托投资；

④外汇借款；

⑤外汇同业拆借；

⑥外汇存款；

⑦外汇放款；

⑧发行或代理发行外币有价证券；

⑨买卖或代理买卖外币有价证券；

⑩自营或代客外汇买卖；

⑪外汇投资；

⑫外汇租赁；

⑬外汇保险；

⑭外汇担保；

⑮资信调查、咨询、见证业务；

⑯国家外汇管理局批准的其他业务。

国家外汇管理机关根据各个申请人的不同特点和要求，批准申请人可经营上述范围的部分或全部业务。如果只有部分外汇业务经营权的银行和非银行金融机构想扩大外汇业务经营范围，还可依法向国家外汇管理机关提出扩大业务范围的申请。如已经批准要在法定时间内换取新的《经营外汇业务许可证》。

《经营外汇业务许可证》的有效期只有 5 年，5 年期满后，须到国家外汇管理局换领新的《经营外汇业务许可证》。申请换领《经营外汇业务许可证》必须提供下列文件和材料：

①换领《经营外汇业务许可证》的申请书；

② 5 年来的外汇业务经营情况总结报告；

③由国家外汇管理局指定的会计师事务所出具的实收外汇资本金验资报告；

④ 3 年来的外汇资产负债表和损益表；

⑤国家外汇管理机关要求提供的其他文件和资料。

未经外汇管理机关批准，任何单位和个人不得经营外汇业务。经批准经营外汇业务的金融机构，经营外汇业务不得超出批准的范围。

金融机构终止经营外汇业务，也应向外汇管理机关提出申请。金融机构经批准终止经营外汇业务的，应当依法进行外汇债权、债务的结算，并缴销经营外汇业务许可证。

2. 经营外汇业务的金融机构应按规定为客户开立账户，办理有关外汇业务

外汇账户的开立、使用和管理，按照国家外汇管理机关发布的外汇账户管理规定执行。

3. 金融机构经营外汇业务，应按规定交存外汇存款准备金，遵守外汇资产负债比例管理的规定，并建立呆账准备金

存款准备金是为应付存户提取存款和调控货币供应量所设置的准备金。有任意和法定两种，任意的存款准备金为金融机构自存准备，法定的存款准备金是国家规定的金融机构必须按照所收存款一定比率转存到中央银行的存款。我们通常所说的存款准备金一般是指法定存款准备金。存款准备金制度既是金融企业的一种后备制度，也是国家实施宏观调控的重要手段。存款准备金率随客观经济环境和宏观调控的需要而不断调整。

为了提高外汇资产的安全性，防范外汇资金风险，国家对金融机构的外汇资产与负债的比例作出了规定。根据《银行外汇业务管理规定》第五十二条和《非银行金融机构外汇业务管理规定》第四十七条以及国家外汇管理机关的其他规定，金融机构的外汇资产与负债比例为：

①自有外汇资金（包括：实收外汇资本金、外汇准备金、未分配外汇利润）占外汇风险资产总的比例，分行不得低于 8%，非银行金融机构不得低于 10%；

②外汇负债总额加外汇担保余额不得超过自有外汇资金的 20 倍；

③外汇流动资产不得低于外汇流动负债的 60%；

④外汇流动资产占外汇总资产的比例，银行不得低于 30%，非银行金融机构不得低于 25%；

⑤ 3 个月内可变现的存放、拆放国内同业外汇资金、购买可转让外币有价证券占款、存放中央银行外汇资金和外币现钞等之和占外汇总资产的比例：银行不得低于 15%，非银行金融机构不得低于 10%；

⑥对一个法人单位的外汇放款、投资、担保（按担保余额的 50% 折算）和其他外汇融资之和不得超过该金融机构自有外汇资金的 30%；

⑦外汇股本投资不得超过该机构自有外汇资金与法定实收外汇资本金的差额；

⑧向其任意一个股东单位提供的外汇放款、投资、担保（按担保余额的 50% 折算）和其他外汇融资之和不得超过股东单位持有该金融机构的外汇股份金额；

⑨净存放、拆放一家国内金融机构的外汇资产不得超过其自有外汇资金的 60%；

⑩净存放、拆放一家境外金融机构或境内外资、中外合资金融机构的外汇资金占该金融机构自有外汇资金比率，银行不得超过 20%，非银行金融机构不得超过 30%；

⑪外币有价证券占款占外汇总资产的比例，银行不得超过 10%，非银行金融机构不得超过 25%（证券公司除外）；

⑫对房地产的外汇融资占外汇总资产的比例，银行不得超过 10%，非银行金融机构不得超过 25%。

外汇呆账准备金是指金融机构专项用于冲销外汇呆账的外汇基金。外汇呆账是指债务人逾期未履行偿债义务超过 3 年，确实不能收回的外汇资金。外汇呆账准备金逐年按年末外汇贷款余额的 0.3% ~ 0.5% 提取，计入管理费用。金融机构动用呆账准备金冲销呆账必须报国家外汇管理局备案。

4. 外汇指定银行办理结汇业务所需的人民币资金，应当使用自有资金

自有资金包括银行的资本金，银行吸收的客户存款，银行通过同业拆借拆入的资金和其他自有资金。外汇指定银行的结算周转外汇，实行比例幅度管理，具体幅度由中国人民银行依实际情况核定。

（二）金融机构经营外汇业务的监督管理

金融机构经营外汇业务，应接受外汇管理机关的检查、监督、外汇管理机关应当依照《银行外汇业务管理规定》、《非银行金融机构外汇业务管理规定》和《中华人民共和国金融监管责任制》的规定，对金融机构经营外汇业务进行检查监督。国家外汇管理机关对银行和非银行金融机构每三年至少进行一次全面检查，对银行的分支行每两年至少进行一次全面检查。国家外汇管理机关还可根据需要随时对银行和非银行金融机构外汇业务进行重点检查。

国家外汇管理机关对银行和非银行金融机构的外汇业务每两年进行一次考评。对银行外汇业务考评的内容包括：

①外汇资产质量情况；

②实收外汇资本金和营运资金情况；

③外汇资产负债结构和流动性情况；

④外汇业务收益情况；

⑤外汇业务经营管理能力（包括全系统外汇业务管理能力）；

⑥执行政策法规的情况。

对非银行金融机构外汇业务考核的内容与对银行外汇业务考核的内容基本相同。国家外汇管理机关还可根据需要决定对银行和非银行金融机构的临时考评。

经营外汇业务的金融机构应当向外汇管理机关报送外汇资产负债表、损益表以及其他财务会计报表和资料。这些报表包括：

①各种外币资产负债表及各种外币资产负债折成美元合并编制的外汇资产负债表

（年报）；

②外币资产负债折成本币与本币资产负债合并编制的资产负债表（年报）；

③各种外币损益表及各种外币损益折成美元合并编制的外汇损益表（年报）；

④外汇损益折成本币与本币损益合并编制的损益表（年报）；

⑤其他外汇业务统计报表（半年报、季报和月报）。

六、违反外汇管理的法律责任

（一）逃汇行为及其法律责任

1. 逃汇行为

逃汇是指境内机构或者个人，将外汇擅自存放境外、擅自汇出或带出境外，逃避我国的外汇管制的行为。下列行为都属于逃汇行为：

（1）违反国家规定，擅自将外汇存放在境外的；

（2）不按照国家规定将外汇卖给外汇指定银行的；

（3）违反国家规定，将外汇汇出或者携带出境的；

（4）未经外汇管理机关批准，擅自将外币存款凭证、外币有价证券携带或者邮寄出境的；

（5）其他逃汇行为。

2. 对逃汇行为的处罚

对逃汇行为的处罚视其行为方式和程度的不同而采取不同的处罚措施，具体有如下几种：

（1）责令限期调回。

（2）强制收兑。

（3）罚款。罚款数额为逃汇金额的 30% 以上 5 倍以下。罚款可与上述处罚措施并处。

（4）刑事责任。

（二）套汇行为及其法律责任

1. 套汇行为

套汇是指我国境内机构和个人采取一定方式私自向他人用人民币或者物资换取外汇或外汇收益的行为。下列行为属于套汇行为：

（1）违反国家规定，以人民币支付或者以实物偿付应当以外汇支付的进口货款或者其他类似支出的；

（2）以人民币为他人支付在境内的费用，由对方付给外汇；

（3）未经外汇管理机关批准，境外投资者以人民币或者境内所购物资在境内进行投资的；

（4）以虚假或者无效的凭证、合同、单据等向外汇指定银行骗购外汇的；

（5）非法套汇的其他行为。

2. 对套汇的处罚

对套汇行为的处罚视其行为方式和程度的不同而采取不同的处罚措施，具体有如下几种：

（1）警告。

（2）强制收兑。

（3）罚款。罚款数额为非法套汇金额的30%以上3倍以下。罚款可与上述处罚措施并处。

（4）刑事责任。

（三）扰乱金融行为及法律责任

1. 扰乱金融及行为种类

扰乱金融是指违反国家规定，经营金融业务或者从事货币交易的行为。下列行为属于扰乱金融：

（1）未经外汇管理机关批准，擅自经营外汇业务的；

（2）外汇指定银行未按照国家规定办理结汇、售汇业务的；

（3）经营外汇业务的金融机构违反人民币汇率管理、外汇存贷利率管理或外汇交易市场管理的；

（4）以外币在境内计价结算的；

（5）擅自以外汇作质押的；

（6）私自改变外汇用途的；

（7）非法使用外汇的其他行为；

（8）私自买卖外汇、变相买卖外汇或者倒卖外汇的。

2. 对扰乱金融行为的处罚

（1）未经外汇管理机关批准，擅自经营外汇业务的，由外汇管理机关没收违法所得，并予以取缔；构成犯罪的，依法追究刑事责任。经营外汇业务的金融机构擅自超出批准的范围经营外汇业务的，由外汇管理机关责令改正，有违法所得的，没收违法所得，并处违法所得1倍以上5倍以下的罚款；没有违法所得的，处10万元以上50万元以下的罚款；情节严重或者逾期不改正的，由外汇管理机关责令整顿或者吊销经营外汇业务许可证；构成犯罪的，依法追究刑事责任。

（2）外汇指定银行未按照国家规定办理结汇、售汇业务的，由外汇管理机关责令改正，通报批语，没收违法所得，并处 10 万元以上 50 万元以下的罚款；情形严重的，停止其办理结汇、售汇业务。

（3）经营外汇业务的金融机构违反人民币汇率管理、外汇存贷款利率管理或者外汇交易市场管理的，由外汇管理机关责令改正，通报批评，有违法所得的，没收违法所得，并处违法所得 1 倍以上 5 倍以下的罚款；没有违法所得的，处 10 万元以上 50 万元以下的罚款；情节严重的，由外汇管理机关责令整顿或者吊销经营外汇业务许可证。

（4）境内机构犯有前述扰乱金融行为第（4）至第（7）项行为之一的，由外汇管理机关责令改正，强制收兑，没收违法所得，并处违法外汇金额等值以下的罚款；构成犯罪的，依法追究刑事责任。

（5）私自买卖外汇、变相买卖外汇或者倒买倒卖外汇的，由外汇管理机关给予警告，强制收兑，没收违法所得，并处违法外汇金额 30% 以上 3 倍以下的罚款；构成犯罪的，依法追究刑事责任。

（四）违反外债管理行为及法律责任

1. 违反外债管理的行为包括下列四种

（1）擅自办理对外借款的；

（2）违反国家有关规定，擅自在境外发行外币债券的；

（3）违反国家有关规定，擅自提供对外担保的；

（4）有违反外债管理的其他行为的。

2. 对违反外债管理行为的处罚

（1）警告。

（2）通报批评。

（3）罚款。罚款数额在 10 万元以上 50 万元以下。罚款可与上述处罚措施并处。

（4）刑事责任。

（五）违反外汇账户管理的行为及法律责任

1. 违反外汇账户管理的行为

违反外汇账户管理的行为包括擅自在境内、境外开立外汇账户，出借、串用、转让外汇账户；改变外汇账户使用范围。

2. 对违反账户管理行为的处罚

（1）责令改正。

（2）撤销外汇账户。

（3）通报批评。

（4）罚款。罚款数额为5万元以上30万元以下。罚款可与上述处罚措施并处。

（六）违反外汇核销管理的行为及法律责任

1. 违反外汇核销管理的行为

（1）伪造、涂改、出借、转让或者重复使用出口核销单证的；

（2）未按规定办理核销手续的。

2. 对违反外汇核销管理行为的处罚

（1）警告。

（2）通报批评。

（3）没收违法所得。

（4）罚款。罚款数额为5万元以上30万元以下。罚款可与上述处罚措施并处。

（5）刑事责任。

（七）违反外汇经营管理的行为及法律责任

1. 违反外汇经营管理的行为

（1）不按规定交存外汇存款准备金的；

（2）违反外汇资产负债比例管理规定的；

（3）不接受外汇管理机关的检查、监督的；

（4）不按规定向外汇管理机关报送外汇资产负债表、损益表以及其他财务会计报表和资料的。

2. 对违反外汇经营管理行为的处罚

（1）责令改正。

（2）通报批评。

（3）罚款。罚款数额为5万元以上30万元以下。罚款可与上述处罚措施并处。

境内机构违反外汇管理规定的，除要依上述措施接受处罚外，对直接负责的主管人员和其他直接责任人员应当给予纪律处分；构成犯罪的，依法追究刑事责任。

第二节　外币折算

为了规范外币交易的会计处理、外币财务报表的折算和相关信息的披露，根据

《企业会计准则——基本准则》制定《企业会计准则第 19 号——外币折算》（以下简称本准则）。

下列各项适用其他相关会计准则：

（1）与购建或生产符合资本化条件的资产相关的外币借款产生的汇兑差额，适用《企业会计准则第 17 号——借款费用》。

（2）外币项目的套期，适用《企业会计准则第 24 号——套期保值》。

（3）现金流量表中的外币折算，适用《企业会计准则第 31 号——现金流量表》。

一、记账本位币的确定

记账本位币是指企业经营所处的主要经济环境中的货币。通常这一货币是企业主要收、支现金的经济环境中的货币。例如，我国企业一般以人民币作为记账本位币。需要说明的是，我国会计上所称的记账本位币，与国际会计准则中的功能货币，虽然名称不同，但实质内容是一致的。

（一）记账本位币的确定

1. 企业记账本位币的确定

我国《会计法》中规定，业务收支以人民币以外的货币为主的单位，可以选定其中一种货币作为记账本位币，但是编报的财务会计报告应当折算为人民币。《会计法》允许企业选择非人民币作为记账本位币，但是，究竟如何选择，《会计法》没有给出详细的说明，外币折算准则对如何选择记账本位币进行了规范。并规定了确定记账本位币需要考虑的因素。企业选定记账本位币，应当考虑下列因素：

（1）该货币主要影响商品和劳务销售价格，通常以该货币进行商品和劳务销售价格的计价和结算；

（2）该货币主要影响商品和劳务所需人工、材料和其他费用，通常以该货币进行上述费用的计价和结算。

企业在选定记账本位币时，上述两项因素应综合考虑，不能仅考虑其中一项。

【例 3–1】智董公司为外贸自营出口企业，超过 70% 的营业收入来自向欧盟各国的出口，其商品销售价格主要受欧元的影响，以欧元计价，因此，从影响商品和劳务销售价格的角度看，智董公司应选择欧元作为记账本位币。

如果智董公司除厂房设施、30% 的人工成本在国内以人民币采购外，生产所需原材料、机器设备及 70% 以上的人工成本以欧元在欧盟市场采购，则可确定智董公司的记账本位币是欧元。但是，如果智董公司的人工成本、原材料及相应的厂房设施、机器设备等 95% 以上在国内采购并以人民币计价，则难以判定智董公司的记账本位币应选择欧元还是人民币，还需要兼顾考虑以下因素，以确定智董公司的记账本位币：融资活动获得的资金以及保存从经营活动中收取款项时所使用的货币。

如果智董公司取得的欧元营业收入在汇回国内时直接换成了人民币存款，且智董公司对欧元波动产生的外币风险进行了套期保值，智董公司可以确定其记账本位币为人民币。

【例 3-2】贵琛公司为国内一家婴儿配方奶粉加工企业，其原材料牛奶全部来自澳大利亚，主要加工技术、机器设备及主要技术人员均由澳大利亚方面提供，生产的婴儿配方奶粉面向国内出售。为满足采购原材料牛奶等所需澳元的需要，贵琛公司向澳大利亚某银行借款 10 亿澳元，期限为 20 年，该借款是贵琛公司当期流动资金净额的 4 倍。由于原材料采购以澳元结算，且企业经营所需要的营运资金，即融资获得的资金也使用澳元，因此，贵琛公司应当以澳元作为记账本位币。

需要说明的是，在确定企业的记账本位币时，上述因素的重要程度因企业具体情况不同而不同，需要企业管理当局根据实际情况进行判断，但是，这并不能说明企业管理当局可以根据需要随意选择记账本位币，企业管理当局根据实际情况确定的记账本位币只有一种货币。企业选择的记账本位币一经确定，不得改变，除非与确定记账本位币相关的企业经营所处的主要经济环境发生了重大变化。

2. 境外经营记账本位币的确定

境外经营是指企业在境外的子公司、合营企业、联营企业、分支机构。当企业在境内的子公司、联营企业、合营企业或者分支机构，选定的记账本位币不同于企业的记账本位币时，也应当视同境外经营。会计准则中所说的境外经营是个广义的概念，子公司、合营企业、联营企业、分支机构是否属于境外经营，不是以位置是否在境外为判定标准，而是要看其选定的记账本位币是否与企业相同。

企业选定境外经营的记账本位币，除考虑前面所讲的因素外，还应考虑下列因素：

（1）境外经营对其所从事的活动是否拥有很强的自主性。如果境外经营所从事的活动是视同企业经营活动的延伸，该境外经营应当选择与企业记账本位币相同的货币作为记账本位币，如果境外经营所从事的活动拥有极大的自主性，境外经营不能选择与企业记账本位币相同的货币作为记账本位币。

（2）境外经营活动中与企业的交易是否在境外经营活动中占有较大比重。如果境外经营与企业的交易在境外经营活动中所占的比例较高，境外经营应当选择与企业记账本位币相同的货币作为记账本位币；反之，应选择其他货币。

（3）境外经营活动产生的现金流量是否直接影响企业的现金流量、是否可以随时汇回。如果境外经营活动产生的现金流量直接影响企业的现金流量，并可随时汇回，境外经营应当选择与企业记账本位币相同的货币作为记账本位币；反之，应选择其他货币。

（4）境外经营活动产生的现金流量是否足以偿还其现有债务和可预期的债务。如果境外经营活动产生的现金流量在企业不提供资金的情况下，难以偿还其现有债务和正常情况下可预期的债务，境外经营应当选择与企业记账本位币相同的货币作为记账本位币；反之，应选择其他货币。

（二）记账本位币的变更

企业选择的记账本位币一经确定，不得改变，除非与确定记账本位币相关的企业经营所处的主要经济环境发生了重大变化。主要经济环境发生重大变化，通常是指企业主要产生和支出现金的环境发生重大变化，使用该环境中的货币最能反映企业的主要交易业务的经济结果。

企业因经营所处的主要经济环境发生重大变化，确需变更记账本位币的，应当采用变更当日的即期汇率将所有项目折算为变更后的记账本位币，折算后的金额作为新的记账本位币的历史成本。由于采用同一即期汇率进行折算，因此不会产生汇兑差额。企业需要提供确凿的证据证明企业经营所处的主要经济环境确实发生了重大变化，并应当在附注中披露变更的理由。

企业记账本位币发生变更的，其比较财务报表应当以可比当日的即期汇率折算所有资产负债表和利润表项目。

二、外币交易的会计处理

外币折算准则规范的外币交易包括：买入或者卖出以外币计价的商品或者劳务、借入或者借出外币资金、其他以外币计价或者结算的交易。

买入或者卖出以外币计价的商品或者劳务，通常情况下指以外币买卖商品，或者以外币结算劳务合同。这里所说的商品是一个泛指的概念，可以是有实物形态的存货、固定资产等，也可以是无实物形态的无形资产、债权或股权等。例如，以人民币为记账本位币的国内甲公司向国外乙公司出口商品，以美元结算货款；再如，甲企业购买境内某公司发行的B股股票，或者购买海外某公司发行的欧元债券等，上述交易均属于甲公司的外币交易。企业与银行发生货币兑换业务，包括与银行进行结汇或售汇，也属于外币交易。

借入或者借出外币资金，指企业向银行或非银行金融机构借入以记账本位币以外的货币表示的资金，或者银行或非银行金融机构向人民银行、其他银行或非银行金融机构借贷以记账本位币以外的货币表示的资金，以及发行以外币计价或结算的债券等。

其他以外币计价或者结算的交易，指以记账本位币以外的货币计价或结算的其他交易。例如，接受外币现金捐赠等。

外币交易折算的会计处理主要涉及两个环节，一是在交易日对外币交易进行初始确认，将外币金额折算为记账本位币金额；二是在资产负债表日对相关项目进行折算，因汇率变动产生的差额计入当期损益。

（一）折算汇率

无论是在交易日对外币交易进行初始确认时，还是在资产负债表日对外币交易余额进行处理，抑或对外币财务报表进行折算时，均涉及折算汇率的选择，外币折算准则规定了两种折算汇率，即即期汇率和即期汇率的近似汇率。

1. 即期汇率

汇率指两种货币相兑换的比率，是一种货币单位用另一种货币单位所表示的价格。根据表示方式的不同，汇率可以分为直接汇率和间接汇率，直接汇率是一定数量的其他货币单位折算为本国货币的金额，间接汇率是指一定数量的本国货币折算为其他货币的金额。我们通常见到的人民币汇率是以直接汇率表示，通常在银行见到的汇率有三种表示方式：买入价、卖出价和中间价。买入价指银行买入其他货币的价格，卖出价指银行出售其他货币的价格，中间价是银行买入价与卖出价的平均价，银行的卖出价一般高于买入价，以获取其中的差价。

无论买入价还是卖出价，均是立即交付的结算价格，都是即期汇率。即期汇率是相对于远期汇率而言的，远期汇率是在未来某一日交付时的结算价格。为方便核算，准则中企业用于记账的即期汇率一般指当日中国人民银行公布的人民币汇率的中间价。但是，在企业发生单纯的货币兑换交易或涉及货币兑换的交易时，仅用中间价不能反映货币买卖的损益，需要使用买入价或卖出价折算。

中国人民银行每日仅公布银行间外汇市场人民币兑美元、欧元、日元、港元的中间价。企业发生的外币交易只涉及人民币与这四种货币之间折算的，可直接采用公布的人民币汇率的中间价作为即期汇率进行折算；企业发生的外币交易涉及人民币与其他货币之间折算的，应以国家外汇管理局公布的各种货币对美元折算率采用套算的方法进行折算，发生的外币交易涉及人民币以外的货币之间折算的，可直接采用国家外汇管理局公布的各种货币对美元折算率进行折算。

2. 即期汇率的近似汇率

当汇率变动不大时，为简化核算，企业在外币交易日或对外币报表的某些项目进行折算时也可以选择即期汇率的近似汇率折算。即期汇率的近似汇率是“按照系统合理的方法确定的、与交易发生日即期汇率近似的汇率”，通常是指当期平均汇率或加权平均汇率等。以人民币兑美元的周平均汇率为例，假定人民币兑美元每天的即期汇率为：周一 7.8，周二 7.9，周三 8.1，周四 8.2，周五 8.15，周平均汇率为（7.8 + 7.9 + 8.1 + 8.2 + 8.15）÷ 5 = 8.03。月平均汇率的计算方法与周平均汇率的计算方法相同。月加权平均汇率需要采用当月外币交易的外币金额作为权重进行计算。

无论是采用平均汇率还是加权平均汇率，抑或其他方法确定的即期汇率的近似汇率，该方法应在前后各期保持一致。如果汇率波动使得采用即期汇率的近似汇率折算不适当时，应当采用交易发生日的即期汇率折算。至于何时不适当，需要企业根据汇率变动情况及计算即期汇率的近似汇率的方法等进行判断。

（二）交易日的会计处理

企业发生外币交易的，应当在初始确认时采用交易日的即期汇率或即期汇率的近似汇率将外币金额折算为记账本位币金额。

【例 3-3】国内智董公司的记账本位币为人民币。2007 年 12 月 4 日，向国外乙公司出口商品一批，货款共计 80000 美元，尚未收到，当日汇率为 1 美元＝7.8 元人民币。假定不考虑增值税等相关税费。相关会计分录如下：

借：应收账款　624000

　贷：主营业务收入　624000

【例 3-4】国内智董公司的记账本位币为人民币，属于增值税一般纳税企业。2007 年 5 月 12 日。从国外购入某原材料，共计 50000 美元，当日的即期汇率为 1 美元＝7.8 元人民币，按照规定计算应缴纳的进口关税为 39000 元人民币，支付的进口增值税为 72930 元人民币，货款尚未支付，进口关税及增值税已由银行存款支付。相关会计分录如下：

借：原材料　429000

　应交税费——应交增值税（进项税额）　72930

　贷：应付账款——美元　390000

　　银行存款　111930

【例 3-5】国内智董公司选定的记账本位币是人民币。2007 年 7 月 18 日从中国工商银行借入 12000 欧元，期限为 6 个月，年利率为 6%，当日的即期汇率为 1 欧元

＝10元人民币。假定借入的欧元暂存银行。相关会计分录如下：

借：银行存款——欧元　120000

　贷：短期借款——欧元　120000

企业收到投资者以外币投入的资本，无论是否有合同约定汇率，均不得采用合同约定汇率和即期汇率的近似汇率折算，而是采用交易日即期汇率折算，这样，外币投入资本与相应的货币性项目的记账本位币金额相等，不产生外币资本折算差额。

【例3-6】国内智董公司的记账本位币为人民币。2007年12月12日，与某外商签订投资合同，当日收到外商投入资本20000美元，当日汇率为1美元＝7.8元人民币，假定投资合同约定汇率为1美元＝8.2元人民币。相关会计分录如下：

借：银行存款　156000

　贷：实收资本　156000

（三）会计期末或结算日对外币交易余额的会计处理

资产负债表日，企业应当分别外币货币性项目和外币非货币性项目进行处理。

1.货币性项目的处理

货币性项目是企业持有的货币和将以固定或可确定金额的货币收取的资产或者偿付的负债。货币性项目分为货币性资产和货币性负债，货币性资产包括现金、银行存款、应收账款和应收票据以及准备持有至到期的债券投资等；货币性负债包括应付账款、其他应付款、短期借款、应付债券、长期借款、长期应付款等。

对于外币货币性项目，资产负债表日或结算日，因汇率波动而产生的汇兑差额作为财务费用处理，同时调增或调减外币货币性项目的记账本位币金额。汇兑差额指的是对同样数量的外币金额采用不同的汇率折算为记账本位币金额所产生的差额。例如，资产负债表日或结算日，以不同于交易日即期汇率或前一资产负债表日即期汇率的汇率折算同一外币金额产生的差额即为汇兑差额。

【例3-7】国内智董公司的记账本位币为人民币。2007年12月4日，向国外贵琛公司出口商品一批，货款共计80000美元，货款尚未收到，当日即期汇率为1美元=7.8元人民币。假定2007年12月31日的即期汇率为1美元=7.9元人民币（假定不考虑增值税等相关税费），则：

对该笔交易产生的外币货币性项目“应收账款”采用2007年12月31日的即期汇率1美元=7.9元人民币折算为记账本位币为632000元人民币（80000×7.9），与其交易日折算为记账本位币的金额624000元人民币的差额为8000元人民币，应当计入当期损益，同时调整货币性项目的原记账本位币金额。相应的会计分录为：

借：应收账款 8000

贷：财务费用——汇兑差额 8000

假定2008年1月31日收到上述货款（即结算日），当日的即期汇率为1美元=7.85元人民币，智董公司实际收到的货款80000美元折算为人民币应当是628000（80000×7.85）元人民币，与当日应收账款中该笔货币资金的账面金额632000元人民币的差额为4000元人民币。当日智董公司应做会计分录：

借：银行存款 628000

财务费用——汇兑差额 4000

贷：应收账款 632000

【例3-8】国内智董公司的记账本位币为人民币。2007年8月24日，向国外供货商怡昌祥公司购入商品一批，商品已经验收入库。根据双方供货合同，货款共计100000美元，货到后10日内智董公司付清所有货款。当日即期汇率为1美元＝7.8元人民币。假定2007年8月31日的即期汇率为1美元＝7.9元人民币（假定不考虑增值税等相关税费），则：

对该笔交易产生的外币货币性项目“应付账款”采用8月31日即期汇率1美元＝7.9元人民币折算为记账本位币为790000元人民币（100000×7.9），与其交易日折算为记账本位币的金额780000元人民币（100000×7.8）的差额为10000元人民币，应计入当期损益。相应的会计分录为：

借：财务费用——汇兑差额 10000

贷：应付账款 10000

9月3日，智董公司根据供货合同以自有美元存款付清所有货款（即结算日）。当日的即期汇率为1美元＝7.85元人民币。智董公司应做会计分录：

借：应付账款 790000

贷：银行存款 785000

财务费用——汇兑差额 5000

【例3-9】沿用【例3-5】，假定2007年7月31日的即期汇率为1欧元＝10.5元人民币，则“银行存款——欧元”产生的汇兑差额为5000元人民币［10000×（10.5－10）］，“短期借款——欧元”产生的汇兑差额为5000元人民币［10000×（10.5－10）］，由于借贷方均为货币性项目，产生的汇兑差额相互抵销。相应会计分录为：

借：银行存款——欧元 5000

贷：短期借款——欧元 5000

2008 年 1 月 18 日以人民币归还所借欧元，当日银行的欧元卖出价为 1 欧元＝11 元人民币，假定借款利息在到期归还本金时一并支付，则当日应归还银行借款利息 360（12000×6%÷12×6）英镑，按当日欧元卖出价折算为人民币为 3960（360×11）元。相关会计分录如下：

借：短期借款——欧元　125000

　　财务费用　7000

　贷：银行存款——人民币　132000

借：财务费用　3960

　贷：银行存款——人民币　3960

2. 非货币性项目的处理

非货币性项目是货币性项目以外的项目，如存货、长期股权投资、交易性金融资产（股票、基金）、固定资产、无形资产等。

（1）对于以历史成本计量的外币非货币性项目，已在交易发生日按当日即期汇率折算，资产负债表日不应改变其原记账本位币金额，不产生汇兑差额。

【例 3-10】某外商投资企业怡昌祥公司的记账本位币是人民币。2007 年 8 月 15 日，进口一台机器设备，设备价款 500000 美元，尚未支付，当日的即期汇率为 1 美元＝7.8 元人民币。2007 年 8 月 31 日的即期汇率为 1 美元＝7.9 元人民币。假定不考虑其他相关税费，该项设备属于企业的固定资产，在购入时已按当日即期汇率折算为人民币 3900000 元。由于“固定资产”属于非货币性项目，因此，2007 年 8 月 31 日，不需要按当日即期汇率进行调整。

但是，由于存货在资产负债表日采用成本与可变现净值孰低计量，因此，在以外币购入存货并且该存货在资产负债表日的可变现净值以外币反映的情况下，在计提存货跌价准备时应当考虑汇率变动的影响。

【例 3-11】智董公司以人民币为记账本位币。2007 年 11 月 20 日以每台 2000 美元的价格从美国某供货商手中购入国际最新型号甲商品 10 台，并于当日支付了相应货款（假定智董公司有美元存款）。2007 年 12 月 31 日，已售出甲商品 2 台，国内市场仍无甲商品供应，但甲商品在国际市场的价格已降至每台 1950 美元。

11 月 20 日的即期汇率是 1 美元＝7.8 元人民币，12 月 31 日的汇率是 1 美元＝7.9 元人民币。假定不考虑增值税等相关税费。智董公司应做会计分录如下：

11 月 20 日，购入甲商品，

借：库存商品——H 156000

贷：银行存款 156000

12 月 31 日，由于库存 8 台甲商品市场价格下跌，表明其可变现净值低于成本，应计提存货跌价准备：2000×8×7.8 － 1950×8×7.9 ＝ 1560 元（人民币）。会计分录如下：

借：资产减值损失 1560

贷：存货跌价准备 1560

本例中，期末，在计算库存商品——甲商品的可变现净值时，在国内没有相应产品的价格，因此，只能依据甲商品的国际市场价格为基础确定其可变现净值，但需要考虑汇率变动的影响，期末，以国际市场价格为基础确定的可变现净值应按照期末汇率折算，再与库存甲商品的记账本位币成本相比较，确定其应提的跌价准备。

（2）对于以公允价值计量的股票、基金等非货币性项目，如果期末的公允价值以外币反映，则应当先将该外币按照公允价值确定当日的即期汇率折算为记账本位币金额，再与原记账本位币金额进行比较，其差额作为公允价值变动损益，计入当期损益。

【例 3-12】国内智董公司的记账本位币为人民币。2008 年 12 月 5 日以每股 1.5 美元的价格购入乙公司 B 股 10000 股作为交易性金融资产，当日即期汇率为 1 美元＝7.8 元人民币，款项已付。2008 年 12 月 31 日，由于市价变动，当月购入的乙公司 B 股的市价变为每股 2 美元，当日即期汇率为 1 美元＝7.6 元人民币。假定不考虑相关税费的影响。

2008 年 12 月 5 日，该公司对上述交易应作以下财务处理：

借：交易性金融资产 117000

贷：银行存款 117000

根据《企业会计准则第 22 号——金融工具》规定，交易性金融资产以公允价值计量。由于该项交易性金融资产是以外币计价，在资产负债表日，不仅应考虑美元市价的变动，还应一并考虑美元与人民币之间汇率变动的影响，上述交易性金融资产在资产负债表日的人民币金额为 152000（即 2×10000×7.6）元，与原账面价值 117000 元（即 1.5×10000×7.8）的差额为 35000 元人民币，应计入公允价值变动损益。相应的会计分录为：

借：交易性金融资产 35000

贷：公允价值变动损益　35000

35000元人民币既包含智董公司所购乙公司B股股票公允价值变动的影响，又包含人民币与美元之间汇率变动的影响。

2009年2月27日，智董公司将所购乙公司B股股票按当日市价每股2.2美元全部售出（即结算日），所得价款为22000美元，按当日汇率为1美元＝7.4元人民币折算为人民币金额为162800元，与其原账面价值人民币金额152000元的差额为10800元人民币，对于汇率的变动和股票市价的变动不进行区分，均作为投资收益进行处理。因此，售出当日，智董公司应做会计分录为：

借：银行存款　162800

贷：交易性金融资产　152000

投资收益　10800

3. 货币兑换的折算

企业发生的外币兑换业务或涉及外币兑换的交易事项，应当以交易实际采用的汇率，即银行买入价或卖出价折算。由于汇率变动产生的折算差额计入当期损益。

【例3-13】智董公司的记账本位币为人民币，2007年6月18日以人民币向中国银行买入5000美元，智董公司以中国人民银行公布的人民币汇率中间价作为即期汇率，当日的即期汇率为1美元＝7.8元人民币，中国银行当日美元卖出价为1美元＝7.85元人民币。智董公司当日应做会计分录为：

借：银行存款（美元）　39000

财务费用——汇兑差额　250

贷：银行存款（人民币）　39250

（四）分账制记账方法

分账制记账方法是一种外币交易的账务处理方法，我国的许多金融保险企业均采用分账制记账方法。外币折算准则没有提及分账制记账方法，但在外币折算准则应用指南中对此作出了相应规定。金融保险企业的外币交易频繁，涉及外币币种较多，可以采用分账制记账方法进行日常核算。资产负债表日，应当分别货币性项目和非货币性项目进行处理：货币性项目按资产负债表日即期汇率折算，非货币性项目按交易日即期汇率折算，产生的汇兑差额计入当期损益。

分账制记账方法下，为保持不同币种借贷方金额合计相等，需要设置“货币兑换”账户进行核算。实务中又可采取两种方法核算：

1. 所有外币交易均通过“货币兑换”科目处理

在这种方法下，会计处理包括以下内容：

①企业发生的外币交易同时涉及货币性项目和非货币性项目的，按相同外币金额同时记入货币性项目和“货币兑换（外币）”科目，同时，按以交易发生日即期汇率折算为记账本位币的金额，记入非货币性项目和“货币兑换（记账本位币）”科目。

②企业发生的交易仅涉及记账本位币外的一种货币反映的货币性项目的，按相同币种金额入账，不需要通过“货币兑换”科目核算；如果涉及两种以上货币，按相同币种金额记入相应货币性项目和“货币兑换（外币）”科目。

③期末，应将所有以记账本位币以外的货币反映的“货币兑换”科目余额按期末汇率折算为记账本位币金额，并与“货币兑换（记账本位币）”科目余额相比较，其差额转入“汇兑损益”科目：如为借方差额，借记“汇兑损益”科目，贷记“货币兑换（记账本位币）”科目；如为贷方差额，借记“货币兑换（记账本位币）”科目，贷记“汇兑损益”科目。

④结算外币货币性项目产生的汇兑差额计入汇兑损益。

【例 3-14】假定智董银行采用分账制记账方法，选定的记账本位币为人民币并以人民币列报财务报表。2007 年 9 月，智董银行发生以下交易：

（1）9 月 5 日，收到投资者投入的货币资本 100000 美元，无合同约定汇率，当日汇率为 1 美元＝ 7.8 元人民币；

（2）9 月 10 日，以 2000 美元购入一台固定资产，当日汇率为 1 美元＝ 7.75 元人民币；

（3）9 月 15 日，某客户以 39000 元人民币购入 5000 美元，当日美元卖出价为 1 美元＝ 7.8 元人民币；

（4）9 月 20 日，发放短期贷款 5000 美元，当日汇率为 1 美元＝ 7.85 元人民币；

（5）9 月 25 日，向其他银行拆借资金 10000 欧元，期限为 1 个月，年利率为 3%，当日的汇率为 1 欧元＝ 9.5 元人民币；

（6）9 月 30 日的汇率为 1 美元＝ 8 元人民币，1 欧元＝ 10 元人民币。

对于上述交易，企业应做如下会计分录：

(1)9月5日，收到美元资本投入

借：银行存款（美元）　USD $ 100000

　贷：货币兑换（美元）　USD $ 100000

借：货币兑换（人民币）　RMB ¥780000

　贷：实收资本　RMB ¥780000

(2)9月10日，以美元购入固定资产

借：固定资产　RMB ¥15500

　贷：货币兑换（人民币）　RMB ¥15500

借：货币兑换（美元）　USD $ 2000

　贷：银行存款（美元）　USD $ 2000

(3)9月15日，售出美元

借：银行存款（人民币）　RMB ¥39000

　贷：货币兑换（人民币）　RMB ¥39000

借：货币兑换（美元）　USD $ 5000

　贷：银行存款（美元）　USD $ 5000

(4)9月20日，发放美元短期贷款

借：贷款（美元）　USD $ 5000

　贷：银行存款（美元）　USD $ 5000

(5)9月25日，向其他银行拆借欧元资金

借：银行存款（欧元）　€ 10000

　贷：拆入资金（欧元）　€ 10000

“货币兑换（美元）”账户的贷方余额为 USD $ 93000（USD $ 100000 – USD $ 2000 – USD $ 5000），按月末汇率折算为人民币金额余额为 RMB ¥744000（93000×8）；

“货币兑换（人民币）”账户有借方余额 725500（780000 – 15500 – 39000）。

“货币兑换”账户的借方余额合计为 RMB ¥725500，贷方余额合计为 RMB ¥744000，借贷方之间的差额为– RMB ¥18500，即为当期产生的汇兑差额，相应的会计分录为：

借：货币兑换（人民币）　RMB ¥18500

　贷：汇兑损益　RMB ¥18500

2. 外币交易的日常核算不通过“货币兑换”科目，仅在资产负债表日结转汇兑损益时通过“货币兑换”科目处理

在外币交易发生时直接以发生的币种进行账务处理，期末，由于所有账户均需要折算为记账本位币列报，因此，所有以外币反映的账户余额均需要折算为记账本位币余额，其中，货币性项目以资产负债表日即期汇率折算，非货币性项目以交易日即期汇率折算。折算后，所有账户借方余额之和与所有账户贷方余额之和的差额即为当期汇兑差额，应当计入当期损益。

【例 3-15】仍以【例 3-14】为例，日常核算中相应会计分录如下：

（1）9月5日，收到美元资本投入

借：银行存款（美元） USD $ 100000

　贷：实收资本 USD $ 100000

（2）9月10日，以美元购入固定资产

借：固定资产 USD $ 2000

　贷：银行存款（美元） USD $ 2000

（3）9月15日，售出美元

借：银行存款（人民币） RMB ¥39000

　贷：银行存款（美元） USD $ 5000

（4）9月20日，发放美元短期贷款

借：贷款（美元） USD $ 5000

　贷：银行存款（美元） USD $ 5000

（5）9月25日，向其他银行拆借欧元资金

借：银行存款（欧元） € 10000

　贷：拆入资金（欧元） € 10000

资产负债表日，编制账户科目余额（人民币）的调节表（表 3-1）：非人民币货币性项目以资产负债表日即期汇率折算，非人民币非货币性项目以交易日即期汇率折算。

表 3-1　账户科目余额（人民币）调节表

借方余额账户	币种	外币余额	汇率	人民币余额	贷方余额账户	币种	外币余额	汇率	人民币余额
银行存款	美元	88000	8	804000	拆入资金	欧元	10000	10	100000
	欧元	10000	10						
贷款	美元	5000	8	40000	实收资本	美元	100000	7.8	780000
固定资产	美元	2000	7.75	15500					
银行存款	人民币			39000					
人民币余额合计				898500	人民币余额合计				880000
汇兑损益									18500

相应会计分录为：

借：货币兑换（人民币）　RMB ¥18500

　贷：汇兑损益　RMB ¥18500

需要说明的是，无论是采用分账制记账方法，还是采用统账制记账方法，只是账务处理程序不同，但产生的结果应当相同，计算出的汇兑差额相同，相应的会计处理也相同，均计入当期损益。

三、外币财务报表的折算

（一）境外经营的财务报表的折算

企业对境外经营的财务报表进行折算时，应当遵循下列规定：

（1）资产负债表中的资产和负债项目，采用资产负债表日的即期汇率折算，所有者权益项目除“未分配利润”项目外，其他项目采用发生时的即期汇率折算。

（2）利润表中的收入和费用项目，采用交易发生日的即期汇率折算；也可以采用按照系统合理的方法确定的、与交易发生日即期汇率近似的汇率折算。

按照上述（1）、（2）折算产生的外币财务报表折算差额，在资产负债表中所有者权益项目下单独列示。

比较财务报表的折算比照上述规定处理。

【例 3-16】国内智董公司的记账本位币为人民币，该公司仅有一全资子公司贵琛公司，除此之外，无其他境外经营。贵琛公司设在美国，自主经营，所有办公设备及绝大多数人工成本等均以美元支付，除极少量的商品购自智董公司外，其余的商品采购均来自当地，贵琛公司对所需资金自行在当地融资、自担风险。因此，根据记账本位币的选择确定原则，贵琛公司的记账本位币应为美元。2007 年 12 月 31 日，智董公司准备编制合并财务报表，需要先将贵琛公司的美元财务报表折算为人民币表述。贵琛公司的有关资料如下：

2007 年 12 月 31 日的即期汇率为 1 美元＝8 元人民币，2007 年的平均汇率为 1 美元＝8.2 元人民币，实收资本为 125000 美元，发生日的即期汇率为 1 美元＝8.3 元人民币，2006 年 12 月 31 日的即期汇率为 1 美元＝8.25 元人民币，累计盈余公积为 11000 美元，折算人民币为 90300 元，累计未分配利润为 20000 美元，折算人民币为 166000 元，贵琛公司在年末提取盈余公积为 6000 美元（表 3-2、表 3-3、表 3-4）。

表 3-2 利润表

编制单位：贵琛公司　　（2007 年）　　单位：元

项　目	本年累计数（美元）	汇率	折算为人民币金额
一、营业收入	105000	8.2	861000
减：营业成本	40000	8.2	328000
营业税金及附加	6000	8.2	49200
销售费用	8000	8.2	65600
管理费用	12000	8.2	98400
财务费用	10000	8.2	82000
二、营业利润	29090		237800
加：营业外收入	5000	8.2	41000
减：营业外支出	4000	8.2	32800
三、利润总额	30000		246000
减：所得税费用	10000	8.2	82000
四、净利润	20000		164000
五、每股收益	–		–

表 3-3　资产负债表

编制单位：贵琛公司　　（2007 年 12 月 31 日）　　单位：元

资　产	期末数（美元）	汇率	折算为人民币金额	负债和股东权益	期末数（美元）	汇率	折算为人民币金额
流动资产				流动负债			
货币资金	20000	8	160000	短期借款	10000	8	80000
交易性金融资产	10000	8	80000	应付票据	2000	8	16000
应收票据	8000	8	64000	应付账款	15000	8	120000
应收账款	22000	8	176000	应付职工薪酬	12000	8	96000
存货	40000	8	320000	应交税费	3000	8	24000
流动资产合计	100000		800000	流动负债合计	42000		336000
非流动资产				非流动负债			
固定资产	120000	8	960000	长期借款	12000	8	96000
无形资产	30000	8	240000	长期应付款	20000	8	160000
非流动资产合计	150000		1200000	非流动负债合计	32000		256000
				所有者权益			
				实收资本	125000	8.3	1037500
				盈余公积	17000		139500
				未分配利润	34000		280800
				报表折算差额	0		— 49800
				所有者权益合计	176000		1408000
资产总计	250000		2000000	负债和所有者权益总计	250000		2000000

表 3-4　所有者权益变动表

编制单位：贵琛公司　　2007 年度　　单位：元

	实收资本			盈余公积			未分配利润		外币报表折算差额	所有者权益合计
	美元	折算汇率	人民币	美元	折算汇率	人民币	美元	人民币		人民币
一、本年年初余额	125000	8.3	1037500	11000		90300	20000	166000		1293800
二、本年增减变动金额										
（一）净利润							20000	164000		164000

续表

	实收资本			盈余公积			未分配利润		外币报表折算差额	所有者权益合计
	美元	折算汇率	人民币	美元	折算汇率	人民币	美元	人民币		人民币
（二）直接计入所有者权益的利得和损失										
其中：外币报表折算差额									－49800	－49800
（三）利润分配										
提取盈余公积				6000	8.2	49200	－6000	－49200		
三、本年年末余额	125000	8.3	1037500	17000		139500	34000	280800	－49800	1408000

在企业境外经营为其子公司的情况下，企业在编制合并财务报表时，应按少数股东在境外经营所有者权益中所享有的份额计算少数股东应分担的外币报表折算差额，并入少数股东权益列示于合并资产负债表。

母公司含有实质上构成对子公司（境外经营）净投资的外币货币性项目的情况下，在编制合并财务报表时，应分别以下两种情况编制抵销分录：

（1）实质上构成对子公司净投资的外币货币性项目以母公司或子公司的记账本位币反映，则该外币货币性项目产生的汇兑差额应转入“外币报表折算差额”；

（2）实质上构成对子公司净投资的外币货币性项目以母、子公司的记账本位币以外的货币反映，则应将母、子公司此项外币货币性项目产生的汇兑差额相互抵销，差额计入“外币报表折算差额”。

如果合并财务报表中各子公司之间也存在实质上构成对另一子公司（境外经营）净投资的外币货币性项目，在编制合并财务报表时应比照上述原则编制相应的抵销分录。

【例 3-17】国内智董公司（系上市公司）以人民币为记账本位币，2007 年 1 月 3 日，以 22960 万元人民币从美国某投资商中购入该国贵琛公司 80% 的股权，从而使贵琛公司成为其子公司，贵琛公司为投资商全部以美元投资设立，其净资产在 2007 年 1 月 3 日的公允价值等于其账面价值 3500 万美元，贵琛公司确定的记账本位币为美元。有关资料如下：

2007 年 1 月 3 日，智董公司的累计未分配利润为 3696 万元人民币，累计盈余公积为 2600 万元人民币，贵琛公司的实收资本为 3410 万美元，折算人民币为 27962 万元，累计未分配利润为 80 万美元，折算人民币为 656 万元，累积盈余公积为 10 万美元，折算为人民币 82 万元。2007 年 4 月 1 日，为补充贵琛公司经营所需资金的需要，智董公司以长期应收款形式借给贵琛公司 500 万美元，除此之外，智董公司、贵琛公司之间未发生任何交易。有关财务资料见表 3-5、表 3-6。

假定 2007 年 1 月 3 日的即期汇率为 1 美元＝8.2 元人民币，4 月 1 日的即期汇率为 1 美元＝8 元人民币，12 月 31 日的即期汇率为 1 美元＝7.8 元人民币，年平均汇率为 1 美元＝8 元人民币。由于汇率波动不大，智董公司以平均汇率折算贵琛公司利润表。2007 年智董、贵琛公司采用相同的会计期间和会计政策，经分析，智董公司借给贵琛公司的 500 万美元资金实质上构成对贵琛公司的净投资的一部分。

表 3-5 资产负债表

（2007 年 12 月 31 日） 单位：万元

资 产	智董公司（人民币）	贵琛公司（美元）	负债和股东权益	智董公司（人民币）	贵琛公司（美元）
流动资产			流动负债		
贷币资金	15280	1000	应付账款	9960	750
应收账款	16000	2000	流动负债合计	9960	750
存货	12000	1400	非流动负债		
流动资产合计	43280	4400	长期借款	10000	
非流动资产			长期应付款	2000	500
长期应收款	3900		非流动负债合计	12000	500
对子公司投资	29680	0	股东权益		
固定资产	30000	1400	实收资本	60000	3410
非流动资产合计	63580	1400	盈余公积	4600	130
			未分配利润	20300	1010
			股东权益合计	84900	4550
资产总量	106860	5800	负债和股东权益总计	106860	5800

智董公司当年提取盈余公积 2000 万元人民币，贵琛公司当年提取盈余公积 120 万美元，除此之外，智董公司、贵琛公司的所有者权益均未发生其他变动。

表 3-6 利润表

（2007 年） 单位：万元

项　目	智董公司（人民币）	贵琛公司（美元）
一、营业收入	800000	8000
减：营业成本	650000	6000
管理费用	80000	300
财务费用	50100	200
加：投资收益	6720	0
二、营业利润	26620	1500
三、利润总额	26620	1500
减：所得税费用	8016	450
四、净利润	18604	1050
五、每股收益		

（1）2007 年 1 月 3 日，智董公司取得贵琛公司 80% 的股权时，账务处理如下：

借：长期股权投资　22960

　贷：银行存款　22960

（2）2007 年 4 月 1 日，智董公司向贵琛公司借出 500 万美元时，账务处理如下：

借：长期应收款——贵琛公司（美元）　4000

　贷：银行存款——美元　4000

（3）2007 年 12 月 31 日，智董公司借给贵琛公司的 500 万美元因汇率变动产生的汇兑差额的账务处理如下：

借：汇兑差额　100

　贷：长期应收款——贵琛公司（美元）　100

（4）2007 年 12 月 31 日，贵琛公司实现净利润 1050 万美元时，智董公司应作如下会计分录：

借：长期股权投资　6720

　贷：投资收益　6720

相关抵销分录如下：

①借：投资收益　6720

　　贷：长期股权投资　6720

②借：股本　27962

　　年初盈余公积　82

年初未分配利润 656

贷：长期股权投资 22960

少数股东权益 5740

③借：长期应付款——智董公司 3900

贷：长期应收款——贵琛公司（美元） 3900

④借：外币报表折算差额 100

贷：汇兑差额 100

⑤借：外币报表折算差额 －322

贷：少数股东权益 －322

据上述资料编写的合并财务报表工作底稿如表3-7所示：

表3-7 合并财务报表工作底稿

单位：万元

项目	智董公司（人民币）	贵琛公司（美元）	折算汇率	贵琛公司（人民币）	合计数	抵销分录		合并利润表	合并资产负债表
					借方	贷方			
货币资金	15280	1000	7.8	7800	23080				23080
应收账款	16000	2000	7.8	15600	31600				31600
存货	12000	1400	7.8	10920	22920				22920
长期应收款	3900	—	—	—	3900		③ 3900		0
对子公司投资	29680	0			29680		① 6720 ② 22960		0
固定资产	30000	1400	7.8	10920	40920				40920
资产总计	106860	5800		45240	152100		33580		118520
应付账款	9960	750	7.8	5850	15810				15810
长期借款	10000	—	—	—	10000				10000
长期应付款	2000	500	7.8	3900	5900	③ 3900			2000
股本	60000	3410	8.2	27962	87962	① 27962			60000
盈余公积（年初数）	2600	10		82	2682	② 82			2600
未分配利润（年初累计数）	3696	80		656	4352	② 656			3696
外币报表折算差额				－1610	－1610	⑤－322 ④ 100			－1388
营业收入	800000	8000	8	64000	864000			864000	
减：营业成本	650000	6000	8	48000	698000			698000	

续表

项　目	智董公司（人民币）	贵琛公司（美元）	折算汇率	贵琛公司（人民币）	合计数	抵销分录		合并利润表	合并资产负债表
					借方	贷方			
管理费用	80000	300	8	2400	82400			82400	
财务费用	50100	200	8	1600	51700		④ 100	51600	
加：投资收益	6720				6720	① 6720		0	
营业利润	26620	1500		12000	38620	6720	100	32000	
利润总额	26620	1500		12000	38620	6720	100	32000	
减：所得税费用	8016	450	8	3600	11616			11616	
净利润	18604	1050		8400	27004	6720	100	20384	
盈余公积（本年提取数）	2000	120	8	960	2960			2960	2960
归属于母公司所有者的净利润								18704	18704
少数股东损益								1680	
少数股东权益							② 5740 ⑤− 322		7098
负债和股东权益总计	106860	5800		45240	152100	39098	39098		118520

表3-8　合并资产负债表

编制单位：智董公司　　（2007 年 12 月 31 日）　　单位：万元

资产	金额	负债和股东权益	金额
流动资产		流动负债	
货币资金	23080	应付账款	15810
应收账款	31600	流动负债合计	15810
存货	22920	非流动负债	
流动资产合计	77600	长期借款	10000
非流动资产		长期应付款	2000
长期应收款	0	非流动负债合计	12000
固定资产	40920	股东权益	
非流动资产合计	40920	股本	60000
		盈余公积	5560
		未分配利润	19440

续表

资产	金额	负债和股东权益	金额
		外币报表折算差额	−1388
		归属于母公司所有者权益合计	83612
		少数股东权益	7098
		股东权益合计	90710
资产总计	118520	负债和股东权益总计	118520

表3-9　合并利润表

编制单位：智董公司　　2007年度　　单位：万元

项　目	合并利润表
一、营业收入	864000
减：营业成本	698000
管理费用	82400
财务费用	51600
加：投资收益	0
二、营业利润	32000
三、利润总额	32000
减：所得税费用	11616
四、净利润	20384
归属于母公司所有者的净利润	18704
少数股东损益	1680
五、每股收益	

表3-10　合并所有者权益变动表

编制单位：智董公司　　2007年度　　单位：万元

	归属于母公司所有者权益			外币报表折算差额	少数股东权益	所有者权益合计
	实收资本	盈余公积	未分配利润			
一、本年年初余额	60000	2600	3696		5740	72036
二、本年增减变动金额						
（一）净利润			18704		1680	20384
（二）直接计入所有者权益的利得和损失						

续表

	归属于母公司所有者权益			外币报表折算差额	少数股东权益	所有者权益合计
	实收资本	盈余公积	未分配利润			
其中：外币报表折算差额				－1388	－322	－1710
（三）利润分配						
提取盈余公积		2960	－2960			
三、本年年末余额	60000	5560	19440	－1388	7098	90710

企业选定的记账本位币不是人民币的，在按照《会计法》要求折算为人民币财务报表时，也应当按照上述规定进行折算。

（二）处于恶性通货膨胀经济中的境外经营的财务报表的折算

企业对处于恶性通货膨胀经济中的境外经营的财务报表，应当按照下列规定进行折算：

对资产负债表项目运用一般物价指数予以重述，对利润表项目运用一般物价指数变动予以重述，再按照最近资产负债表日的即期汇率进行折算。

在境外经营不再处于恶性通货膨胀经济中时，应当停止重述，按照停止之日的价格水平重述的财务报表进行折算。

以下是准则应用指南的相关规定：

“本准则第十三条规定了处于恶性通货膨胀经济中的境外经营的财务报表的折算。恶性通货膨胀经济通常按照以下特征进行判断：

1. 最近三年累计通货膨胀率接近或超过100%；

2. 利率、工资和物价与物价指数挂钩；

3. 公众不是以当地货币而是以相对稳定的外币为单位作为衡量货币金额的基础；

4. 公众倾向于以非货币性资产或相对稳定的外币来保存自己的财富，持有的当地货币立即用于投资以保持购买力；

5. 即使信用期限很短，赊销、赊购交易仍按补偿信用期预计购买力损失的价格成交。”

（三）处置境外经营时的折算

企业在处置境外经营时，应当将资产负债表中所有者权益项目下列示的、与该境外经营相关的外币财务报表折算差额，自所有者权益项目转入处置当期损益；部分处置境外经营的，应当按处置的比例计算处置部分的外币财务报表折算差额，转入处置当期损益。

（四）记账本位币不是人民币的，财务报表的折算

企业选定的记账本位币不是人民币的，应当按照本准则第十二条规定将其财务报表折算为人民币财务报表。

四、披露

企业应当在附注中披露与外币折算有关的下列信息：

（1）企业及其境外经营选定的记账本位币及选定的原因，记账本位币发生变更的，说明变更理由。

（2）采用近似汇率的，近似汇率的确定方法。

（3）计入当期损益的汇兑差额。

（4）处置境外经营对外币财务报表折算差额的影响。

第四章 资金收付

第一节 货币资金管理

货币资金是企业资产的重要组成部分，是企业资产中流动性较强的一种资产。任何企业要进行生产经营活动都必须拥有货币资金，持有货币资金是进行生产经营活动的基本条件。

根据货币资金的存放地点及其用途的不同，货币资金分为现金、银行存款及其他货币资金。就会计核算而言，货币资金的核算并不复杂，但是，由于货币资金具有高度的流动性，在组织会计核算过程中，加强货币资金的管理和控制是至关重要的。

一、货币资金控制

一般来说，货币资金的管理和控制应当遵循如下原则：

（一）严格职责分工

即将涉及货币资金不相容的职责分由不同的人员担任，形成严密的内部牵制制度，以减少和降低货币资金管理上舞弊的可能性。

（二）实行交易分开

即将现金支出业务和现金收入业务分开进行处理，防止将现金收入直接用于现金支出的坐支行为。

（三）实施内部稽核

即设置内部稽核单位和人员，建立内部稽核制度，以加强对货币资金管理的监督，及时发现货币资金管理中存在的问题，以及时改进对货币资金的管理控制。

（四）实施定期轮岗制度

即对涉及货币资金管理和控制的业务人员实行定期轮换岗位。通过轮换岗位，减少货币资金管理和控制中产生舞弊的可能性，并及时发现有关人员的舞弊行为。

二、现金管理规定

企业应在国务院颁布的《现金管理暂行条例》规定的范围内使用现金，并主动接受开户银行的监督。

（一）现金支出管理的基本规定

《现金管理暂行条例》第五条规定开户单位可以在下列范围内使用现金：

（1）职工工资、各种工资性津贴。

（2）个人劳务报酬，包括稿费和讲课费及其他专门工作的报酬。

（3）支付给个人的奖金，包括根据国家规定颁发给个人的科学技术、文化艺术、体育等各种奖金。

（4）各种劳保、福利费以及国家规定的对个人的其他支出，如转业、复员、退伍、退职、退休费和其他按规定发给个人的费用。

（5）出差人员必须随身携带的差旅费。

（6）向个人购买农副产品和其他物资支付的价款。

（7）支付各单位间在转账结算起点以下的零星支出。

（8）中国人民银行确定需要支付现金的其他支出。

企业与其他单位的经济业务，除上述规定的范围可进行现金结算外，都要通过银行进行转账结算。

企业与其他单位在使用现金时还要注意以下几点：

（1）现金支出必须有合法的凭证。现金支出要有凭有据，手续完备，借款必须持有效的借据，不能以“白条”代替借据。

（2）在规定限额内支付个人现金。各单位必须严格按照国家规定的开支范围使用现金，开户单位除向个人收购农副产品和其他物资以及出差人员随身携带的差旅费支付现金外，其他对个人支付现金的限额为1000元，超过限额部分可以转办储蓄或以支票、银行本票支付，确需全额支付现金的，经开户银行审核后，予以支付现金。

（3）购买国家规定的专控商品不得使用现金。单位在购买专控商品时，一律采用转账方式支付，不得以现金支付。国家专控商品销售单位不得收取现金。

（4）单位之间不得互相借用现金。

（二）主动支付现金的程序

主动支付，是指出纳部门主动将现金付给收款单位和个人，如发放工资、奖金、薪金、津贴以及福利等现金支出。主动支付现金的程序如下：

（1）根据有关的资料编制付款单，并计算出付款金额。

（2）根据付款金额清点现金（不足应从银行提取），按单位或个人分别装袋。

（3）现金发放时，如果是直接发给收款人的，要当面清点并由收款人签收（签字或盖章）；如果是他人代为收款的，由代收人签收。

（4）根据付款单等资料编制记账凭证。

（5）根据记账凭证登记现金日记账。

【例 4-1】AAA 贸易公司发放 2016 年 3 月员工的工资。会计人员把编好的薪资表交给出纳；出纳据实发工资提现后，清点现金，按个人分别装袋；发放时，让领工资者当面清点现金，并在领取印鉴处，签上自己的名字。工资发放表如表 4-1 所示。

表 4-1 工资表

科室（班组）： 2016 年 3 月

编号	姓名				扣除款项							实发工资	签收
		标准工资	各项津贴	合计天数	事假		病假		房租	水电费			
					天数	工资	天数	工资					
1	胡一	900	80	980								980	
2	胡二	800	70	870								870	
3	胡三	900	80	980								980	
4	胡四	700	50	750								750	
5	胡五	900	80	980								980	
6													
合计												4560	

工资发放完毕，出纳员据此编写记账凭证，如表 4-2 所示。

表 4-2 记账凭证

2016 年 4 月 6 日 第 9 号

摘要	总账科目	明细科目	记账√	借方金额	记账√	贷方金额
支付 3 月份工资	应付职工薪酬—工资			4560		
	库存现金					4560
合计				￥4560		￥4560

附单据 1 张

会计 主管 记账 胡六 出纳 审核 制单 胡六

出纳据记账凭证，登记现金日记账如表 4-3 所示。

表 4-3 现金日记账

2016 年		记账凭证		摘要	对方科目	借方	贷方	借或贷	余额
月	日	字	号						
3	31			承前页				借	1200
4	5	记	09	提取现金	银行存款	4700		借	5900
4	6	记	08	发放工资	应付职工薪酬—工资		4560	借	1340

（三）被动支付现金的程序

被动支付，是指收款单位或个人持有关凭据到出纳部门领报现金。其程序如下：

（1）受理原始凭证。如报销单据、借据、其他单位和个人的收款收据等。

（2）审核原始凭证。

（3）在审核无误的付款凭证上加盖“现金付讫”印章。

（4）支付现金并进行复点，并要求收款人当面点清。

（5）根据原始凭证编制记账凭证。

（6）根据记账凭证登记现金日记账。

以下是对差旅费预借和报销整个支付过程的实例：

【例 4-2】BBB 公司实行差旅费定额包干办法。2016 年 4 月 10 日，公司销售科胡七因公赴青岛出差，预借差旅费 5200 元。11 日乘火车硬卧出发，票价 450 元，12 日起在某饭店住宿，住宿费每天 90 元，21 日从青岛乘硬座返回，票价 270 元，22 日回到公司所在地。另外，在青岛时往公司打电话、电传，支付邮电费 60 元。该公司规定采购员外出可以乘坐硬卧铺，每天住宿费标准为 80 元，市内交通费 15 元，伙食补贴费每天 18 元。胡七在青岛采购零配件专用物资支出 3150 元。

胡七在出差前填写了差旅费借款结算单（见表 4-4），签字后经销售科科长和公司主管领导签字后交财务科。

会计据此记账如表 4-5 所示。

出纳员据此付给胡七现金 5200 元。胡七出差回来后，到财务科办理报销手续。胡七按规定填写差旅费报销单（见表 4-6），并将有关车票、住宿发票和电话、电传收费单附在报销单后并签字，送销售科科长和公司主管领导审核签字后，送财务科办理具体报销手续。

表 4-4 差旅费借款结算单

2016 年 4 月 10 日　　编号：9812035

借款单位：销售科		借款人：胡七
出差人员：胡七		出差事由：商务活动
出差地点：青岛		预计天数：12
借款金额：人民币（大写）伍千贰佰元整（￥5200 元）		
备注：非定额备用金		报销金额：5133 元（报销时填写）
主管审批：胡八 2016.4.10	借款人签字： 胡七 2016.4.10	交回金额：67 元（报销时填写）
	不足金额	

表 4-5 记账凭证

2016 年 4 月 10 日　　第 20 号

摘要	总账科目	明细科目	记账√	借方金额	记账√	贷方金额
预借差旅费	其他应收款	胡七		5200		
	库存现金					5200
合计				￥5200		￥5200

附单据 1 张

会计：　主管：　记账：　出纳：胡九　审核：　制单：胡九

表 4-6 外埠差旅费报销单

2016 年 4 月 25 日　　第　页

姓名	胡七			工作单位		商务科		出差事由		商务	人数	1 人
旅程						交通工具				其他		
起站		到站		起止地点		火车	汽车	轮船	飞机	项目	金额	合计金额
月	日	月	日	起	止	元	元	元	元			元
4	11	4	12	北京	青岛	450				住宿费	720	
4	21	4	22	青岛	北京	270				市内交通费	150	
										行李搬运费		
										补助 旅途		
										补助 住勤	198	

续表

<table>
<tr><td></td><td></td><td></td><td></td><td></td><td></td><td></td><td></td><td></td><td></td><td>其他</td><td></td><td>195</td><td></td></tr>
<tr><td colspan="10">总计金额（大写）人民币：壹仟玖佰捌拾叁元整</td><td colspan="4">￥1983.00</td></tr>
<tr><td colspan="3">预计金额</td><td colspan="3">5200.00</td><td colspan="3">结算后应退</td><td colspan="2">67.00</td><td colspan="2">结算后补领</td><td></td></tr>
</table>

主管审批：胡八　　财务审核：胡十　　报销人：胡七　　出纳：胡九

会计根据采购发票（见表 4–7）、入库单（见表 4–8）和报销单编制记账凭证，如表 4–9 所示。

表 4–7　工商业商品销售统一发票

客户名称：BBB 公司　　2016 年 4 月 21 日　　NO：3727691

编号	商品名称	商品规格	单位	数量	单价 / 元	金额 / 元
12–210	CM–S330	CC20	件	9	350.00	3150.00
合计	人民币（大写）叁仟壹佰伍拾元整					3150.00

开票单位：CCC 公司（财务专用章）　收款员：赵一　营业员：赵二　提货人：赵三

表 4–8　入库单（记账单）

第 30005 号

科目：　　2016 年 4 月 25 日　　对方科目：______

名称	单位	数量	单价	金额									备注
				百	十	万	千	百	十	元	角	分	
CM–S330	件	9	350.00				3	1	5	0	0	0	
						￥	3	1	5	0	0	0	

附件 1 张

主管：　　会计：　　保管员：赵四　　经手人：胡七

出纳员审核原始凭证和记账凭证无误后收回现金 67 元，并在凭证上加盖“现金收讫”戳章。

表 4–9　记账凭证

2016 年 4 月 25 日　　　　　　　　　　　　　　　　第 34 号

摘要	总账科目	明细科目	记账√	借方金额	记账√	贷方金额
报销差旅费	销售费用	差旅费		1983		
采购零配件	库存商品	零配件		3150		
	现金			67		
	其他应收款					5200
合计				¥5200		¥5200

附单据 3 张

（四）向银行送存现金的程序

各单位对当天收入的现金或超过库存限额的现金，应及时送存开户银行。向银行送存现金的程序如下：

（1）整点票币。送款前应将送存款清点整理，按币别、币种分开。纸币要平铺整齐，每 100 元张为一把，50 元张为一捆，以此类推，用纸条在腰中捆扎好，余为零头；硬币每 100 枚或 50 枚为一卷，十卷为捆，不足一卷为零头；最后合计出需要存款的金额。

（2）填写现金进账单（缴款单）。根据整点好的存款金额填写进账单，各种币种的金额合计数应与存款金额一致。

（3）向银行提交进账单和整点好的票币。票币要一次性交清，并当面清点，如有差异，应当面复核。

（4）开户银行受理后，在现金进账单上加盖“现金收讫”和银行印鉴后退回交款人一联，表示款项已收妥。

（5）根据银行退回盖有“现金收讫”和银行印鉴的一联现金进账单，编制记账凭证。

（6）根据记账凭证登记现金日记账。

【例 4–3】DDD 商贸公司 4 月 30 日营业终了，出纳员将现金 5130 元，其中 100 元 40 张，50 元 20 张，10 元 10 张，5 元 6 张送总出纳，由总出纳向银行进账；出纳员缴款后与各营业柜组核对销售收入后填制“内部缴款单”。“内部缴款单”格式如表 4–10 所示。

表 4–10 商贸中心商场

内部缴款单

部门： 2016 年 4 月 30 日

项目	凭证张数	金额	说明	项目	凭证张数	金额	说明
转账支票				商品销售收入		5130	
现金支票				其中 ×××			
汇票				×××			
现金		5130		应付款			
应收款				其他收入			
短款				溢款			
合计		5130		合计		5130	

复核： 出纳员：

由总出纳填写现金解款单（此票一式三联：①回单，②存入，③附联），见表 4–11。

表 4–11 ×× 银行现金解款单（回单）①

科目： 2016 年 4 月 30 日 对方科目：

<table>
<tr><td rowspan="8">此联由银行盖章后退回单位</td><td colspan="2">款项来源</td><td colspan="2">销售收款</td><td colspan="2" rowspan="2">收款人</td><td colspan="5">全称</td><td colspan="9">工商行萍乡办</td></tr>
<tr><td colspan="2">借款部门</td><td colspan="2">DDD 商贸公司</td><td colspan="5">账号</td><td colspan="9">30026759321</td></tr>
<tr><td colspan="2" rowspan="2">人民币（大写）</td><td colspan="9" rowspan="2">伍仟壹佰叁拾元整</td><td>百</td><td>十</td><td>万</td><td>千</td><td>百</td><td>十</td><td>元</td><td>角</td><td>分</td></tr>
<tr><td></td><td></td><td>¥</td><td>5</td><td>1</td><td>3</td><td>0</td><td>0</td><td>0</td></tr>
<tr><td>票面</td><td>张数</td><td>票面</td><td>张数</td><td>种类</td><td>张数</td><td>百</td><td>十</td><td>元</td><td>角</td><td>分</td><td colspan="9" rowspan="4">（收款银行盖章）</td></tr>
<tr><td>一百元</td><td>40</td><td>五元</td><td>6</td><td>角票</td><td></td><td></td><td></td><td></td><td></td><td></td></tr>
<tr><td>五十元</td><td>20</td><td>二元</td><td></td><td>分票</td><td></td><td></td><td></td><td></td><td></td><td></td></tr>
<tr><td>十元</td><td>10</td><td>一元</td><td></td><td>封包</td><td></td><td></td><td></td><td></td><td></td><td></td></tr>
</table>

然后总出纳将款项同解款单一并交银行收款台收款。银行核对后盖章，并将第一联（回单）交存款人，单位做记账凭证。会计据回单填制记账凭证，如表 4–12 所示。

表 4-12 记账凭证

2016 年 4 月 30 日 第 107 号

摘要	总账科目	明细科目	记账√	借方金额	记账√	贷方金额
将现金送存银行	银行存款			5130		
（存现）	现金					5130
合计				￥5130		￥5130

附单据 2 张

会计： 主管： 记账： 出纳：赵五 审核： 制单：赵五

出纳根据记账凭证登记现金日记账如表 4-13 所示。

表 4-13 现金日记账

年		记账凭证		摘要	对方科目	借方	贷方	借或贷	余额
月	日	字	号						
4	21			承前页				借	1200
4	30	记	106	商场交来货款	商品销售收入	5130		借	6330
4	30	记	107	送存银行	银行存款		5130	借	1200

（五）现金支付的方式

在出纳工作中现金支付有两种基本方式：

1. 直接支付现金

直接支付现金的方式，是指出纳人员根据有关支出凭证直接支付现金，减少库存现金的数量，有主动支付和被动支付两种。

使用这种方式支付现金，出纳部门或人员要事先做到有现金储备，在不超过库存现金限额的情况下，保障现金的支付。

2. 支付现金支票

支付现金支票的方式，是指出纳人员根据审核无误的有关凭证，将填好的现金支票交给收款人，由收款人直接到开户银行提取现金的支付方式。这种支付方式与直接支付现金方式作用相同，主要适用于大宗的现金付款业务。

【例 4-4】萍乡市 EEE 实业公司从本市自行车制造厂购买 10 辆自行车，共计 3018.60 元，用现金支票支付。

出纳员审核购货发票（见表 4-14）和入库单（见表 4-15）。

表 4-14 增值税专用发票

开票日：2016 年 4 月 24 日 No：0008145

购货单位	名称	萍乡市 EEE 实业公司	纳税人登记号	367005461122974
	地址、电话	珠海支路 29 号	开户银行及账号	工行平安办

商品或劳务名称	计量单位	数量	单价	金额									（税率）%	税率								
				百	十	万	千	百	十	元	角	分		百	十	万	千	百	十	元	角	分
自行车	辆	10					2	5	8	0	0	0	17					4	3	8	6	0
合计						¥	2	5	8	0	0	0					¥	4	3	8	6	0

价税合计（大写）	× 佰 × 拾 × 万叁仟零佰壹拾捌元陆角零分	¥3018.60

销货单位	名称	萍乡自行车厂	纳税人登记号	334579012345673
	地址、电话	南油路 18 号	开户银行及账号	工行萍乡办 3002675321

第二联：发票联 购货方记账

销货单位（章）： 收款人： 复核：赵六 开票人：赵七

表 4-15 入库单（记账单）

科目	

2016 年 4 月 25 日 第 31256 号

对方科目____________

名称	单位	数量	单价	金额									备注
				百	十	万	千	百	十	元	角	分	
自行车	辆	10	301.86				3	0	1	8	6	0	
						¥	3	0	1	8	6	0	

附件 1 张

主管： 会计： 保管员：赵八 经手人：赵九

审核无误后，出纳员填写现金支票（见表 4-16）交销货单位的经办人赵九，由其直接到开户行提取现金（企业自己留存根）。

收款人凭现金支票支取现金，须在支票背面背书，到签发人的开户银行支取现金，并按照银行的需要，交验身份证。银行摘录身份证号并问明联系电话等，便可支取现金。

记账人员根据发票、入库单和现金支票存根填写记账凭证如表 4-17 所示。

表 4-16

中国工商银行 现金支票存根 支票号码 2009231 科　　目________ 对方科目________ 签发日期 2016 年 4 月 26 日 收款人：赵久 金　额：￥3018.60 用　途：购货 备　注： 单位主管　会计 复核　记账	本支票有效期十天	现金支票 人民币（大写）参仟零壹拾捌圆陆角整　千 百 十 万 千 百 十 元 角 分：￥ 3 0 1 8 6 0 用　途 购货 上列款项请从我账户内支付 签发人盖章	科目（借） 对方科目（贷） 付讫日期　年　月　日 出纳　记账 复核　复核

出纳根据记账凭证登记现金日记账（略）。

表 4-17　记账凭证

2016 年 4 月 26 日　　　　第 30 号

摘要	总账科目	明细科目	记账√	借方金额	记账√	贷方金额
付自行车款	库存商品	自行车		3018.60		
	银行存款					3018.60
合计				￥3018.60		￥3018.60

附单据 3 张

会计：　主管：　记账：赵十　出纳：钱一　审核：钱二　制单：钱一

现金管理规定

凡在银行和其他金融机构（以下简称开户银行）开立账户的机关、团体、部队、企业、事业单位（以下简称开户单位），必须接受开户银行的监督。开户银行包括：各专业银行，国内金融机构，经批准在中国境内经营人民币业务的外资、中外合资银行和金融机构。企业包括：国家企业、城乡集体企业（包括村办企业）、联营企业、私营企业（包括个体工商户、农村承包经营户）。

中国人民银行总行是现金管理的主管部门。各级人民银行履行金融主管机关的职责，负责对开户银行的现金管理进行监督和稽核。

开户银行负责现金管理的具体执行，对开户单位的现金收支、使用进行监督管理。

一个单位在几家银行开户的，只能在一家银行开设现金结算户，支取现金，并由该家银行负责核定现金库存限额和进行现金管理检查。当地人民银行要协同各行开户银行，认真清理现金结算账户，负责将开户单位的现金结算户落实到一家开户银行。

各开户单位的库存现金都要核定限额。库存现金限额应当由开户单位提出计划，报开户银行审批。经核定的库存现金限额，开户单位必须严格遵守。

部队、公安系统的保密单位和其他保密单位的库存现金限额的核定和现金管理工作检查事宜，由其主管部门负责，并由主管部门将确定的库存现金限额和检查情况报开户银行。

各开户单位的库存现金限额，由于生产或业务变化，需要增加或减少时，应向开户银行提出申请，经批准后再行调整。

开户银行根据实际需要，原则上以开户单位3天至5天的日常零星开支所需核定库存现金限额。边远地区和交通不发达地区的开户单位的库存现金限额，可以适当放宽，但最多不得超过15天的日常零星开支。

对没有在银行单独开立账户的附属单位也要实行现金管理，必须保留的现金，也要核定限额，其限额包括在开户单位的库存限额之内。

商业和服务行业的找零备用现金也要根据营业额核定定额，但不包括在开户单位的库存现金限额之内。

开户单位之间的经济往来，必须通过银行进行转账结算。根据国家有关规定，开户单位只可在下列范围内使用现金：

（一）职工工资、各种工资性津贴；

（二）个人劳动报酬，包括稿费和讲课费及其他专门工作报酬；

（三）支付给个人的各种奖金，包括根据国家规定颁发给个人的各种科学技术、文化艺术、体育等各种奖金；

（四）各种劳保、福利费用以及国家规定的对个人的其他现金支出；

（五）收购单位向个人收购农副产品和其他物资支付的价款；

（六）出差人员必须随身携带的差旅费；

（七）结算起点以下的零星支出；

（八）确实需要现金支付的其他支出（因采购地点不确定、交通不便、抢险救灾以及其他特殊情况，办理转账结算不够方便、必须使用现金）。

结算起点为1000元，需要增加时由中国人民银行总行确定后，报国务院备案。

除收购单位向个人收购农副产品和其他物资支付的价款以及出差人员必须随身携带的差旅费外、开户单位支付给个人的款项中，支付现金每人一次不得超过1000元，超过限额部分，根据提款人的要求在指定的银行转为储蓄存款或以支票、银行本票支付。确需全额支付现金的，应经开户银行审查后予以支付。

转账结算凭证在经济往来中具有同现金相同的支付能力。开户单位在购销活动中，不得对现金结算给予比转账结算优惠的待遇；不得只收现金拒收支票、银行汇票、银行本票和其他转账结算凭证。

开户单位购置国家规定的社会集团专项控制商品，必须采取转账方式，不得使用现金，商业单位也不得收取现金。

开户单位现金收支按下列规定管理：

（一）开户单位收入现金应于当日送存开户银行，当日送存确有困难的，由开户银行确定送存时间。

（二）开户单位支付现金，可从本单位现金库存中支付或者从开户银行提取，不得从本单位的现金收入中直接支付（即坐支）；需要坐支现金的单位，要事先报经开户银行审查批准，由开户银行核定坐支范围和限额。坐支单位必须在现金账上如实反映坐支金额，并按月向开户银行报送坐支金额和使用情况。

（三）开户单位根据规定，从开户银行提取现金的，应当如实写明用途，由本单位财会部门负责人签字盖章，并经开户银行审查批准，予以支付。

（四）因采购地点不确定、交通不便、抢险救灾以及其他特殊情况，办理转账结算不够方便、必须使用现金的开户单位，要向开户银行提出书面申请，由本单位财务部门负责人签字盖章，开户银行审查批准后，予以支付现金。

开户单位必须建立健全现金账目，逐笔记载现金支付，账目要日清月结，做到账款相符。不准用不符合财务制度的凭证顶替库存现金；不准单位之间相互借用现金；不准谎报用途套取现金；不准利用银行账户代其他单位和个人存入或支取现金；不准将单位收入的现金以个人名义存入储蓄；不准保留账外公款（即小金库）；禁止发行变相货币，不准以任何票券代替人民币在市场上流通。

对个体工商户、农村承包户发放的贷款，应以转账方式支付；对于确需在集市使用现金购买物资的，由承贷人提出书面申请，经开户银行审查批准后，可以在贷款金额内支付现金。

在银行开户的个体工商户、农村承包经营户异地采购的贷款，应当通过银行以转账方式进行结算。因采购地点不确定、交通不方便必须携带现金的，由客户提出申请，开户银行根据实际需要予以支付现金。

未在银行开户的个体工商户、农村承包经营户异地采购，可以通过银行以汇兑方式支付。凡加盖“现金”字样的结算凭证，汇入银行必须保证支付现金。

具备条件的银行应当积极开展代发工资、转存储蓄业务。

为保证开户单位的现金收入及时送存银行，开户银行必须按照规定做好现金收款工作，不得随意缩短收款时间。大中城市和商业比较集中的地区，要建立非营业时间收款制度。

三、银行存款管理制度

按照国家《支付结算办法》的规定，企业应在银行开立账户，办理存款、取款和转账等结算。企业在银行开立人民币存款账户，必须遵守中国人民银行《银行账户管理办法》的各项规定。

（一）银行存款开户的有关规定

银行存款账户分为基本存款账户、一般存款账户、临时存款账户和专用存款账户。

基本存款账户是企业办理日常结算和现金收付的账户。企业的工资、奖金等现金的支取，只能通过基本存款账户办理；一般存款账户是企业在基本存款账户以外的银行借款转存、与基本存款账户的企业不在同一地点的附属非独立核算单位的账户，企业可以通过本账户办理转账结算和现金缴存，但不能办理现金支取；临时存款账户是企业因临时经营活动需要开立的账户，企业可以通过本账户办理转账结算和根据国家现金管理的规定办理现金收付；专用存款账户是企业因特定用途需要开立的账户。一个企业只能选择一家银行的一个营业机构开立一个基本存款账户，不得在多家银行机构开立基本存款账户；不得在同一家银行的几个分支机构开立一般存款账户。

企业在银行开立账户后，可到开户银行购买各种银行往来使用的凭证（如送款簿、进账单、现金支票、转账支票等），用以办理银行存款的收付款项。企业除了按规定留存的库存现金以外，所有货币资金都必须存入银行，企业与其他单位之间的一切收付款项，除制度规定可用现金支付的部分以外，都必须通过银行办理转账结算，也就是由银行按照事先规定的结算方式，将款项从付款单位的账户划出，转入收款单位的账户。因此，企业不仅要在银行开立账户，而且账户内必须要有可供支付的存款。

（二）银行结算纪律

企业通过银行办理支付结算时，应当认真执行国家各项管理办法和结算制度。

中国人民银行 1997 年 9 月 19 日颁布的《支付结算办法》规定：单位和个人办理支付结算，不准签发没有资金保证的票据或远期支票，套取银行信用；不准签发、取得和转让没有真实交易和债权债务的票据，套取银行和他人资金；不准无理拒绝付款，任意占用他人资金；不准违反规定开立和使用账户。

四、货币资金的内部会计控制

单位负责人对本单位货币资金内部控制的建立健全和有效实施以及货币资金的安全完整负责。

（一）岗位分工及授权批准

单位应当建立货币资金业务的岗位责任制，明确相关部门和岗位的职责权限，确保办理货币资金业务的不相容岗位相互分离、制约和监督。出纳人员不得兼任稽核、会计档案保管和收入、支出、费用、债权债务账目的登记工作。单位不得由一人办理货币资金业务的全过程。

单位办理货币资金业务，应当配备合格的人员，并根据单位具体情况进行岗位轮换。办理货币资金业务的人员应当具备良好的职业道德，忠于职守，廉洁奉公，遵纪守法，客观公正，不断提高会计业务素质和职业道德水平。

单位应当对货币资金业务建立严格的授权批准制度，明确审批人对货币资金业务的授权批准方式、权限、程序、责任和相关控制措施，规定经办人办理货币资金业务的职责范围和工作要求。

审批人应当根据货币资金授权批准制度的规定，在授权范围内进行审批，不得超越审批权限。经办人应当在职责范围内，按照审批人的批准意见办理货币资金业务。对于审批人超越授权范围审批的货币资金业务，经办人员有权拒绝办理，并及时向审批人的上级授权部门报告。

单位应当按照规定的程序办理货币资金支付业务。

（1）支付申请。单位有关部门或个人用款时，应当提前向审批人提交货币资金支付申请，注明款项的用途、金额、预算、支付方式等内容，并附有效经济合同或相关证明。

（2）支付审批。审批人根据其职责、权限和相应程序对支付申请进行审批。对不符合规定的货币资金支付申请，审批人应当拒绝批准。

（3）支付复核。复核人应当对批准后的货币资金支付申请进行复核，复核货币资金支付申请的批准范围、权限、程序是否正确，手续及相关单证是否齐备，金额计算是否准确，支付方式、支付单位是否妥当等。复核无误后，交由出纳人员办理支付手续。

（4）办理支付。出纳人员应当根据复核无误的支付申请，按规定办理货币资金支付手续，及时登记现金和银行存款日记账。

单位对于重要货币资金支付业务，应当实行集体决策和审批，并建立责任追究制度，防范贪污、侵占、挪用货币资金等行为。

严禁未经授权的机构或人员办理货币资金业务或直接接触货币资金。

（二）现金和银行存款的管理

单位应当加强现金库存限额的管理，超过库存限额的现金应及时存入银行。

单位必须根据《现金管理暂行条例》的规定，结合本单位的实际情况，确定本单位现金的开支范围。不属于现金开支范围的业务应当通过银行办理转账结算。

单位现金收入应当及时存入银行，不得用于直接支付单位自身的支出。因特殊情况需坐支现金的，应事先报经开户银行审查批准。

单位借出款项必须执行严格的授权批准程序，严禁擅自挪用、借出货币资金。

单位取得的货币资金收入必须及时入账，不得私设“小金库”，不得账外设账，严禁收款不入账。

单位应当严格按照《支付结算办法》等国家有关规定，加强银行账户的管理，严格按照规定开立账户，办理存款、取款和结算。单位应当定期检查、清理银行账户的开立及使用情况，发现问题，及时处理。单位应当加强对银行结算凭证的填制、传递及保管等环节的管理与控制。

单位应当严格遵守银行结算纪律，不准签发没有资金保证的票据或远期支票，套取银行信用；不准签发、取得和转让没有真实交易和债权债务的票据，套取银行和他人资金；不准无理拒绝付款，任意占用他人资金；不准违反规定开立和使用银行账户。

单位应当指定专人定期核对银行账户，每月至少核对一次，编制银行存款余额调节表，使银行存款账面余额与银行对账单调节相符。如调节不符，应查明原因，及时处理。

单位应当定期和不定期地进行现金盘点，确保现金账面余额与实际库存相符。发现不符，及时查明原因，作出处理。

（三）票据及有关印章的管理

单位应当加强与货币资金相关的票据的管理，明确各种票据的购买、保管、领用、背书转让、注销等环节的职责权限和程序，并专设登记簿进行记录，防止空白票据的遗失和被盗用。

单位应当加强银行预留印鉴的管理。财务专用章应由专人保管，个人名章必须由本人或其授权人员保管。严禁一人保管支付款项所需的全部印章。按规定需要有关负责人签字或盖章的经济业务，必须严格履行签字或盖章手续。

（四）监督检查

单位应当建立对货币资金业务的监督检查制度，明确监督检查机构或人员的职责权限，定期和不定期地进行检查。

货币资金监督检查的内容主要包括：

（1）货币资金业务相关岗位及人员的设置情况。重点检查是否存在货币资金业务不相容职务混岗的现象。

（2）货币资金授权批准制度的执行情况。重点检查货币资金支出的授权批准手续是否健全，是否存在越权审批行为。

（3）支付款项印章的保管情况。重点检查是否存在办理付款业务所需的全部印章交由一人保管的现象。

（4）票据的保管情况。重点检查票据的购买、领用、保管手续是否健全，票据保管是否存在漏洞。

对监督检查过程中发现的货币资金内部控制中的薄弱环节，应当及时采取措施，加以纠正和完善。

现金清查制度

在坚持日清月结制度，由出纳员自身对库存现金进行检查清查的基础上，为了加强对出纳工作的监督，及时发现，可能发生的现金差错或丢失，防止贪污、盗窃、挪用公款等不法行为的发生，确保库存现金安全完整，各单位应建立库存现金清查制度，由有关领导和专业人员组成清查小组，定期或不定期地对库存现金情况进行清查盘点，重点放在账款是否相符、有无白条抵库、有无私借公款、有无挪用公款、有无账外资金等违纪违法行为。

一般来说，现金清查多采用突击盘点方法，不预先通知出纳员，以防预先做手脚，盘点时间最好在一天业务没有开始之前或一天业务结束后，由出纳员将截至清查时现金收付账项全部登记入账，并结出账面余额。清查时出纳员应始终在场，并给予积极的配合。清查结束后，应由清查人填制“现余清查盘点报告表”，填列账存、实存以及溢余或短缺金额，并说明原因，上报有关部门或负责人进行处理。

××公司暂借款管理办法

第一章 总则

第一条 为提高公司资金使用效益，减少资金占用，特制定本办法。

第二章 管理范围

第二条 暂借款是指因特殊用途的临时性借款，包括：

（1）差旅费借款；

（2）零星购物借款；

（3）其他临时性借款。

第三章 借款程序和标准

第三条 对因公出差：

（1）需借支差旅费时，应填写请款单，注明预借金额；

（2）经各级主管审查、审核、签批；

（3）到财务部领款；

（4）财务部以请款单为借款依据和报销差旅费审核依据。

第四条 对零星购物借款：

（1）由采购部门作出书面采购计划；

（2）经各级主管审查、审核、签批；

（3）到财务部领款；

（4）财务部以采购请款单为借款依据。

第五条 一般零星购物借款限额为元（如2000元），驾驶员、采购主管可领取定额借款（备用金），定额标准由各部门经理拟订，报总经理批准。

第六条 对个人临时性借款：

（1）一般不予借给，特殊情况经批准可借给，有借款尚未还清者，一律不准再借。

（2）借款人填写借款单，注明个人用途；

（3）经各级主管签批；

（4）到财务部以请款单作为借款还款依据。

第七条　个人借款一般不超过其 2 个月工资额，超过时须有公司担保人。

第八条　暂借款可使用现金、支票或汇票支付，视不同情况和公司财务规定确定。对经常性借款人员，经批准可办理信用卡。

第九条　暂借款还款、报销期限：

（1）对出差人员，在返回公司 5 天内报销差旅费；

（2）对领用备用支票、汇票结算的采购，使用后 5 天内报销；

（3）对领用备用金的部门、个人、定期（不定期）报销；

（4）对个人借款，最长不超过 2 个月还款。

第十条　借款人应按规定期限及时报销或还款。

第四章　监督和处罚

第十一条　借款人应严格按照借款用途使用借款，不得挪作他用；否则，应按情节轻重追究责任。

第十二条　财务部门定期、不定期清理暂借款。对逾期未还、未报行，发送报销催办单通知当事人；仍未改进者，扣除工资和采取其他措施。

第五章　附则

第十三条　本办法由财务部解释、修订，经总经理批准颁行。

五、货币资金的会计核算

（一）库存现金

现金是流动性最强的一种货币性资产，可以随时用其购买所需的物资，支付有关费用，偿还债务，也可以随时存入银行。

现金的概念有狭义和广义之分。狭义的现金是指企业的库存现金；广义的现金是指除了库存现金外，还包括银行存款和其他符合现金定义的票证。本章现金的概念是指狭义的现金，即存库现金，包括人民币现金和外币现金。

企业应设置“库存现金”科目核算企业的库存现金。企业内部周转使用的备用金，可以单独设置“备用金”科目核算。

企业应当设置“现金日记账”，由出纳人员根据收付款凭证，按照业务发生顺序逐笔登记。每日终了，应当计算当日的现金收入合计额、现金支出合计额和结余额，并将结余额与实际库存额核对，做到账款相符。

有外币现金的企业，应当分别人民币和各种外币设置“现金日记账”进行明细核算。

企业收到现金，借记“库存现金”科目，贷记相关科目；支出现金作相反的会计分录。

“库存现金”科目期末借方余额，反映企业持有的库存现金。

（二）银行存款

银行存款就是企业存放在银行或其他金融机构的货币资金。

凡是独立核算的单位都必须在当地银行开设账户。企业在银行开设账户以后，除按核定的限额保留库存现金外，超过限额的现金必须存入银行；除了在规定的范围内可以用现金直接支付的款项外，在经营过程中所发生的一切货币收支业务，都必须通过银行存款账户结算。

1. 银行结算的种类

根据中国人民银行有关支付结算办法规定，目前企业发生的货币资金收付业务可以采用以下几种方式，通过银行办理转账结算。

（1）银行汇票。银行汇票是汇款人将款项交存当地出票银行，由出票银行签发的，由其在见票时，按照实际结算金额无条件支付给收款人或持票人的票据。银行汇票具有使用灵活、票随人到、兑现性强等特点，适用于先收款后发货或钱货两清的商品交易。单位和个人各种款项结算，均可使用银行汇票。

银行汇票可以用于转账，填明“现金”字样的银行汇票也可以用于支取现金，银行汇票的付款期限为自出票日起1个月内。超过付款期限提示付款不获付款的，持票人须在票据权利时效内向出票银行作出说明，并提供本人身份证件或单位证明，持银行汇票和解讫通知向出票银行请求付款。

企业支付购货款等款项时，应向出票银行填写“银行汇票申请书”，填明收款人名称、支付金额、申请人、申请日期等事项并签章，签章为其预留银行的印鉴。银行受理银行汇票申请书，收妥款项后签发银行汇票，并用压数机压印出票金额，然后将银行汇票和解讫通知一并交给汇款人。

申请人取得银行汇票后即可持银行汇票向填明的收款单位办理结算。银行汇票的收款人可以将银行汇票背书转让给他人。背书转让以不超过出票金额的实际结算金额为限，未填写实际结算金额或实际结算金额超过出票金额的银行汇票不得背书转让。

收款企业在收到付款单位送来的银行汇票时，应在出票金额以内；根据实际需要的款项办理结算，并将实际结算金额和多余金额准确、清晰地填入银行汇票和解讫通知的有关栏内，银行汇票的实际结算金额低于出票金额的，其多余金额由出票银行退交申请人。收款企业还应填写进账单并在汇票背面“持票人向银行提示付款签章”处签章，签章应与预留银行的印鉴相同，然后，将银行汇票和解讫通知、进账单一并交开户银行办理结算，银行审核无误后，办理转账。

（2）银行本票。银行本票是银行签发的，承诺自己在见票时无条件支付确定的金额给收款人或者持票人的票据。

银行本票由银行签发并保证兑付，而且见票即付，具有信誉高、支付功能强等特点。用银行本票购买材料物资，销货方可以见票付货，购货方可以凭票提货；债权债务双方可以凭票清偿；收款人将本票交存银行，银行即可为其入账。无论单位或个人，在同一票据交换区域支付各种款项，都可以使用银行本票。

银行本票分定额本票和不定额本票。定额本票面值分别为 1000 元、5000 元、10000 元和 50000 元。在票面划去转账字样的，为现金本票。

银行本票的付款期限为自出票日起最长不超过 2 个月，在付款期内银行本票见票即付。超过提示付款期限不获付款的，在票据权利时效内向出票银行作出说明，并提供本人身份证或单位证明，可持银行本票向银行请求付款。

企业支付购货款等款项时，应向银行提交“银行本票申请书”，填明收款人名称、申请人名称、支付金额、申请日期等事项并签章。申请人或收款人为单位的，银行不予签发现金银行本票。出票银行受理银行本票申请书后，收妥款项签发银行本票。不定额银行本票用压数机压印出票金额，出票银行在银行本票上签章后交给申请人。

申请人取得银行本票后，即可向填明的收款单位办理结算。收款单位可以根据需要在票据交换区域内背书转让银行本票。

收款企业在收到银行本票时，应该在提示付款时在本票背面“持票人向银行提示付款签章”处加盖预留银行印鉴，同时填写进账单，连同银行本票一并交开户银行转账。

（3）商业汇票。商业汇票是出票人签发的，委托付款人在指定日期无条件支付确定的金额给收款人或者持票人的票据。在银行开立存款账户的法人以及其他组织之间须具有真实的交易关系或债权债务关系，才能使用商业汇票。商业汇票的付款期限由交易双方商定，但最长不得超过 6 个月。商业汇票的提示付款期限为自汇票到期日起 10 日内。

存款人领购商业汇票，必须填写“票据和结算凭证领用单”并加盖预留银行印鉴，存款账户结清时；必须将剩余的空白商业汇票全部交回银行注销。商业汇票可以由付款人签发并承兑，也可以由收款人签发交由付款人承兑。

定日付款或者出票后定期付款的商业汇票，持票人应当在汇票到期日前向付款人提示承兑；见票后定期付款的汇票，持票人应当自出票日起 1 个月内向付款人提示承兑。汇票未按规定期限提示承兑的，持票人丧失对其前手的追索权。付款人应当自收到提示承兑的汇票之日起 3 日内承兑或者拒绝承兑。付款人拒绝承兑的，必须出具拒绝承兑的证明。

商业汇票可以背书转让。符合条件的商业承兑汇票的持票人可持未到期的商业承兑汇票连同贴现凭证，向银行申请贴现。

商业汇票按承兑人不同分为商业承兑汇票和银行承兑汇票两种。

商业承兑汇票是由银行以外的付款人承兑。商业承兑汇票按交易双方约定，由销货企业或购货企业签发，但由购货企业承兑。承兑时，购货企业应在汇票正面记载“承兑”字样和承兑日期并签章。承兑不得附有条件，否则视为拒绝承兑。汇票到期时，购货企业的开户银行凭票将票款划给销货企业或贴现银行。销货企业应在提示付款期限内通过开户银行委托收款或直接向付款人提示付款。对异地委托收款的，销货企业可匡算邮程，提前通过开户银行委托收款。汇票到期时，如果购货企业的存款不足以支付票款，开户银行应将汇票退还销货企业，银行不负责付款，由购销双方自行处理。

银行承兑汇票由银行承兑，由在承兑银行开立存款账户的存款人签发。承兑银行按票面金额向出票人收取万分之五的手续费。

购货企业应于汇票到期前将票款足额交存其开户银行，以备由承兑银行在汇票到期日或到期日后的见票当日支付票款。销货企业应在汇票到期时将汇票连同进账单送交开户银行以便转账收款。承兑银行凭汇票将承兑款项无条件转给销货企业，如果购货企业于汇票到期日未能足额交存票款时，承兑银行除凭票向持票人无条件付款外，对出票人尚未支付的汇票金额按照每天万分之五计收罚息。

采用商业汇票结算方式，可以使企业之间的债权债务关系表现为外在的票据，使商业信用票据化，加强约束力，有利于维护和发展社会主义市场经济。对于购货企业来说，由于可以延期付款，可以在资金暂时不足的情况下及时购进材料物资，保证生产经营顺利进行。对于销货企业来说，可以疏通商品渠道，扩大销售，促进生产。汇票经过承兑，信用较高，可以按期收回货款，防止拖欠，在急需资金时，还可以向银行申请贴现，融通资金，比较灵活。销货企业应根据购货企业的资金和信用情况不同，选用商业承兑汇票或银行承兑汇票；购货企业应加强资金的计划管理，调度好货币资金，在汇票到期以前，将票款送存开户银行，保证按期承付。

（4）支票。支票是单位或个人签发的，委托办理支票存款业务的银行在见票时无条件支付确定的金额给收款人或者持票人的票据。

支票结算方式是同城结算中应用比较广泛的一种结算方式。单位和个人在同一票据交换区域的各种款项结算，均可以使用支票。支票由银行统一印制，支票上印有“现金”字样的为现金支票。支票上印有“转账”字样的为转账支票，转账支票只能用于转账。未印有“现金”或“转账”字样的为普通支票，普通支票可以用于支取现金，也可以用于转账。在普通支票左上角画两条平行线的，为画线支票，画线支票只能用于转账，不得支取现金。

支票的提示付款期限为自出票日起10日内，中国人民银行另有规定的除外。超过提示付款期限的，持票人开户银行不予受理，付款人不予付款。转账支票可以根据需要在票据交换区域内背书转让。

存款人领购支票，必须填写“票据和结算凭证领用单”并加盖预留银行印鉴。存款账户结清时，必须将剩余的空白支票全部交回银行注销。

企业财会部门在签发支票之前，出纳人员应该认真查明银行存款的账面结余数额，防止签发超过存款余额的空头支票。签发空头支票，银行除退票外，还按票面金额处以5%但不低于1000元的罚款。持票人有权要求出票人赔偿支票金额2%的赔偿金。签发支票时，应使用蓝黑墨水或碳素墨水，将支票上的各要素填写齐全，并在支票上加盖其预留银行印鉴。出票人预留银行的印鉴是银行审核支票付款的依据。银行也可以与出票人约定使用支付密码，作为银行审核支付支票金额的条件。

（5）信用卡。信用卡是指商业银行向个人和单位发行的，凭以向特约单位购物、消费和向银行存取现金，且具有消费信用的特制载体卡片。

信用卡按使用对象分为单位卡和个人卡，按信誉等级分为金卡和普通卡。

凡在中国境内金融机构开立基本存款账户的单位可申领单位卡。单位卡可申领若干张，持卡人资格由申领单位法定代表人或其委托的代理人书面指定和注销，持卡人不得出租或转借信用卡。单位卡账户的资金一律从其基本存款账户转账存入，在使用过程中，需要向其账户续存资金的，也一律从其基本存款账户转账存入，不得交存现金，不得将销货收入的款项存入其账户。单位卡一律不得用于10万元以上的商品交易、劳务供应款项的结算，不得支取现金。

信用卡在规定的限额和期限内允许善意透支。透支期限最长为60天。透支利息，自签单日或银行记账日起15日内按日息万分之五计算，超过15日按日息万分之十计算，超过30日或透支金额超过规定限额的，按日息万分之十五计算。透支计算不分段，按最后期限或者最高透支额的最高利率档次计息。超过规定限额或规定期限，并且经发卡银行催收无效的透支行为称为恶意透支，持卡人使用信用卡不得发生恶意透支。严禁将单位的款项存入个人卡账户中。

单位或个人申领信用卡，应按规定填制申请表，连同有关资料一并送交发卡银行。符合条件并按银行要求交存一定金额的备用金后，银行为申领人开立信用卡存款账户，并发给信用卡。

（6）汇兑。汇兑是汇款人委托银行将其款项支付给收款人的结算方式。单位和个人的各种款项的结算，均可使用汇兑结算方式。

汇兑分为信汇、电汇两种。信汇是指汇款人委托银行通过邮寄方式将款项划转给收款人。电汇是指汇款人委托银行通过电报将款项划给收款人。这两种汇兑方式由汇款人根据需要选择使用。汇兑结算方式适用于异地之间的各种款项结算。这种结算方式划拨款项简便、灵活。

企业采用这一结算方式，付款单位汇出款项时，应填写银行印发的汇款凭证，列明收款单位名称、汇款金额及汇款的用途等项目，送达开户银行，委托银行将款项汇往收汇银行。收汇银行将汇款收进单位存款产后，向收款单位发出收款通知。

（7）委托收款。委托收款是收款人委托银行向付款人收取款项的结算方式。无论单位还是个人都可凭已承兑商业汇票、债券、存单等付款人债务证明办理款项收取同城或异地款项。委托收款还适用于收取电费、电话费等付款人众多、分散的公用事业费等有关款项。

委托收款结算款项划回的方式分为邮寄和电报两种。企业委托开户银行收款时，应填写银行印制的委托收款凭证和有关的债务证明。在委托收款凭证中写明付款单位的名称、收款单位名称、账号及开户银行，委托收款金额的大小写，款项内容，委托收款凭据名称及附寄单证张数等。企业的开户银行受理委托收款后，将委托收款凭证寄交付款单位开户银行，由付款单位开户银行审核，并通知付款单位。

付款单位收到银行交给的委托收款凭证及债务证明，应签收并在 3 天之内审查债务证明是否真实，是否本单位的债务，确认之后通知银行付款。

付款单位应在收到委托收款的通知次日起 3 日内，主动通知银行是否付款。如果不通知银行，银行视同企业同意付款并在第 4 日，从单位账户中付出此笔委托收款款项。

付款人在 3 日内审查有关债务证明后，认为债务证明或与此有关的事项符合拒绝付款的规定，应出具拒绝付款理由书和委托收款凭证第五联及持有的债务证明，向银行提出拒绝付款。

（8）托收承付。托收承付是根据购销合同由收款人发货后委托银行向异地付款人收取款项，由付款人向银行承认付款的结算方式。使用托收承付结算方式的收款单位和付款单位，必须是国有企业、供销合作社以及经营管理较好，并经开户银行审查同意的城乡集体所有制工业企业。办理托收承付结算的款项，必须是商品交易，以及因商品交易而产生的劳务供应的款项。代销、寄销、赊销商品的款项，不得办理托收承付结算。

托收承付款项划回方式分为邮寄和电报两种，由收款人根据需要选择使用；收款单位办理托收承付，必须具有商品发出的证件或其他证明。托收承付结算每笔的金额起点为 10000 元。新华书店系统每笔金额起点为 1000 元。

采用托收承付结算方式时，购销双方必须签有符合《中华人民共和国合同法》的购销合同，并在合同上写明使用托收承付结算方式。销货企业按照购销合同发货后，填写托收承付凭证，盖章后连同发运证件（包括铁路、航运、公路等运输部门签发运单、运单副本和邮局包裹回执）或其他符合托收承付结算的有关证明和交易单证送交开户银行办理托收手续。

销货企业开户银行接受委托后，将托收结算凭证回联退给企业，作为企业进行账务处理的依据，并将其他结算凭证寄往购货单位开户银行，由购货单位开户银行通知购货单位承认付款。

购货企业收到托收承付结算凭证和所附单据后，应立即审核是否符合订货合同的规定。按照《支付结算办法》的规定，承付货款分为验单付款与验货付款两种，这在双方签订合同时约定。验单付款是购货企业根据经济合同对银行转来的托收结算凭证、发票账单、托运单及代垫运杂费等单据进行审查无误后，即可承认付款。为了便于购货企业对凭证的审核和筹措资金，结算办法规定承付期为 3 天，从付款人开户银行发出承付通知的次日算起（承付期内遇法定休假日顺延）。购货企业在承付期内，未向银行表示拒绝付款，银行即视作承付，并在承付期满的次日（法定休假日顺延）上午银行开始营业时，将款项主动从付款人的账户内付出，按照销货企业指定的划款方式，划给销货企业。验货付款是购货企业待货物运达企业，对其进行检验与合同完全相符后才承认付款。为了满足购货企业组织验货的需要，结算办法规定承付期为 10 天，从运输部门向购货企业发出提货通知的次日算起。承付期内购货企业未表示拒绝付款的，银行视为同意承付，于 10 天期满的次日上午银行开始营业时，将款项划给收款人。为满足购货企业组织验货的需要，对收付双方在合同中明确规定，并在托收凭证上注明验货付款期限的，银行从其规定。

对于下列情况，付款人可以在承付期内向银行提出全部或部分拒绝付款：①没有签订购销合同或购销合同未写明托收承付结算方式的款项；②未经双方事先达成协议，收款人提前交货或因逾期交货付款人不再需要该项货物的款项；③未按合同规定的到货地址发货的款项；④代销、寄销、赊销商品的款项；⑤验单付款，发现所列货物的品种、规格、数量、价格与合同规定不符，或货物已到，经查验货物与合同规定或发货清单不符的款项；⑥验货付款，经查验货物与合同规定或与发货清单不符的款项；⑦货款已经支付或计算错误的款项。

不属于上述情况，购货企业不得提出拒付。

购货企业提出拒绝付款时，必须填写"拒绝付款理由书"，注明拒绝付款理由，涉及合同的应引证合同上的有关条款。属于商品质量问题，需要提出质量问题的证明及其有关数量的记录；属于外贸部门进口商品，应当提出国家商品检验或运输等部门出具的证明，向开户银行办理拒付手续。

银行同意部分或全部拒绝付款的，应在拒绝付款理由书上签注意见，并将拒绝付款理由书、拒付证明、拒付商品清单和有关单证邮寄收款人开户银行转交销货企业。

付款人开户银行对付款人逾期支付的款项，根据逾期付款金额和逾期天数，按每天万分之五计算逾期付款赔偿金。逾期付款天数从承付期满日算起。银行审查拒绝付款期间不算作付款人逾期付款，但对无理的拒绝付款而增加银行审查时间的，从承付期满日起计算逾期付款赔偿金。赔偿金实行定期扣付，每月计算一次，于次月3日内单独划给收款人。赔偿金的扣付列为企业销货收入扣款顺序的首位。付款人科目余额不足以支付时，应排列在工资之前，并对该科目采取"只收不付"的控制办法，直至足额扣付赔偿金后才准予办理其他款项的支付，由此产生的经济后果由付款人自负。

（9）信用证。信用证结算方式是国际结算的一种主要方式。经中国人民银行批准经营结算业务的商业银行总行以及经商业银行总行批准开办信用证结算业务的分支机构，也可以办理国内企业之间商品交易的信用证结算业务。

采用信用证结算方式的，收款单位收到信用证后，即备货装运，签发有关发票账单，连同运输单据和信用证，送交银行，根据退还的信用证等有关凭证编制收款凭证；付款单位在接到开证行的通知时，根据付款的有关单据编制付款凭证。

2. 银行存款业务的会计处理

企业应设置"银行存款"科目核算企业存入银行或其他金融机构的各种款项。

外埠存款、银行本票存款、银行汇票存款、信用卡存款、信用证保证金存款、存出投资款等，在"其他货币资金"科目核算。

企业应当按照开户银行和其他金融机构、存款种类等，分别设置"银行存款日记账"，由出纳人员根据收付款凭证，按照业务的发生顺序逐笔登记。每日终了，应结出余额。"银行存款日记账"应定期与"银行对账单"核对，至少每月核对一次。月末，企业银行存款账面余额与银行对账单余额之间如有差额，应按月编制“银行存款余额调节表”调节一致。有外币存款的企业，应当分别人民币和各种外币设置“银行存款日记账”进行明细核算。

企业将款项存入银行或其他金融机构，借记“银行存款”科目，贷记“库存现金”等有关科目；提取和支出存款，借记“库存现金”等有关科目，贷记“银行存款”科目。

企业应当加强对银行存款的管理，定期对银行存款进行检查，对于存在银行或其他金融机构的款项已经部分不能收回或者全部不能收回的，应当查明原因进行处理，有确凿证据表明无法收回的，应当根据企业管理权限报经批准后，借记“营业外支出”科目，贷记“银行存款”科目。

“银行存款”科目期末借方余额，反映企业存在银行或其他金融机构的各种款项。

（三）其他货币资金

在企业的经营资金中，有些货币资金的存款地点和用途与库存现金和银行存款不同，如外埠存款、银行汇票存款、银行本票存款、信用证保证金存款、信用卡存款、存出投资款等，这些资金在会计核算上统称为“其他货币资金”。

企业应设置“其他货币资金”科目核算企业的外埠存款、银行汇票存款、银行本票存款、信用卡存款、信用证保证金存款、存出投资款等各种其他货币资金。

“其他货币资金”科目应当按照外埠存款的开户银行，银行汇票或本票、信用证的收款单位，分别“外埠存款”、“银行汇票”、“银行本票”、“信用卡”、“信用证保证金”、“存出投资款”等进行明细核算。

企业增加其他货币资金，借记“其他货币资金”科目，贷记“银行存款”科目；支用其他货币资金，借记有关科目，贷记“其他货币资金”科目。

“其他货币资金”科目期末借方余额反映企业持有的其他货币资金。

1. 外埠存款

外埠存款，是指企业到外地进行临时或零星采购时，汇往采购地银行开立采购专户的款项。

企业汇出款项时，须填写汇款委托书，加盖“采购资金”字样。汇入银行对汇入的采购款项，以汇款单位名义开立采购账户。采购资金存款不计利息，除采购员差旅费可以支取少量现金外，其他一律转账。采购专户只付不收，付完结束账户。

2. 银行汇票存款

银行汇票存款，是指企业为取得银行汇票，按照规定存入银行的款项。企业向银行提交“银行汇票委托书”并将款项交存开户银行，取得汇票后，根据银行盖章的委托书存根联，编制付款凭证，借记“其他货币资金——银行汇票”科目，贷记“银行存款”科目。

3. 银行本票存款

银行本票存款，是指企业为取得银行本票，按照规定存入银行的款项。企业向银行提交“银行本票申请书”并将款项交存银行，取得银行本票时，应根据银行盖章退回的申请书存根联，编制付款凭证，借记“其他货币资金——银行本票”科目，贷记“银行存款”科目。企业用银行本票支付购货款等款项后，应根据发票账单等有关凭证，借记“在途物资”、“应交税费——应交增值税（进项税额）”等科目，贷记“其他货币资金——银行本票”科目。如企业因本票超过付款期等原因未曾使用而要求银行退款时，应填制进账单一式二联，连同本票一并交给银行，然后根据银行收回本票时盖章退回的一联进账单，借记“银行存款”科目，贷记“其他货币资金——银行本票”科目。

4. 信用证保证金存款

信用证存款，是指采用信用证结算方式的企业为开具信用证而存入银行信用证保证金专户的款项。

5. 信用卡存款

信用卡存款，是指企业为取得信用卡而存入银行信用卡专户的款项。

第二节　现金出纳业务

一、现金提取

当各单位需要用现金发放工资，或者需要用现金支付而库存现金小于库存现金定额需要现金补足时，除了按规定可以用非业务性现金收入补充以及国家规定可以坐支的以外，均应按规定在银行规定的现金使用范围内从银行提取现金。整个的现金提取过程可分为 3 个步骤，即签发现金支票、取款并清点、记账。

（一）签发现金支票

现金支票是专门用于支取现金的一种支票，由存款人签发，委托开户银行向收款人支付一定数额的现金。开户单位应按现金的开支范围签发现金支票，现金支票的金额起点为 100 元，其付款方式是见票即付。

签发现金支票应认真填写支票的有关内容，如款项用途、取款金额、签发单位账号、收款人名称（开户单位签发现金支票支取现金，是以自己为收款人），加盖财务章和名章等。

现金支票的具体填写要求是：必须使用钢笔，用碳素墨水或蓝黑墨水按支票排定的号码顺序填写，书写要认真，不能潦草，也不能用蓝墨水，更不能用红墨水填写；签发日期应填写实际出票日期，不得补填或预填日期；收款人名称填写应与预留印鉴名称保持一致；大小写金额必须按规定书写，如有错误，不得更改，须作废重填；用途栏应填清真实用途；签章不能缺漏，必须与银行预留印鉴相符。

（二）取款并清点

取款人持出纳人员签发的现金支票到银行取款时，一般要遵从以下步骤：

（1）将现金支票交银行有关人员审核；

（2）审核无误后将支票交给经办单位结算业务的银行经办出纳人员，等待取款；

（3）银行经办人员对支票进行审核，核对密码及预留印鉴后，办理规定的付款手续；

（4）取款人应根据银行经办人员的要求回答应提取的数额，回答无误后银行经办人员即照支票付款；

（5）取款人收到银行出纳人员付给的现金后，应当面清点现金数量，清点无误后才能离开柜台。一般来说，取款人在清点现金时，要注意以下几点：

①清点现金，特别是在单位清点最好由两人以上同时进行。

②清点现金应逐捆、逐把、逐张进行。清点时不能随意混淆或丢弃每一把的腰纸，只有把全捆所有把数清点无误后，才可以将每把的腰纸连同每捆封签一起扔掉。

③在清点时发现有残缺、损伤的票币，以及假钞应向银行要求调换。

④所有现金应清点无误后才能发放使用，切忌一边清点一边发放，否则一旦发生差错将无法查清。

⑤在清点过程中，特别是回单位清点过程中，如果发现确有差错，应将所取款项保持原状，通知银行经办人员，妥善进行处理。

（三）记账

各单位用现金支票提取现金，应根据支票存根编制银行存款付款凭证，其贷方科目为银行存款，其借方科目则为现金，相应地，其会计分录为：

借：库存现金　×××

　贷：银行存款　×××

【例 4-5】2016 年 8 月 15 日，智董公司开出现金支票从银行存款户中提取现金 2000 元备用金。

出纳据此填写现金支票一张，送交给银行提现。记账人员据支票存根做记账凭证，见表 4-18。

表 4-18 记账凭证

2016 年 8 月 15 日　　　　银付第 301 $\frac{1}{2}$ 号

摘要	总账科目	明细科目	记账√	借方金额	记账√	贷方金额
提现金	库存现金	备用金		2000.00		
	银行存款					2000.00
合计				￥2000.00		￥2000.00

附件 1 张

会计主管：　　记账：　　出纳：　　审核：　　制单：

二、现金支付

（一）明确现金支付的范围

按照《现金管理暂行条例》的规定，企业可以在下列范围内支付现金：

（1）职工工资、各种工资性津贴；

（2）支付给个人的各种奖金；

（3）各种劳保、福利费用以及国家规定的对个人的其他现金支出；

（4）个人劳务报酬；

（5）单位出差人员必须随身携带的差旅费；

（6）收购单位向个人收购农副产品和其他物资的价款；

（7）结算起点以下的零星支出；

（8）中国人民银行确定的需要现金支付的其他支出，如因采购地点不确定、交通不便、抢险救灾以及其他特殊情况，办理转账结算不够方便，必须使用现金的支出；

（9）除上述第（5）、第（6）两项之外，各单位支付给个人的款项每人每次不得超过本单位的限额。超过限额部分，可根据提款人的要求在指定的银行转为个人储蓄存款或以支票、银行本票支付。确需全额支付现金的，应经开户银行审查批准后予以支付；

（10）在银行开户的个体工商户、农村承包经营户异地采购的货款应通过银行以转账方式进行结算。如遇前述第 8 项特殊情况需使用现金时，应由开户人向开户银行提出申请，开户行根据需要支付现金；

（11）机关、团体、部队、全民所有制和集体所有制企业、事业单位购置国家规定的专项控制商品，必须采取转账结算方式，不得使用现金结算。

（二）现金支付的原则

出纳人员必须以严肃谨慎的态度处理现金支付业务，因为一旦发生失误，将会造成无法弥补的经济损失。现金支付主要有以下几个原则：

（1）必须以真实、合法、准确的付款凭证为依据；

（2）必须以谨慎严肃的态度来处理支付业务，宁可慢一些，也不能疏忽大意；

（3）必须以手续完备、审核无误的付款凭证为最终付款依据；

（4）现金支付时，应当面点清，双方确认无误；

（5）不得套取现金用于支付。套取现金是指逃避现金审查，采用不正当手段支取现金的违法行为。主要有以下 6 种表现：

①编造合理用途或以支取差旅费、备用金的名义支取现金；

②利用私人或其他单位的账户支取现金；

③用公款转存个人储蓄账户支取现金；

④用转账方式通过银行、邮局汇兑，异地支取现金；

⑤用转账凭证换取现金；

⑥虚报冒领工资、奖金和津贴补助。

（三）现金支付的程序

支付现金有主动支付和被动支付两种情形。

1. 主动支付现金的程序

主动支付，是指出纳部门主动将现金付给收款单位和个人，如发放工资、奖金、津贴以及福利等现金支出。其程序如下：

（1）根据有关的资料编制付款单，并计算出付款金额。

（2）根据付款金额清点现金（不足应从银行提取），按单位或个人分别装袋。

（3）现金发放时，如果是直接发给收款人，要当面清点并由收款人签收（签字或盖章）；如果是他人代为收款的，由代收人签收。

（4）根据付款单等资料编制记账凭证。

（5）根据记账凭证登记现金日记账。

【例 4-6】EEE 工厂发放 7 月份员工的工资。会计人员把编好的薪资表交给出纳；出纳据实发工资提现后，清点现金，按个人分别装袋；发放时，让领工资者当面清点现金，并在领取印鉴处签上自己的名字。工资发放表如表 4-19 所示。

表 4-19 工资发放表

科室（班组）： 2016 年 7 月

编号	姓名	应付职工薪酬—工资			扣除款项							实发工资	员工签字
		标准工资	各项津贴	合计	事项		病假		房租	水电费			
					天数	工资	天数	工资					
1		500	80	580								580	
2		900	80	980								980	
3		800	80	880								880	
4		600	80	680								680	
5		700	80	780								780	
6													
合计												3900	

工资发放完毕，出纳员据此编写记账凭证（表 4-20）。

表 4-20 记账凭证

2016 年 8 月 6 日 现付字第 9 号

摘要	总账科目	明细科目	记账√	借方科目	记账√	贷方科目
支付 7 月份工资	应付职工薪酬—工资			3900		
	库存现金					3900
合计				￥3900		￥3900

附件×张

会计主管： 记账： 出纳： 审核： 制单：

出纳根据记账凭证登记现金日记账如下（表 4-21）。

表 4-21　现金日记账

2016 年		记账凭证		摘要	对方科目	借方	贷方	借或贷	余额
月	日	字	号						
7	31			承前页				借	1200
8	5	记	09	提取现金	银行存款	4200		借	5400
8	6	记	08	发放工资	应付职工薪酬—工资		3900	借	1500

2. 被动支付现金的程序

被动支付是收款单位或个人持有关凭据到出纳部门领报现金。其程序如下：

（1）受理原始凭证，如报销单据、借据、其他单位和个人的收款收据等。

（2）审核原始凭证。

（3）在审核无误的付款凭证上盖“现金付讫”印章。

（4）支付现金并进行复点，并要求收款人当面点清。

（5）根据原始凭证编制记账凭证。

（6）根据记账凭证登记现金日记账。

【例 4-7】EEE 工厂实行差旅费定额包干办法。2016 年 8 月 10 日，公司销售科胡七因公赴青岛出差，预借差旅费 5200 元。11 日乘火车硬卧出发，票价 450 元，12 日起在某饭店住宿，住宿费每天 90 元，21 日从青岛乘硬座返回，票价 270 元，22 日回到公司所在地。另外，在青岛时往公司打电话、电传，支付邮电费 180 元。该公司规定采购员外出可以乘坐硬卧铺，每天住宿费标准为 80 元，市内交通费 15 元，伙食补贴费每天 18 元。胡七在青岛采购零配件专用物资支出 3150 元。

胡七在出差前填写了《借款单》（见表 4-22），签字后经主管领导签字后交财务科。

表 4-22　借款单

资金性质：现金　　　　2016 年 8 月 10 日　　　　编号：9812035

借款单位：销售科		借款人：胡七
出差人员：胡七		出差事由：商务活动
出差地点：青岛		预计天数：10 天
借款金额：人民币（大写）伍仟贰佰元整		￥5200.00
备注：非定额备用金		报销金额：5133.00 元
主管审批：胡八 2016.8.10	借款人签字：胡七 2016.8.10	交回金额：67.00 元 不足金额：

会计据此记账为（表 4–23）：

表 4–23 记账凭证

2016 年 8 月 10 日　　　　　　现付字第 20 号

摘要	总账科目	明细科目	记账√	借方金额	记账√	贷方金额
预借差旅费	其他应收款	胡七		5200		
	库存现金					5200
合计				￥5200		￥5200

附件 1 张

会计主管：　　记账：× ×　　出纳：胡九　　审核：　　制单：胡九

出纳员据此付给胡七现金 5200 元。胡七出差回来后，到财务科履行报销手续。胡七按规定填写差旅费报销单（见表 4–24），并将有关车票、住宿发票和电话、电传收费单附在报销单后并签字，送销售科科长和公司主管领导审核签字后，送财务科办理具体报销手续。

表 4–24 外埠差旅费报销单

2016 年 8 月 25 日　　　　　　第　页

<table>
<tr><td colspan="2">姓名</td><td colspan="2">胡七</td><td colspan="2">工作单位</td><td colspan="2">销售科</td><td colspan="3">出差事由</td><td>商务</td><td>人数</td><td>1 人</td></tr>
<tr><td colspan="6">旅程</td><td colspan="4">交通工具</td><td colspan="4">其他</td></tr>
<tr><td colspan="2">起站</td><td colspan="2">到站</td><td colspan="2">起止地点</td><td>火车</td><td>汽车</td><td>轮船</td><td>飞机</td><td colspan="2" rowspan="2">项目</td><td>金额</td><td rowspan="2">合计金额</td></tr>
<tr><td>月</td><td>日</td><td>月</td><td>日</td><td>起</td><td>止</td><td>元</td><td>元</td><td>元</td><td>元</td><td>元</td></tr>
<tr><td>8</td><td>11</td><td>8</td><td>12</td><td>北京</td><td>青岛</td><td>450.00</td><td></td><td></td><td></td><td colspan="2">住宿费</td><td>720.00</td><td></td></tr>
<tr><td>8</td><td>21</td><td>8</td><td>22</td><td>青岛</td><td>北京</td><td>270.00</td><td></td><td></td><td></td><td colspan="2">市内交通</td><td>165.00</td><td></td></tr>
<tr><td></td><td></td><td></td><td></td><td></td><td></td><td></td><td></td><td></td><td></td><td colspan="2">行李搬运费</td><td></td><td></td></tr>
<tr><td></td><td></td><td></td><td></td><td></td><td></td><td></td><td></td><td></td><td></td><td rowspan="2">补助</td><td>旅途</td><td></td><td></td></tr>
<tr><td></td><td></td><td></td><td></td><td></td><td></td><td></td><td></td><td></td><td></td><td>住勤</td><td>198.00</td><td></td></tr>
<tr><td></td><td></td><td></td><td></td><td></td><td></td><td></td><td></td><td></td><td></td><td colspan="2">其他</td><td>180.00</td><td></td></tr>
<tr><td colspan="11">总计金额（大写）人民币：壹仟玖佰捌拾叁元整</td><td colspan="3">￥1983.00</td></tr>
<tr><td colspan="2">预借金额</td><td colspan="3">5200.00 元</td><td colspan="2">结算后应退</td><td colspan="3">67.00 元</td><td colspan="3">结算后补领</td><td></td></tr>
</table>

主管审批：　　财务审核：　　报销人：胡七　　出纳：胡九

表 4-25　工商业商品销售统一发票

客户名称：EEE 工厂　　2016 年 8 月 21 日　　No.：3727691

编号	商品名称	商品规格	单位	数量	单价 / 元	金额 / 元
12-210	CM-5330	CC20	件	9	350.00	3150.00
合计	人民币（大写）叁仟壹佰伍拾元整					￥3150.00
开票单位：	CCC 公司（财务专用章）			收款员：赵一		
营业员：赵二				提货人：胡七		

表 4-26　入库单（记账单）

2016 年 8 月 25 日　　第 300005 号

科目				对方科目									
名称	单位	数量	单价	金额									备注
CM-5330	件	9	350.00	百	十	万	千	百	十	元	角	分	
							3	1	5	0	0	0	
						￥	3	1	5	0	0	0	

主管：　　会计：　　保管员：赵四　　经手人：胡七

表 4-27　记账凭证

2016 年 8 月 25 日　　第 34 号

摘要	总账科目	明细科目	记账√	借方金额	记账√	贷方金额
报销差旅费	差旅费			1983		
采购零配件	库存商品	零配件		3150		
收回现金	现金			67		
	其他应收款	胡七				5200
合计				5200		￥5200

附件×张

会计主管：　　记账：钱三　　出纳：胡九　　审核：钱四　　制单：

出纳员审核原始凭证无误后收回现金67元，并在凭证上加盖“现金收讫”专用章，然后编制记账凭证一张（见表4-27）。

（四）现金支付的方式

在出纳工作中，现金支付有直接支付现金和支付现金支票两种基本方式。

直接支付现金方式，是指出纳人员根据有关支出凭证直接支付现金，减少库存现金的数量。使用这种方式支付现金，出纳部门或人员要事先做好现金储备，在不超过库存现金限额的情况下，保障现金的支付。

支付现金支票方式，是指出纳人员根据审核无误的有关凭证，将填好的现金支票交给收款人，由收款人直接到开户银行提取现金的支付方式，主要适用于大宗的现金付款业务。

（五）记账

各单位用现金进行支付后，应根据实际支付的金额编制现金付款凭证，其贷方科目自然为现金，其借方科目则为相应费用类科目或其他科目，相应地，其会计分录为：

借：管理费用（费用类科目或其他科目）　×××

　贷：库存现金　×××

三、现金的整理及送存

（一）现金整理

各单位出纳员在将现金送存银行之前，应对送存现金进行分类整理，其整理的方法为：纸币应按照票面额（即券别）分别整理。纸币可分为主币和辅币，主币包括100元、50元、20元、10元、5元和1元，辅币包括5角和1角。出纳员应将各种纸币打开铺平，然后按币别每100张为一把，用纸条和橡皮筋箍好，每10把扎成一捆，比如100张100元，一捆即为100000元。不满100张的，十九平一折或九平一折，从大到小平摊摊放。

铸币包括1元、5角、1角、5分、2分、1分。铸币也应按币别整理，同一币别每100枚为一卷，用纸包紧卷好，每10卷为一捆。例如，5角的铸币每一卷即为50元，每一捆即为500元。不满50枚的硬币，用纸包好另行放好。

残缺破损的纸币和已经穿孔、裂口、破缺、压薄、变形以及正面的国徽、背面的数字模糊不清的铸币，应单独剔出，另行包装，整理方法与前同。

（二）填写现金送款簿

现金整理完后，出纳员应根据整理后的金额填写现金送款簿，现金送款簿一般一式四联，第一联为回单，由银行签章后作为送款单位的记账依据；第二联为银行收入传票，第三联为收账通知，第四联由银行出纳留存作为底联备查。出纳员在填写现金收款簿时，要按格式规定如实填写有关内容，包括收款单位名称、款项来源、开户银行、送款日期、科目账号、送款金额的大小写及各券别的数量等。

出纳员在填写“现金送款簿”时应注意以下几点：

（1）出纳员必须如实填写现金送款簿的各项内容，特别是其中的款项来源等。

（2）交款日期应当填写送存银行当日的日期。

（3）券别的明细账的张数和金额必须和各券别的实际数一致。壹元、伍角、壹角、伍分、贰分、壹分等既有纸币又有铸币的，应填写纸币、铸币合计的数量和金额。

（4）另外，出纳员在填写“现金送款簿”时必须采用双面复写纸，字迹必须清楚、规范，不得涂改。

各单位必须按开户银行核定的库存限额保管、使用现金，收取的现金和超出库存限额的现金，应及时送存银行。

送存现金的基本程序如下：

1. 整点票币

送款前应将送存款清点整理，按币别、币种分开。纸币要平铺整齐，将同面额的纸币摆放在一起，按每100张为一把整理好，用纸条在腰中捆扎好，不够整把的，按从大额到小额的顺序放。将同额硬币放在一起，1元、5角、1角硬币，按每50枚用纸卷成一卷，分币按每100枚用纸卷成一卷，10卷为一捆。不足一卷的一般不送存银行，留作找零用。最后合计出需要存款的金额。

残缺破损的纸币和已经穿孔、裂口、破缺、压薄、变形以及正面的国徽、背面的数字模糊不清的硬币，应单独剔出，另行包装，整理方法与前面相同。

2. 填写现金解款单

款项清点整齐核对无误后，由出纳人员根据整点好的存款金额填写现金解款单。各种币别的金额合计数应与存款金额一致。现金解款单为一式三联或一式二联，这里以中国工商银行山东市（分行）的现金解款单（三联单）为例：第一联为回单，此联由银行盖章后退回存款单位；第二联为收入凭证，此联由收款人开户银行作凭证；第三联为附联，作附件，是银行出纳留底联。

出纳人员在填写现金解款单时，必须注意以下几点：

（1）要用双面复写纸复写；

（2）交款日期必须填写交款的当日；

（3）收款人名称应填写全称；

（4）款项来源要如实填写；

（5）大小写金额的书写要标准；

（6）券别明细账的张数和金额必须与各券别的实际数一致，1元、5角、1角等既有纸币又有硬币的，应填写纸币、硬币合计的张数和金额。

3. 送存交款

以上两个步骤完成后，应将现金连同“现金解款单”一并送交银行柜台收款员。票币要一次性交清，当面清点，如有差异，应当面复核。银行核对后在现金解款单上加盖“现金收讫”和银行印鉴后将第一联即回单联退回交款人，表示款项已收妥。收款人在拿到回单联后应及时检查，确认为本单位交款回单，在银行有关手续已经办妥后即可离开柜台。

出纳人员在送存现金时应注意以下事项：

（1）交款人最好是现金整理人，这样可以避免发生差错时难以明确责任；

（2）凡经整理好准备送存银行的现金，在填好“现金送款簿”后，一般不宜再调换票面，如确需调换的，应重新复点，同时重新填写“现金送款簿”；

（3）送存途中必须注意安全，当送存金额为较大的款项时，最好用专车，并派人护送；

（4）临柜交款时，交款人必须与银行柜台收款员当面交接清点，做到一次交清，不得边清点边交款；

（5）交款人交款时，如遇到柜台较为拥挤，应按次序等候。等候过程中，应做到钞票不离手，不能置于柜台之上，以防发生意外。

4. 记账

在现金送存的不同阶段，应当根据具体情况进行记账。

（1）由出纳人员送存银行的记账。如果现金是由出纳人员汇总后送存银行的，则收到现金时财务部门应根据实际情况编制如下会计科目：

借：库存现金　×××

　贷：主营业务收入（或相关科目）　×××

（2）取回“现金送款簿”后的记账。交款人将现金送存银行并取回“现金送款簿”（回单联）后，财务部门应根据“回单联”填制现金付款凭证，其贷方科目当然为“库存现金”，其借方科目则为“银行存款”，其会计分录为：

借：银行存款　×××

　贷：库存现金　×××

（3）由企业柜台直接送存银行的记账如果现金不是由出纳人员汇总后送存银行，而是由企业柜台直接送存银行，则财务部门应根据“现金送款簿”（回单联）直接编制银行存款收款凭证，其借方科目当然为“银行存款”，贷方科目则依具体情况而定，会计分录如下：

借：银行存款 ×××

贷：主营业务收入（或相关科目） ×××

四、备用金管理

备用金是指企业财会部事先预付给各部门的，用于各部门备用的一笔款项，一般用作零星开支、零星采购、售货找零或差旅费等。备用金制度有利于单位内部各部门或工作人员积极灵活地开展业务，提高工作效率。当从银行取得备用金后，应加强对备用金的管理，备用金管理包括借支管理和保管管理。

（一）备用金借支管理

（1）企业各部门应填制“备用金借款单”，一方面财务部门核定其零星开支便于管理；另一方面凭此单据支给现金。

（2）各部门零星备用金，一般不得超过规定数额，若有特殊需要应由企业部门经理核准。

（3）各部门零星备用金借支应将取得的正式发票定期送到财务部门备用金管理人员（出纳人员）手中，冲转借支款或补充备用金。

（二）备用金保管

（1）备用金收支应设置“备用金”账户，并编制“收支日报表”送经理。

（2）用备用金定期根据取得的发票编制备用金支出一览表，及时反映备用金支出情况。

（3）备用金账户应做到逐月结清。

（4）出纳人员应妥善保管各种与备用金相关的票据。

五、现金收付手续的执行

为了加强现金收支手续，出纳与会计人员必须分清责任，严格执行账、钱、物分管的原则，实行相互制约。

（1）企业应按规定编制现金收付计划，并按计划组织现金收支活动。收入现金要进行防伪检查，支付现金要当面点清。

（2）企业的会计部门，出纳工作和会计工作必须合理分工，现金的收付保管应由出纳人员负责办理，非出纳人员不得经管现金。

（3）严格执行现金清查盘点制度，保证现金安全完整。

出纳人员每天盘点现金实有数，与现金日记账的账面余额核对，保证账实相符。企业会计部门必须定期或不定期地进行清查盘点。将清查结果编制“现金清查盘点报告表”（见表4-28），及时发现或防止差错以及挪用、贪污、盗窃等不法行为的发生。如果出现长短款，必须及时查找原因。

表4-28 现金清查盘点报告表

账面余额	实存金额	清查结果		问题简要说明
		盘盈	盘亏	
单位负责人处理意见			备注	

（4）一切现金收入都应开具收款收据（其格式见表4-29），即使有些现金收入已有对方付款凭证，也应开出收据交付款人，以明确经济职责；收入现金签发收据与经手收款，按要求也应当分开，由两个经办人分工办理，如销货收入应由经销人员负责填制发票单据，出纳人员据以收款，以防差错与作弊。

表4-29

收据

年　月　日　　　　字No.0253947

今收到____________________

交　来____________________

人民币（大写）____________________

¥__________

收款单位__________

公章

收款人		交款人	

说明：本收据一式三联，第一联存根，第二联记账，第三联收据。

（5）一切现金收入必须当天入账，当天送存银行，如收进的现金是银行当天停止收款以后发生的，也应在第二天送存银行。当日送存确有困难的，应取得开户银行同意后，按双方协商的时间送存。

（6）不准利用银行存款账户代其他单位或个人存入、支取或汇兑现金。

（7）一切现金支出都要有原始凭证，如发票、入库单等由经办人签名，经主管和有关人员审核后，出纳人员才能据以付款，在付款后，应加盖“现金付讫”戳记，妥善保管。

【例 4-8】智董公司根据发生的有关现金清查业务，做如下账务处理：

（1）企业进行现金清查，发现长款 200 元，原因待查。其分录为：

借：库存现金　200

　贷：待处理财产损溢——待处理流动资产损溢　200

（2）经反复核查，仍无法查明长款 200 元的具体原因，经单位领导批准，将其转为企业的营业外收入。作分录为：

借：待处理财产损溢——待处理流动资产损溢　200

　贷：营业外收入　200

（3）在现金清查中发现短款 100 元，原因待查。作分录为：

借：待处理财产损溢——待处理流动资产损溢　100

　贷：库存现金　100

如无法查明具体原因，经批准将其转入管理费用。作分录为：

借：管理费用——现金短缺　100

　贷：待处理财产损溢——待处理流动资产损溢　100

如核查上述现金短款系出纳人员 ×× 责任造成，应由出纳人员赔偿，向出纳人员发出赔偿通知书。作分录为：

借：其他应收款——应收现金短缺款——××　100

　贷：待处理财产损溢——待处理流动资产损溢　100

第五章　出纳账务处理

第一节　出纳账务处理概述

出纳人员每天要处理大量的经济业务，协调各方面的经济利益关系，如何才能提高工作效率，保证工作质量呢？这就需要制定一个合理而有效的工作流程，使出纳工作有条不紊地进行，满足单位财务管理的需要。

会计账务处理程序，又称“会计核算形式”、“会计核算组织程序”，是指以账簿体系为核心，将会计凭证、会计账簿、会计报表、记账程序和记账方法有机结合起来的技术组织形式。

在会计核算工作中，设置会计账户、填制会计凭证、登记会计账簿和编制会计报表等会计方法不是杂乱无章、孤立运行的，而是相互联系、有机结合的。编制会计报表的资料主要来源于账簿，账簿的登记依据是会计凭证，账簿的种类、格式又决定着会计凭证的种类和格式。每个单位都应结合自身经济活动的特点、规模和业务量的大小及会计人员力量等设计科学的账务处理程序，以利于做好会计核算工作。

一、会计账务处理程序的种类

目前，我国常用的会计账务处理程序主要有以下五种：

（1）记账凭证账务处理程序；

（2）科目汇总表账务处理程序；

（3）汇总记账凭证账务处理程序；

（4）日记总账账务处理程序；

（5）多栏式日记账账务处理程序。

各种会计账务处理程序的主要区别在于登记总分类账的依据和方法不同。常用的几种核算形式如图 5-1、图 5-2、图 5-3 所示。

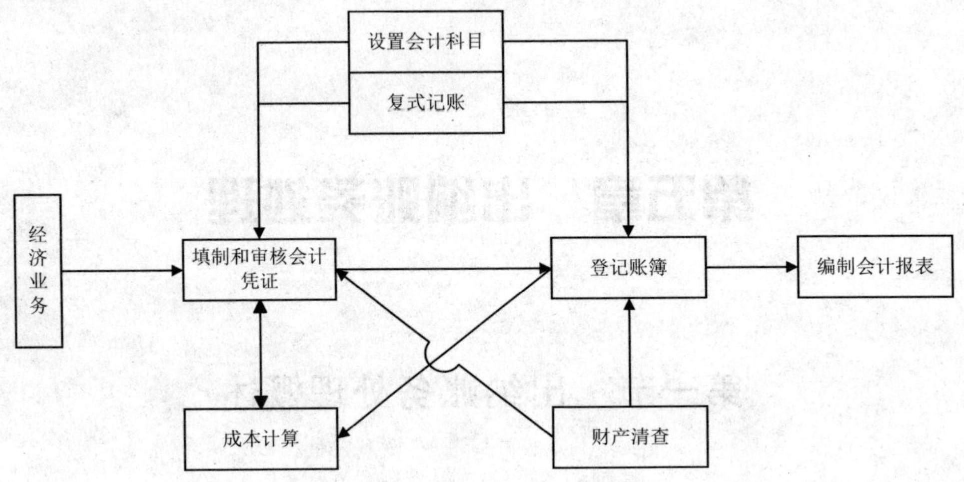

图 5-1 记账凭证核算形式

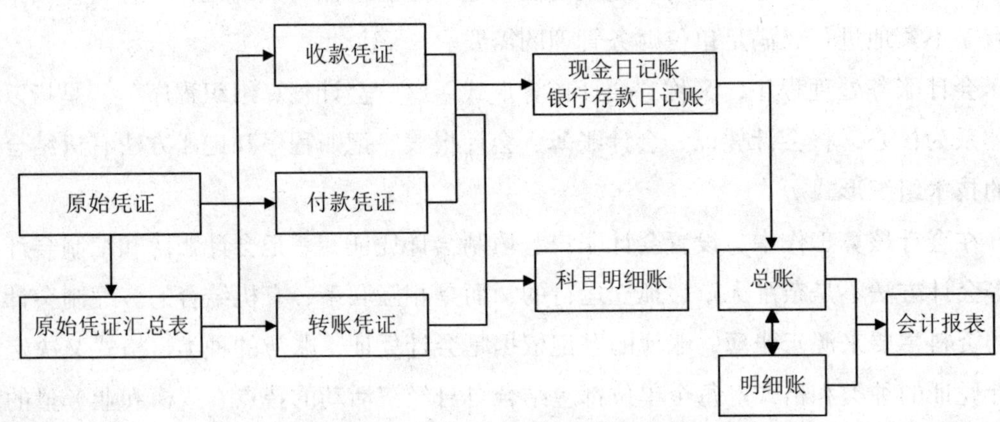

图 5-2 科目汇总表核算形式

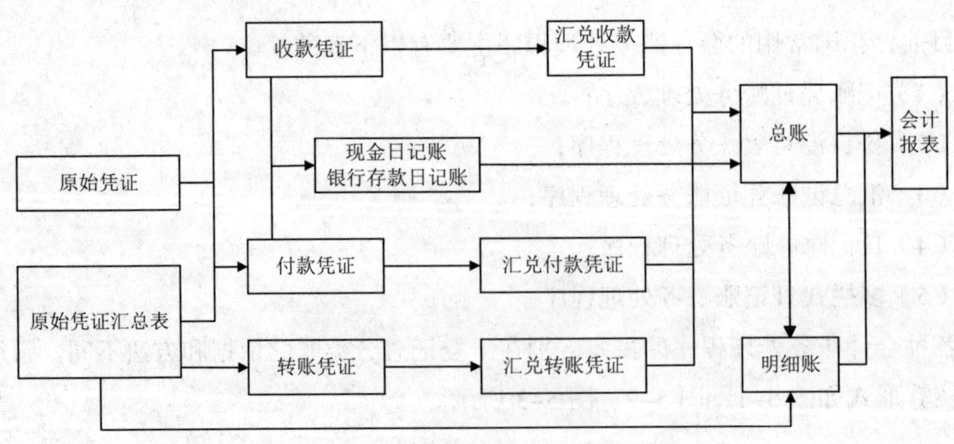

图 5-3 汇总记账凭证核算形式

二、会计账务处理程序的具体步骤

各种账务处理程序的主要区别在于对汇总凭证、登记总分类账的依据和办法的要求不同。在各种程序下，对于出纳人员来说，出纳业务处理的步骤和方法基本相同。其基本程序及具体步骤如图 5-4 所示。

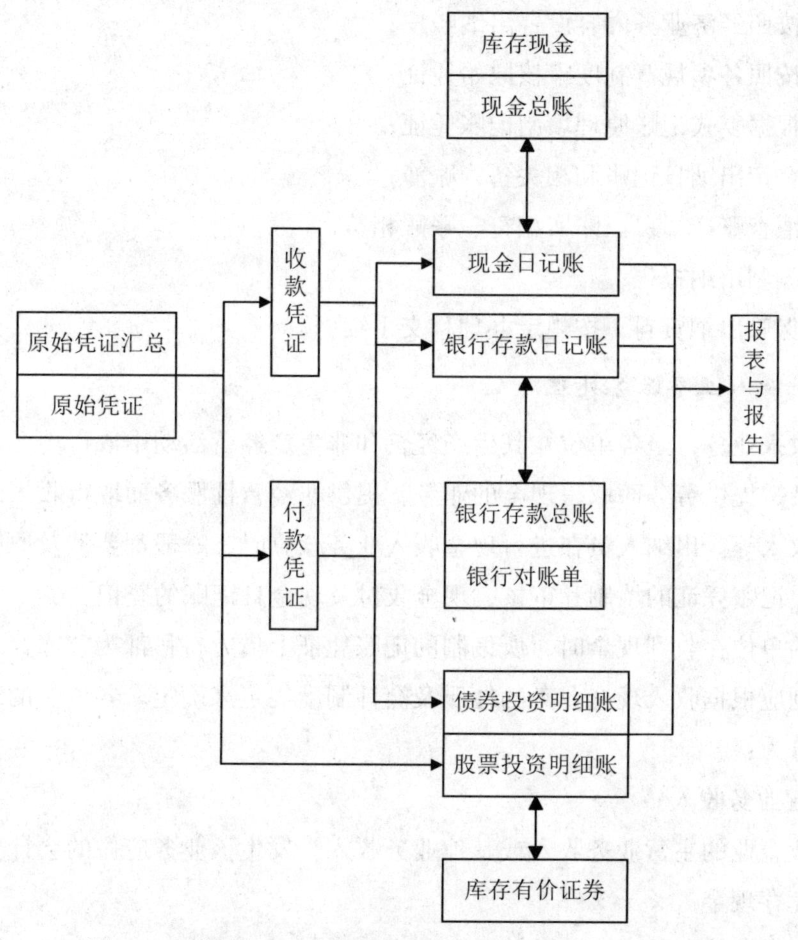

图 5-4 出纳财务处理程序及具体步骤

三、会计账务处理程序的要求

合理有效的会计核算形式一般应该符合以下要求：

（1）与本单位生产、经营管理的特点、规模的大小和业务的繁简程度相适应。

（2）能正确、全面和及时地提供有关经济业务和财务收支情况，满足本单位经营管理和国家宏观管理工作的需要。

（3）要在保证核算指标正确、真实和系统完整的前提下，尽可能地简化不必要的核算手续，提高会计工作的效率，节约核算工作的人力、物力和财力。

四、资金收支的账务处理

出纳人员的账务处理相对而言较为简单，其程序与会计处理基本一致。具体可分为：

（1）按照经济业务内容设置出纳账户；

（2）按照各项规章制度审核原始凭证；

（3）根据复式记账原理填制记账凭证；

（4）登记出纳日记账和相关备查账簿；

（5）清查账产，保证账实相符、账账相符；

（6）编制出纳报告；

（7）保管出纳资料，按规定办理移交手续。

（一）收入业务账务处理

现金收入业务，是各单位在其生产经营和非生产经营活动中取得现金的业务，包括销售商品、提供劳务而取得现金的业务，提供非经营性服务而取得收入的业务以及其他罚没收入等。出纳人员在进行现金收入业务核算时，一般都要涉及原始凭证的填制和审核，记账凭证的填制和审核，现金收付及现金日记账的登记。

不同的单位在收到现金时，所编制的记账凭证上借方科目都为“库存现金”，而贷方科目则应根据收入现金业务的性质及会计制度规定来确定。各单位的现金收入按其性质可分为：

1. 经营业务收入

如工业企业的主营业务收入或其他业务收入。发生该业务应做的会计分录为：

借：库存现金　×××

　贷：主营业务收入（或其他业务收入）　×××

　　　应交税费——应交增值税（销项税额）　×××

2. 非经营业务收入

如企业的投资收入、营业外收入。发生该业务应做的会计分录为：

借：库存现金　×××

　贷：投资收益　×××

或

借：库存现金　×××

　贷：营业外收入　×××

3. 预收现金款项

如企事业单位按照合同规定预收的定金等。预收账款可以通过“预收账款”核算，不设该科目的可以并入“应收账款”中核算。收到预收账款时应做的会计分录为：

借：库存现金 ×××

贷：预收账款（应收账款） ×××

4. 其他现金收款业务

主要指企事业单位向有关单位收取的罚款、赔款、押金等。发生该业务时应做的会计分录为：

（1）收取个人的罚款、赔款时

借：库存现金 ×××

贷：其他应收款 ×××

（2）向其他单位或个人收取押金时

借：库存现金 ×××

贷：其他应付款 ×××

（二）支付业务账务处理

现金支付业务，是指各单位在其生产经营过程和非生产性经营过程中向外支付现金的业务。它包括各单位向外购买货物、接受劳务而支付现金的业务，发放工资业务，费用报销业务，以及向有关部门支付备用金等。现金支出时，一定要有有效的支出凭证，并严格审查支出凭证的审批手续。现金支付业务涉及原始凭证、记账凭证的填制审核。

任何单位必须具有一定的库存现金才能开展支出业务。当库存现金小于需用现金时，除按国家规定可以“坐支”外，均应按规定从银行提取现金。用现金支票提取现金，根据支票存根编制银行存款付款凭证。具体现金支付业务主要有：

1. 工资发放业务

计算好工资后，就需从银行提取现金。出纳按每个员工的工资数或集体发放时整个部门的工资总额进行发放，并附以工资发放清单。发放工资的会计分录如下：

借：应付职工薪酬——工资 ×××

贷：库存现金 ×××

2. 费用报销业务

企事业单位在经营活动中会发生各种各样的费用，可持原始凭证到出纳处报销，出纳人员应认真审核这些开支是否符合各种规定，是否经有关人员批准。单位人员因公出差，可预支一些差旅费，其程序为先到财会部门领取并填写借款单，然后送所在部门领导和有关人员审查签字，出纳凭借款单支付现金。支付现金时，应做以下会计分录：

借：其他应收款　×××

　贷：库存现金　×××

出差人员持各种原始凭证，如车票、住宿费到出纳处报销，若事前预借差旅费的，应根据预借金额多退少补；未预借的，则根据批准报销金额支付现金。

报销时，实际花费超过预支额的，应做会计分录：

借：管理费用　×××

　贷：其他应收款　×××

　　库存现金　×××

报销时，实际花费少于预支额的，多余部分应退回财务部门，这时应做会计分录：

借：管理费用　×××

　库存现金　×××

　贷：其他应收款　×××

五、出纳工作的阶段日程

出纳工作是按时间分阶段进行处理和总结的，因此出纳人员在了解资金收支的一般程序和账务处理之后，要对工作有个时间的概念，以保证出纳业务得到及时处理，出纳信息得到及时反映。

（1）上班后，第一时间检查现金、有价证券及其他贵重物品。

（2）向有关领导及会计主管请示资金安排计划。

（3）列明当天应处理的事项，分轻重缓急，根据工作时间合理安排。

（4）按顺序办理各项收付款业务。

（5）当天下班前，应将所有的收付款单据编制成记账凭证登记入账。

（6）因特殊事项或情况，造成工作未完成的，应列明未尽事项，留待翌日优先办理。

（7）根据单位需要，每天或每周报送一次出纳报告。

（8）当天下班前，出纳人员进行账实核对，必须保证现金实有数与日记账、总账相符。收到银行对账单的当天，出纳人员进行核实，使银行存款日记账、总账与银行对账单在进行余额调节后相符。

（9）每月终了 3 天内，出纳人员应当对其保管的支票、发票、有价证券、重要结算凭证进行清点，按顺序进行登记核对。

（10）当天下班前，出纳人员应整理好办公用品，锁好抽屉及保险柜，保持办公场所整洁，无资料遗漏或乱放现象。

六、会计账务处理程序实例

1. 现金日记账的登记

【例 5-1】PPP 工厂 2016 年 8 月 29 日现金余额为 1018.22 元，银行存款余额 41620.24 元，在 8 月 30 日时发生下列经济业务，并已编制收、付款凭证。

（1）以现金 229.60 元购买打印纸（单价：32.40 元 / 包）（现付字第 68 号凭证）。会计分录为：

借：管理费用——办公费 229.60

贷：库存现金 229.60

（2）职工孙六暂借差旅费 400 元，以现金付讫（现付字第 69 号凭证）。会计分录为：

借：其他应收款——孙六 400

贷：库存现金 400

（3）开出现金支票从银行提取现金 4200 元发工资（银付字第 25 号凭证）。会计分录为：

借：库存现金 4200

贷：银行存款 4200

（4）公司仓库产品发生霉烂变质，造成损失 500 元，经查明为保管员江某失职造成，按规定应由江某赔偿损失。实际发生责任事故时，由会计人员编制如下会计分录：

借：其他应收款——财产赔款——江某 500

贷：待处理财产损溢——待处理流动资产损溢 500

实际收到江某交来的赔款时，应编制现金收款记账凭证（现收字第 38 号凭证），做如下会计分录：

借：库存现金 500

贷：其他应收款——财产赔款——江某 500

（5）收到某工厂退回的包装物押金 100 元。企业收到工厂退回的包装物押金时，应按规定编制现金收款记账凭证（现收字第 39 号凭证），会计分录为：

借：库存现金　100

　贷：其他应收款——包装物押金　100

（6）发放工资 4200 元（现付字第 70 号凭证），会计分录为：

借：应付职工薪酬——工资　4200

　贷：库存现金　4200

（7）职工孙二报销差旅费 300 元（现付字第 71 号凭证），会计分录为：

借：销售费用　300

　贷：库存现金　300

根据以上现金业务登记现金日记账，见表 5-1。

表 5-1　现金日记账

2016 年		凭证		摘要	对方科目	借方		借或贷	余额
月	日	字	号						
				承前页		4250.30	3232.10	借	1018.22
8	30	现付	68	购打印纸	管理费用		229.60	借	788.62
8	30	现付	69	借差旅费	其他应收款		400.00	借	388.62
8	30	银付	25	提现金	银行存款	4200.00		借	4588.62
8	30	现收	38	收赔款	其他应收款	500.00		借	5088.62
8	30	现收	39	收押金款	其他应收款	100.00		借	5188.62
8	30	现付	70	发放工资	应付职工薪酬－工资		4200.00	借	988.62
8	30	现付	71	报销差旅费	销售费用		300.00	借	688.62
				本日合计		4800.00	5129.60	借	688.62
				本月合计		9050.30	8361.70	借	688.62
				过次页		9050.30	8361.70	借	688.62

2. 银行存款日记账的登记

8 月 30 日发生的银行存款收付业务如下：

（1）30 日，收到银行转来南京市甲百货公司购买 C 商品的第 79 号电汇单计汇款 4500 元（银收字第 17 号凭证）。会计分录为：

借：银行存款　4500

　贷：应付账款——甲百货公司　4500

（2）30 日，开出 1781 号转账支票支付市某工程公司修理仓库费用 270 元（银付字第 26 号凭证）。会计分录为：

借：管理费用——维修费　270

　贷：银行存款　270

（3）销售 B 商品 10 个给某商贸公司，收到转账支票，价税合计 3800 元，税率为 4%，当日填写银行进账单送存银行（银收字第 18 号凭证）。会计分录为：

借：银行存款　3800

　贷：主营业务收入　3653.85

　　应交税费——应交增值税（销项税额）　146.15

（4）收到银行转来山东乙百货公司预购商品的电汇款 4000 元（银收字第 19 号凭证）。会计分录为：

借：银行存款　4000

　贷：预收账款——乙百货公司　4000

（5）开出转账支票支付前欠丙电器厂货款 3200 元（银付字第 27 号凭证）。会计分录为：

借：应付账款——丙电器厂　3200

　贷：银行存款　3200

（6）收到丁纸厂开出的转账支票，归还前欠货款 5200 元，当即存入银行（银收字第 20 号凭证）。会计分录为：

借：银行存款　5200

　贷：应收账款——丁纸厂　5200

根据以上存款业务登记银行存款日记账，见表 5-2。

表 5-2　银行存款日记账

2016 年		凭证		摘要	结算凭证		对方科目	借方	贷方	借或贷	余额
月	日	字	号		种类	字号					
				承前页				96500.42	54880.18	借	41620.24
8	30	银付	25	提现	支	××	库存现金		4200.00	借	37420.24
8	30	银收	17	收 C 商品款	电汇	××	应付账款	4500.00		借	41920.24
8	30	银付	26	付维修费	支	××	管理费用		270.00	借	41650.24

续表

2016年		凭证		摘要	结算凭证		对方科目	借方	贷方	借或贷	余额
月	日	字	号		种类	字号					
8	30	银收	18	销售B商品	支	××	主营业务收入	3800.00		借	45450.24
8	30	银收	19	预收货款	电汇	××	预收账款	4000.00		借	49450.24
8	30	银付	27	还欠款	支	××	应付账款		3200.00	借	46250.24
8	30	银收	20	收到欠款	支	××	应收账款	5200.00		借	51450.24
				本日合计				17500.00	7670.00	借	9830.00
				本月合计				114000.42	62550.18	借	51450.24

第二节 出纳账务处理过程

从出纳账务处理的程序看，主要包括4个方面：填单、记账、对账、结账。

一、出纳核算方法

出纳核算方法是完成出纳任务的手段，与整个会计核算方法基本相同，主要包括设置账户、复式记账、审核和填制凭证、登记账簿、财产清查、编制会计报表，以及对出纳核算资料进行分析和利用等方法。

（一）设置账户

设置账户是对核算对象的具体内容进行分类反映和监督的一种专门方法。就出纳核算而言，要分现金、每一种银行存款、每一种有价证券设置账户进行记录和核算。出纳常设账户有："现金日记账"、"银行存款日记账——结算户存款"、"银行存款日记账——××专户存款"、"长期股权投资"、"持有至到期投资"、"交易性金融资产"等。

（二）复式记账

复式记账是对每一项经济业务通过两个或两个以上有关账户相互联系起来进行登记的一种专门方法。

在我国，几十年来"增减记账法"、"收付记账法"、"借贷记账法"三种复式记账方法同时应用。一般说来，工业企业用"借贷记账法"，商业企业用"增减记账法”，预算会计和农业会计用“收付记账法”。1992年年底财政部制定颁布的《企业会计准则》规定，各企业统一使用“借贷记账法”记账。所以，目前企业出纳记账应当采用借贷复式记账的方法。

（三）审核与填制凭证

审核并填制凭证，是为了保证会计核算质量，审查经济活动的合理性、合法性而采用的一种专门方法。出纳人员对经济业务进行账务处理，在过账前，也要复核有关原始凭证，填制或复核记账凭证。原始凭证是经济业务的书面证明，是记账的依据，对记录每一笔经济业务的原始凭证进行严格的审核，并根据经审核后的原始凭证填制记账凭证，然后再据以记账，可以保证核算质量，明确经济责任。出纳人员对原始凭证的复核与专管费用报销人员对原始凭证的审核是两个不同的过程，出纳人员的复核是一种复查性的，是保证会计核算质量的重要的和必不可少的一种手段，是出纳工作的一个步骤；而费用报销的审核则是一项专门的财务管理工作。出纳人员不得兼管费用报销等审核工作。

（四）登记账簿

登记账簿又叫过账，是根据记账凭证，在账簿上连续、系统、全面地记录经济业务的一种专门方法。按照记账的正规方法和程序登记账簿，并定期进行对账、结账，可以提供完整的、系统的核算资料。出纳日记账要逐笔序时地进行登记，定期结出借贷发生额与余额，出具出纳报告单与总账会计进行核对。其中现金日记账还要每日结出余额，并与库存现金核对。

（五）财产清查

财产清查是对各项资产物资进行实物盘点、账面核对以及对各项往来款项进行查询、核对，以保证账账、账实相符的一种专门方法。通过财产清查，可以查明各项资产物资、债权债务、所有者权益等情况，加强物资管理，保持账记与实存的一致性，并为编制报表提供可靠的资料。出纳人员要每天清点核对库存现金，经常与银行进行账目核对，时常清点核对库存各种有价证券和结算票据。

（六）编制会计报表

编制会计报表是以表格形式，定期总括地反映经济活动和财务收支情况的一种专门方法。编制会计报表，可以反映企业财务状况、经营成果和预算、计划的执行情况，为企业增产节约、提高经济效益提供可靠的资料；为有关政府部门进行宏观调控提供有关信息；为投资人、债权人进行投资决策提供所需资料。出纳机构主要是报告本单位资金收支与结存情况、资金收支计划的实现情况、资金利用情况、资金使用效益情况等。

（七）核算资料的分析利用

对核算资料进行分析利用，主要是对核算资料所反映的各项经济指标进行对比分析，以便挖掘收入潜力、找出降低成本办法、扩大经营成果。

上述方法构成了一个完整的出纳核算方法的整体，它们是相互联系、紧密结合的，必须一环紧扣一环。缺少哪一环，或在哪一个环节上出了问题，都将影响整体核算质量。

现金短缺或溢余的核算

1. 查明原因前的账务处理

每日终了结算现金收支、财产清查等发现的有待查明原因的现金短缺或溢余，都必须进行账务处理。

（1）属于现金短缺

借：待处理财产损溢——待处理流动资产损溢　×××

　贷：库存现金　×××

（2）属于现金溢余

借：库存现金　×××

　贷：待处理财产损溢——待处理流动资产损溢　×××

2. 查明原因后的账务处理

（1）现金短缺

①属于应由责任人赔偿的部分

借：其他应收款——应收现金短缺款（××个人）　×××

　贷：待处理财产损溢——待处理流动资产损溢　×××

②属于应由保险公司赔偿的部分

借：其他应收款——应收保险赔款　×××

　贷：待处理财产损溢——待处理流动资产损溢　×××

③属于无法查明的其他原因

借：管理费用——现金短缺　×××

　贷：待处理财产损溢——待处理流动资产损溢　×××

（2）现金溢余

①属于应支付给有关人员或单位的

借：待处理财产损溢——待处理流动资产损溢　×××

　贷：其他应付款——应付现金溢余　×××

②属于无法查明原因的

借：待处理财产损溢——待处理流动资产损溢　×××

　贷：营业外收入——现金溢余　×××

二、出纳填单

填制各种原始凭证和记账凭证，其填制方法的各种技巧参见本书第八章关于出纳凭证的各种填制技巧。

三、出纳记账（过账）

各种经济业务在编制记账凭证以后，记账人员就应按照记账凭证的内容记入有关账户，这个记账步骤通常叫作“过账”。

在实际工作中，出纳人员应根据审核无误的收款凭证和付款凭证及时准确地登记“现金日记账”、“银行存款日记账”和有关有价证券库存明细账（其他账由不从事出纳工作的账会人员登记），并且将每日结出“现金日记账”的余额与实际库存现金数核对，结出银行存款的收入（借方）、合计与付出（贷方）、合计以及当期余额，出据“出纳对账单”与总账会计对账。

（一）出纳过账的总的要求

出纳过账的总的要求是：登记时必须做到内容完整，摘要清楚，便于查阅，不重记、不漏记、不错记、按期结算，不拖延积压，发生记录错误必须按规定的方法更正，从而使账目既能明确经济责任，又清晰美观。

（二）出纳过账的具体要求及方法

出纳过账，即出纳登记日记账，其具体要求及方法如下：

（1）登记账簿，必须以审核无误的会计凭证为依据。

出纳在办理收、付款时，应当对收款凭证和付款凭证进行仔细复核，并以经过审核无误的收、付款记账凭证和其所附的原始凭证作为登记日记账的依据，将凭证的日期种类、编号、业务内容摘要、金额和其他有关资料逐项记入账内，做到数字准确、摘要清楚，登记及时、字迹完整。

登记完毕后，要在记账凭证上签名或盖章，并注明所记账簿的页数，或做一登账符号“√”，表示已经记账，避免重记、漏记。

（2）书写规范，逐页顺序连续登记。

登记账簿要用蓝黑墨水或者碳素墨水书写，不得使用圆珠笔（银行的书写账簿除外）或者铅笔书写。但下列情况，可以用红墨水记账：按照红字冲账的记账凭证，冲销错误记录；在三栏式账页中的余额栏前，如未印明余额方向的，可在余额栏内登记负数余额；结账时画线；会计制度中规定用红字登记的其他记录。

账簿中书写的文字和数字上面要留有适当空格，不要写满格或越格错位，书写文字应紧靠左线，书写数据就紧靠底线，字体大小一般应占格宽的一半，以便出现差错时按规定方法改错。

各种账簿按页次顺序连续登记，不能跳行、隔页，如果发生跳行、隔页，应当将空行、空页画线注销，或者注明“此行空白”、“此页空白”字样，并由记账人员签名或盖章。每一账页记满，要结转下一页时，应结出本页发生额合计数及结余额，写在本页最后一行和下页第一行的有关栏内，并在摘要栏内注明“过次页”和“承前页”字样。

（3）逐笔、序时登记日记账，做到日清月结、账款相符。

现金日记账的登记。按照会计制度规定，现金日记账由经管现金的出纳员根据审核后的现金收、付款凭证逐笔序时登记。即三栏式现金日记账的“借方（收入）”栏，应根据现金收款凭证登记；“贷方（支出）”栏应根据现金付款凭证登记。由于从银行提取现金业务，只填银行存款付款凭证，不填现金收款凭证，因此，从银行提取现金的收入数，应根据银行存款付款凭证登记“借方（收入）”栏。

银行日记账的登记。银行存款日记账是逐日逐笔记录一个单位银行存款收付及结存情况的账簿。国家统一会计制度规定，企事业单位应按开户银行、其他金融机构、存款种类及货币种类，分别设置银行存款日记账，所设置的银行存款日记账，由出纳人员根据审核合法的银行存款收付凭证（包括现金付款凭证中的存款业务）和原始凭证，按照业务的发生额和结存额登记，以便随时掌握银行存款的收支动态和结存余额。有外币存款的企业，应分人民币和各种外币设置“银行存款日记账”进行明细核算。

每日营业终了，应分别计算当日的现金、银行存款的收入和付出合计数，以及账面结余数，并将现金日记账的账面余额与库存现金实有数核对，银行存款的结余数则应定期与银行对账单核对。每日按照下列公式核对：

本日余额＝昨日余额数＋本日收入金额合计数－本日付出金额合计数

结出当天的账面余额，再与实存数核对。

出纳日记账除了必须逐日结出余额，每月末还要按规定结账。凡需要结出余额的账户，结出余额后，应当在“借或贷”等栏内写明“借”或者“贷”等字样。没有余额的账户，应当在“借或贷”等栏内写“平”字，并在余额栏内用“√”表示。在任何情况下，出纳日记账不得出现贷方余额（或红字余额）。

实行会计电算化的单位，总账和明细账应当定期打印。发生收款和付款业务的，在输入收款凭证和付款凭证的当天必须打印出现金日记账和银行存款日记账，并与库存现金核对无误。但是，现金日记账和银行存款日记账的打印，由于受到打印机条件的限制，可采用计算机输出的活页账页装订成册，要求每天登记并打印，每天业务较少、不能满页打印的，可按旬打印输出。一般账页可以根据实际情况和工作需要按月或按季、按年打印；发生业务多的账簿，可满页打印。

账簿记录发生错误，不准涂改、挖补、刮擦或者用药水消除字迹，不准重新抄写，必须按照正确的方法更正。

四、出纳对账

出纳人员保证日记账真实性、准确性的主要方法是定期对账和结账，发现和改正错误的账簿记录。

对账，是指通过会计账簿记录的有关金额数量与库存实物、货币资金，往来单位或个人相互核对，保证账证、账账、账实、账表相符的一项基础工作。在出纳工作中，由于各种原因，难免会发生记账、计算等方面的差错，造成账实不符的情况，因此，出纳人员应进行账簿记录的核对，以保证出纳信息的真实、准确。

（一）出纳对账的分类

对账分为日常核对和定期核对两种。日常核对是指会计人员在编制会计凭证时，对原始凭证和记账凭证的审核；在登记账簿时，对账簿记录与会计凭证的核对。定期核对是指在期末结账前，对凭证、账簿记录等进行的核对。

（二）出纳对账的内容及步骤

对账工作主要包括以下四个方面的内容：

1. 账证核对

是指将现金和银行存款日记账与有关会计凭证（收款凭证、付款凭证及其所附的原始凭证等）相核对。这种核对一般是在日常编制凭证和记账过程中进行的。月末，如果发现账证或账账不符时，就应重新进行账证的核对，核对时，将凭证和账簿的记录内容、数量、金额和会计科目等相互对照，以保证两者相符。

2. 账账核对

是指在账证核对的基础上，各种账簿之间的有关核算指标的核对。对于出纳员而言，主要是现金日记账、银行存款日记账的期末余额和现金、银行存款总账的期末余额相互核对。

3. 账实核对

是指在账账核对基础上，将各种财产物质的账面余额与实存数相核对。出纳员主要是对现金日记账账面余额与实际库存现金数相核对（每天进行），银行存款日记账账面余额与银行对账单余额核对（一般在月终后）。如月底对账单与日记账余额不一致，应先编制“银行存款余额调节表”将未达账项调整一致；若还不一致，应与银行共同核对，解决问题，保证账实相符。

4. 账表核对

是指将每一会计期间的出纳报告表中的数字同据以编制出纳报告表的账簿中的有关数字核对，要求账表相符。通过对账，如果发现不平衡或不相符的情况，出纳人员应采用正确的方法迅速查明原因，并按规定及时予以更正或解决。

（三）现金日记账的核对

1. 现金日记账与现金收付款凭证核对

收、付款凭证是登记现金日记账的依据，账目和凭证应该完全一致。

核对的项目主要是：核对凭证编号；复查记账凭证与原始凭证，看两者是否完全相符；查对账证金额与方向的一致性；检查如果发现差错，要立即按规定方法更正，确保账证完全一致。

2. 现金日记账与现金总分类账的核对

现金日记账是根据收、付款凭证逐笔登记的，现金总分类账是根据收、付款凭证汇总登记的，记账的依据是相同的，记录的结果应该完全一致。但由于两个账簿是由不同人员分别记账的，所以难免发生差错。

出纳应定期出具“出纳报告单”与总账会计核对。平时要经常核对两账的余额，每月终了结账后，总分类账各个账户的借方发生额、贷方发生额和余额都已试算平衡，一定要将总分类账中现金本月借方发生额、贷方发生额以及月末余额分别同现金日记账的本月收入（借方）合计数、本月支出（贷方）合计数和余额相互核对，查对账账之间是否完全相符。如果不符，应先查出差错出在哪一方，如果借方发生额出现差错，应查找现金收款凭证、银行存款付款凭证（提取现金业务）和现金收入方的账目；反之，则应查找现金付款凭证和现金付出方的账目。找出错误后应立即按规定的方法加以更正，做到账账相符。

3. 现金日记账与库存现金的核对

出纳员在每天业务终了以后，应自行清查账款是否相符，首先结出当天现金日记账的账面余额，再盘点库存现金的实有数，看两者是否完全相符。一般是通过库存现金实地盘点法查对，应按“库存现金实有数 + 未记账的付款凭证金额 – 未记账的收款凭证金额 = 现金日记账账存余额”的公式进行核对。清查完毕，要编制库存现金盘点报告表，其格式如表 5–3 所示。

表 5–3　库存现金盘点报告表

单位名称：　　　　　　　　　　　　　　年　　月　　日

实存金额	账存金额	对比结果		备注
		盘盈	盘亏	

盘点人（签章）　　　　　　　　　　　　　　出纳员（签章）

（四）银行存款日记账的核对

银行存款日记账的核对包括以下三项内容：

（1）银行存款日记账与银行存款总账互相核对，做到账证相符。

（2）银行存款日记账与银行存款总账互相核对，做到账账相符。

（3）银行存款日记账与银行开出的银行存款对账单互相核对，做到账实相符。

前两个方面的核对与现金日记账的核对基本相同，不再重复。下面着重介绍企业与银行之间的账单核对。

理论上，企业银行存款日记账的记录与银行开出的“银行存款对账单”无论是发生额还是期末余额都应该是完全一致的，因为它们是对同一账号存款的记录。但是在实践中，通过核对你会发现双方的账目经常出现不一致的情况。原因有两个：一是有未达账项，二是双方账目可能发生记录错误。

无论是未达账项，还是双方账目记录有误，都要通过企业银行存款日记账的记录与银行开出的“银行存款对账单”逐笔“勾对”才能发现。

对账的具体方法是，由开户银行定期将银行复写账的副本作为对账单提供给各单位，出纳员把企业“银行存款日记账”中的借方和贷方的每笔记录分别与“银行存款对账单”中的贷方和借方的每笔记录从凭证的种类、编号、摘要内容、记账方向、金额等方面加以核对，对上的即在对账单和银行存款日记账上分别做出记号（一般为

“√”）。一旦发现本单位漏记、重记、错记或串户等情况，应由单位更正后登记入账。在与开户银行核对余额过程中，由于未达账项的存在，常常使银行账面余额与单位银行存款日记账账面余额发生不符。

1. 未达账项

未达账项，是指银行结算凭证期末在银行与单位传递过程中，由于传递时间和记账时间的不同，常造成银行与开户单位一方已经入账而另一方尚未入账的情况，从而造成双方账面余额不符。未达账项有如下 4 种情况：

（1）单位已经入账，但银行尚未入账的收入事项，如单位存入银行的转账支票，银行尚未记入单位账户。

（2）单位已经入账，而银行尚未入账的付出事项。如单位签发的支票，单位已经入账，而银行尚未接到办理转账手续，因而未减少企业存款。

（3）银行已经入账，单位尚未入账的收入事项。如银行代收的票据及利息，银行已入单位的存款户而单位未能及时收到通知因而并未入账。

（4）银行已经入账而单位尚未入账的付出事项。如银行代扣的水电费、代扣的银行借款利息等已经入单位的账户而单位尚未收到银行通知因而尚未入账。

出现第（1）种和第（4）种情况时，单位银行存款账面余额会大于银行对账单的余额；反过来，出现第（2）种和第（3）种情况时，企业银行存款账面余额会小于银行对账单的余额。未达账项不及时查对与调整，企业对存款实有数心中无数，不利于合理调配使用资金，发挥资金的应有效益，还容易开出“空头”支票，造成不必要的经济损失，带来不必要的麻烦。所以，企业出纳人员应该及时取得银行对账单，编制银行存款余额调节表。

2. 银行存款余额调节表的编制

银行存款余额调节表，是用来查明开户单位存款实有数、试算银行与开户单位的账簿记录正确性与一致性的一种表格。具体编制方法是在银行与开户单位的账面余额基础上，加上各自的未收款，减去各自的未付款，然后再计算出双方余额。通过余额调节表调节后的余额才是企业银行存款的实有数。其计算公式为：

单位银行存款余额＋银行已收而单位未收款项的金额－银行已付而单位未付款项的金额＝银行对账单余额＋单位已收而银行未收款项的金额－单位已付而银行未付款项的金额

【例 5-2】QQQ 公司 9 月份银行存款日记账账面余额为 87950.78 元，银行提供的对账单余额为 95734.98 元。

（1）月末公司收到其他单位交来的转账支票一张，金额为 4000 元，已存入银行，但银行尚来入账；

（2）月末公司已经开出转账支票 2 张，其中一张金额为 1400 元，另一张金额为 6000 元，企业已经入账，但银行尚未兑付，因而未入账。

（3）月末银行代公司收妥某单位支付的款项 4800 元，银行已经入账，但企业尚未收到银行通知因而未入账。

（4）月末银行代扣水电费 276 元，扣收银行借款利息 139.80 元，但企业尚未收到银行通知，因而尚未入账。

利用上述资料编制“银行存款余额调节表”，如表 5-4 所示。

表 5-4 QQQ 公司银行存款余额调节表

户名： 账号： 2016 年 9 月 30 日

项目	金额	项目	金额
银行存款日记账账面余额	87950.78	银行对账单余额	95734.98
加：银行代收款项	4800	加：存入的转账支票	4000.00
减：代扣的费用	276.00	减：尚未兑付的转账支票	1400.00
扣收的利息	139.80		6000.00
调节后余额	92334.98		92334.98

五、出纳结账

结账，是指在一定时期的经济业务全部登记入账的基础上，将各种账簿记录结算清楚，以便据此编制会计报表。

出纳员将本期内所发生的所有资金收付业务全部登记入账并核对无误后，为了了解本单位在本期内货币资金的全部收付情况和期末结存情况，为编制会计报表提供依据，应通过结账的方式，计算出本期内现金和银行存款的收入总额、付出总额和期末余额。其中，期末余额的计算公式为：

期末余额 = 期初余额 + 本期收入 − 本期支出

结账应按期进行。会计期间一般实行日历制。各单位应于月末、季末和年末结账，其中月末和季末结账称为结算，年末结账称为决算。另外，现金日记账和银行存款日记账应当逐日结出账面余额。

结账以前，出纳员应首先查明本期（包括当日、当月、当季和当年）所发生的所有款项收付业务是否都已取得原始凭证，是否都已编制收付款凭证并已经登记入账。对于在对账过程中发现的各种问题应在及时处理了结之后才能结账。

（一）出纳结账的分类

结账主要分为日结、月结和年结三种。

1. 日结

日记账一般应每天结出收付发生额和余额，在摘要栏注明“本日合计”，在日结数的上下各画一条红线。其他账簿的各个账户，必要时也可进行日结。

2. 月结

采用三栏式账页的总账和明细账，应按月结出本月收付合计数和月末余额，在摘要栏注明“本月合计”，在月结数字上下也各画一条红线。采用多栏式账页的各种明细账，还要按月结出“本月止累计”，各专栏结出的净收或净付的累计金额相加，应同“余额”栏的月余额一致。

3. 年结

采用三栏式账页的总账和明细账，年终结账时，除按月结方法结出“本年合计”外，还应结出“全年发生额累计”，并在其下画双红线表示结束。如有的总账账户在 12 月月结以后，还有年度结账分当的，应在 12 月的“本月合计”下先结出“结账前年度累计”，在登记了年度结账分录后，再结出“结账发生额合计”和“全年发生额累计”，并在其下画双红线表示结束。多栏式明细账年终结账办法，与平时月结相同，只是在 12 月的“本月累计”下，要画双红线表示结束。

（二）出纳结账的内容

出纳结账工作主要包括以下内容：

（1）对本期内所发生的经济业务未取得凭证或未登记入账的，应及时办理凭证手续，并登记入账。

（2）根据权责发生制原则的要求，调整本期费用，确定本期收益，并记入有关账簿。

（3）将各种收入账户的余额和费用成本账户的发生额，在有关账户之间进行结转，以确定本期财务成果。

（4）画线结出账户发生额和余额，并结转下期。

（三）出纳结账的步骤

出纳结账的具体步骤如下：

（1）每日业务结束之后，出纳员在逐笔、序时地登记完现金日记账后，应结出本日结余额，并且将现金日记账与库存实际现金相核对。在分设“收入日记账”和“支出日记账”的情况下，出纳员在每日终了按规定登记入账后，结出当日收入合计数和当日支出合计数，然后将支出日记账中当日支出合计数转记入收入日记账中的当日支出合计栏内，在此基础上再结出当日账面余额。

（2）办理月结，出纳员应在现金账户本月最后一笔记录下面画一通栏红线，表示本月结束；然后，在红线下结算出本月借方发生额和贷方发生额以及月末余额（无月末余额的，可在“借或贷”栏内注明“平”字并在余额栏内填“0”符号），并在“摘要”栏内注明“本月合计”字样；最后，再在“摘要”栏下面画通栏红线，表示完成月结工作。

（3）办理季结，出纳员应在现金账户本季度最后一个月的月结下面画一通栏红线，表示本季度结束；然后，在红线下结算出本季度借方发生额和贷方发生额以及季末余额，并在“摘要”栏内注明“本季合计”字样；最后，再在“摘要”栏下面画一通栏红线，表示完成季结工作。

（4）办理年结，应在现金日记账的最后一个季度的季结下面画一通栏红线，表示本年度结束；然后，在红线下面结算出全年12个月的月结发生额或4个季度的季结发生额，并在“摘要”栏内注明“本年合计”字样；在此基础上，将年初借方余额抄列于“本年合计”下一行的借方栏内，并在“摘要”栏内注明“年初余额”字样，同时将年末借方余额再列下一行的贷方栏内，并在“摘要”栏内注明“结转下年”字样；最后加计借贷两方合计数相等，并在合计数下画通栏双红线，表示完成年结工作。需要更换新账时，应在进行年结的同时，在新账中现金账户的第一行“摘要”栏内注明“上年结转”或“年初余额”字样，并将上年的年末余额以同方向记入新账中的余额栏内，新旧账有关账户余额的转记事项不编制记账凭证。

在办理结账时，为了避免计算错误，出纳员可以先用铅笔填写发生额和余额，然后进行复核，复核无误后再正式用钢笔填写，这样可以保证结账工作的质量。

（四）出纳结账的方式

从时间上看，有定期结账和不定期结账两种方式。

1. 定期结账

各单位一般都必须按规定编报月、季和年度会计报表，所以，各单位的会计账簿必须按月、按季和按年结账，也就是定期结账。

其中，月末和季末结账称为结算，年末结账称为决算。

另外，出纳日记账还应当每日结出账面余额。

2. 不定期结账

为了随时掌握账目动态，及时清理业务，有些账簿，如收付业务频繁的日记账等，需在日常核算中随时结出余额；或在对实物资产和债权进行不定期清查核对时，结出账面余额。

（五）出纳结账的方法

1. 日结

出纳逐笔序时登记完当日现金、银行存款等的收付业务后，应在每日业务终了时，结出本日结余额。现金日记账还应与当日库存现金核对。

在分设“收入日记账”和“支出日记账”的情况下，出纳员在每日终了按规定登记入账后，结出当日收入合计数和当日支出合计数，然后将支出日记账中当日支出合计数转记入收入日记账中的当日支出合计栏内，在此基础上再结出当日账面余额。

2. 月结

办理月结，应在各账户本月份最后一笔记录下面划一通栏红线，表示本月结束；然后，在红线下结算出本月借方发生额和贷方发生额和月末余额（无月末余额的，可在“借或贷”栏内注明“平”字并在余额栏内填“0”符号），并在“摘要”栏内注明“本月合计”字样；最后，再在“摘要”栏下面画一通栏红线，表示完成月结工作。

3. 季结

办理季结，应在本季度最后一个月的月结下面画一道通栏红线，表示本季结束；然后，在红线下结算出本季度借、贷方发生额和季末余额，并在该行“摘要”一栏注明“第 × 季度发生额及余额”或“本季合计”字样；最后，再在“摘要”栏下面画一道通栏红线，表示完成季结工作。

4. 年结

办理年结，应在第四季度的季结下面画一通栏红线，表示年度终了；然后，在红线下面结算出全年 12 个月的月结发生额或 4 个季度的季结发生额，并在摘要栏内注明“本年合计”字样；在此基础上，将年初借（贷）方余额抄于“本年合计”下一行的借（贷）方栏内，并在摘要栏内注明“年初余额”字样，同时将年末借（贷）方余额抄于下一行的借（贷）方栏内，并在摘要栏内注明“结转下年”字样；最后加计借贷两方合计数相等，并在合计数下画通栏双红线，表示完成年结工作。需要更换新账的，应在进行年结的同时，在新账中有关账户的第一行“摘要”栏内注明“上年结转”或“年初余额”字样，并将上年的年末余额以同方向记入新账中的余额栏内，新旧账有关账户余额的转记事项，不编制记账凭证。

第三节 出纳错账、差错处理

一、收付款、错账的原因

（一）收付款差错原因

1. 收款中造成差错的原因

（1）一笔款未收完，又接着收第二笔，搞乱缴款者的款项；

（2）收款清点完毕，对券别加总数时不认真复核，以致发生加错金额、看错券别、看错大数、点错尾数等；

（3）桌子上的现金还没有收拾干净又收第二笔，或收入现金的抽屉里的分格箱没有放好丢在桌面上，把自己的款与他人的款混淆在一起，误作长款退给了他人；

（4）初点不符，复点相符，不再进行第三次核实，实际有误，就作无误收下；

（5）缴款者交来的现金零乱，只凭出纳员初次清查计算的数目为准；

（6）忘记将应找补的现金还给缴款者；

（7）清点 10 张或 20 张的折叠钞票时，只点了平放的 9 张或 19 张，忽视了折起来的那张；

（8）用手工清点现金时贪快，有夹杂其中的不同票面额的票币未能发现；

（9）用机器点完一把钞票，拿起来捆扎时，没有看清接钞台上是否仍留有人民币，或人民币被卷入输送带未发现，以致产生一把多、一把少的现象。

2. 付款中造成差错的原因

（1）备用金的放置不定位，配款时取错券别，既不细看，又不复核，随手付出，或者凭证连同款项一起交给了收款人；

（2）小沓折叠钞票，每沓不固定，有时 10 张一沓，有时 20 张一沓，付出时未复点；

（3）未看清凭证上所列的付款金额数，粗心大意，随手付出；

（4）贪图方便，付款时不用算盘加计券别，单靠心算，以致出错。

3. 现金收付业务容易发生差错的时间

（1）刚上班时，未做好准备工作就接待职工或客户，手忙脚乱，东找西翻，精力分散，容易出错；

（2）快下班时，急于离岗，思想不集中，未将现金扎结核对就匆忙将其入库上锁；

（3）工作忙时，应接不暇，过分紧张，不按操作程序办事，极易出错；

（4）工作闲时，扯闲话，做私活，看书报，无精打采，注意力分散；

（5）节假日前后精神松懈：节前容易松懈急于等待放假，节后又难于及时平静下来。发生突发事件时也易出错等。

（二）错账原因

错账的原因有很多，可以归纳如下：

（1）记账方向错误。在记账时，把账簿中借方与贷方的记载颠倒，也就是把借方记成贷方或者把贷方记成借方。如果把应记的红字的数字误记为蓝字，或者把应记的蓝字的数字误记为红字，这也属于记账方向错误。

（2）漏记。在记账时未将某一凭证的金额的数字记入账簿会造成错账。

（3）重记。将已经登记入账的金额数字再次重复登记入账。

（4）记错科目。在记账时把应记入这个科目的金额数字记录到另一个科目上了，比如将应记入“库存现金”科目的金额记入“银行存款”科目。

（5）数字位数移位。在记账时将数字位数移动，即以大写小（如少写一个或几个 0）或者以小写大（如多写一个或几个 0）。例如，在登账时将 250 写成 25，或将 25 写成 250，如此等等。

（6）数字位数颠倒。在记账时，错误地将某一数字中相邻的两位颠倒后登记入账。例如，将 268 写成 286，将 169 写成 196，等等。

（7）结账时计算错误。结账时可能发生数字打错，余额算错，也会导致错账。

（8）其他不规则错误。

二、错账的查找技巧

出纳员在每天或每月结账时，特别是在每天结账时，会出现日记账的期末实际余额与期初余额加本期收入总数减本期支出总数的合计数不符，或者日记账期末余额与总账期末余额不符的情况。一旦发生这种情况，尤其是差错金额较大时，出纳人员首先要静下心来，不要紧张急躁。第一步将账簿记录重新复算一遍，看是否计算错误。第二步，如果计算无误，应认真回忆当天所发生的收付款业务，分析错误的可能范围，确定查找的重点。然后采用正确的方法进行全面检查或重点抽查，找出错误，予以解决。

出纳员查找错账时，除了把一定时期内的账目进行每笔数核对外，还可以按账务的平衡公式和数字的特点进行重点抽查，有利于提高工作效率，减轻工作强度。常用的抽查方法有差额法、除九法和除二法三种。

1. 差额法

根据错账的差异数字，在有关账簿中查找相同的数字，即可查出差错。这种差错形成的原因主要是漏记一方数字。如日记账余额比总账余额少 150 元，出纳员分析可能是漏记入一笔 150 元的凭证，则可以查找金额为 150 元的凭证。反之多 150 元，出纳员推测属于重记，则同样可查找是否将金额为 150 元的凭证重复登记。

2. 除九法

即将错账的差异数以九除之，如能除尽，则可根据商数查出错账。此法一般适用于以下两种情况：

数字错位。它是指记账时金额顺序错位所造成的差额为九的倍数。如借贷双方的差额为 2700 元，以 9 除之，商数为 300 元，即可初步确定造成差额 2700 元，可能是 300 元与 3000 元的错位，然后在账簿记录中查找有无 3000 元账目，再与会计凭证核对，即可确定差错原因和错账应更正的数额。

数字颠倒。是指两个相邻的数字前后颠倒，所造成的差额 9 的倍数。如错账为 270 元，以 9 除之，商数为 30 元，表明颠倒字在十位数与百位数之间，且颠倒的两个数字之间相差“3”，而差“3”的邻数有 1 与 4；2 与 5；3 与 6 等，则可在账簿记录中依次找在十位与百位之间是否有上述相差数写颠倒了。

3. 除二法

将错账的差异数除以 2，如能除尽，即可按商数查找账簿记录，查看是否有与商数相同的数字记反了方向，即可查出差错。如发现现金少记了 300 元，则将 300 除以 2 得出 150，从账簿记录去查找金额为 150 的账目进行核对即可。此法适用于重记或记账方向错误等情况。

当然，在实际工作中还会运用到很多查错的技巧，无论哪种方法都要靠出纳员自己去慢慢地熟悉和掌握。发现错账后，应当立即按规定的方法处理，保证对账工作的顺利进行。

出纳如何查找错账

现金日记账、银行存款日记账以及其他货币资金业务的错账检查方法如表 5-5 所示。

表 5-5 错账审查方法

检查对象	依据	检查方法
现金日记账	日期和凭证号数栏记载	是否逐笔序时登记收支业务并结转余额
	摘要栏和对方科目栏记载	会计科目使用和会计处理是否恰当
	结存余额栏记载	是否有异常的红字余额
	有关规定	现金的收付、保管是否符合规定
银行存款日记账	日期和凭证号数栏记载	是否逐笔序时登记收支业务并结转余额
	摘要栏和对方科目栏记载	会计科目使用和会计处理是否恰当
	结存余额栏记载	是否有异常的红字余额
其他货币资金业务	各种存款日记账	查证各种专户存款开立是否必要
	企业的各种书面文件	查证各种专户存款是否经过适当的审批手续
	相关原始凭证和记账原始凭证	各存款户支用款项是否合理
	汇出单位的汇款通知书	在途货币资金形成是否真实

查找现金差错的方法如下。

每天工作结束对账时，如出现现金差错，首先要看差数多少和特点，然后确定查找方法。如当天出纳收付数与记账收付数相符，可确定现金保管出现差错；如数字不符，而差额数字正好是出纳对账时相关的金额，就要确定查账或查凭证。

（1）查账。首先看有无凭证丢失漏记情况，再看是否有大写小写数错误。如发现现金差数既非大写小写数的差错，又不是颠倒的差错，那就要查是否由于重记、漏记或误记而引起差错。

（2）查库存现金。必须对所有的票币逐张、逐枚地复点，并加计总数看是否有误。

可采用普查法，按照查账的顺序又可以分为顺查法和逆查法两种。

（1）顺查法

顺查法是指按照账务处理的顺序从头到尾进行普遍查找的方法。主要用于期末对账簿进行的全面核对和查找。对于查过的账目要在数字旁边打“√”或作其他记号，以免重复查找。

（2）逆查法

逆查法是指与原来账务处理的顺序相反，从尾到头进行普遍检查的方法。如果出纳员认为错误可能出在当天最后几笔业务或者当月最后几天的业务上，那么，按照这样倒过来的顺序查找，有时可以达到事半功倍的效果。

采用抽查法，当出纳员发现账簿记录有差错时，应根据差错的具体情况从账簿中抽查部分内容，而不必核对全部内容。例如，差错数字只在角位、分位，或者只是整数百位、千位，就可以缩小查找范围，专门查看角位、分位或者百位、千位的数字，其他的数字不必一一检查。但由于抽查法一般不容易确定其抽查的范围，所以有时不能起到应有的效果。

除此之外，在出纳错账的查找中，出纳员还可以使用偶合法。所谓偶合法，就是指根据账簿记录中最常见的规律，根据差错的情况来推测差错原因进而查找差错的一种方法。这种方法主要用于查找带有规律性原因造成的差错。

如果出纳员发现错误的金额是偶数，则可以先推测错误可能是由于记反方向，这时可用“除二法”。“除二法”就是用不相符的差数除以 2，如被除尽，则可根据商数从账簿记录中去查找差错。比如，当发现现金少记了 200 元，出纳员推测可能是记反方向，则应将 200 除以 2 后得出 100，从账簿记录中去查找金额为 100 元的账目进行核对即可。

如果出纳员推测错误可能是由于数字位置颠倒或者数字位数移位造成的差错，可用“除九法”。“除九法”即用不相符的差数除以 9，如被除尽，则可根据商数，检查是否有相同数字移位，如无相同数则考虑为相邻两个数字颠倒。

数字移位的查找方法。数字移位是指记账时以小写大或者以大写小而造成的错误。比如 200 元误记为 20 元，错位的差异数为 180 元。将 180 除以 9 所得的 20 就是移位数。计算出移位数后，首先应进行分析：如果是账上多记，则应在凭证上查看是否有与移位数相同的数，并看其是否记错；如果是账上少记，则要在账上查看是否有与移位数相同的数，并看其是否记错。如果出纳员推测可能是移动两位数字造成的差错，比如将 20 写成 2000 或者将 2000 写成 20，可用“九九除法”，即以不相符的差数除以 99，如能除尽，则可根据商数去查找，查找方法与“除九法”相同。

数字颠倒的查找方法。记账时可能会因为粗心而将某一组数字的其中几个数字颠倒，如将 36521 写成 35621。出纳员如果发现错误数字的特征是：差数是 9 的倍数；差额数码相加之和为 9；被颠倒的两个数码之差是差额除以 9 所得的商。这时出纳员应推定数字可能颠倒，再根据差额数字分析数字颠倒的可能性，有目的地对某些数字进行重点查对，这样可以起到事半功倍的效果。

三、出纳账簿审查中的常见问题

出纳账簿在对账和结账后，应当做到账证、账账、账实、账表相符，现再附列一些常见的账簿错漏，以方便出纳人员审查出纳账簿。

（一）出纳账簿启用的审查

出现在会计账簿启用中的问题主要有：

（1）在账簿封面上未写明单位名称和账簿名称。

（2）在账簿扉页未附“启用表”，或虽附有“启用表”，但所列内容不完整。

（3）出纳人员调动工作时，未按规定在账簿中注明交接人员、监交人员的姓名或未加签章，无法明确有关责任人和责任期间。

（4）启用活页式账簿时，未按规定对其编定页数。

（二）出纳账簿登记的审查

由于出纳账簿根据审核无误的会计凭证进行登记，所以登记的方法和过程要符合规范性的要求。出现在出纳账簿登记中的问题主要有：

（1）出纳账簿设置不合理。如本单位有两个银行账户，但使用一本银行日记账且预留账页不够，造成银行账户记录跳页登记的情况。

（2）账簿的登记不及时。如有的出纳人员对记账凭证几天才登一次或者是补登几天前漏登的记账凭证，这都说明对出纳工作不负责任。

（3）账簿的凭证号与记账凭证不符。存在这种问题时，有两种情况：一种是笔误或看错，如101号记成102号；另一种是有意隐瞒真实情况，应当经过账证、账实查对后根据实际情况处理。

（4）摘要不合理、不真实。存在两个问题：一是在转抄或概括记账凭证中的摘要内容时，未做到准确、清楚，这一般属于会计错误；另一个是凭证中的摘要是真实的，但所反映的经济业务不合理、不合法，在据此填写账簿摘要时出纳人员故意含糊不清，甚至不写摘要，乱写摘要，以掩盖不合理、不合法经济活动的事实。

（5）书写及登记方法不规范。书写不规范的如文字、数字所留空距太小；登记账本时用圆珠笔等。格式不规范的主要有未按规定结出账户中的余额和发生额；未按规定结转下页；未按规定更正有关会计错误等。

（三）出纳账簿结账的审查

主要问题是：

（1）结账前，未将应登入本期的经济事项全部入账。

（2）结账时，未按规定结出每个账户的期末余额和本期发生额。

（3）年度终了，未将各账户余额按规定方法转入下年。

（4）结账时间不符合规定。按照规定，结账应在月末、季末和年末进行，既不能提前，也不能延后，但是有的单位为了人为调节有关财务信息，而故意提前或延后结转。

四、出纳错账的更正方法

经过查账、对账，往往会发现一些错账、漏账。对于账簿记录的错误，一是要及时查找发现；二是要按正确的方法及时加以更正。

出纳错账记录错误常见的有串户、反向、写错、错位、倒码等。把现金记成存款叫作串户；把借方金额记在贷方，谓之反向；把100记成1000，把1000记成100都是错位；把97记成79，或者把79记成97，叫作倒码。实际工作中看花眼，把毫不相干的数字记到账簿中去了，而该记的又没记的现象也有可能发生。出纳人员发现自己的账簿记录出现上述或其他差错后应该如何处置呢？

账簿记录发生差错时，不得涂改、挖、擦、刮、补，也不准用药物消除字迹。出纳日记账一律不准撕毁重抄。当某页账纸因严重遭受污损，模糊不清，需要重抄时，要报经财务主管人员批准，并将原来的账页保留在账本中备查，不得撕毁。账簿记录的错误，必须区别不同情况分别按以下方法进行更正。

（一）画线更正法

画线更正法，又称红线更正法。当出纳员发现账簿记录有错误，而其所依据的收款凭证或付款凭证没有错误，即纯属记账时文字或数字的笔误，应采用画线更正法进行更正。

1. 适用范围

每日结账前，发现账簿记录有错误，而记账凭证正确。账簿记录的文字、数字有错误，记账方向有错误，过错账户等都可以采用画线法加以更正。

2. 更正方法

先将错误的文字或数字（全部）画一条红色线条予以注销，然后将正确的文字或数字写在被注销的文字或数字的上方，并由记账人员在更正处加盖私章，以明确责任。要注意，在数字错误更正时，不得只画去一个数据中的错误数字，要画线注销整个错误数据，并且还要使被注销的数据字迹可以辨认。

3. 举例

（1）文字更正。如把支付购货款写成了“支付供货款”，应用红线画去“供”字，在“供”字上面写上“购”字，并在其上面盖上更正人的私章。

（2）数字错误更正。26903.00记成了26933.00，应用红线画去26933.00，并在画去的数字上面写上 26903.00，并加盖私章。

（3）方向错误的更正。应记借 1000 元误记入贷方，则用红线画去贷方 1000.00，并盖章，再在借方记入 1000.00。

（4）账户记错的更正。甲账户 1000 元误记入乙账户，则在乙账户上画去 1000.00，并盖章，再在甲账户上记入 1000.00。

（二）红字更正法

红字更正法，又称红字冲销法。如果是由于记账凭证错误而导致账簿记录的错误，则应用红字更正法予以更正。

1. 适用范围

红字更正法，又称红字冲销法，适用于以下两种情况：一是记账后发现记账凭证中应借、应贷会计账户或记账方向有错误；二是记账后发现记账凭证中应借、应贷会计账户和记账方向均没有错误，只是记账凭证中所填金额大于应记的正确金额。

2. 更正方法

对第一种情况，应先用红字金额填制一张与原错误记账凭证内容完全一样的记账凭证，并以红字登记入账，冲销原有的错误记录；然后用蓝字金额填制一张正确的记账凭证，并以蓝字记账。

【例 5-3】智董公司转账支付外购原材料运费 200 元。本应贷记“银行存款”账户，但其编制的记账凭证分录如下：

借：材料采购　200.00

　贷：库存现金　200.00

记账后发现以上错误时：

（1）编制红字记账凭证并用红字金额记账。

借：材料采购　[200.00]

　贷：库存现金　[200.00]

（2）编制一张正确的蓝字记账凭证并用蓝字记账。

借：材料采购　200.00

　贷：银行存款　200.00

对于上例第二种情况，更正时只需将多记金额用红字编制一张记账科目和记账方向与原记账凭证完全相同的记账凭证并登记入账。

【例 5-4】某工厂从银行提取现金 1000 元。填制记账凭证时将金额误记为 10000 元，并已入账。

（1）原记账凭证分录如下：

借：库存现金 10000.00

贷：银行存款 10000.00

（2）更正时将多记的 9000 元，用一张红字记账凭证冲销。其冲账分录如下：

借：库存现金	9000.00
贷：银行存款	9000.00

用红字金额入账以冲销原来多记金额。

（三）补充登记法

补充登记法是指根据记账凭证所记录的内容记账以后，发现记账凭证中应借、应贷会计科目或记账方向都没有错误，只是所记金额小于正确的金额这种情况下应采用的方法。

1. 适用范围

补充登记法适用于记账后发现记账凭证中应借、应贷账户和记账的方向都正确，只是所记金额小于应记金额的错误更正。

2. 更正方法

更正时，应将少记金额用蓝字填一张与原记账凭证会计账户和记账方向都相同的记账凭证并据以记账。

【例 5-5】用存款外购股票 210000 元。填制记账凭证时错写成 200000 元，据此记账，少记了 10000 元。

原记账凭证分录如下：

借：长期股权投资——股票投资 200000.00

贷：银行存款 200000.00

更正时应将少记的 10000 元用蓝字编制一张与原记账凭证会计账户和记账方向都相同的记账凭证，并据以记账。

补记分录如下：

借：长期股权投资——股票投资 10000.00

贷：银行存款 10000.00

用蓝字登记入账。

能用补充登记法更正的错误，也可以用红字更正法进行更正，即用红字记账凭证冲销原记录，再用蓝字编制正确分录进行更正。

在用红字更正法和补充登记法进行更正时，在更正错误的记账凭证上，应注明被更正的记账凭证的编号与记账日期，以便核对查考。

前面所说的红字记账凭证与红字记账，均指金额用红色墨水笔书写，其他内容不能用红笔书写。本节中的红字金额用方框表示。

应注意的是，不管是红字记账凭证还是蓝字记账凭证，只有过账后才能起到更正账面错误记录的作用，所以，更正错账的记账凭证要及时过账。

第六章　出纳凭证

出纳记账的依据是会计凭证，办理各项货币资金收付的依据也是会计凭证，出纳人员不但要受理与审核（指出纳受理凭证时的复核，不是主管费用报销等人员的审核，本章下同）各种会计凭证，而且还要填制大量会计凭证来明确经济责任和传递会计信息。所以，填制和复核会计凭证是出纳人员日常工作的重要组成部分。本章着重介绍作为出纳人员应掌握的填制与复核会计凭证的一般要求和基本方法。现金解款单和银行转账结算的有关票据填制方法和注意事项将在有关章节介绍。

第一节　会计凭证

会计凭证，是指记录经济业务的发生情况，明确经济责任的书面证明。它是登记账簿的重要依据。

任何一项经济业务，如购买商品或用品时要由供货单位开给发票，支付款项时要由收款单位开出收据，商品收进或发出时要有收货单、发货单等，都应取得或填制合法的会计凭证。并根据审核无误的会计凭证登记账簿。正确地填制和严格地审核会计凭证，保证会计凭证的合法性，既是会计核算的起点，也是会计监督的第一道“关口”。

《会计法》第十四条规定：会计凭证包括原始凭证和记账凭证。对下列经济业务事项，必须填制或者取得原始凭证并及时送交会计机构：

（1）款项和有价证券的收付；

（2）财物的收发、增减和使用；

（3）债权债务的发生和结算；

（4）资本、基金的增减；

（5）收入、支出、费用、成本的计算；

（6）财务成果的计算和处理；

（7）需要办理会计手续，进行会计核算的其他事项。

会计机构、会计人员必须按照国家统一的会计制度的规定对原始凭证进行审核，对不真实、不合法的原始凭证有权不予接受，并向单位负责人报告；对记载不准确、不完整的原始凭证予以退回，并要求按照国家统一的会计制度的规定更正补充。

原始凭证记载的各项内容均不得涂改；原始凭证有错误的，应当由出具单位重开或者更正，更正处应当加盖出具单位印章。原始凭证金额有错误的，应当由出具单位重开，不得在原始凭证上更正。

记账凭证应当根据经过审核的原始凭证及有关资料填制。

一、会计凭证的分类

会计凭证多种多样，按其填制程序和用途，可以分为原始凭证和记账凭证两大类。

原始凭证是用以记录和证明经济业务的发生和完成情况的原始记录，也是明确经济责任和据以记账的原始依据。原始凭证，按其取得来源，可以分为自制原始凭证和外来原始凭证两大类。

记账凭证是根据审核无误的原始凭证或汇总原始凭证，按照经济业务的内容加以归类并确定会计分录而填制的，据以登记账簿的凭证。由于原始凭证的形式和格式多种多样，直接据以入账容易发生差错，因而在记账前，应根据原始凭证编制相应的记账凭证。会计凭证的分类见图 6-1。

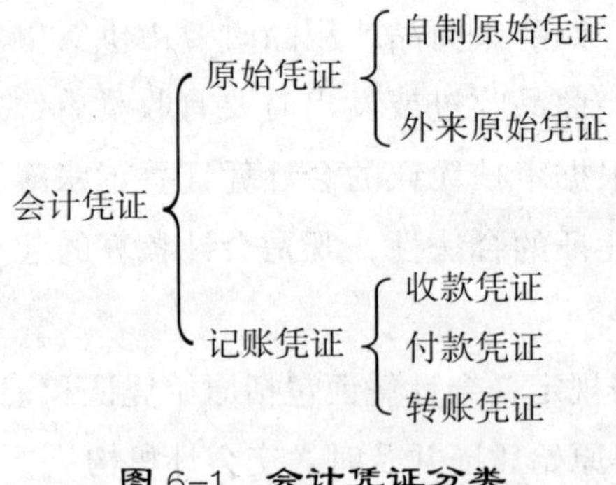

图 6-1 会计凭证分类

二、填制会计凭证的要求

（1）字迹必须清晰、工整。

（2）阿拉伯数字应当一个一个地写，不得连笔写。阿拉伯金额数字前面应当书写货币币种符号或者货币名称简写和币种符号。币种符号与阿拉伯金额数字之间不得留有空白。凡阿拉伯数字前写有币种符号的，数字后面不再写货币单位。

（3）所有以元为单位（其他货币种类为货币基本单位，下同）的阿拉伯数字，除表示单价等情况外，一律填写到角分；无角分的，角位和分位可写“00”，或者符号“——”；有角无分的，分位应当写“0”，不得用符号“——”代替。

（4）汉字大写数字金额如零、壹、贰、叁、肆、伍、陆、柒、捌、玖、拾、佰、仟、万、亿等，一律用正楷或者行书体书写，不得用○、一、二、三、四、五、六、七、八、九、十等简化字代替，不得任意自造简化字。大写金额数字到元或者角为止的，在“元”或者“角”字之后应当写“整”字或者“正”字；大写金额数字有分的，分字后面不写“整”或者“正”字。

（5）大写金额数字前未印有货币名称的，应当加填货币名称，货币名称与金额数字之间不得留有空白。

（6）阿拉伯金额数字中间有“0”时，汉字大写金额要写“零”字；阿拉伯金额数字中间连续有几个“0”时，汉字大写金额中可以只写一个“零”字；阿拉伯金额数字元位是“0”，或者数字中间连续有几个“0”、元位也是“0”但角位不是“0”时，汉字大写金额可以只写一个“零”字，也可以不写。

实行会计电算化的单位，对于机制记账凭证，要认真审核，做到会计科目使用正确，数字准确无误。打印出的机制记账凭证要加盖制单人员、审核人员、记账人员及会计机构负责人、会计主管人员印章或者签字。

填制会计凭证的书写要求

各种会计凭证的填制都存在一个共同的问题，就是书写的规范性问题。换句话说，会计凭证的填制，无论是阿拉伯数字的书写，还是汉字的书写都有许多专业性的要求。出纳人员经常需要填制会计凭证、登记账簿，所以必须养成良好的书写习惯。

（一）阿拉伯数字的书写要求

阿拉伯数字中“1、2、3、4、5、6、7、8、9、0”十个数码，笔画简单、结构巧妙，易认易写。但要写得规范，符合手写体的规范要求，必须经过专门的训练，掌握其书写的各项要求和要领。

（1）每个数字要大小匀称，笔画流畅，每个数码独立有形，不能连笔书写，要能让使用者一目了然。

（2）每个数字要紧贴底线书写，但上不可顶格，其高度占全格的1/2到2/3的位置，要为更正错误数字留有余地。除6、7、9外，其他数码高低要一致。书写数字“6”时，上端比其他数字高出1/4，书写数字“7”和“9”时，下端比其他数码伸出1/4。

（3）书写的每个数字要排列有序并且数字要有一定倾斜度，各数字的倾斜度要一致，一般要求上端一律向右顺斜55度左右。

（4）财会数码书写时，各数码从左到右，笔画顺序是自上而下，先左后右。并且每个数字大小一致，数码字排列的空隙应保持一定且同等距离，每个字上下左右要对齐。在印有数位线的凭证、账簿、报表上，每一格只能写一个数字，不得几个字挤在一个格里，更不能在数字中间留有空格。

（5）财会数码的书写必须采用规范的手写体书写，这样才能使会计数字规范、清晰，符合会计工作的要求。

财会工作中的阿拉伯数字手写体书写标准如图6-2所示。

图6-2 阿拉伯数字手写体书写标准

出纳人员要保持个人独特字体和书写特色，以防别人模仿或涂改。

（6）财会数码书写时，除“4”和“5”以外的数字，必须一笔写成，不能人为地增加数字的笔画。

（7）不要把“0”和“6”、“1”和“7”、“3”和“8”、“7”和“9”写混淆。在写阿拉伯数码的整数部分时，可以从小数点向左按照“三位一节”用分位点“，”分开，如6，620.00。小数点“.”应点在个位与十分位之间，如69.28。

（8）对于容易混淆并且笔顺相近的数字，应按标准字体书写，区分数字笔顺，避免混同，并防止涂改。手写“1”应将格子占满，不要写得太短，并保持斜度，以防改写。手写“6”时，下圆要明显，并将格子占满，手写“0”、“6”、“8”、“9”时，圆圈必须封口。

（9）采用阿拉伯数字表示的金额为小写金额，书写时，前面应冠以币种符号，如人民币“¥”符号。“¥”是汉语拼音“Yuan”第一个字母的缩写变形，它既代表了人民币的币制，又表示人民币“元”的单位。所以，小写金额前填写人民币符号“¥”以后，数字后面不需写“元”字。

需要注意的是，“¥”与数字之间不能留存空格，书写符号时，要注意“¥”与阿拉伯数字的明显区别，不可混淆。在填写会计凭证、登记会计账簿、编制会计报表时，数字必须要按数位填人，金额要采用“0”占位到“分”为止，不能用画线等方法代替。

阿拉伯数字书写字形说明见表6-1。

表6-1　阿拉伯数字书写字形表

数码	关键部位的书写要求	不规范的字形情况			
1	①着笔时，注意高度，应与其他字码保持顶端平齐。②走笔向下时，掌握好斜度，应与其他字码保持斜度一致。③斜竖必须拉直，不得弯曲。④收笔落在底线，不得伸入下格	字形太短	字形太长	弯曲不直	甩笔
2	①起笔垂向右下方，转弯再向左下方，此一笔决定斜度。②相交点后部，应成一扁圆形，并落在底线之上。③最后相交的一笔，应成弧状，扣至底线时收笔，不得越过底线。④所有部位，均要求自然圆	影响斜度	收笔不好	不出斜度	伸入下格出现死角
3	①起笔注意高度，与其他字大体平齐。②上半部要短于下半部。③最后一斜笔，决定此字的斜度，拉至底线处收笔。④腹部尖角不得突出，以不超过上下两笔为限	影响斜度	破坏圆润	影响整洁	甩笔
4	①起笔略低于要求高度，第二笔斜竖才与其他保持平齐。②转弯处不要写成死角，应微带圆形。③两斜竖应成平行线。④转弯后的一横笔，不能与底线重合，应向右拉平，与底线成平行状	底线重合	妨碍圆润	影响斜度	甩笔
5	①起笔高度，要与其他字平齐。②转弯向右处成死角，走笔微向上提，以保持下半部的自然圆润。③下半部圆弧底，要落在底线上，收笔微上翘。④最后一短横，长短适中，拉平	不出斜度	伸入下格出现死角	末笔不平	甩笔破坏斜圆
6	①起笔要注意高度，与其他字大致平齐。②斜竖向下必须拉直，将要接近底线时再向右翻转。③下半部应呈扁圆形，自然圆润，不出棱角。④最后收笔时，走笔逐渐向下与斜竖自然重合，不露痕迹	影响斜度	妨碍圆润	斜竖太短	出现甩笔
7	①起笔高度与其他字大体平齐。②转弯处不要死角，应微带圆形。③转弯后向左下方的一斜竖要拉直，它决定此字斜度。④收笔可伸入下格，但不得过长或甩笔	斜度不够	用笔过长	影响整洁	未出下线
8	①除起笔和收笔相交处外，字的其他部位均要求自然圆润。②上半部圆圈应小于下半部，不得写成上下两个大小相同的圆形。③斜度决定于最后向上的一斜笔。④起笔收笔相交自然吻合，不得出现交叉出头现象	影响斜度	相交出头	上大下小	出现死角

续表

数码	关键部位的书写要求	不规范的字形情况			
9	①起笔高度与其他字平齐。②上半部呈椭圆形，不能写成正圆，圆的下部不能落在底线上。③向下一斜笔，决定此字的斜度，必须拉直，不得弯曲。④收笔可伸入下格，但不可过长或甩笔	破坏斜度	妨碍整洁	字体偏低	斜竖不直出现甩笔
0	①此字高度可略低于其他数码。②成一椭圆形，其斜度要求大体与其他字一致。③起笔收笔相交自然，不露痕迹。④圆的下部落在底线上	不出斜度	影响斜度	影响圆润	甩笔

（二）数字书写错误订正方法

书写数字发生错误时，严禁采用刮、擦、涂改或采用药水消除字迹方法改错。应采用财会专业通用的更正方法进行更正，即采用画线更正法将错误的数字全部用单红线注销掉，在错误的数字上盖章，并需要在原数字上方对齐原位填写出正确的数字。

如果书写数字时，只写错一个数字，不论在哪个数位上，一律将数字全部划掉，并按规定进行更正。数字书写错误的更正方法见表 6-2 所示。

表6-2 数字书写错误的更正方法

正

	金额									
	千	百	十	万	千	百	十	元	角	分
（1）					1	2	4	1	6	6
					~~1~~	~~2~~	~~1~~	~~4~~	~~6~~	~~6~~
（2）							1	5	2	7
							~~1~~	~~5~~	~~2~~	~~2~~
（3）				6	2	8	7	0	0	0
				~~8~~	~~2~~	~~8~~	~~7~~	~~0~~	~~0~~	~~0~~
（4）				3	8	6	4	2	1	0
			~~3~~	~~8~~	~~6~~	~~4~~	~~2~~	~~1~~	~~0~~	~~0~~
（5）		1	6	9	8	7	0	6	0	8
		~~1~~	~~6~~	~~9~~	~~3~~	~~0~~	~~7~~	~~6~~	~~0~~	~~8~~

画红线，并由更正人员盖上私章

误

	金额									
	千	百	十	万	千	百	十	元	角	分
（1）					1	2	4	1	6	6
					1	2	~~1~~	~~4~~	6	6
（2）							1	5	2	7
							1	5	2	~~2~~
（3）				6	2	8	7	0	0	0
				~~8~~	~~2~~	~~8~~	~~7~~	0	0	0
（4）				3	8	6	4	2	1	0
			~~3~~	~~8~~	~~6~~	~~4~~	~~2~~	~~1~~	~~0~~	0
（5）		1	6	9	8	7	0	6	0	8
		1	6	9	~~3~~	~~0~~	~~7~~	6	0	8

（三）出纳人员书写汉字的基本要求

出纳人员书写汉字要力争做到字体规范，排列整齐，书写流利，字迹清晰、美观。

（1）对所发生的经济业务要简明扼要地叙述清楚，文字不能超过各书写栏格。书写会计科目时，要写出全称，不能简化、缩写。

（2）书写字迹清晰、工整，可用正楷或行书，但不能草写。字型不宜过大，也不宜过小。汉字大小高低应尽量统一，字间距要适中。

（四）汉字大写金额的书写

汉字大写金额的文字笔画多，不易涂改，主要用于填写需要防止涂改的销货发票、银行结算凭证、借据等信用凭证。书写时要准确、清晰、工整、美观。如果写错，则本凭证作废，重新填制。

1. 汉字大写金额数字写法

汉字大写金额数字壹、贰、叁、肆、伍、陆、柒、捌、玖和数位拾、佰、仟、万、亿、零等通常用正楷和行书两种字体书写。如表 6-3 所示。

表 6-3　汉字大写数字写法（票据大写）

正楷	壹 贰 叁 肆 伍 陆 柒 捌 玖 拾 佰 仟 万 亿 零
行书	壹 贰 叁 肆 伍 陆 柒 捌 玖 拾 佰 仟 万 亿 零

出纳人员在汉字大写数字书写时，不能用〇（零）、一、二、三、四、五、六、七、八、九、十、毛等文字代替大写金额数据。

2. 汉字大写金额书写的基本要求

（1）大写金额前若没有印刷“人民币”字样，书写时，在大写金额前要冠以“人民币”字样，“人民币”与金额首位数字之间不得留有空格，数字之间更不能留存空格，写数字与读数字顺序要一致。

（2）人民币以元为单位时，元后无角无分时，或有角无分时，均应在大写金额后加上“整”字结尾，如果金额有元、角、分（以分为止），在“分”后不必写“整”字。

（3）如果金额数字中间相邻两个或两个以上“0”字时，可只写一个“零”字。如金额为 800.80 元，应写为：人民币捌佰元零捌角整。

（4）表示位的文字前必须有数字，如数字为拾几、拾几万时，大写数字书写时应有“壹”字，因为“拾”字代表位数，而不是数字。例如，拾元整，应写为：壹拾元整；又如 16 元，应写为：壹拾陆元整。

（5）大写数字要使用中华人民共和国规定的标准汉字，不能随意简化汉字，不能写错别字，如“零”不能用“另”代替，“角”不能用“毛”代替等。

（6）大写数字不能用汉字小写数字代替，更不能与汉字小写数字混合使用。

3. 汉字大写金额数字错误的更正方法

（1）汉字大写金额数字不能漏写，发现漏写必须重新填写凭证，不能用“画线更正法”更正。

（2）汉字大写金额数字不能写错，如果写错，必须重新填写凭证，不能用“画线更正法”更正。

4. 汉字大写金额写法实例

（1）￥6200

正确写法：人民币陆仟贰佰元整；

错误写法：人民币：陆仟贰佰元整；

错误之处：“人民币”后面多写了一个“：”（冒号）。

（2）￥100000

正确写法：人民币壹拾万元整；

错误写法：人民币拾万元整；

错误之处：漏写“壹”字。

（3）￥80012000

正确写法：人民币捌仟零壹万贰仟元整；

错误写法：人民币捌仟万零壹万贰仟元整；

错误之处：多写了一个“万”字。

（4）￥2300000.68

正确写法：人民币贰佰叁拾万元零陆角捌分；

错误写法：人民币贰佰叁拾万零陆角捌分；

错误之处：漏写一个“元”字。

（5）￥100009

正确写法：人民币壹拾万零玖元整；

错误写法：人民币壹拾万元另玖元；

错误之处：多写一个“元”字，“零”错写成“另”，少写一个“整”字。

（6）￥100069

正确写法：人民币壹拾万零陆拾玖元整；

错误写法：人民币壹拾万零零零陆拾玖元整；

错误之处：中间多写了两个“零”字。

（7）￥19.08

正确写法：人民币壹拾玖元零捌分；

错误写法：人民币拾玖元零捌分；

错误之处：少写一个“壹”字。

（8）¥268.88

正确写法：人民币贰佰陆拾捌元捌角捌分；

错误写法：人民币贰佰陆拾捌元捌角捌分整；

错误之处：多写了一个“整”字，分后不必再写“整”字。

三、会计凭证的传递

会计凭证的传递，是指会计凭证从填制起，经过审核、整理、记账到装订保管为止的处理过程，以及在此过程中有关部门、人员之间应当办理的传递手续。各单位会计凭证的传递程序应当科学、合理，具体办法由各单位根据会计业务需要自行规定。

在制订会计凭证传递程序，规定传递时间时，通常要考虑：

（1）根据经济业务特点及经营管理的需要，规定各种凭证的联数和传递程序。

（2）根据有关部门和人员办理必要业务手续的需要，确定凭证在各个环节的停留时间。

（3）通过调查研究，协商制订会计凭证的传递程序和传递时间。

（4）分别制订若干主要业务绘成流程图或流程表。

第二节　原始凭证

一、原始凭证的种类

原始凭证，又称单据，是指证明经济业务已经发生，明确经济责任，并据以记账的原始凭证。按其来源，原始凭证可分为外来原始凭证和自制原始凭证两种。

（一）外来原始凭证

外来原始凭证是指在经济业务发生时，从其他单位取得的原始凭证。如购货时取得的发票、付款时取得的收据等。

（二）自制原始凭证

自制原始凭证是指在经济业务发生或完成时，由本单位经办业务的部门和人员，根据经济业务自行填制的原始凭证。如商品、材料入库验收单、领料单等。自制原始凭证，按其使用时间和次数的不同，以及反映业务情况的方法不同，可分为一次凭证、累计凭证和汇总凭证。

1. 一次凭证

是指一次完成业务手续的证明凭证。绝大多数日常应用的原始凭证，如现金收据、银行结算凭证、收料单都是一次凭证。

2. 累计凭证

是指用来连续反映一定时期内若干项不断重复发生的同类经济业务的原始凭证，如限额领料单等。

3. 汇总凭证

又称原始凭证汇总表，是指根据许多同类性质的原始凭证汇总起来而编制的凭证，如材料汇总表等。

各单位办理款项和有价证券的收付；财物的收发、增减和使用；债权债务的发生和结算；资本、基金的增减；收入、支出、费用、成本的计算；财务成果的计算和处理；其他需要办理会计手续、进行会计核算的事项，必须取得或者填制原始凭证，并及时送交会计机构。

二、原始凭证的基本要求

（1）原始凭证的内容必须具备：凭证的名称；填制凭证的日期；填制凭证单位名称或者填制人姓名；经办人员的签名或者盖章；接受凭证单位名称；经济业务内容；数量、单价和金额。

（2）从外单位取得的原始凭证，必须盖有填制单位的公章；从个人取得的原始凭证，必须有填制人员的签名或者盖章。自制原始凭证必须有经办单位领导人或者其指定的人员签名或者盖章。对外开出的原始凭证，必须加盖本单位公章。

（3）凡填有大写和小写金额的原始凭证，大写与小写金额必须相符。购买实物的原始凭证，必须有验收证明。支付款项的原始凭证，必须有收款单位和收款人的收款证明。

（4）一式几联的原始凭证，应当注明各联的用途，只能以一联作为报销凭证。一式几联的发票和收据，必须用双面复写纸（发票和收据本身具备复写纸功能的除外）套写，并连续编号。作废时应当加盖“作废”戳记，连同存根一起保存，不得撕毁。

（5）发生销货退回的，除填制退货发票外，还必须有退货验收证明；退款时，必须取得对方的收款收据或者汇款银行的凭证，不得以退货发票代替收据。

（6）职工公出借款凭据，必须附在记账凭证之后。收回借款时，应当另开收据或者退还借据副本，不得退还原借款收据。

（7）经上级有关部门批准的经济业务，应当将批准文件作为原始凭证附件。如果批准文件需要单独归档的，应当在凭证上注明批准机关名称、日期和文件字号。

原始凭证不得涂改、挖补。发现原始凭证有错误的，应当由开出单位重开或者更正，更正处应当加盖开出单位的公章。

三、原始凭证的取得、填制和复核

原始凭证是记录经济业务的发生和完成情况的书面证明。在实际工作中，原始凭证有些是从外单位取得的，有些是本单位自制的。但是，无论是外来原始凭证，还是自制原始凭证，都是在每项经济业务发生和完成时直接取得或填制的。每项经济业务的发生，都必须取得或填制有关的原始凭证。这是填制和复核会计凭证的最基本、最一般的原则要求。因为只有这样才能提供明确经济业务内容、数量、时间、地点以及经办人、验收人和负责人的经济责任的证明资料。不得将多项经济业务汇总填制原始凭证，因为那样就混淆了时间、地点、内容、数量，以及有关人员的经济责任。这种原始凭证是不符合要求的。《会计法》第十条规定："下列经济业务事项，应当办理会计手续，进行会计核算：（一）款项和有价证券的收付；（二）财物的收发、增减和使用；（三）债权债务的发生和结算；（四）资本、基金的增减；（五）收入、支出、费用、成本的计算；（六）财务成果的计算和处理；（七）需要办理会计手续、进行会计核算的其他事项。"《会计法》第十四条第二款规定："办理本法第十条所列的经济业务事项，必须填制或者取得原始凭证并及时送交会计机构。"

（一）原始凭证应具备的内容

经济业务的内容是千差万别的，因而记录经济业务的原始凭证所包括的具体内容也各不相同，各有其不同的要求和特点。但是，每一种原始凭证都必须客观地、真实地记录和反映经济业务的发生和完成情况，都必须明确有关单位、部门及人员的经济责任。这些共同的要求，决定了每种原始凭证都必须具备以下基本内容：

（1）原始凭证的名称。如借据、收据、增值税专用发票等。

（2）原始凭证填制日期和经济业务发生日期。如表6-4开票日期2016年7月25日，表6-5的借款日期2015年10月11日和报账还款日期2015年11月2日。

（3）填制凭证单位的名称及公章或专用章。如表6-4的山东×××实业有限公司、山东×××实业有限公司发票专用章。

（4）经办人或责任人的签名或盖章。如表6-4中山东×××实业有限公司收款人赵一、开票人赵二，表6-5中SSS公司的钱六、钱七、钱八等。这些经办人或责任人都要签名或盖章，他们对购销汽车配件或借用出差备用金的真实性、合法性负责。

（5）接受凭证单位的名称。如表 6–4 中的山东 ××× 汽车配件商店。

（6）经济业务的内容。如购买汽车配件，预借差旅费等。

（7）经济业务的数量、计量单位、单价和金额。如表 6–4 及表 6–5 内的各种配件的名称、单价、金额及总金额 5241.04 元，借人民币 500 元。

表 6–4 发票

山东增值税专用发票 No.01516420

3100012140 发票联 开票日期：2016 年 7 月 25 日

购货单位	名　　称：山东 ××× 汽车配件商店 纳税人识别号： 地 址 、电 话： 开户行及账号：			密码区	1>715>4 ＋＋ 49 － 3>7 －＋ 15/9 9/58641<589 ＋ 5>5597569 –74>9 － 5259/6112–0*1<3 00<4290 ＋ 608*864 ＋ 4 ＋ 45<		加密版本号：01 3100012140 01516420
货物或应税劳务名称	规格型号	单 位	数量	单 价	金 额	税率	税额
左右尾灯半总成	桑塔纳	只	8	129.478632	1 035.83	17%	176.09
左外侧尾灯（新）	2000 型	只	1	112.820513	112.82	17%	19.18
前大灯总成（新）	2000 型	只	2	427.350427	854.70	17%	145.30
右大灯	2000 型	只	4	346.153846	1 384.62	17%	235.38
左右前组合灯	桑塔纳	只	4	272.888889	1 091.56	17%	185.56
合　　计							
价税合计（大写）	伍仟贰佰肆拾壹元零肆分				（小写）￥5 241.04		
销货单位	名　　称：山东 ××× 实业有限公司 纳税人识别号： 地 址 、电 话： 开户行及账号：			备注	山东 ××× 实业有限公司 发票专用章		

第三联：发票联　购货方记账凭证

收款人：赵一　　复核：钱五　　开票人：赵二　　销货单位：（章）

表 6–5　SSS 公司专用借据

2015 年 10 月 11 日

<table>
<tr><td rowspan="2">今借到
人民币　　伍佰元整　　￥500
（大写）</td><td colspan="3">借款结算联</td></tr>
<tr><td>日期金额（元）</td><td>2015 年 11 月 2 日</td><td>年　月　日</td></tr>
<tr><td rowspan="4">其中：支票，现金 500 元
系　因公出差　　用
批准人　　负责人　　借款人
钱六　　　钱七　　　钱八</td><td>报销金额</td><td>480</td><td></td></tr>
<tr><td>交回金额</td><td>20</td><td></td></tr>
<tr><td>尚欠金额</td><td>——</td><td></td></tr>
<tr><td>出纳签章</td><td>钱九</td><td></td></tr>
</table>

上述基本内容，一般不得缺少，否则不能成为具有法律效力的原始凭证。有些原始凭证还应具备一些特殊内容和要求。例如，使用统一发票时，发票上应印有税务专用章；自制发票，应盖有税务监制章；使用增值税专用发票要按规定填写购销双方的税号、地址、电话、开户银行及账号（必须照实填写）。又如，各单位根据管理和核算的需要增加的内容，如凭证编号、定额数、计划指标数、合同号及附件（如购销合同）等。

（二）原始凭证的填制要求

原始凭证大部分是由各单位业务经办人填制的，但也有少部分由财会人员填制，如各种收款收据、费用计提与摊配表、现金解款单、支票进账单、出纳报告单等，为了保证原始凭证能够准确、及时、清晰地反映各项经济业务活动的真实情况，提高会计核算的质量，并真正具有法律效力，原始凭证的填制必须做到真实可靠、手续完备，内容完整、书写清楚，连续编号、及时填制。具体应注意以下问题：

（1）从外单位取得的原始凭证必须盖有填制单位的公章（一般盖财务专用公章），没有公章的原始凭证不能作为报账的依据。有些特殊的原始凭证，出于习惯和使用单位认为不易伪造，可不加盖公章。但这些凭证一般具有固定的、特殊的、公认的标志，如车船票、飞机票等。

（2）从个人处取得的原始凭证应有填制人员的签名或盖章。为了稳妥，还应在原始凭证上注明填制原始凭证的个人的经营地点或居住地点。

（3）自制原始凭证同样具有法律效力，虽不一定加盖公章，但一定要有完整的签审手续。经办人、负责人、审核人、签领人一定要签名或盖章。经办单位负责人所指定的人员的签名或盖章也视为有效。

（4）对外开出的原始凭证，必须加盖本单位的公章，一般用财务专用章。不盖公章的原始凭证是无效凭证。

（5）购买实物的原始凭证，必须有实物验收说明；支付款项的原始凭证，必须有收款单位和收款人的收款证明，付款人不能自己证明自己确实付出了款项。

（6）一式几联的原始凭证，必须用双面复写纸复写，并连续编号。因填写错误或其他原因而作废，应加盖“作废”戳记，整份保存，不得缺联。复印的原始凭证不能作为记账凭证的依据。

（7）已经销售的物品被退回，实物要验收入库或另作处理。退还货款时，要先填制退货发票。用现金退款时，要取得对方的收款收据；以银行存款退还的，以银行结算凭证记账联作为证明，不得以退货发票代替对方的收据。

（8）职工因公借款，应填写正式借据作为记账凭证的附件，这种借据因为要作为记账的凭证，不能退还给借款者，职工用报销的差旅费冲销或退还借款时，由出纳人员另开收据或用表6-5中出纳钱九签字的借款结算联一类单据作为证明，并向借款人说明不退借据的原因。

（9）经过行政机关批准的经济业务，批文是不可缺少的原始凭证。年终，如果需要将批文抽出另行保管，应当复印一份作为附件替换正式批文。

（10）对重要空白原始凭证，如空白发货票、空白收款收据，运输企业的空白车票、船票等，应指定专人保管，领用时应填写领用单，注明用途、领用单位、领取人以及空白原始凭证的起讫号码。用完后，要以存根销号。

（11）购买专控商品，除了银行转账或汇款凭证、销货方开出的发货票、本单位的购物入库或使用证明外，还必须附有社会集团购买力专控办公室签办的批准购买文件。没有批文，虽是真实的，但却不合法，不能报账。

（12）发生频率极高，性质、内容相同，只是每张凭证反映金额不同的原始凭证，在编制记账凭证之前，可按制度规定编制原始凭证汇总表，如每天收取的押金，向个人开出的销货发票或报销的医药费等。原始凭证汇总表应具备以下内容：编号、填制日期、经济业务内容、数量、单价、金额、制证人、审核人、收款人、所附原始凭证张数。汇总人就像流水账单，按经济业务发生的先后顺序号登记，最后加以合计。这些原始凭证如果数量不太多，可以附在汇总表后面，如果数量太多，应单独编号装订，妥善保管备查。

（三）原始凭证的复核

复核原始凭证是会计机构、会计人员结合日常财务工作进行会计监督的基本形式，它可以保证会计核算的质量，防止发生贪污、舞弊等违法行为。出纳是财会部门的一道窗口，一定要把好进出凭证的复核关。

在凭证复核中一定要严肃认真、坚持原则、坚持制度、履行职责。对内容不完整、手续不齐全、书写不清楚、计算不准确的原始凭证，应退还有关部门和人员，及时补办手续或进行更正；对违法收、支要坚决制止和纠正，既不制止和纠正也不向单位领导人提出书面意见的，要承担责任；对严重违法，损害国家和社会公众利益的收、支，应向主管单位或财政、税务、审计机关报告，接到报告的机关应及时处理。

原始凭证复核的内容主要包括真实性复核、完整性复核和合法性复核三个方面。

1. 真实性复核

复核原始凭证，首先要复核其真实性，看它是否真实。如果不是真实的，就谈不上完整性和合法性复核了。

所谓真实，就是说原始凭证上反映的应当是经济业务的本来面目，不得掩盖、歪曲和颠倒真实情况。

（1）经济业务双方当事单位和当事人必须是真实的。开出原始凭证的单位，接受原始凭证的单位，填制原始凭证的责任人，取得原始凭证的责任人都要据实填写，不得冒他人、他单位之名，也不得填写假名。

（2）经济业务发生的时间、地点、填制凭证的日期必须是真实的。不得把经济业务发生的真实时间改变为以前或以后的时间；不得把在甲地发生的经济业务改变成在乙地发生，也不得把填制原始凭证的真实日期改变为以前或以后的日期。

（3）经济业务的内容必须是真实的。如果是购货业务，就必须标明货物的名称、规格、型号等；如果是住宿业务，就要标明住宿的日期；如果是乘坐交通工具业务，就得标明交通工具种类和起止地点；如果是就餐业务，就必须标明就餐，不得把购物写成就餐，把就餐写成住宿；如果是劳动报酬支付，就应该附有考勤记录和工资标准等。

（4）经济业务的“量”必须是真实的。购买货物业务，要标明货物的重量、长度、体积、数量；其他经济业务也要标明计价所使用的量，如住宿 1 天、参观展览 3 次、住院治疗 10 天等。

（5）单价、金额必须是真实的。不得在原始凭证填写时抬高或压低单价，多开或少开金额。

2. 完整性复核

完整性是指原始凭证应具备的要素要完整、手续要齐全。

原始凭证应具备的要素前面已经作了介绍，缺项就是不完整。复核时要检查这些必备的要素是否都填写了。例如，发货票上要有供货单位的财务公章、税务专用章、本联发货票用途、发货票的编号等。对要素不完整的原始凭证，还应怀疑其真实性，原则上应当退回重填。特殊情况下需经旁证和领导批准才能报账。

复核原始凭证的手续是否齐全，包括双方经办人是否签字或盖章需要旁证的原始凭证，旁证不齐也应视为手续不齐全。例如，某些金属和化工材料的发货票或提货单后还应附有证明货物化学成分的化验单等凭证；不需入库的物品，发货票上还应有使用证明人的签名；需要另外登记的原始凭证，需经登记以后再到会计部门报账；需经领导签名批准的原始凭证，要有领导亲笔签名。手续不齐全的原始凭证，应退回补办手续后再予以受理。

3. 合法性复核

合法性就是要按会计法规、会计制度（包括本单位制定的正在使用的一些内部会计制度）和计划预算办事。

在实际工作中，违法的原始凭证主要有三种情况，复核时要加以注意。

（1）明显的假发票、假车票。有些原始凭证带有明显的时间性，时间变了，再用过去的原始凭证，很明显是假的。有些原始凭证印制粗糙，印章不规范，也可以看出是假的。

（2）虽是真实的，但制度规定不允许报销。这种例子很多。一般说来，凡私人购置和私人使用的物品，都不能用公款报销；凡个人非因公外出发生的各种费用都不能用公款报销；单位在业务活动中，不准用公款购买物品相赠……只要熟悉制度，就容易判辨其合法性。

（3）虽能报销，但制度对报销的比例或金额有明显限制，超过比例和限额的不能报销。例如，职工因公出差乘坐火车、轮船，到旅馆住宿，对等级、金额都有限定，超过部分应自理；医药费报销，不同工龄的职工享受公费的比例不同，报销时，要按其公费比例报销。如果超过比例报销，超出部分就是不合法的。

第三节 记账凭证

一、记账凭证的种类

记账凭证，又称记账凭单，是指根据原始凭证或原始凭证汇总表编的，用以确定会计分录，登记账簿的一种会计凭证。

会计机构、会计人员要根据审核无误的原始凭证填制记账凭证。

记账凭证可以分为收款凭证、付款凭证和转账凭证，也可以使用通用记账凭证。

（一）收款凭证

收款凭证是指用于现金、银行存款收入业务的凭证，具体又可分为现金收入凭证、银行存款收入凭证等。

（二）付款凭证

付款凭证是指用于反映现金、银行存款付款业务的凭证，具体又可分为现金付出凭证、银行存款付出凭证等。

（三）转账凭证

转账凭证是指用于反映不涉及现金或银行存款收付的其他经济业务的凭证，如领用材料、产成品完工入库等。

以上三种记账凭证，主要是专门用来记录某一类经济业务的，所以又称专用记账凭证。

（四）通用记账凭证

有一些企业不分收款、付款和转账业务，都使用一种记账凭证，这种凭证称为通用记账凭证。

二、记账凭证的基本要求

（1）记账凭证的内容必须具备：填制凭证的日期；凭证编号；经济业务摘要；会计科目；金额；所附原始凭证张数；填制凭证人员、稽核人员、记账人员、会计机构负责人、会计主管人员签名或者盖章。收款和付款记账凭证还应当由出纳人员签名或者盖章。

以自制的原始凭证或者原始凭证汇总表代替记账凭证的，也必须具备记账凭证应有的项目。

（2）填制记账凭证时，应当对记账凭证进行连续编号。一笔经济业务需要填制两张以上记账凭证的，可以采用分数编号法编号。

（3）记账凭证可以根据每一张原始凭证填制，或者根据若干张同类原始凭证汇总填制，也可以根据原始凭证汇总表填制。但不得将不同内容和类别的原始凭证汇总填制在一张记账凭证上。

（4）除结账和更正错误的记账凭证可以不附原始凭证外，其他记账凭证必须附有原始凭证。如果一张原始凭证涉及几张记账凭证，可以把原始凭证附在一张主要的记账凭证后面，并在其他记账凭证上注明附有该原始凭证的记账凭证的编号或者附原始凭证复印件。

一张复始凭证所列支出需要几个单位共同负担的，应当将其他单位负担的部分，开给对方原始凭证分割单，进行结算。原始凭证分割单必须具备原始凭证的基本内容：凭证名称、填制凭证日期、填制凭证单位名称或者填制人姓名、经办人的签名或者盖章、接受凭证单位名称、经济业务内容、数量、单价、金额和费用分摊情况等。

（5）如果在填制记账凭证时发生错误，应当重新填制。已经登记入账的记账凭证，在当年内发现填写错误时，可以用红字填写一张与原内容相同的记账凭证，在摘要栏注明“注销某月某日某号凭证”字样，同时再用蓝字重新填制一张正确的记账凭证，注明“订正某月某日某号凭证”字样。如果会计科目没有错误，只是金额错误，也可以将正确数字与错误数字之间的差额，另编一张调整的记账凭证，调增金额用蓝字，调减金额用红字。发现以前年度记账凭证有错误的，应当用蓝字填制一张更正的记账凭证。

（6）记账凭证填制完经济业务事项后，如有空行，应当自金额栏最后一笔金额数字下的空行处至合计数上的空行处画线注销。

三、记账凭证的填制方法与审核

记账凭证是由财会人员根据审核无误的原始凭证或原始凭证汇总表，按记账的要求编制的，是登记账簿的直接依据。

填制记账凭证，通常叫作制单。财会部门应指定专人制单。是由出纳制单，还是由记账会计制单，由各单位根据自己单位的人员设置和内部管理的要求自行决定。从实际操作情况看，收、付款记账凭证由出纳填制，其他记账凭证由记账会计填制比较方便。但是，不管是否由出纳制单，作为出纳人员，必须熟练掌握记账凭证，特别是收款凭证和付款凭证的填制和复核方法。从习惯上来看，不少单位现金和银行存款收、付款记账凭证由出纳人员填制，转账凭证则由有关记账会计填制。至于记账凭证的复核，出纳一关必过无疑。所以说，填制和复核记账凭证是出纳工作的重要组成部分。

（一）记账凭证应具备的基本内容

记账凭证一般应具备以下基本内容：

（1）凭证名称。如记账凭证，或收款凭证、付款凭证、转账凭证，或现金收款凭证、现金付款凭证、银行存款收款凭证、银行存款付款凭证、转账凭证等。

（2）记账凭证的填制日期。要写明填制该凭证的具体年、月、日。

（3）经济业务的内容摘要。

（4）会计科目（包括子目和细目）的名称、借贷方向和金额（即会计分录）。

（5）所附原始凭证的张数。记账凭证一般都应附有其原始凭证。记账凭证所附原始凭证张数要填写在记账凭证内。

（6）有关责任人的签名或盖章。包括制单、审核、会计主管、记账签章。收、付款记账凭证还必须由出纳人员签名或盖章。

（7）凭证编号。应按月编制记账凭证的统一序号。

在实际工作中，有的单位还用自制原始凭证或原始凭证汇总表代替记账凭证，这是允许的，但应该具备上述记账凭证的基本内容。

记账凭证有多种分类，下面列示常用的收款凭证、付款凭证和转账凭证的一般格式，以便对照理解记账凭证的内容和填制、复核方法。详见表6-6、表6-7和表6-8。

表6-6　收款凭证

总号	
分号	

收 款 凭 证

借方科目　　　　　　　　　　　　　年　　月　　日

摘　要	应贷科目		√	金　额										
	一级科目	二级或明细科目		亿	千	百	十	万	千	百	十	元	角	分
合计														

附件　　张

财务主管：　　　　记账：　　　　复核：　　　　制单：

表 6-7 付款凭证

付 款 凭 证

总号	
分号	

贷方科目　　　　　　　　　　　　年　月　日

摘　要	应贷科目		√	金额										
	一级科目	二级或明细科目		亿	千	百	十	万	千	百	十	元	角	分
合计														

附件　张

财务主管：　　　记账：　　　复核：　　　制单：

表 6-8 转账凭证

转 账 凭 证

年　月　日

总号	
分号	

借方科目			贷方科目			金额										
摘要																
一级科目	二级或明细科目	√	一级科目	二级或明细科目	√	亿	千	百	十	万	千	百	十	元	角	分
合计																

附件　张

财务主管：　　　记账：　　　复核：　　　制单：

（二）记账凭证的填制

明确了记账凭证应具备的基本内容之后，还应掌握记账凭证的填制方法和填制要求。填制记账凭证是一项重要的会计工作，必须认真对待，如果填制出现差错，不仅会影响到账簿登记，而且会影响到经费收支、费用归集与分配、成本计算和编制会计报表，查找与更正也要花费大量的时间和精力。

现将记账凭证的填制方法和注意事项介绍如下：

1. 填制记账凭证

必须根据复核无误的原始凭证填制记账凭证。记账凭证可以根据每一张原始凭证填制，也可以根据若干张同类原始凭证汇总填制，还可以根据原始凭证汇总表填制。

2. 确定采用何种记账凭证

制单人在接到经过复核的原始凭证以后，应根据经济业务的性质，首先确定应使用收款凭证、付款凭证，还是转账凭证，或者一律编制统一的记账凭证来记录这项经济业务。收、支业务较少的单位可以使用通用的记账凭证，不再分收款、付款、转账三种。一般企业，现金或银行存款收入业务使用收款凭证，现金或银行存款支出业务用付款凭证，不涉及现金和银行存款收、付的业务，则使用转账凭证。

3. 填写记账凭证的日期

填写日期一般是填财会人员填制记账凭证的当天日期，也可以根据管理需要，填写经济业务发生的日期或月末日期。如报销差旅费的记账凭证填写报销当日的日期；现金收、付款记账凭证填写办理收、付现金的日期；银行收款业务的记账凭证一般按财会部门收到银行进账单或银行回执的戳记日期填写；当实际收到的进账单日期与银行戳记日期相隔较远，或次月初收到上月的银行收、付款凭征，按财会部门实际办理转账业务的日期填写；银行付款业务的记账凭证，一般以财会部门开出银行存款付出单据的日期或承付的日期填写；属于计提和分配费用等转账业务的记账凭证，应以当月最后的日期填写。

4. 填写记账凭证的编号

给记账凭证编号，是为了分清记账凭证处理的先后顺序，便于登记账簿和进行记账凭证与账簿记录的核对，防止会计凭证的丢失，并且方便日后查找。记账凭证编号的方法有多种：一种是将财会部门内的全部记账凭证作为一类统一编号，编为记字第 ×× 号；另一种是分别按现金和银行存款收入、现金和银行存款付出以及转账业务三类进行编号，分别编为收字第 ×× 号、付字第 ×× 号、转字第 ×× 号；还有一种是按现金收入、现金付出、银行存款收入、银行存款付出和转账五类进行编号，分

别编为现收字第 ×× 号、现付字第 ×× 号、银收字第 ×× 号、银付字第 ×× 号、转字第 ×× 号。记账凭证无论是统一编号还是分类编号，均应分月份按自然数字顺序连续编号。一张记账凭证编一个号，不得跳号、重号。

业务量大的单位，可使用“记账凭证编号单”，按照本单位记账凭证编号的方法，事先在编号单上印满顺序号，编号时用一个销一个，由制证人注销，在装订凭证时将编号单附上，使记账凭证的编号和张数一目了然，方便查考。

复杂的会计事项，需要填制两张或两张以上的记账凭证时，应编写分号，即在原编记账凭证号码后面用分数的形式表示，如第 8 项业务需要填制两张记账凭证，则第一张编号为 $8\frac{1}{2}$，第二张编号为 $8\frac{2}{2}$。

5. 填写经济业务的内容摘要

记账凭证的摘要栏是填写经济业务的简要内容的。填写时要用简明扼要的文字反映经济业务的概况。填写摘要的要求：一是真实准确，其内容要与经济业务的内容和所附原始凭证的内容相符；二是简明扼要，对经济业务内容表述要准确、概括，并书写工整；三是当一笔经济业务涉及两个以上（不含两个）一级科目时，应根据经济业务和各个会计科目的特点分别填写摘要。

摘要栏的填写没有统一格式，不能一概而论。要根据不同类型的经济业务，因事而异，详略不同。对于同一类经济业务，摘要表述的基本内容是有规律可循的。

对于购买货物，包括购买材料、商品业务，要写明供货单位名称和所购货物的主要品种和数量。

对于收、付款业务，要写明收、付款对象的名称和款项内容，使用银行支票的最好写上支票号码。

对于应收、应付款，预收、预付款，以及分期收款发出商品的债权、债务业务，应写明对方单位名称、业务经办人、发生时间等内容。

对于盈溢、损失事项，应写明发生部门及责任人、发生原因等。

对于冲销和补充业务，应写明被冲销或补充的记账凭证的号数及日期。

6. 会计科目和会计分录的填制

应填写会计科目的全称和编号，不得简写或只写编号而不写名称。要写明一级科目、二级科目甚至三级科目，以便于登记总分类账和明细分类账。会计科目的对应关系要填写清楚，用借贷记账法记账，要先借后贷，可以编制一借多贷或一贷多借的会计分录，应尽量避免编多借多贷的会计分录。但是，如果某项经济业务本身就需要编制一套多借多贷的会计分录时，除因凭证分类编号有特殊要求以外，为了集中反映该项经济业务的全貌，应该采用多借多贷的会计科目对应关系，不必人为地将一项经济业务所涉及的会计科目分开，编制两张，甚至多张记账凭证。例如，企业收回投资，对方用旧设备和部分原材料归还时，就应借记“固定资产”、“原材料”账户，贷记“累计折旧”和“长期股权投资”等账户，编制两借两贷的会计分录。否则，便不能正确、全面地反映这项经济业务的全貌。

不能把不同内容、不同类型的经济业务合并编制成一组会计分录，否则，会使经济业务的具体内容不清楚，难以填写摘要；会计科目没有明确的对应关系，看不清经济业务的来龙去脉。这样填制的记账凭证，不仅凭证本身记录不清楚，也容易造成账簿记录的错误，给记账、算账带来困难。

7. 金额栏数字的填写

记账凭证的金额必须与原始凭证的金额相符；在填写金额数字时，阿拉伯数字书写要规范，应该对准借、贷栏次和科目栏次，防止错栏串行；金额的数字要填写到分位，零角零分也要填上“0”；“角分”位要与“元”位写在同一水平线上，不得上下错行；每笔经济业务填入数字后，要在记账凭证的合计行填写合计金额，若某笔经济业务因涉及会计科目较多，需在一张记账凭证上填写多行或填写多张记账凭证的，一般在每张记账凭证的合计行填写合计金额。并在小写合计数前面填写人民币符号“￥”。不是合计数，则不写货币符号。

8. 记账凭证应按行次逐项填写，不得跳行或留有空行

如有空行，应用斜线或“S”形线注销。画线应从金额栏最后一笔金额数字下的空行画起，一直画到合计数行上面的空行。要注意斜线两端都不能画到有余额数字的行次上。

9. 所附原始凭证张数的计算和填写

记账凭证一般应附有原始凭证，并注明其张数。凡属收、付款业务的记账凭证都必须有附件；职工出差借款的借据必须附在记账凭证上，收回借款时应另开收据或退还经出纳（收款人）签名的借款结算联；转账业务中，属于摊提性质的经济业务应有附件。附件的张数应用阿拉伯数字填写。

记账凭证所附原始凭证张数计算的原则是：没有经过汇总的原始凭证，按自然张数计算，有一张算一张；经过汇总的原始凭证，每一张汇总单或汇总表算一张。例如，某职工填报的差旅费报销单上附有车票、船票、住宿发票等原始凭证35张，35张原始凭证在差旅费报销单上的“所附原始凭证张数”栏内已作了登记，在计算记账凭证所附原始凭证张数时，这一张差旅费报销单连同其所附的35张原始凭证一起只能算一张。财会部门编制的原始凭证汇总表所附的原始凭证，一般也作为附件处理，原始凭证汇总表连同其所附的原始凭证算在一起作为一张附件填写。但是，属收、付款业务的，其附件张数的计算要作特殊情况处理，应把汇总表及所附的原始凭证或说明性质的材料均算在其张数内，有一张算一张。

当一张或几张原始凭证涉及几张记账凭证时，可将原始凭证附在其中一张主要的记账凭证后面，并在摘要栏内注明“本凭证附件包括 ×× 号记账凭证业务”字样，在其他有关记账凭证的摘要栏内注明“原始凭证附于 ×× 号记账凭证后面”的字样。

10. 记账凭证的签章

记账凭证填制完成后，需要由有关财会人员签名或盖章，填制人员填制完毕后先行签名或盖章，并经稽核人员审核签名或盖章后，交会计主管人员签名或盖章，最后由记账人员根据审核无误的记账凭证登记账簿，并在记账凭证上签名或盖章，以表示该记账凭证已由其登记入账。对于收、付款记账凭证，还必须由出纳人员签名或盖章，以示出纳人员已对所签名或盖章的收、付款记账凭证上的款项进行了收、付。

对记账凭证签名或盖章的目的，在于加强对凭证的管理，分清财会人员的责任，使会计工作岗位之间相互制约，互相监督。

使用收款凭证、付款凭证和转账凭证的单位，对现金和银行存款之间相互划转的业务，如从银行提取现金或将现金存入银行，只填制银行存款或现金的付款凭证，不再填制现金或银行存款的收款凭证，以避免重复记账。为了明确责任，持支票从银行提取现金的经手人，应在银行存款付款凭证上签字；将现金送存银行，经手人应在现金付款凭证上签字，并将从银行退回的已经银行盖章的现金解款单回单作为现金付款凭证的附件。

（三）记账凭证的复核

为了保证和监督各种款项的收付、物资的收发、往来款项的结算以及账簿记录的准确性，必须对记账凭证进行认真的复核。要对其所附原始凭证进行复核查对，对记账凭证本身的填制是否符合规定进行复查。

具体讲，主要应复查以下几项内容：

（1）按原始凭证复核的要求，对其所附原始凭证进行复核。

（2）将记账凭证与原始凭证进行核对，看其所附原始凭证是否齐全，所记内容是否与原始凭证相符，所记金额是否与原始凭证完全一致等。对一些需要单独保管的原始凭证和文件，看是否已在记账凭证中作了说明。

（3）看其会计科目的使用是否正确，应借、应贷的金额是否平衡，账户的对应关系是否清晰，核算的内容是否符合会计制度的规定。

（4）记账凭证应填写的项目是否填写齐全，有关人员是否已经签章。对记账凭证复核发现的问题应及时进行处理，如补办手续、补填内容或拒绝办理等。

（四）记账凭证错误的更正

记账凭证出现的错误有两类：一类是因为原始凭证的错误引起的；另一类是记账凭证本身的填写出现差错，包括摘要填写不对、用错了科目、算错了金额等。记账凭证错误发现的时间，有的在登账之前，有的在登账之后。记账凭证的错误应区分不同情况进行更正。

1. 原始凭证错误（包括原始凭证无法辨认）的更正

原始凭证的错误，凡没有登记账簿的，不论是外来的还是自制的原始凭证，应责成经办人退还填制单位或填制人更正或补填，根据更正或补填后的原始凭证，一般应重新填制记账凭证，也可以采用画线更正法进行更正。发现有违反财经纪律和财务制度的情况，应拒绝受理。对于有弄虚作假、营私舞弊、伪造涂改等违法违纪行为的，应扣留凭证，报告领导处理。凡已经登记账簿的，不应抽出原始凭证，应当责成经办人另外补填原始凭证，按补填的正确原始凭证采用补充登记法或红字更正法进行更正。

2. 记账凭证错误的更正

记账凭证的错误，凡没有登记账簿的，应由填制人员重新填制。已经登记账簿的，为了反映有关账户的当年发生额，正确计算当年的财务收支，在科目和金额同时错误的情况下，采用红字更正法；在科目正确，只有金额错误时可用红字更正法或补充登记法加以更正。

（五）记账凭证附件的处理方法

在实际工作中记账凭证所附的原始凭证种类繁多，为了便于日后的装订和保管，在填制记账凭证的时候应对附件进行必要的整理和外形加工。过宽过长的附件，应进行纵向或横向的折叠。折叠后的附件外形尺寸，不应长于或宽于记账凭证，同时还要便于翻阅；附件本身不必保留的部分可以裁掉，但不得因此影响原始凭证内容的完整；对于大小适中的附件，主要是进行“毛边”的修理。搞整齐后用回形针等固定于记账凭证下面。整理保存时尽量不要用胶水，以防日后霉变和给装订带来不便。过窄过短的附件，不能直接装订时，应进行必要的加工后再粘贴于特制的原始凭证粘贴纸上，然后再装订粘贴纸。原始凭证粘贴纸的外形尺寸应与记账凭证相同，纸上可先印一个合适的方框，各种不能直接装订的原始凭证，如汽车票、地铁车票、市内公共汽车票、火车票、飞机票等，都应按类别整齐地粘贴于粘贴纸的方框之内，不得超出。粘贴时应横向进行，从右至左，并应粘在原始凭证的左边，逐张左移，后一张右边压住前一张的左边，每张附件只粘左边的 0.5 ~ 1 厘米长，粘牢即可。粘好以后要捏住记账凭证的左上角向下抖几下，看是否有未粘住或未粘牢的。最后还要在粘贴单的空白处分别写出每一类原始凭证的张数、单价与总金额。如某人报销差旅费，报销单后面的粘贴单附有 0.5 元的市内公共汽车票 9 张，1 元的公共汽车票 12 张，285 元的火车票 1 张，869 元的飞机票 1 张，就应分别在汽车票一类下面空白处注明 0.5 × 9=4.50（元），1 × 12=12（元），在火车票一类下面空白处注明 285 × 1=285（元），在飞机票一类下面空白处注明 869 × 1=869（元）。

这样，万一将来原始凭证不慎失落，也很容易查明丢的是哪一种票面的原始凭证，而且也为计算附件张数提供了方便。粘贴式样（粘贴纸大小如前所述，此处仅列示粘贴方法）见图 6-3。

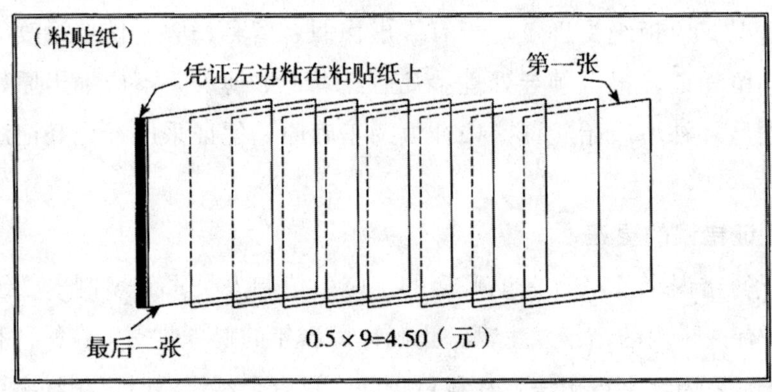

图 6-3 记账凭证附件的粘贴式样

第四节 现金出纳凭证

出纳记账的依据是会计凭证，办理各项货币资金收付的依据也是会计凭证，出纳人员不但要受理与审核各种会计凭证，而且还要填制大量会计凭证来明确经济责任和传递会计信息。所以，填制和复核会计凭证是出纳人员日常工作的重要组成部分。本节着重介绍作为出纳人员应掌握的填制与复核会计凭证的一般要求和基本方法。现金解款单和银行转账结算的有关票据填制方法和注意事项将在有关章节介绍。

一、现金出纳凭证的概念

现金出纳凭证是记录现金收付业务活动，明确现金出纳工作中经济责任的书面证明，是登记现金账簿的重要依据。现金出纳凭证可分为原始凭证和记账凭证两种。现金出纳的原始凭证主要是出纳收入现金和支出现金的会计凭证；现金出纳的记账凭证主要是根据现金收付业务的原始凭证编制的现金收款记账凭证和现金付款记账凭证。

二、现金出纳原始凭证的种类

现金出纳的原始凭证主要包括两种发票和收据：

（一）发票

发票，是指企事业单位在购销商品，提供和接受劳务以及从事其他经营活动中开具的票据。它是进行会计核算的原始凭证，也是税务机关进行税务稽查的重要依据。

1. 普通发票

其基本内容包括：发票的名称、联次及用途、客户名称、商品名称、计量单位、数量、单价、大小写金额、开票人、开票日期、开票单位名称等。发票内容应当包括代扣、代收、委托代征税款的税率和代扣、代收、委托代征税款额。

2. 增值税专用发票

它是按照税法规定应当缴纳增值税的单位和个人在销售货物或者应税劳务时，购买方向接受劳务方开具的发票，是计算和缴纳增值税款的基础和前提。

（二）收据

1. 非经营性收据

指国家机关、事业单位等按规定收取相关费用和咨询服务费所开具的收据。非经营性收据由国家财政部门统一印制或加盖监制章，国家机关、事业单位在规定收取各种费用时必须开具非经营性收据。

2. 内部收据

一般用于单位内部职能部门与职工之间的现金往来及与外部单位和个人之间的非经营性资金往来。企业支付款项收到内部收据时，不可以进行账务处理，必须取得正式收据，否则视为白条。

三、现金出纳凭证的填制的要求

填制现金出纳凭证要求做到内容齐全，书写清晰，数据规范，会计科目准确，编号合理，签章手续完备等。

（1）现金出纳凭证的内容必须齐全。凡是凭证格式上规定的各项内容必须逐项填写齐全，不得遗漏和省略，以便完整地反映经济活动全貌，这是填制现金出纳凭证最起码的要求。

（2）填写现金出纳凭证的文字、数字必须清晰、工整、规范。

（3）记账凭证中所运用的会计科目必须适当。按照原始凭证所反映的现金出纳业务的性质，根据会计准则的规定，确定应“收”、应“付”会计科目。需要登记明细账的还应列明二级科目和明细科目的名称并据以登账。

（4）现金出纳凭证要求连续编号以便备查。记账凭证一般是按月顺序编写，即将每月第一天第一笔现金收付事项作为会计凭证的第一号；按顺序编至月末。不允许漏号、重号、错号，为了防止记账凭证丢失，应在填制凭证时及时编号。

（5）现金出纳的签章必须完备。从外单位或个人处取得的原始凭证，必须盖有填制单位的公章或财务专用章；出纳人员办理收付款项以后，应在收付款的原始凭证上加盖“收讫”、“付讫”戳记；记账凭证中要有凭证填制人员、稽核人员、记账人员、会计主管人员的签名或盖章。另外，凡是经过审查和处理的凭证，必须加盖规定的公章并有有关人员的签章；传票附件要加盖“作附件”戳记；对外的重要单证如存单、存折、收据等应加盖业务公章。

四、现金出纳凭证的审核

（一）形式上的审核

审核凭证的填写是否符合规定的要求；填写的基本内容是否完整；有关经办人员是否签章；书写的字迹是否清晰，有无涂改、污损和不符合规定的更改；数字的计算如计量单位、数量、单价、金额是否正确，大小写金额是否相符；记账凭证是否附有原始凭证，内容是否一致，金额是否相符，其摘要是否简明扼要。

（二）实质上的审核

审核凭证所反映的经济业务是否符合国家方针、政策、行业法令法规；报销的开支是否超标准、超计划；是否正确运用会计科目；现金收支是否符合成本开支范围和费用开支标准，是否符合现金管理规定；是否受理了印有“不作报销凭证”字样和盖有“报销无效”戳记的原始凭证等。

五、现金收款凭证的复核

现金收款凭证是出纳人员办理现金收入业务的依据。为确保收款凭证的合法、真实和准确，出纳人员在办理每笔现金收入前，都必须首先复核现金收款凭证，要求认真复核以下内容：

（1）现金收款凭证的填写日期是否正确。现金收款凭证的填写日期应为编制收款凭证的当天，不得提前或推后。

（2）现金收款凭证的编号是否正确。有无重号、漏号或不按日期顺序编号等情况。

（3）现金收款凭证记录的内容是否真实、合法、准确，其摘要栏的内容与原始凭证反映的经济业务内容是否相符。

（4）使用的会计科目是否正确。

（5）复核收款凭证的金额与原始凭证的金额是否一致。原始凭证大小写金额是否相同，有无印章。

（6）复核收款凭证"附单据"栏的张数与所附原始凭证张数是否相符。

（7）收款凭证的出纳、制单、复核、财务主管栏目是否签名或盖章。

现金收入按其性质可以分为4类：

①业务收入，如企业的营业收入、事业单位的业务收入，机关、团体等的拨款收入等。

②非业务收入，如企业单位的投资收入、营业外收入，事业单位的其他收入等。

③预收现金款项，如企业事业单位按照合同规定预收的定金等。

④其他收入现金款项。

对以上收入的业务，在收到现金时，都应按规定编制现金收款凭证，其借方科目自然为"库存现金"等，其贷方科目则应根据收入现金业务的性质和会计准则的规定来确定。

以下是常见的现金收款业务：

【例6-1】A商业企业销售商品收到现金5000元。会计分录为：

借：库存现金　5000

　贷：主营业务收入　4150

　　　应交税费——应交增值税（销项税额）　850

【例6-2】B工业企业销售产品一件，单价600元，增值税102元，收到现金622元。会计分录为：

借：库存现金　702

　贷：主营业务收入　600

应交税费——应交增值税（销项税额） 102

【例 6-3】C 企业出租包装物，收到租金 1000 元现金。有关会计分录为：

借：库存现金 1000

贷：其他业务收入 1000

【例 6-4】D 企业股票投资收到现金股利 2000 元。有关会计分录为：

借：库存现金 2000

贷：投资收益 2000

【例 6-5】E 企业将一台回收的残料价值 800 元的报废设备出售，收到现金。有关会计分录为：

借：库存现金 800

贷：固定资产清理 800

【例 6-6】F 公司 12 月 31 日在清查中发现库存现金短缺 300 元，经查是出纳员江某工作失误造成的，按规定由江某赔偿。在这种情况下应先做付款凭证，其会计分录为：

借：其他应收款——现金短款——江某 300

贷：库存现金 300

在收到赔款时，应编制现金收款记账凭证，其贷方科目为其他应收款，会计分录为：

借：库存现金 300

贷：其他应收款——现金短款——江某 300

【例 6-7】G 公司仓库产品发生霉烂变质，造成损失 800 元，经查明为保管员江某失职造成，按规定应由江某赔偿损失并罚款 200 元。实际发生责任事故时，由会计人员编制如下会计分录（未考虑增值税进项税额）：

借：其他应收款——财产赔款 800

贷：待处理财产损溢——待处理流动资产损溢 800

实际收到江某交来的赔款和罚款金时，应编制现金收款记账凭证，做如下会计分录：

借：库存现金 1000

贷：其他应收款——财产赔款 800

营业外收入 200

六、现金付款凭证的复核

现金付款凭证是出纳人员办理现金支付业务的依据。出纳人员对之应进行认真、细致的复核，其复核方法及基本要求与现金收款凭证相同。

出纳人员在复核现金付款凭证时应注意以下几点：

（1）对于涉及现金和银行存款之间的收付业务，只填制付款凭证，不填制收款凭证。如将当日营业款送存银行，制单人员根据现金解款单（回单）编制现金付款凭证，借方账户为银行存款，贷方账户为现金，不再编制银行存款收款凭证。

（2）发生销货退回时，如果数量较少，且退款金额在转账起点以下，需用现金退款时，必须取得对方的收款收据，不得以退货发票代替收据编制付款凭证。

（3）从外单位取得的原始凭证如果遗失，应取得原签发单位盖有有关印章的证明，并注明原始凭证的名称、金额、经济内容等，经单位负责人批准，方可代替原始凭证。

支现的经济业务主要包括工资、奖金、退休金以及各种福利补贴支现；差旅费支现；医药费支现；部门领取备用金支现；日常零星的其他支出等。现举例介绍现金支付业务的账务处理。

【例 6-8】企业以现金发放本月份职工工资，应付职工薪酬—工资总额为 26358.90 元，代扣房租 1021 元，代扣家属医药费 596 元，实付现金 24741.90 元。

发放工资，应付职工薪酬—工资减少，借记“应付职工薪酬—工资”；扣回房租冲减管理费用，扣回的家属医药费作为可支付的福利费用增加，分别贷记“管理费用”、“应付职工薪酬—福利费”；按照实际支付的现金贷记“库存现金”。可分编现金付款凭证与转账凭证，也可合并编制一张记账凭证，合并编制的会计分录如下：

借：应付职工薪酬——工资　26358.90

　贷：管理费用　1021.00

　　　应付职工薪酬——福利费　596.00

　　　库存现金　24741.90

【例 6-9】本单位技改中心开办期间支付办公费 2000 元（现金），注册登记费 1200 元（现金）。会计分录如下：

借：长期待摊费用——开办费　3200

　贷：库存现金　3200

【例 6-10】29 日，职工钱十出差归来，报销差旅费 310 元，补给现金 10 元，结清原借款 300 元，此款已入账。会计分录如下：

借：管理费用　310

　贷：其他应收款——钱十　300

　　　库存现金　10

【例 6-11】FFF 公司对行政科采用非定额备用金制度，行政科为购买办公用品预借备用金 1000 元。预借时，会计部门根据借款凭证编制现金付款凭证，做会计分录为：

借：其他应收款——备用金（行政科）　1000

　贷：库存现金　1000

行政科购买办公用品 920 元后凭发票和验收入库单到财务部门报销，交回多余现金 80 元。会计部门编制转账凭证一张，做会计分录为：

借：管理费用　920

　　库存现金　80

　贷：其他应收款——备用金（行政科）　1000

出纳员收回多借的未用现金 80 元。

如果行政科实际购买办公用品 1080 元，自己垫付了 80 元，则在报销时，会计人员要按规定编制转账凭证一张，做会计分录为：

借：管理费用　1080

　贷：其他应收款——备用金（行政科）　1000

　　　库存现金　80

出纳员应付给行政科现金 80 元，退还经办人员垫付的现金。

【例 6-12】公司用现金支付本单位李明医药费 120 元。会计分录为：

借：应付职工薪酬——福利费　120

　贷：库存现金　120

【例 6-13】公司用现金支付报废固定资产的清理费用 1260 元。会计分录为：

借：固定资产清理　1260

　贷：库存现金　1260

第七章　出纳账簿

第一节　出纳账簿综述

会计账簿，简称账簿，又叫账册，是指以会计凭证为依据，全面、系统和连续地记录、反映企业经济活动的，具有一定格式的簿籍。它是由许多具有专门格式的账页组成的。设置和登记账簿是会计核算的一种专门方法。通过账簿的登记，对各项经济业务进行序时、分类地记录，既可提供总括的核算资料，又可提供明细的核算资料，全面系统地反映资金的增减变化。同时，还可为编制会计报表提供主要依据。

各单位应当按照国家统一会计制度的规定和会计业务的需要设置会计账簿。实行会计电算化的单位，用计算机打印的会计账簿必须连续编号，经审核无误后装订成册，并由记账人员和会计机构负责人、会计主管人员签字或者盖章。实行会计电算化的单位，总账和明细账应当定期打印。发生收款和付款业务的，在输入收款凭证和付款凭证的当天必须打印出现金日记账和银行存款日记账，并与库存现金核对无误。

一、账簿的分类

账簿的分类见表 7-1。

表 7–1 账簿的分类

<table>
<tr><td rowspan="6">账簿的分类</td><td rowspan="3">按性质和用途分类</td><td>日记账</td><td>也称序时账簿，是按经济业务发生时间的先后顺序记录经济业务的账簿，该种账簿按照所记录的经济业务范围的不同，又分为普通日记账和特种日记账。普通日记账用来序时记录所有经济业务。特种日记账用来序时记录某种经济业务。例如，现金日记账、银行存款日记账等都是特种日记账。</td></tr>
<tr><td>分类账</td><td>是按照账户分类记录各项经济业务的账簿。该账户按照分类明细程度的不同，分为总分类账簿和明细分类账簿。总分类账簿，简称总账，是根据一级会计科目设立的总分类账户，按照总括分类记录全部经济业务的账簿。它可以提供各种资产、负债、费用、成本、收入等总括核算资料。明细分类账簿，简称明细账，是按照二级或明细会计科目设立的分类账户。</td></tr>
<tr><td>备查账</td><td>又称辅助账，是对日记账和分类账簿中不能记载或记载不全的经济业务进行补充登记的账簿。如租入、租出固定资产登记簿、代销商品登记簿等。</td></tr>
<tr><td rowspan="3">按外在形式分类</td><td>订本账</td><td>是将账页固定装订成册的账簿。这种账簿可避免账页散失，防止抽损账页，易于归档保管。因此，一般规定总分类账簿和现金日记账、银行存款日记账等采用订本账。</td></tr>
<tr><td>活页账</td><td>是将账页装订在账夹中的账簿。此种账簿可根据需要增加账页，便于记账工作的分工，但易于散失或被抽损。这种账簿在使用前要连续编号，登记使用完后装订成册。
明细分类账多为活页账。</td></tr>
<tr><td>卡片账</td><td>是将账卡装在账卡箱中的账簿。特点是比较灵活，可根据需要以上不同类别的账簿。</td></tr>
</table>

二、账簿的启用

（一）填写账簿启用表

出纳员启用现金日记账，应按规定的内容逐项填写“账簿启用及接交表”和“账户目录表”，具体格式见表 7–2、表 7–3 所示。

表 7-2　账簿启用及接交表

<table>
<tr><td colspan="2">单位名称</td><td colspan="10"></td><td rowspan="5">印鉴</td></tr>
<tr><td colspan="2">账簿名称</td><td colspan="10">（第　　册）</td></tr>
<tr><td colspan="2">账簿编号</td><td colspan="10"></td></tr>
<tr><td colspan="2">账簿页数</td><td colspan="3">本账簿其计页（　）</td><td colspan="3">本账簿页数
检点人盖章</td><td colspan="4"></td></tr>
<tr><td colspan="2">启用日期</td><td colspan="10">公元　　年　　月　　日</td></tr>
<tr><td rowspan="3">经营人员</td><td colspan="2">负责人</td><td colspan="2">主办会计</td><td colspan="4">复核</td><td colspan="4">记账</td></tr>
<tr><td>姓名</td><td>盖章</td><td>姓名</td><td>盖章</td><td colspan="2">姓名</td><td colspan="2">盖章</td><td colspan="2">姓名</td><td colspan="2">盖章</td></tr>
<tr><td></td><td></td><td></td><td></td><td colspan="2"></td><td colspan="2"></td><td colspan="2"></td><td colspan="2"></td></tr>
<tr><td rowspan="5">接交记录</td><td colspan="4">经管人员</td><td colspan="4">接管</td><td colspan="4">交出</td></tr>
<tr><td colspan="2">职别</td><td colspan="2">姓名</td><td>年</td><td>月</td><td>日</td><td>盖章</td><td>年</td><td>月</td><td>日</td><td>盖章</td></tr>
<tr><td></td><td></td><td></td><td></td><td></td><td></td><td></td><td></td><td></td><td></td><td></td><td></td></tr>
<tr><td></td><td></td><td></td><td></td><td></td><td></td><td></td><td></td><td></td><td></td><td></td><td></td></tr>
<tr><td></td><td></td><td></td><td></td><td></td><td></td><td></td><td></td><td></td><td></td><td></td><td></td></tr>
<tr><td>备注</td><td colspan="12"></td></tr>
</table>

表 7-3　账户目录表

编号	科目	页码	编号	科目	页码	编号	科目	页码

（二）启用会计账簿时扉页填写

（1）在账簿封面上写明单位名称和账簿名称。

（2）账簿扉页上应附“经办人员一览表”。内容包括单位名称、账簿名称、账簿页数、启用日期、记账人员和会计机构负责人、会计主管人员姓名，并加盖名章和公章。会计主管人员调动工作时，应当注明交接日期、接办人员和监交人员姓名，并由交接双方签名或者盖章。

（3）粘贴印花税票。粘贴印花税票的账簿，印花税票一律粘在账簿扉页启用表的右上角，并在印花税票中间画两条出头的横线，以示注销；使用缴款书缴纳印花税，在账簿扉页启用表的左上角注明“印花税已缴”及缴款金额。缴款书作为记账凭证的原始凭证登记入账。

三、账簿的建立

（一）序时账簿的格式及登记方法

序时账簿，又叫日记账，或叫原始分录账，是指按照经济业务发生或完成时间的先后次序进行登记的账簿。在实际操作中，它是按照财会部门收到凭证的先后顺序，即按照凭证的编号顺序进行登记的。序时账簿有两种：一种是用来登记全部经济业务的；另一种是用来登记某一类经济业务的。目前应用比较广泛的是记录某一类经济业务的序时账簿，如现金日记账、银行存款日记账等。

1. 现金日记账

企事业单位用来序时登记现金支付业务的账簿。一般采用三栏式，基本结构为收入栏、支出栏和结余栏。如表 7–4 所示。

表 7–4　现金日记账

年		凭证编号	摘要	对方科目	收入（借）	支出（贷）	结余
月	日						

现金日记账的登记方法为：

（1）现金日记账由出纳人员根据审核无误的现金收、付款凭证逐日逐笔按顺序登记。“年、月、日”、“凭证编号”、“摘要”、“对方科目”等栏，根据现金收、付款凭证上的有关内容登记。“收入”栏，根据现金收款凭证登记，“支出”栏，根据现金付款凭证登记。

（2）出纳员在登记“现金日记账”时，严格审核现金收、付款凭证，看其是否符合政策、法令和制度，是否有健全的手续，如有不符，则应拒绝收、付。

（3）已经收付现金的凭证，应加盖“现金收讫”或“现金付讫”戳记，每日终了应结出现金日记账的收入合计数、支出合计数和结余数，并与实际库存核对，核查是否相符，如有不符，应查明原因和责任。

2. 银行存款日记账

企业用来登记银行存款收付业务的账簿。它应按“结算存款”、“信用证存款”等分别设置。一般采用“收入”、“支出”、“结余”三栏式。如表 7-5 所示。

表 7-5　银行存款日记账

年		凭证编号	摘要	结算凭证		对方科目	收入	支出	结余
月	日			种类	号数				

银行存款日记账的登记方法为：

（1）由出纳员根据银行存款的收、付款凭证及其所附原始凭证逐笔顺序登记。

（2）“年、月、日”、“凭证编号”、“摘要”、“对方科目”等栏，根据银行存款收、付款凭证上的有关内容登记，“结凭证”栏，根据银行收、付款凭证所附的银行结算凭证填制，“收入”栏根据银行存款收款凭证上的数据记录，“支出”栏根据银行存款凭证上的数额记录。

对于现金和银行存款收、付业务较多的单位，现金日记账和银行存款日记账还可以按照收款业务和付款业务分别设置多栏式“现金收入日记账”、“现金支出日记账”、“银行存款收入日记账”和“银行存款支出日记账”，其格式如表 7-6、表 7-7 所示。

表 7-6　现金（银行存款）收入日记账

年		凭证号数	摘要	贷方科目						收入合计	支出合计	余额
月	日											

表 7-7　现金（银行存款）支出日记账

年		凭证号数	摘要	支票		借方科目								支出合计
月	日			种类	号数									

多栏式现金（银行存款）收入（支出）日记账，应每天根据有关的收付款凭证逐笔进行登记，把金额记入对方科目设置的专栏内，每日终了，将支出日记账当日支出合计数，转记入收入日记账中支出合计栏内，结出当日的账面余额。

（二）分类账簿的格式及登记方法

分类账簿，是指对经济业务进行分类登记的账簿。按账簿反映内容详细程度的不同，可分为总分类账和明细分类账。

1. 总分类账

总分类账，简称总账，是指根据一级会计科目设置的，用来分类登记全部经济业务，提供各种资产、负债及所有者权益、费用成本和收入成果等总括核算资料的分类账簿。它能够全面、总括地反映经济活动情况，为编制会计报表提供资料。总分类账一般采用借、贷、余三栏式的订本账。其格式如表 7-8 所示。

表 7-8 总账

年		凭证号数		摘要	金额		
月	日	借	贷		借方	贷方	余额（借或贷）

总分类账一般根据记账凭证汇总表登记，也可以根据各种记账凭证逐笔登记。

2. 明细分类账

明细分类账，又叫明细账，是指根据一级科目所属的二级或明细科目设置的用来分类登记某一类经济业务，提供明细核算资料的分类账簿。它能详细地反映经济活动情况，并为日常经营管理和编制会计报表提供明细资料。明细分类账的一般格式如表 7-9 所示。

表 7-9 明细账

年		凭证号数	摘要	借方	贷方
月	日				

明细分类账可依据工作量的大小，根据原始凭证、汇总原始凭证、记账凭证逐笔或定期汇总登记。

（三）备查账簿的格式

备查账簿，又称备查登记簿或辅助登记簿，是指根据本单位会计核算和经营管理的需要而设置的，用来登记日记账和分类账不反映的事项的账簿。它是对序时账簿和分类账簿的补充，为加强经营管理提供必要的补充资料。

备查账簿没有固定格式，各单位可根据实际需要来设定。例如，对租入固定资产就需要设置备查簿进行登记反映，其一般格式如表 7-10 所示。

表 7-10　租入固定资产备查登记簿

<table>
<tr><td rowspan="2">固定资产
名称及规定</td><td rowspan="2">租约
合同编号</td><td rowspan="2">租出单位</td><td rowspan="2">租入
日期</td><td rowspan="2">租金</td><td colspan="2">使用部门</td><td rowspan="2">归还
日期</td><td rowspan="2">备注</td></tr>
<tr><td>日期</td><td>单位</td></tr>
<tr><td></td><td></td><td></td><td></td><td></td><td></td><td></td><td></td><td></td></tr>
</table>

（四）联合账簿

联合账簿，是指以序时账和日记账相结合的形式，用来反映经济活动业务的账簿。常见的有日记账。其一般格式如表 7-11 所示。

表 7-11　日记总账

<table>
<tr><td colspan="2">年</td><td rowspan="2">凭证
号数</td><td rowspan="2">摘要</td><td rowspan="2">发生额</td><td colspan="2">流动资产</td><td colspan="2">固定资产</td><td colspan="2">……</td></tr>
<tr><td>月</td><td>日</td><td>借方</td><td>贷方</td><td>借方</td><td>贷方</td><td>借方</td><td>贷方</td></tr>
<tr><td></td><td></td><td></td><td>上年结转
……
……
……
本月发生额合计
本月结余</td><td></td><td></td><td></td><td></td><td></td><td></td><td></td></tr>
</table>

（五）订本式账簿

订本式账簿，又称订本账，是指在启用前就把具有一定格式、编有顺序号码的许多账页装订固定在一起的账簿。其优点在于：能够避免账页散失和防止不合法地被抽换账页。缺点在于：由于账页固定，同一时间只能由一人记账，不便于记账人员分工；不能随时增减账页，必须先估计账户证账所需账页，保留空白账页，若账页不够，则会影响账户的连续登记，若账页有余，又会造成浪费。

总分类账户、明细分类账户、日记账（现金日记账和银行存款日记账）可以采用订本式账簿。

（六）活页式账簿

活页式账簿，又称活页账，是指不把某类账页固定起来，而把零散的账页旋转在活页账夹内，可以随时增减账页的账簿。其特点是：随意增减，避免账页浪费，但容易丢失账页和被抽换。一般适用于一些明细分类账。

在会计年度结束时，应把活页式账簿装订在一起加以保管。

（七）卡片式账簿

卡片式账簿，又称卡片簿，是指把许多分散的、具有一定格式的卡片存放在卡片箱中，可以随时取放账簿。其特点是：使用方便、记录详细，可以跨会计年度使用，便于汇总和更换等，如固定资产卡片等。

卡片式账簿可以根据会计管理要求自行设计其格式。

（八）三栏式账簿

三栏式账簿，是指以“借”、“贷”、“余”栏形式反映某类经济事项的账簿。这是最常用的一种账簿。这种明细账格式适用于只进行金额核算的账户，如“应付账款”等账户。其格式如表 7–12 所示。

表 7–12　明细分类账

年		凭证号数	摘要	借方	贷方	余额
月	日					

（九）多栏式账簿

多栏式账簿，是指根据反映经济事项的内容来设置账户的栏次，进行会计分录的账簿。多栏式账簿一般有两种形式：一是在借、贷、余三栏式明细账的基础上，在借、贷大栏上，设置若干专栏，分别登记各个明细项目的金额。如表 7–13 所示。二是在借、贷、余三栏明细账的基础上，在三大栏之后设置明细项目专栏，反映各明细项目的金额，如表 7–14 所示。

表 7–13　多栏式明细账

明细科目：　　　　　　　　　　　　　　　　　　　　第　　页

年		凭证编号	摘要	借方				贷方				余额	
月	日						合计				合计	借	贷

表 7–14　多栏式明细账

明细科目：　　　　　　　　　　　　　　　　　　　　第　　页

年		凭证编号	摘要	余额		借方发生额分析	贷方发生额分析
月	日			借方	贷方		

（十）数量金额式账簿

数量金额式账簿，是指在“借”、“贷”、“余”等栏下，以数量、金额综合反映某类经济事项的账簿。这种账簿只适用于产成品、原材料、库存商品等，既要进行金额核算，又要进行数量核算的业务事项。其格式如表 7–15 所示。

表 7–15　××明细账

年		凭证号码	摘要	收入			支出			结存		
月	日			数量	单价	金额	数量	单价	金额	数量	单价	金额

（十一）横线登记式账簿

横线登记式账簿，是指在账页里的每一个横行里以逐笔经济业务进行结算的反映某类经济事项的账簿。一般适用于按每笔金额结算的应收、应付款项。其格式如表 7–16 所示。这种账簿要按照记入借方的付款凭证的编号顺序，逐笔逐项进行登记，每笔“借支”业务与相应的“报销和收回”业务，必须在同一行登记。

表 7–16　备用金明细账

××年		凭证编号	户名	摘要	借方余额（借支）	贷方（报销和回收）					备注
						××年		凭证编号	报销金额	收回金额	
月	日					月	日				
6	1	现付 2	王方	预借差旅费	500	6	5	转 5 现付 3	350	150	

四、会计账簿的基本内容

以上不同类别的账簿，由于其所记录的经济内容不同，所以，不同格式账簿具体内容也不尽相同。但是，各类账簿都应具备以下基本内容：

封面：主要标明账簿的名称，如“总分类账”、“制造费用明细账”、“材料明细账”等，还应标明记账单位名称。

扉页：主要标明账簿名称、编号、页数、启用日期、经管人姓名及交换日期，以及账户目录并有主管会计人员签字盖章。

账页：账页是账簿的主要内容，它除了要标明账户名称、总页数和分页数外，主要记录经济业务的内容，设置有登记账日期栏、凭证种类和号数栏、摘要栏、金额栏。

五、账簿的登记

会计人员应当根据审核无误的会计凭证登记会计账簿。

出纳人员在登记现金日记账、银行存款日记账及相关明细账时，应严格按照下列要求进行记账。

（1）为了保证账簿记录的真实和准确，必须根据审核无误后的会计凭证登账。登账时，应将会计凭证的日期、种类和编号、业务的内容摘要、金额和其他有关资料等逐项记入账内，同时要在会计凭证上注明账簿的页数，或画“√”符号，表示已经登记入账，防止漏记、重记和错记情况的发生。

（2）为了使账簿记录保持清晰、耐久，便于长期备查和防止涂改，在登账时，必须用蓝、黑墨水书写，不得用圆珠笔和铅笔书写。红色墨水笔只能在结账、画线、改错、冲账，或在借贷方的多栏或账页中登记减少数时使用。书写的字迹必须清楚、工整，不得潦草。

（3）各种账簿都必须按编写的页次逐页、逐行顺序连续登记，不得隔页、跳行登记。如果发生隔页、跳行时，不得随意涂改，应将空页、空行用红线对角划掉，加盖“作废”或“此行空白”、“此页空白”的字样，由记账人员签章。

（4）每登记满一张账页时，应加计本页发生额总数，结出余额填在账页的最末一行，并在摘要栏内注明“过次页”字样。然后，将发生额总数和余额填在下一账页的第一行，并在此行摘要栏内注明“承前页”字样。

对需要结计本月发生额的账户，结计“过次页”的本页合计数应当为从本月初至本月末的发生额合计数；对于需要结计本会计年度内累计发生额的账户，结计“过次页”的本页合计数应当为从年初起至本页末的累计发生额；对不需要结计本月发生额和本年累计数的账户，则可以只将每页末的余额结转次页。

（5）出纳员应按日记账的余额，在“借或贷”栏内写明“借”或“贷”等字样，表明余额是在借方还是在贷方。如果没有余额应在“借或贷”栏内注明“平”字，并在余额栏内用“0”或“√”表示。一般而言，现金和银行存款是不可能出现贷方余额的，当出现这种现象时，无非是这些情况：出纳员少计当天货币资金收入，多计当天的支出；出纳员或其他人员暂时垫款未入账。

（6）实行会计电算化的单位，出纳日记账应定期打印。因为日记账的打印受到打印机条件的限制，如每天业务较少不能满页打印的，可按周打印输出。但应由会计人员与出纳人员同时签章确认并按顺序编号，防止账页散失。

（7）账簿中书写的文字和数据适当留空，不要写满格，或越格错位。书写文字应紧靠左线，书写数据应紧靠底线，字体大小一般应占格宽的1/2，空出行距上截约1/2的位置，以便出差错时按规定方法改错。

（8）在记账过程中，若账簿记录发生错误，应根据错误的具体情况，采用正确的方法予以更正，不得涂改、挖补、刮擦或用褪色药水更改字迹，或随意销毁账页。

六、需要调用旧账时应办理的手续

各单位保存的会计账簿归档后不得借出，如有特殊需要经本单位负责人批准，可以提供查阅或者复制，并办理登记手续，查阅或者复制会计档案的人员，严禁在会计档案上涂画、拆封和抽换。

各单位应建立健全会计档案查阅、复制登记制度。

七、账簿的更换

账簿的使用，以每一会计年度为期限。在新年度开始时，除库存材料；固定资产等财产物资明细账可在年终结账后转给下年度使用以外，其他各种账簿必须一律建立新账，不能连年使用旧账。旧账户的年终余额均应转至相应的新账户中，结转的方法可以是不直接冲换旧账余额，将其编入决算报表，新年度根据决算报表有关数字记入新账，也可以在旧账户年终余额的摘要栏内加盖“结转下年”戳记以示冲转。无论哪种方法，都应在新账户的第一行摘要栏内注明“上年结转”或“年初余额”字样，并在余额栏计入上年余额。新旧账户之间的转让余额，无须编制记账凭证。

八、账簿的保管

在将所有的旧账对账、结账完毕，并将所有的活页账装订完毕、加上封面、并由主管人员签字盖章之后，要及时地将所有的订本账及活页账交由档案人员按册归档。归档时，应编制“会计账簿归档登记表”以明确责任。

会计账簿应有一定的保管期限，根据其特点，分为永久和定期两类。就企业会计而言，国家规定会计凭证保管期限为 15 年，其中，涉及外事和重大事项的会计凭证为永久保管；会计账簿中，一般日记账 15 年，现金和银行存款日记账 25 年，明细账和总账 25 年，固定资产卡片在固定资产清理报废后保存 5 年，辅助账簿 15 年，涉外和重大事项会计账簿为永久保管；会计报表中，年度会计报表永久保管，月、季会计报表保管 5 年。

九、出纳账簿基本要素

出纳主要设置订本式的“现金日记账”、“银行存款日记账”和有关有价证券方面的一些明细分类账簿。有价证券明细账主要核算企业股票和各种债券的增减变动及其结存情况。

不同的账簿所包括的具体内容也不相同，但各种账簿都包括以下三个基本要素：

（一）封面

封面主要标明账簿名称，如“现金日记账”。

（二）扉页

扉页主要列明科目索引及账簿使用登记表，一般将科目索引列于账簿最前面，将账簿使用登记表列于账簿最后面。其一般格式见表7–17、表7–18。

表7–17 科目索引

页数	科目	页数	科目	页数	科目	页数	科目

表7–18 账簿使用登记表

<table>
<tr><td>使用者名称</td><td colspan="4"></td><td>印鉴</td></tr>
<tr><td>账簿名称</td><td colspan="4"></td><td rowspan="4"></td></tr>
<tr><td>账簿编号</td><td colspan="4"></td></tr>
<tr><td>账簿页数</td><td colspan="3">本账簿共计页</td><td></td></tr>
<tr><td>启用日期</td><td colspan="4">年 月 日</td></tr>
<tr><td rowspan="2">责任者</td><td></td><td>主管</td><td>会计</td><td>记账</td><td>审核</td></tr>
<tr><td></td><td></td><td></td><td></td><td></td></tr>
<tr><td rowspan="8">经管人姓名及交接日期</td><td rowspan="2"></td><td colspan="2">经管 年 月 日</td><td rowspan="2"></td><td rowspan="2"></td></tr>
<tr><td colspan="2">交出 年 月 日</td></tr>
<tr><td rowspan="2"></td><td colspan="2">经管 年 月 日</td><td rowspan="2"></td><td rowspan="2"></td></tr>
<tr><td colspan="2">交出 年 月 日</td></tr>
<tr><td rowspan="2"></td><td colspan="2">经管 年 月 日</td><td rowspan="2"></td><td rowspan="2"></td></tr>
<tr><td colspan="2">交出 年 月 日</td></tr>
<tr><td rowspan="2"></td><td colspan="2">经管 年 月 日</td><td rowspan="2"></td><td rowspan="2"></td></tr>
<tr><td colspan="2">交出 年 月 日</td></tr>
<tr><td>备注</td><td colspan="5"></td></tr>
</table>

（三）账页

账页是账簿的主要部分，一般包括以下几方面内容：

（1）账户名称，即会计科目。

（2）日期栏，记录登账日期。

（3）凭证号栏，登记记账凭证的种类和编号。

（4）摘要栏，登记经济业务的基本内容。

（5）借方、贷方的金额，以及余额的方向（即借方余额或贷方余额）、金额栏。

（6）总页次和分户页次。

第二节 出纳日记账

无论是现金收款业务还是现金付款业务，出纳员应做的最后一个环节就是登记现金日记账。只有及时登记现金日记账，才能真正做到日清月结，也才能保证现金的安全、完整，从而加强对现金的管理和监督，更合理地组织和使用现金，提高现金利用效率，同时为企业有关各方提供本单位现金的全面、系统的信息，并为编制会计报表提供准确的依据。

一、出纳日记账的概念

出纳日记账是出纳员用以记录和反映货币资金增减变动情况和结存情况的账簿，包括现金日记账和银行存款日记账。

二、出纳日记账的启用

账簿是重要的会计档案和历史资料。启用会计账簿时，应当在账簿封面上写明单位名称和账簿名称。在账簿扉页上应当附启用表，内容包括启用日期、账簿页数、记账人员和会计机构负责人、会计主管人员姓名，并加盖名章和单位公章。记账人员或者会计机构负责人、会计主管人员调动时，应当注明交接日期、接办人员或者监交人员姓名，并由交接双方人员签名或者盖章。启用订本式账簿，应当从第一页到最后一页顺序编定页数，不得跳页、缺号。使用活页式账页，应当按账户顺序编号，并须定期装订成册。装订后再按实际使用的账页顺序编定页码。在总分类账和明细分类账第一页的前面，分别另加目录，记明每个账户的名称和页次，以便检查、登记和防止账页散失。

三、出纳日记账的设置

出纳主要设置订本式的“现金日记账”、“银行存款日记账”和有关有价证券方面的一些明细分类账。有价证券明细账主要核算股票、债券等有价证券的增减变动及结存情况，出纳人员对由自己保管的各种有价证券要分设明细账进行核算，如设“长期股权投资”等明细科目核算本单位对 ×× 股票的购进、售出以及结存情况。

四、现金日记账

现金出纳账簿，主要指现金日记账，是出纳用以记录和反映现金增减变动和结存情况的账簿。

（一）现金日记账的概念

现金日记账是记录和反映本单位在经济业务中，由于使用现金结算而发生的现金的收付变动及其结存余额的账簿。现金日记账由出纳员根据现金收款凭证和现金付款凭证每日逐笔登记，并于每日终了结出现金结存额。

鉴于现金的重要性，现金日记账必须采用订本式账簿，账页按顺序编号，不得随意抽换或增添，也不得随意涂改，以保持账页页数安全、完整，账页表面清楚、明晰，序时记录系统、完整，防止不法分子从中舞弊。

任何一个单位，只要有现金收、付业务的发生，就必须设置现金日记账。要做到有钱就有账，以账管钱，收付有记录，清查有手续，保证现金的安全、完整与合理使用。

现金日记账的设置，必须遵循一定的原则。总的要求是：必须符合《会计人员工作规则》和国家统一的会计制度的要求，力求以简明的格式，及时、准确、全面地反映现金收、付及其结存情况。现金日记账是一种特殊的明细账，为了加强现金管理，采用手工记账的单位，现金日记账必须采用订本式账簿。各单位应根据本单位业务量和出纳人员的情况设置日记账，现金和银行存款种类较多并由多名出纳人员分管的，或者实行定额备用金制度和管理要求较高的，设置现金日记账的明细户数可以多一些，格式也可以细一些。总之，视记账、对账和结账的具体情况，在不影响核算质量和保证现金安全、完整的前提下，力求简捷实用。

（二）现金日记账的格式

现金日记账的账页格式，有“三栏式”和“收付分页式”。

“三栏式”现金日记账的格式如表 7–19 所示。它的基本结构为“收入”、“付出”和“结余”三栏。出纳人员在每日业务终了时，应将现金收、付业务逐笔登记，并结出余额，同实存现金相核对，借以检查每天现金的收、付、存情况及库存现金限额的执行情况。

表 7–19 现金日记账（三栏式）

年		凭证		摘要	对方科目	类别	借方										贷方										余额									
月	日	类别	号数				千	百	十	万	千	百	十	元	角	分	千	百	十	万	千	百	十	元	角	分	千	百	十	万	千	百	十	元	角	分

注：各种账页与凭证中的金额栏格式都和表 7-19 中列示的差不多，但写书者常常出于节省版面等原因而用教学中常用的简化格式来代替。本书中其他地方也是这样处理的

“收付分页式”现金日记账，即将现金收入和现金支出分记在不同的账页上，分设“现金收入日记账”和“现金支出日记账”。“现金收入日记账”、“现金支出日记账”的格式，如表 7–20、表 7–21 所示。它们一般采用“多栏式”账页。其结构要点是：现金收入要按对应科目，将金额记入有关的“贷方科目”栏内，同时加计收入合计栏；现金支出要按对应科目，将金额记入有关的“借方科目”栏内，同时加计付出合计栏；每日业务终了要将“现金付出日记账”的支出合计数登入“现金收入日记账”的“支出合计”栏，并结出余额，填入余额栏，然后再核对库存。收付分页的好处是账户的对应关系明确，通过账面记录既能知道现金收、支的金额，又能看出收入的来源或支出的去向。但是，很明显，这样做很麻烦。所以在实际工作中采用这种账页记账的单位比较少，多采用“三栏式”。

表 7–20 现金收入日记账（收付分页式）

第　　页

年		收款凭证		摘要	贷方科目				收入合计	付出合计	余额
月	日	字	号数		主营业务收入	其他应付款	营业外收入	银行存款			

表 7-21 现金支出日记账（收付分页式）

第 页

年		收款凭证		摘要	结算凭证		借方科目					付出合计
							银行存款	其他应收款	营业外支出	应付职工薪酬—工资	……	
月	日	字	号数		字	号数						

（三）现金日记账的设置

现金日记账的设置，首先应立足于企业自身的需要，不能过于烦琐，也不能过于简单，它所反映的内容应该能达到既要满足核算和管理需要的目的，又要能起到监督的作用。设置现金日记账是为了能够正确、全面、及时地反映本单位现金的收付和结存情况，帮助会计部门和其他经营管理部门对现金进行正确核算和科学管理，随时掌握现金的动态，促进现金的高效利用，这是现金日记账设置的基本原则。

不同的企业，其经济业务的性质不同，规模大小也不同，那么、经营管理的要求也不同，相应地，需要设置的现金出纳账的种类、格式也就不同。小规模企业，虽然业务比较简单，业务量较少，但现金业务也可能相对频繁一些，如果只有人民币业务的企业一般只需设置一本现金日记账即可；如果有除了人民币以外的外汇现金的情况，一般应按现金的种类设置现金日记账以分别反映不同现金的收付和结存情况，增强它的安全管理，防止现金的流失。另外，出纳日记账也有多种格式，在一般情况下使用三栏式日记账即可，如果企业现金业务发生频繁，为了分别反映不同项目在一定时期内所收入和付出的现金的多少，或者说为了分别反映在一定时期内现金收入的来源和支出的去向，企业可以使用多栏式日记账。除了以上这些，为了避免账页过宽还可以分设现金收入日记账和支出日记账，等等。

总之，现金日记账的设置应该使得它所反映的内容不仅要起到提供给管理当局现金动态情况的作用，还要成为约束出纳员行为以及帮助出纳员更有效管理现金的工具，保障现金的安全、完整，以免损失。

（四）现金日记账的启用

现金日记账是各单位重要的经济档案之一，为保证账簿使用的合法性，明确经济责任，防止舞弊行为，保证账簿资料的完整和便于查找，各单位在启用时，首先要按规定内容逐项填写“账簿启用表”和“账户目录表”。在账簿启用表中，应写明单位名称、账簿名称、账簿编号和启用日期；在经管人员一栏中写明经管人员姓名、职别、接管或移交日期，由会计主管人员签名盖章；在“公章”处加盖单位公章。在一本日记账中设置有两个以上现金账户的，应在“账户目录表”中注明各账户的名称和页码，以方便登记和查核。

（五）现金日记账的登记

现金日记账由出纳员根据审核后的现金收、付款凭证进行逐笔按时登记，即三栏式现金日记账的“借方（收入）”栏，应根据现金收款凭证登记，“贷方（支出）”栏应根据现金付款凭证登记。由于从银行提取现金业务，只填银行存款、付款凭证，不填现金收款凭证，因此，从银行提取现金的收入数，应根据银行存款付款凭证登记“借方（收入）”栏。

登记现金日记账的总的要求是分工明确、专人负责、凭证齐全、内容完整、登记及时、账款相符、数字真实准确、书写工整、摘要清楚、便于查阅、不重记、不漏记、不错记、按期结账、不拖延积压、按规定方法更正错账等。具体要求如下：

1. 根据复核无误的收、付款记账凭证记账

现金出纳人员在办理收、付款时，应当对收款凭证和付款凭证进行仔细的复核，并以经过复核无误的收、付款记账凭证和其所附原始凭证作为登记现金日记账的依据。如果原始凭证上注明“代记账凭证”字样，经有关人员签章后，也可作为记账的依据。

2. 所记载的内容必须同会计凭证相一致，不得随便增减

每一笔账都要记明记账凭证的日期、编号、摘要、金额和对应科目等。经济业务的摘要不能过于简略，应以能够清楚地表述业务内容为尺度，便于事后查对。日记账应逐笔分行记录，不得将收款凭证和付款凭证合并登记，也不得将收款和付款相抵后以差额登记。登记完毕，应当逐项复核，复核无误后在记账凭证上的“账页”一栏内做出“过账”符号“√”，表示已经登记入账。

3. 逐笔、序时登记

为了及时掌握现金收、付和结余情况，现金日记账必须当日账务当日记录，并于当日结出余额；有些现金收、付业务频繁的单位，还应随时结出余额，以掌握收、支计划的执行情况。

4. 必须连续登记，不得跳行、隔页，不得随便更换账页和撕去账页

现金日记账采用订本式账簿，其账页不得以任何理由撕去，作废的账页也应留在账簿中。在一个会计年度内，账簿尚未用完时，不得以任何借口更换账簿或重抄账

页。记账时必须按页次、行次、位次顺序登记，不得跳行或隔页登记，如不慎发生跳行、隔页时，应在空页或空行中间画线加以注销，或注明“此行空白”、“此页空白”字样，并由记账人员盖章，以示负责。

5. 文字和数字必须整洁清晰，准确无误

在登记书写时，不要滥造简化字，不得使用同音异义字，不得写怪字体；摘要文字紧靠左线；数字要写在金额栏内，不得越格错位、参差不齐；文字、数字字体大小适中，紧靠下线书写，上面要留有适当空距，一般应占格宽的 1 / 2，以备按规定的方法改错。记录金额时，如为没有角分的整数，应分别在角分栏内补上“0”，不得省略不写，或以“——”号代替。阿拉伯数字一般可自左向右适当倾斜，以使账簿记录整齐、清晰。为防止字迹模糊，墨迹未干时不要翻动账页；夏天记账时，可在手臂下垫一块软质布或纸板等书写，以防汗浸。

6. 使用钢笔，以蓝、黑色墨水书写

不得使用圆珠笔（银行复写账簿除外）或铅笔书写但按照红字冲账凭证冲销错误记录及会计制度中规定用红字登记的业务可以用红色墨水记账。

7. 每一账页记完后，必须按规定转页

为便于计算了解日记账中连续记录的累计数额，并使前后账页的合计数据相互衔接，在每一账页登记完毕结转下页时，应结出本页发生额合计数及余额，写在本页最后一行和下页第一行的有关栏内，并在摘要栏注明“过次页”和“承前页”字样。也可以在本页最后一行用铅笔字结出发生额合计数和余额，核对无误后，用蓝、黑色墨水在下页第一行写出上页的发生额合计数及余额，在摘要栏内写上“承前页”字样，不必在本页最后一行写“过次页”的发生额和余额。

8. 要做到日清月结

现金日记账必须逐日结出余额，每月月末必须按规定结账。平时出具出纳报告单时要结出本期收入、本期支出、本期结存数。现金日记账不得出现贷方余额（或红字余额）。

9. 记录发生错误时，必须按规定方法更正

为了提供在法律上有证明效力的核算资料，保证日记账的合法性，账簿记录不得随意涂改，严禁刮、擦、挖、补，或使用化学药物清除字迹。发现差错必须根据差错的具体情况采用画线更正、红字更正、补充登记等方法更正。

【例 7-1】GGG 工厂 2016 年 3 月 29 日现金余额为 1018.20 元。银行存款余额为 41620.24 元，在 3 月 30 日时发生下列经济业务，并已编制收、付款凭证。

（1）以现金300元购买打印纸（单价：30元/包）（现付字第68号凭证）。会计分录为：

借：管理费用——办公费 300

贷：库存现金 300

（2）职工孙一暂借差旅费700元，以现金付讫（现付字第69号凭证）。会计分录为：

借：其他应收款——孙一 700

贷：库存现金 700

（3）开出现金支票从银行提取现金5000元发工资（银付字第25号凭证）。会计分录为：

借：库存现金 5000

贷：银行存款 5000

（4）公司仓库产品发生霉烂变质，造成损失700元，经查明为保管员邓某失职造成，按规定应由邓某赔偿损失。实际发生责任事故时，由会计人员编制如下会计分录：

借：其他应收款——邓某 700

贷：待处理财产损溢——待处理流动资产损溢 700

实际收到邓某交来的赔款时，应编制现金收款记账凭证（现收字第38号凭证），做如下会计分录：

借：库存现金 700

贷：其他应收款——财产赔款——邓某 700

（5）收到某工厂退回的包装物押金200元。企业收到工厂退回的包装物押金时，应按规定编制现金收款记账凭证（现收字第39号凭证），会计分录为：

借：库存现金 200

贷：其他应收款——包装物押金 200

（6）发放工资5000元，凭证为现付字第70号，会计分录为：

借：应付职工薪酬——工资 5000

贷：库存现金 5000

（7）孙二报销差旅费400元，凭证为现付字第71号，会计分录为：

借：销售费用 400

贷：库存现金 400

根据以上现金业务登记现金日记账，见表7-22。

表 7-22 现金日记账

单位：元

2016 年		凭证		摘要	对方科目	借方	贷方	借或贷	余额
月	日	字	号						
				承前页		4250.30	3232.10	借	1018.20
3	30	现付	68	购打印纸	管理费用		300.00	借	718.20
3	30	现付	69	借差旅费	其他应收款		700.00	借	18.20
3	30	银付	25	提现金	银行存款	5000.00		借	5018.20
3	30	现收	38	收赔款	其他应收款	700.00		借	5718.20
3	30	现收	39	收押金款	其他应收款	200.00		借	5918.20
3	30	现付	70	发放工资	应付职工薪酬—工资		5000.00	借	918.20
3	30	现付	71	报销差旅费	销售费用		400.00	借	518.20
				本日合计		5900.00	6400.00	借	518.20
				本月合计		10150.30	9632.10	借	518.20
				过次页		10150.30	9632.10	借	518.20

五、银行存款日记账

（一）银行存款日记账的设置

银行存款日记账是逐日、逐项记录一个单位银行存款收、支及结存情况的账簿。银行存款日记账由出纳人员根据银行存款收款凭证、付款凭证和原始凭证以及有关的现金付款凭证进行登记，并在每日终了结算出银行存款收、支发生额和结存额，以便随时掌握银行存款收、支动态和结余情况，为合理调度资金，组织收、支平衡提供信息资料。

只要有结算业务的单位，就应设置银行存款日记账。银行存款日记账与现金日记账一样，都要采用订本式账簿。银行存款日记账的设置，与现金日记账基本相同，不同之处是在摘要栏前要增设“结算方式”和“对方单位”两栏，以便与银行对账单核对。账簿格式一般采用“三栏式”，也可以分别设置“多栏式”的“银行存款收入日记账”和“银行存款支出日记账”。订本“三栏式”银行存款日记账的格式如表 7-23 所示。其中“借方”、“贷方”格式同现金日记账。

表 7-23 银行存款日记账

第 页

年		凭证号码	结算方式					对方单位	摘要	对应科目	收入金额（借方）	核对号	付出金额（贷方）	核对号	结存金额
月	日		支票号码	付委	汇款	托收	其他								

另外，银行存款日记账应按存款种类分别设置“结算户存款”、“信用证存款”等账簿。对外币存款，应按不同币种和开户银行分别设置日记账。外币存款日记账的格式如表 7-24 所示。

表 7-24 银行存款（美元户）日记账

第 页

年		凭证号码	摘要	借方			贷方			余额		
月	日			原币	汇率	人民币	原币	汇率	人民币	原币	汇率	人民币

（二）银行存款日记账的启用

银行存款日记账也是各单位重要的经济档案之一，在启用账簿时，也应按有关规定和要求填写“账簿启用表”，具体内容和要求可参照现金日记账的设置和启用。

（三）银行存款日记账的登记要求

登记银行存款日记账总的要求是：银行存款日记账由出纳人员专门负责登记，登记时必须做到反映经济业务的内容完整，登记账目及时，凭证齐全，账证相符，数字真实、准确，书写工整，摘要清楚明了，便于查阅，不重记、不漏记、不错记，按期结算，不拖延积压，按规定方法更正错账，从而使账目既能明确经济责任，又清晰美观。具体要求如下：

（1）根据复核无误的银行存款收、付款记账凭证以及有关现金付款凭证登记账簿。

（2）所记载的经济业务内容必须同记账凭证相一致，不得随便增减。

（3）要按经济业务发生的顺序逐笔登记账簿。

（4）必须连续登记，不得跳行、隔页，不得随便更换账页和撕扯账页。

（5）文字和数字必须整洁清晰，准确无误。

（6）使用钢笔，以蓝、黑色墨水书写，不得使用圆珠笔（银行复写账簿除外）或铅笔书写。

（7）每一账页记完后，必须按规定转页。方法同现金日记账。

（8）每月月末必须按规定结账。平时出具出纳报告单时，要结出本期收入、本期支出、本期结存数。

【例 7-2】HHH 公司 5 月 30 日发生的银行存款收付业务如下：

（1）30 日，收到银行转来南昌市 III 百货公司购买 E 商品的第 79 号电汇单，共汇款 6000 元（银收字第 17 号凭证）。会计分录为：

借：银行存款　6000

　贷：应付账款——III 百货公司　6000

（2）30 日，开出第 1781 号转账支票支付 JJJ 工程公司修理仓库费用 300 元（银付字第 26 号凭证）。会计分录为：

借：管理费用——维修费　300

　贷：银行存款　300

（3）销售 B 商品 10 个给 LLL 商贸公司，收到转账支票，价税合计 3800 元，税率为 4%，当日填写银行进账单送存银行（银收字第 18 号凭证）。会计分录为：

借：银行存款　3800

　贷：主营业务收入　3653.85

　　应交税费——应交增值税（销项税额）　146.15

（4）收到银行转来寿光 MMM 公司预购商品的电汇款 5000 元（银收字第 19 号凭证）。会计分录为：

借：银行存款　5000

　贷：预收账款——寿光 MMM 公司　5000

（5）开出转账支票支付欠 NNN 电器厂货款 2000 元（银付字第 27 号凭证）。会计分录为：

借：应付账款——NNN 电器厂　2000

　贷：银行存款　2000

（6）收到纸厂开出的转账支票，归还欠货款 6000 元，当即存入银行（银收字第 20 号凭证）。会计分录为：

借：银行存款 6000

贷：应收账款——纸厂 6000

根据以上存款业务登记银行存款日记账，见表 7-25。

表 7-25 银行存款日记账　　单位：元

2016 年		凭证		摘要	结算凭证		对方科目	借方	贷方	借或贷	余额
月	日	字	号		字	号					
				承前页				96500.42	54880.18	借	41620.24
5	30	银收	17	收 E 商品款	电汇	××	应付账款	6000.00			
5	30	银付	26	付维修费	支	××	管理费用		300.00		
5	30	银收	18	销售 B 商品	支	××	主营业务收入	3800.00			
5	30	银收	19	预收货款	电汇		预收账款	5000.00			
5	30	银付	27	还欠款	支	××	应付账款		2000.00		
5	30	银收	20	收到欠款	支	××	应收账款	6000.00			
				本日合计		××		20800.00	2300.00	借	18500.00
				本月合计				117300.42	57180.18	借	60120.24

怎样选择合适的日记账

任何一个单位，不论是企业、事业单位还是机关、团体、部队，也不管其规模大小，都存在着货币资金收付业务，相应地，为了反映货币资金的收支和结存情况，都需要设置出纳日记账。但不同的单位，其经济性质不同，规模大小不同，经营管理的要求不同，因此，需要设置的出纳日记账的种类、格式也就不同（见表 7-26）。

比如，在只有人民币现金的单位，一般只设置一本现金日记账即可，而对于除了人民币现金外还存在多种外汇现金的情况下，一般应按现金的种类设置现金日记账，以分别反映不同现金的收付和结存情况。

又如，有些单位只有一个存款账号，那么只需设一本银行存款日记账即可，如同时设有多个银行存款账户，则为了分别反映每个账户上存款的结存情况，需要设置多本银行存款日记账。

再如，如前所述，出纳日记账也有多种格式，在一般情况下使用三栏式日记账即可；如果单位经济业务较为复杂，为了分别反映不同项目在一定期间内所收入和付出的货币资金的多少，或者说为了分别反映在一定时期内货币资金的多少，或者说为了分别反映在一定时期内货币资金收入的来源和支出的去向，可以使用多栏式日记账。当然，为避免账页过宽还可以分设收入日记账和支出日记账。

在具体设置出纳日记账时，应当遵循一项基本原则，那就是既要满足核算和管理的需要，又要避免烦琐。设置出纳日记账是为了能够正确、全面、及时地反映本单位货币资金的收付和结存情况，满足会计部门和其他经营管理部门对货币资金进行正确核算和科学管理的需要，所以应当从管理和核算的需要出发来设置日记账，不能为了简单而搞以单代账、以表代账，因为这样就无法满足核算和管理的需要。但这并不是说出纳日记账总是越多越全越复杂越好，应当从本单位的实际情况出发，在满足管理和核算基本需要的前提下，遵循节约的原则，避免设置得过多和过于复杂，以充分节约人力物力。

表 7-26 选择合适的日记账

单位特点	应采用的核算形式	可设置的账簿体系
小规模企业（小规模纳税人）	记账凭证核算形式	现金、银行存款日记账；固定资产、材料、费用明细账；总账
	日记总账核算形式	序时账同上；日记总账；固定资产、材料明细账
大中型企业单位（一般纳税人）	科目汇总表核算形式，汇总记账凭证核算形式	序时账同上；固定资产、材料、应收（应付）款、长（短）期投资、实收资本、生产成本、费用等明细账；总账（购货簿、销货簿）
收付款业务多、转账业务少的大中型企业	多栏式日记账核算形式	四本多栏式日记账；明细分类账同上；总账（购货簿、销货簿）
收付款业务多、转账业务多的大中型企业	多栏式日记账兼汇总转账凭证核算形式	四本多栏式日记账；其他账簿同上
转账业务较少的企业	科目汇总表兼转账日记账核算形式	序时账簿；必要的明细账、转账日记账；总账

第八章　出纳报告

第一节　出纳报告综合知识

一、出纳报告的概念

出纳报告是出纳工作的最终成果，也是单位管理者进行经营决策的重要依据，因此必须保证其出纳信息的真实性、完整性和准确性。出纳人员应根据单位内部管理的要求设计符合单位实际情况的出纳报告，定期编制并及时报送，以充分反映本单位一定时期内的货币资金和有价证券的收、支、存情况，并与总账会计核对期末余额。

二、出纳报告的编制

出纳人员进行对账和结账后，应根据现金日记账、银行存款日记账、其他货币资金明细账、有价证券明细账等核算资料，定期编制“出纳报告单”。

（一）编制要及时

出纳报告单的报告期可与本单位总账会计汇总记账的周期相一致，如果本单位总账5天汇总一次，则出纳报告单5天编制一次。但本单位货币收支业务量较大或因内部决策的需要，出纳报告单可就现金和银行存款情况每天一报。

（二）账表内容必须一致

出纳报告单上的项目内容应当与出纳日记账有关明细账和备查簿内容相符，保证其出纳信息的真实、完整、准确。

（三）横向项目填表说明

（1）“上期结存”数是指报告期前一期期末结存数，即本期报告前一天的账面结存金额，也是上一期出纳报告的“本期结存”。

（2）“本期收入”数按账面本期借方合计数字填列。

（3）“合计”即将第一行的“上期结存”和第二行“本期收入”的数字加总的

结果。

（4）“本期支出”数按账面本期贷方数字合计填列。

（5）“本期结存”是指本期期末账面结存数字，即本期结存＝上期结存＋本期收入－本期支出。本期结存必须与账面实际结存数一致。

（6）“备注”是对明细账目中特殊情况的说明。如银行存款中的未达账项、债券的到期日期等。

（四）纵向项目设计说明

纵向项目设计时可根据实际需要进行扩充合并，整合原则是：

（1）现金按保管人分项，如连锁超市的各个门市部，但大部分单位专人单独保管。

（2）银行存款先按币种分项，再按不同的开户账号分项，出于简化工作量考虑也可以按常用与不常用分项。

（3）其他货币资金按明细账分项。

（4）有价证券按不同单位分项，债券也可按到期天数分项。

（5）其他项目如应收、应付票据也可根据实际需要设立。

（五）报送范围和程序要确定

由于出纳报告属于单位内部资料，出纳员在未经有关领导的批准下，不得任意传送或泄露其内容；在接受国家行政部门如工商、税务、审计等的检查时，出纳员不得擅自隐瞒、篡改出纳报告的内容。

【例】银行存款余额调节表的编制

甲食品厂 2003 年 8 月 30 日银行存款日记账上存款余额为 4500 元，银行送来的对账单上的余额为 5000 元，经逐笔核对，发现有以下情况：

（1）月末食品厂收到转账支票一张 800 元，已入账，银行尚未入账。

（2）月末食品厂开出转账支票一张 700 元，已入账，持票人未到银行办理转账手续，银行未入账。

（3）银行代收货款 900 元，已入账，食品厂未收到银行的收款通知，未入账。

（4）银行代付的水电费 300 元，已入账，食品厂未收到银行的付款通知，未入账。

根据上述情况，甲食品厂可编制“银行存款余额调节表”（表 8–1）。

表 8-1 银行存款余额调节表

单位名称： 年 月 日至 年 月 日

银行对账单余额 5000	企业账面余额 4500
加：企业已收到并记账，银行尚未记账的数额 800 减：企业已收到并记账，银行尚未记账的数额 700	加：银行已收到并记账，企业尚未记账的数额 900 减：银行已收到并记账，企业尚未记账的数额 300
调节后的存款余额 5100	调节后的存款余额 5100

调节后的余额，既不等于月末甲食品厂账面余额，也不等于月末银行账面余额，而是月末时根据双方的未达账项，对双方账面余额进行调节而重新求得的余额，这个数字是月末银行存款的真实数字。对于银行已经入账而企业尚未入账的各项经济业务，不能根据上述调节表记账，而应在接到有关凭证以后，再编制记账凭证，记入有关账簿。

三、出纳报告的编制时间

出纳报告单的报告期可与本单位总账会计汇总记账的周期相一致，如果本单位总账 10 天汇总一次，则出纳报告单 10 天编制一次。

第二节 出纳报告的编制

一、出纳报告的基本格式

出纳记账后，应根据现金日记账、银行存款日记账等核算资料，定期编制出纳报告单，报告本单位本期现金和银行存款等的收支与结存情况，并据以与总账会计核对现金和银行存款的期末余额。

出纳报告是出纳工作的最终成果，也是单位管理者进行经营决策的重要依据，因此必须保证其出纳信息的真实性、完整性和准确性。出纳人员应根据单位内部管理的要求设计符合单位实际情况的出纳报告，定期编制并及时报送，以充分反映本单位一定时期内的货币资金和有价证券的收、支、存情况，并与总账会计核对期末余额。

出纳报告属于企业内部报告，形式上具有较大的灵活性，但其基本内容应当包括

“上期结存”、“本期收入”、“本期支出”和“期末结存”等基本项目。出纳人员记账后，应根据现金日记账、银行存款日记账、有价证券明细账、银行对账单等核算资料，定期编制“出纳报告单”和“银行存款余额调节表”，报告本单位一定时期现金、银行存款、有价证券的收存情况，并与总账会计核对期末余额。“出纳报告单”的格式见表 8-2。

表 8-2 出纳报告单

单位名称： 年 月 日至 年 月 日 编号：

项目	库存现金	银行存款	有价证券	备注
上期结存				
本期收入				
合计				
本期支出				
本期结存				

主管： 记账： 出纳： 复核： 制单：

二、出纳报告的填制说明

借贷记账法下出纳报告单填制方法说明如下：

（一）报告期填写

出纳报告单的报告期可与本单位总账会计汇总记账的周期相一致，如果本单位总账 5 天汇总记一次账，则出纳可每 5 天出一次报告单，总账 10 天汇总记一次账，则出纳报告单每 10 天填报一张。本单位领导有其他需要时可另编出纳报告单。

（二）编号编排

报告单编号一般将月序号编在前面，且由于月内报告单不可能超过 31 张，所以月序号数后面编两位即可，如 10 月份第 1 张报告单可编为“1001”号，12 月份第 11 张报告单编为“1211”号。编号只是为了查对，各单位也可根据自己单位的实际情况，另外规定编号方法。

（三）上期结存

上期结存数是报告期前一期的期末结存数，即本报告期前一天的账面结存金额。也是上一期出纳报告单的“本期结存”数字，可直接抄过来。

（四）本期收入

本期收入栏按账面本期合计借方数字填列。

（五）合计

此处的“合计”是上期结存与本期收入的合计数字，直接加计即可。

（六）本期支出

本期支出栏按账面本期合计贷方数字填列。

（七）本期结存

本期结存是指本期末账面结存数字，等于表中的“合计”数减“本期支出”数。本期结存必须与账面实际结存数一致。

（八）有关签章及其他填制要求

与一般会计凭证的要求相同，不再重复。

第九章　点钞验钞

第一节　点钞技法

一、点钞的基本规定

（1）在点钞时，应将纸币按券别分类，平摊进行清点和复点后，以 100 张为一把，10 把为一捆，并用正确的方法捆扎；对硬币也按各币别分类，以 100 枚为卷（或 50 枚为卷），每 10 卷为捆；对零星票币按券别清点。复点后存放。

（2）在票币清点时，应做到张（枚）数清点准确；按规定将残缺、污损票币剔净；小把按扎把要求蹾齐、扎紧；经复点无误后，再在扎把的腰条上加盖出纳名章，以备存款或库存。

（3）在取款复点时，未点前不得将封签或腰条丢弃，若清点时发现差错，应当场交发款人复核，分清各自的经济责任。

二、点钞的基本环节

点钞是一个从拆把开始到扎把为止这样一个连续、完整的过程。它一般包括拆把持钞、清点、记数、蹾齐、扎把、盖章等步骤。要加速点钞速度，提高点钞水平，必须把各个环节的工作做得细致。

（一）拆把持钞

成把清点时，首先需要将腰条纸拆下。拆把时可将腰条纸脱去，保持其原状，也可将腰条纸用手指勾断。

通常情况下，初点时，采用脱去腰条纸的方法，以便复点时发现差错进行查找；复点时，一般应将腰条纸勾断。

（二）清点

清点是点钞的关键环节。清点的速度和准确性直接关系到点钞的准确与速度。因此，要勤学苦练清点基本功，做到清点既快又准。

在清点过程中，还需将损伤券按规定标准剔出，以保持流通中票面的整洁。如该把钞券中夹杂着其他版面的钞券，应将其挑出。

在点钞过程中如发现差错，应将差错情况记录在原腰条纸上，并把原腰条纸放在钞券上面一起扎把，不得将其扔掉，以便事后查明原因，另作处理。

（三）记数

记数也是点钞的基本环节，与清点相辅相成。在清点准确的基础上，必须做到记数准确。

（四） 齐

钞券清点完毕扎把前，先要将钞券蹾齐，以便扎把保持钞券外观整齐美观。钞券蹾齐要求四条边水平，不露头或不呈梯形错开，卷角应拉平。蹾齐时，双手松拢，先将钞券竖起来，双手将钞券捏成瓦形在桌面上蹾齐，然后将钞券横立并将其捏成瓦形在桌面上蹾齐。

（五）扎紧

每把钞券清点完毕后，要扎好腰条纸。腰条纸要求扎在钞券的二分之一处，左右偏差不得超过 2 厘米。同时要求扎紧，以提起第一张钞券不被抽出为准。

（六）盖章

盖章是点钞过程的最后一环，在腰条纸上加盖点钞员名章，表示其对此把钞券的质量、数量负责。而且图章要盖得清晰，以看得清行号、姓名为准。

三、点钞的基本要求

按照银行出纳“五好钱捆”的标准，票币整点应当做到点准、挑净、蹾齐、捆紧、盖章清楚，亦即整点出来的票币，能够符合以上五个方面的基本要求。在整点票币的过程中，一般都必须经过拆把、持票、清点、记数、蹾齐、扎把和盖章这么几个环节，所以，要掌握好票币整点技术，就应从上述几个环节中下功夫。具体要求如下：

（一）端正姿态

由于机器点钞目前还不能完全取代手工点钞，所以大量的票币清点工作必须通过手工操作进行。在手工点钞的情况下，出纳人员坐姿的正确与否，直接影响点钞技术的发挥，所以，学习者首先应掌握好正确的坐姿。点钞开始前，应选择适当高度的座位，一般要略高于写字座位的高度，双肘能在桌面上转动自如。就座后，身体垂直，全身肌肉自然放松，两腿分开约与肩膀同宽，胸部挺起，不要紧靠桌沿。

（二）开扇均匀

使用各种点钞方法时，都应将票子打开成微扇形或坡形，每张钞票都露出1～2毫米宽度的边，目的是使钞票有一个坡度，便于捻动并可防止夹张，能提高速度和准确性。特别是在采用扇面点钞方法时，开扇是一个重要环节。开扇均匀，点数能够快而准；开扇如果不均匀，则点数难度很大。

（三）点数准确

点数准确是点钞技术的核心内容。只有在准确的基础上求快，才能保证点钞的质量。否则，差错屡出、只快不准，点钞质量则无从谈起。要做到点数准确，就必须集中精力，双手点钞，两眼看钞，脑子记钞，即手、眼、脑互相配合，共同完成点钞过程。

（四）动作连贯

点钞过程中每个环节必须紧密配合并相互衔接，即拆把、清点、蹾齐、捆扎、盖章等每个环节都要连贯协调。清点时的动作应连贯，清点速度均匀，不能忽快忽慢，多指多张的捻动张数前后要一致，不能忽多忽少。同时，凡属于不必要的动作都要避免，以便点钞技术得到充分发挥。

（五）钞票捆紧

钞票的捆扎，每百张一把，用专用纸条（腰条）扎紧，以提起第一张钞票不被抽出为准；每十把成一捆，要捆成“#”字形，以用力推不变形、抽不出为标准。

（六）盖章清楚

整点票币的银行出纳人员要将带行号的出纳员名章盖在封条侧位，盖章应清楚，以明确责任。

四、常用点钞方法

出纳人员最经常、最大量的工作是从事现金的收入、付出和整点，因此收付钞票的速度和准确度是做好本职工作的一项基本功。点钞有手工点钞和机具点钞两种方法。在我国，目前除银行系统和少部分单位配置有点钞机外，大部分单位均采用手工点钞，手工点钞是一种手、眼、脑并用的操作技巧，它是出纳人员必须掌握的基本功之一。

点钞可分为手工点钞和机具点钞，机具点钞易学易懂，在此不作赘述。目前，虽然许多单位配备了点钞机，但由于种种原因，机器点完后，出纳人员往往还要用手工再行点验。这就要求出纳人员必须熟练掌握一种或几种手工点钞的方法，刻苦训练，以达到能够既快又准的点验钞票。

（一）手持式点钞法

手持式点钞法可分为手持式单指单张点钞法、手持式单指多张点钞法、手持式四指拨动点钞法和手持式五指拨动点钞法 4 种。

1. 手持式单指单张点钞法

这种点钞法是最常用的一种，它的适用范围较广，可用于收款、付款和整点各种新旧大小钞票。使用此种点钞法，由于持票所占的票面小，能看到的票面大，看得清楚，容易发现假票，挑剔残票也方便，优点很多，但是也有缺点，那就是一张记一个数，比较费力。

操作方法可分为 6 个步骤：

（1）拆小把。初点拆小把，是指钞票横执，正面朝向身体，持票时左手拇指在票前（即钞票正面）的左端中央，约占全票的 1/4 处，二指（即食指）和三指（即中指）在票后（即钞票背面），与拇指捏住钞票，四指（即无名指）自然卷曲；捏起钞票后，四指和五指伸向票前压住钞票的左下方，三指弯曲稍用力，与四指、五指卡紧钞票，二指伸直，拇指向上移动，按住钞票的侧面将钞票压成瓦形（左手心向下）；右手脱去钞票上的纸条，这时左手将钞票往桌上轻轻一掠（从桌面擦过），将钞票向上翻起，拇指借从桌面的擦力趋势将钞票展成微开的扇面形；右手三个指头沾水做点钞准备。这个方法的优点是不撕断捆钞票的纸条，便于查看图章和继续使用。

复点拆小把，是指钞票横执，正面朝向身体，用左手的中指和无名指（弯曲、夹住票面的左上角），拇指扶在钞票的上边里沿处，食指伸直，中指稍用力把钞票放倒在桌面上，使钞票的左上角翘起后（成瓦形），用食指勾住纸条的上半部，往下用力从上边外沿处将其划破，抬起食指使纸条自然落在桌面上，再用左拇指翻起钞票成微形扇面，食指在钞票后面伸直支撑钞票，右手拇指、食指、中指沾水做点钞准备。

（2）清点。拆把后用右手的拇指尖逐张向下捻动钞票的右上角，食指在票子的背面托住右上角，配合拇指捻动钞票（捻动时，用右手拇指的大关节带动小关节配合活动，拇指抬得不要过高，动作不要太大，捻的幅度要小、轻）。捻下来的钞票用无名指往内方向弹拨（轻点快弹），中指翘起沾水备用，在清点中拇指水用完，可向中指沾一下水即可点完钞票 100 张。

（3）记数。记数有两种方法，一种是双数计法，另一种是单数分组计法。双数计法，即从 1 至 100。单数分组计法，即从 1234567891（即 10），1234567892（即 20），数到 12345678910（即 100），分十组来记数。在点钞记数时，不要用嘴念出数来，要用心记。心、眼、手三者要密切配合，这样既快又准。

（4）挑残破票。清点时发现残破票，随手向外一扭，插在外边，待点完一把后，抽出残破票，补上好票。

点票时要注意姿式，身体笔直，胸部稍挺，眼睛和钞票要保持一定距离，一般以20厘米较适宜。点时左手和肘放在桌上，右手肘部也放在桌上，手腕稍抬起，这样能减轻劳动程度，持久工作。

（5）扎把。扎把也有两种方法，一种是半径拧扎法，一种是缠绕折掖法。

半径拧扎法：左手横执已蹾齐的钞票，正面朝向整点员，拇指在前，中指、无名指、小指在后，食指在钞票上侧伸直。捏住钞票左端约票面的1/3处，右手的拇指与食指、中指取纸条（纸条的长度一般约等于票面宽的3倍），拿住纸条的1/3处，把纸条的2/3搭在钞票的上侧中央，用左手食指压住纸条，使纸条较短一端在钞票的背面，较长一端在钞票的前面，用拇指和中指捏住纸条长的一端往下外绕半圈，用食指去勾住短的一端纸条，使纸条的两端在钞票的后面中间合拢捏紧，然后用左手稍用力握住钞票的正面（中指、无名指、小指在外侧，拇指在里侧，食指伸直扶在钞票上半部），捏成斜瓦形（正面凸，背面凹），左手腕向外转动，右手捏住纸条向内转动，随后双腕还原的同时将右手中的纸条拧成半径，用食指将纸条掖在斜瓦里，使纸条卡在下部，这种半径扎把法又快又紧。

缠绕折掖法：将蹾齐的钞票横执，左手拇指在票前，中指、无名指在票后，捏住钞票1/3处，食指在钞票上侧，把100张钞票分开一条缝，右手将纸张一端插入缝内（或将纸条一端以左手食指按在票背面中间），然后由内往外缠绕，将纸条一端留在票面上部，用右手食指和拇指捏住纸条（纸条长度一般为票面宽的4倍）向右折掖在钞票正面上侧。

（6）盖章。每点完一把钞票（100张），扎把后都要盖上图章，图章盖在钞票的上侧纸条上。

2. 一指多张点钞法

手持式一指多张点钞法，是在手持式单张点钞法的基础上发展为一指可点2张以上的点钞法，目前有人做到了一指可点7张。这种点钞法适用于收款、付款和整点工作，新旧币、主辅币都能点。这种方法的主要优点是记数比单张点钞省力，效率高。缺点是从第2张以后的钞票看的面积小。这种方法除点数、记数外，其他均与手持式单指单张点钞相同，只是持票时钞票的倾斜度稍大。

点数，以右手拇指肚放在钞票的右上角，拇指尖超出票面，点双张时拇指肚捻1张，拇指尖往下捻第2张；点3张以上时拇指均衡用力，捻的幅度不要太大，二指、三指在票后配合拇指捻动，四指向怀里弹，弹的速度要快。点数时从左侧看，这样看的幅度大，看得清楚。

记数，采用分组记数，如点 3 张，即 3 张为一组，记一个数，点 33 次余 1 张，即是 100 张，点 4 ~ 7 张以上者均以此方法计算。

3. 手持式四指拨动点钞法

这种点钞法适用于收、付和整点工作。5 角以上的票券均能点，特点是效率高（4 个手指都拨票），记数省力（4 张记一个数）。操作时主要用手关节活动，动作范围小，可以减轻劳动强度。最适用于点数把券，不适于点残破票太多的钞票。

其操作方法如下：

（1）拆把及持票。拆把时以左手拇指、三指放在钞票正面，其余 3 个手指放在钞票背面，把钞票压成瓦形。用右手脱下纸条，左手立即将钞票一端向右手拍打一下，其作用是使钞票松散顺便将钞票向上推起，趁右手推起时，左手变换各手指位置，即四指、五指夹住钞票左下端，三指与拇指沿钞票的两侧伸出，卡住钞票。拇指要高于三指，三指稍用力，使钞票右上角稍向后倾斜成弧形，便于点数，三指稍曲抵住钞票背面中上方。

（2）清点。右手腕抬起，拇指贴在钞票的右上角，余下 4 个手指并拢，从小指开始每指一张依次下滑，四个指头每下滑一次捻下 4 张钞票，循环往复。同时，左手拇指和食指配合动作，使下钞通畅自如。

（3）记数。采用分组计，每 4 张为一组，记 1 个数。记数则从二指拨下钞票后起记。

（4）挑残破票。点数时发现残破票，用两手指捏住（其他手指松开）向外折叠，露出一端，等一把钞票点完后，左手将票币横立桌上，用右手捏住，左手将残破票抽出，补上好票。

（5）扎把盖章。扎把盖章与手持单指单张方法相同。

运用这种方法应注意以下几个问题：拨票时，要充分使手指关节活动，尽量减少腕的动作，以减轻劳动强度。左手拇指和三指夹住钞票两侧时，必须松紧适当，以免钞票脱落或不易拨下。拨票时眼睛应集中在钞票的右上角，这样可以看到票面的 1/2，便于看出残破券、发现双张和拨空等。

4. 手持式五指拨动点钞法

这种方法适用于收款、付款和整点工作，其优点是点钞速度快，记数省力。操作时主要用手指关节活动，动作范围小，可减轻劳动强度。

这种操作方法可分为 3 种：

（1）除点数外，其他均与手持式四指拨动点钞法相同。点数时先从拇指开始触及票面及票面弧形面上，然后以二指、三指、四指、五指顺序逐一点数，向怀内下方拨票，手腕旋转连续拨动钞票，每 5 张为一组，记 1 个数。

（2）持把与手持式单张点钞法基本相同，不同的是左手二指略伸出票面挟住钞票不让其下垂，拇指挟住钞票侧面上端。右手五指同时沾水后，从第五指开始，依次四指、三指、二指、拇指，逐一触及钞票上端，轻轻向外推动，到拇指收尾，每指推点 1 张。每 5 张为一组，记 1 个数。

（3）持把与手持式单张点钞法相同。右手五个手指稍离开，微曲，向怀里（下方）轻轻拨动钞票的右上角（或中间）。点数时先从拇指开始，到五指收尾，每个手指拨点 1 张，拨动一次是 5 张。记数与上法相同。

（二）手按式点钞法

手按式点钞可分为手按式单张点钞法、手按式双张点钞法、手按式 3 张和 4 张点钞法、多指推动点钞法、三指推动点钞法、手按式 5 张扳数点钞法 6 种。

1. 手按式单张点钞法

这种点钞法适用于收款、付款和整点各种新、旧、大、小钞票，特别宜于整点辅币及残破票券多的钞票。此法的优点是看的票面较大，便于挑剔残破票；缺点是在速度上比手持式单张点钞法慢些，劳动强度也大些。操作时，把钞票横放桌上，对正自己，用左手四指、五指按住钞票的左上角，用右手拇指托起右下角的部分钞票；用右手二指捻动钞票，每捻起 1 张，左手拇指即往上推动送到二指、三指之间夹住，即完成了一次点钞动作，以后依次连续操作，记数 1 至 100 张。

2. 手按式双张点钞法

这种点钞法适用于收款、付款和整点各种新旧主币、角币。主要优点是速度比手按式单张点钞法快一点；缺点是挑残破币不方便，所以不适用于整点残破券的钞票，劳动强度也较大。

整点时，把钞票斜放在桌面上，左手的小指、无名指压住钞票的左上方约占 1/4 处，右手拇指、食指、中指沾水，沾水后随即用拇指托起右下角的部分钞票。右臂倾向左上方，然后用中指向上捻起第 1 张，随即用食指捻起第 2 张。捻起的这 2 张钞票由拇指往上推送到食指、中指间夹住。记数是分组记数，2 张为一组，记 50 组为 100 张。

3. 手按式 3 张和 4 张点钞法

这种点钞法适用于收付款和整点各种新旧主币、角币。它的优点是速度比单张、双张点钞法都快，缺点是除第 1 张外，其余各张看的票面小，不宜整点残破券较多的钞票，劳动强度也较大。

具体操作方法如下：

（1）放票。把钞票斜放在桌上，使其右下角稍伸出桌面，坐的椅子要向右斜摆，使身体与桌子成一个三角形，便于右手肘部枕在桌面上，操作起来省力。

（2）沾水。右手的食指、中指、无名指和小指沾水。

（3）点数。点钞时以左手五指、四指、三指按住钞票的左上角，右肘部枕在桌面上（右手肘如腾离桌面，容易疲劳，不易持久），拇指托起右下角的部分钞票，五指卷曲。3 张点钞是以四指先捻起第 1 张，4 张点钞是先用五指捻起第 1 张，随着四指、三指、二指，依顺序各捻起 1 张。捻起的 3 张（或 4 张）钞票用左手拇指向上推送到二指和三指间夹住。点数时切忌手指抬高，否则影响速度。

（4）记数。采用分组记数，三指点钞是每 3 张为一组记 1 个数，数到 33 组最后剩一张，即为 100 张；四指点钞是每四张为一组记 1 个数，数到 25 组即为 100 张。

（5）挑残破票。点数时发现残破票，即用两个手指夹住（其他手指松开）抽出来。

4. 多指推动点钞法

这种点钞法适用于收付款和整点各种钞票，尤其适合于整点成把的主币。它的优点是效率高；缺点是清点零数和付款配票不方便，残破票不易剔出。

操作方法：

将钞票斜放在桌上使右下角对正胸前，整点时用左手五指、四指弯曲压在钞票的左上角（约占票面的 1/5，面积不要太大，以免影响检查票面），同时用右手四指、三指、二指沾水（为了便于推动，在推点前用右手掌在钞票右下角侧面向左上方推动一下，使钞票松散），然后右手后掌固定在桌上（在票子右下方），五指拈起，二指、三指、四指微曲，先用四指由钞票右下角推起第 1 张，紧接着用三指、二指各推起 1 张（手指和票的接触要少，不要用大力推）。每推动 3 张用左手拇指将它送到二指、三指之间夹住，即完成一组动作。以后照此继续操作。

5. 三指拨动点钞法

这种点钞法的适用范围及优缺点与三指推动点钞法相同。具体操作方法如下：

（1）点数。右手将钞票横放桌上，左手五指、四指、三指压住钞票的左上角，右手二指、三指、四指沾水后，以二指从钞票右上角向胸前拨动第 1 张钞票，紧接着再用三指、四指分别拨起第 2 张、第 3 张钞票，每拨起 3 张钞票就以左手拇指向上推，用二指、三指夹住，即完成点一组动作，记数与手按式 3 张点钞法相同。

（2）挑剔残破票。整点时发现有残破票，待点完一组 3 张后，用左手将残破票取出，或者折起，等到点完一把后再取出来。使用此方法应注意的是：点钞时手臂和左手腕都固定在桌上不动，只要手指动就行，同时两手用力要均衡，票子才能拨得快。

6. 手按式 5 张扳数点钞法

这种方法适于整点各种主币及复点工作，新旧残破票混在一起的不宜用此种方法。它的优点是速度快，缺点是看票面小，不便挑剔残破票及鉴别假票。操作时，双手持票，两手拇指在票前，其余各指在票后，捏住钞票的下半部将其竖立；然后以左手拇指向右推，右手四个手指向左推，下端约伸出桌面 2 厘米；左手中指、无名指、小指按住钞票右下角扳起钞票，使其向左散开，然后左手拇指在扳起的钞票中部一次扳 5 张，每扳一次用中指、食指夹住。记数时，5 张为一组，记 1 个数，数到 20 即为 100 张。

（三）扇面式点钞法

扇面点钞法亦称四指交替扇面点钞法，它是将钞票捻成扇面形，用四指交替拨动，分组点数，一次点数多张的方法，每组分点 5 张、10 张、12 张、14 张、16 张不等，可达 36000 张 / 小时以上，适用于整点新票和复点工作。

常用的扇面式点钞法，主要有扇面式一按 5 张与一按 10 张点钞法、扇面式四指多张点钞法等。

1. 扇面式一按 5 张及一按 10 张点钞法

具体操作步骤为：

（1）打扇面。钞票竖拿，左手拇指和食指、中指捏住钞票的右下角，无名指、小指弯曲靠手心，右手拇指按住钞票下半部正中间，食指按在钞票背面，其余三个指头弯向手心。开扇时，以左手为轴，右手食指将钞票向左下方压，将压弯的钞票向左上方推起；食指、中指向右捻动，此时左手拇指必须配合右手动作；这样反复操作，右手拇指逐次由中部向下移动，移至右下角时即可将钞票推成扇面形，然后用两手捧住钞票，将不均匀的地方抖开（钞票左半部向左方抖，右半部向右方抖）。使用此法开扇时，应注意两手的动作是同时并连续进行的。用一按 10 张点钞法时，扇面要开小些，才便于清点。

（2）点数。左手持票，使扇面平持稍向身体倾斜，右手中指、无名指托住钞票背面，用拇指一次向下按 5 张或 10 张，按下后用食指压住（按的部分是钞票的右上角）。接着，拇指按第二次，依次类推。左手应随着右手按的速度以腕部为轴稍向内转动扇面，右手向前走动，眼睛向前看，手、眼密切配合。这种方法是拇指单指前进，也可采用拇指、食指两指交替前进。

（3）记数。记数时用分组记数法，一按 5 张即每 5 张为一组，记一个数；一按 10 张即每 10 张为一组，记 1 个数。

（4）合扇。清点完毕即可合扇，将左手向右侧，右手用四个手指稍弯曲托住钞票的右侧，由右往左合，左右手指稍往中间一起用力，使钞票竖立在桌面上，两手松拢轻蹾，然后再把钞票横执蹾齐做扎把准备（扎把方法与单指单张点钞法相同）。

2. 扇面式四指多张点钞法

扇面式四指多张点钞法，有点 6 张、7 张、8 张，最多的点 16 张，下边介绍的是点 6 张的方法，点 7 张以上法亦相同。

操作时，打扇面与扇面式一按 5 张点钞法相同，左手持扇面，右手清点，一按 6 张（或 7 张等），点数时右手拇指查点第一个 6 张（7 张等），然后食指沿钞票上端向前移动，接数第二个 6 张（7 张等）；中指、无名指依次接点第三、第四个 6 张（7 张等）；右臂要随各指点数也轻轻向前移动，当无名指点完时，拇指则由里边迅速越上去接第五个 6 张（7 张等），开始第二轮的操作，四个手指依次轮流地反复清点。

（四）整点硬币的方法

在实际工作中整点硬币一般有两种方法：手工整点硬币和工具整点硬币。

1. 手工整点硬币

手工整点硬币一般常用在收款、收点硬币尾零款，以一百枚为一卷，一次可清点 5 枚、12 枚、14 枚或 16 枚，最多的可一次清点 18 枚，主要是依个人技术熟练程度而定。其操作方法如下：

（1）拆卷。右手持硬币卷的 1/3 部位处，放在待清点的包装纸的中间，左手撕开硬币包装纸的一头，然后右手大拇指向下从左到右端开包装纸，把纸从卷上面压开后，左手食指平压硬币，右手抽出已压开的包装纸，这样即可准备清点。

（2）点数。按币值由大到小的顺序进行清点，用左手持币，右手拇指食指分组清点。为保证准确，用右手中指从一组中间分开查看，如一次点 18 枚为一组，即从中间分开一边 9 枚；如一次点 10 枚为一组，一边为 5 枚。

记数方法，分组计数，一组为一次，如点 10 枚即记 10 次（如点 18 枚为 5 次加 10 枚，其他以此类推）为一卷叠放在包装纸上。

（3）包装。硬币清点完毕后，用双手的无名指分别顶住硬币的两头，用拇指、食指、中指捏住硬币的两端，将硬币取出放入已准备好的包装纸 1/2 处，再用双手拇指把里半部的包装纸向外掀起掖在硬币底部，再用右手掌心用力向外推卷，然后用双手的中指、食指、拇指分别将两头包装纸压下均贴至硬币，这样使硬币两头压三折，包装完毕。

2. 工具整点硬币

工具整点硬币是指大批的硬币用整点工具进行整点。具体操作步骤如下：

（1）拆卷。拆卷有两种方法：

震裂法拆卷，是用双手的拇指与食指、中指捏住硬币的两端向下震动，在震动的同时左手稍向里扭动，右手稍向外扭动。值得注意的是，用力要适度，使包装纸震裂，取出震裂的包装纸准备清点。

刀划法拆卷，首先在硬币整点器的右端安装一个坚硬刃向上的刀片，拆卷时用双手的拇指、食指、中指捏住硬币的两端，从左端向右端从刀刃上划过，这样做包装纸被刀刃划破一道口，硬币进入整点器盘内，然后将被划开的包装纸拿开，准备点数。

（2）点数。硬币放入整点器内进行清点时，用双手食指扶在整点器的两端，拇指推动弹簧轴，眼睛从左端到右端，看清每格内是不是 5 枚，如有氧化变形及伪币随时挑出，如数补充上，然后准备包装。

（3）包装。工具整点硬币的包装方法与手工整点硬币法相同。

五、基本功练习

点钞的基本功在于手、眼、脑的密切分工与合作，所以点钞的基本技能训练，主要在以下三方面：

（一）练手

手指活动要灵活，接触的感觉要灵敏，动作幅度要小。有些练习者采用橡皮筋将右手食指、中指、无名指、小指四指捆住练习捻钞，其目的就是限制手指的动作幅度，以提高捻钞速度。在练习中，要用不同钞票练，新币、旧币，百元券、50 元券、10 元券……要达到捻钞不重张，并通过手感能辨别假票的程度。

（二）练眼力

眼睛与手指相配合，在手指迅速捻到钞票的过程中，能辨别张数、面额、花纹、色彩。

（三）练记数

大脑与手、眼协作，时刻掌握着已清点的张数。记数应默记，不应嘴上出声。记数出声一是影响他人，二是不雅观。

六、整理现金

在清点现金之前，先要做好现金的整理工作。现金整理主要包括挑出残币和整理纸币两项工作。

（一）挑出残币

残币是指严重破损、陈旧，中间折断超过二分之一以上的，四周多处裂缝或花边图案残缺、断裂过大或缺角的以及粘补不齐的票币。残币必须单独挑出交银行另行处理（商业银行统一上交人民银行发行库）。

银行出纳清点现金时，对于模糊不清，字迹、号码、数字或国徽水印残损不清，被油渍大面积浸脏，变色或腐蚀的纸币，裂口、穿孔、变形或国徽、数字模糊不清的硬币均应视为残损币，应单独挑出，单独捆扎，上交人民银行发行库。

（二）整理纸币

挑出残币后，应将纸币按不同面值分类摆放，每张钞票都应平直，有弯曲、折角的要弄直、抹平。之后再将每叠纸币分别蹾齐，以备清点，清点之后再行蹾齐捆扎。

纸币蹾齐的方法是：用手拿起一叠同面值的纸币，双手握住左右两端，拇指在前，其余四指在后，将其上端向左、向右同时轻轻用力拉直并向上提起，使纸币下端离开台平面 3 厘米左右，然后手指放松，将纸币在台平面上蹾齐。注意向上提时手指用力捏住，让纸币保持蹾后的状态，向下蹾时手指快速放松，以利于蹾齐。提起，蹾放，反复进行，直到墩齐一面后，再上、下、左、右互换进行，将纸币整理得整整齐齐。

第二节　验钞技法

一、人民币

（一）人民币的特征

要防止出现假币，应先熟练人民币的特征和防伪标记，才能分清可流通人民币、残缺人民币和伪造变造人民币的区别。由中国人民银行发行的可流通人民币有如下特征：

1. 纸张

特点是用料讲究，工艺特殊，预置水印。

（1）印刷人民币的印钞专用纸主要成分是短棉绒，这种纸张含 95%的优质棉和 5%的进口木材，具有纤维长、强度高、耐折、耐磨的特点，手感厚实、挺括。在鉴别真假票时，通过检查纸张的成分，能够作出正确的鉴别。

（2）人民币在造纸时做了技术处理。在造纸时，人民币的纸张不加荧光增白剂，因此，在紫外光下观察时，看不到荧光。把真币和假币放在荧外灯光下比较，就会发现假币的纸张出现明亮的蓝白光。

（3）水印是制造印钞纸时采用的一种特殊防伪手段，利用纸纤维的不均匀堆积，形成明暗层次不同的图案或图形。人民币的水印，有固定部位水印和满版水印两种，逆光照透时很清楚。

例如，第四套人民币 10 元券、50 元券和 100 元券的固定水印依次在正面左侧有农民半侧面头像、工人半侧面头像和毛泽东半侧面头像水印；第三套人民币 1、2、5 元券的国旗五星图案满版水印等。

2. 油墨

特点是专用配方、色泽鲜艳、色彩自然。在大面额票面印刷时，还采用了五色荧光油墨、磁性油墨等主动防伪措施。

（1）同色异谱油墨的使用。

在太阳光下和普通的灯光下，同色异谱油墨同一般的胶印油墨没有区别，但在紫外线灯光下，就会发亮或变成另外一种颜色。如我国第四套人民币元以上票币都采用了这种油墨。

1 元券：正面中间部位平凸印黄绿色的树干。

2 元券：正面中间部位平凸印土黄偏绿色竹竿。

5 元券：正面中间部位平凸印桔红色花纹。

10 元券：正面平凸印橘红色的凤凰。

50 元券：正面平凸印橘红色团花，就是“50”字样的团花中的橘红色。

100 元券：正面四个伟人头像的左边印橘红色的花纹。

（2）磁性油墨。

主要用在人民币特殊部位，如第四套人民币 50 元券和 100 元券的号码及背面主景凹印部分。

（3）冲击发光油墨。

值得说明的是，磁性油墨和冲击发光油墨都需要高级仪器才可检测。

3. 制版

人民币的制版工艺，既有我国传统的手工雕刻制版，又采用了多色套版印刷钞票图纹的胶印或凹印接线技术，以及正背面图案高精度对印技术。

（1）手工雕刻制版。

它具有墨层厚、手感强的特点，由于雕刻技艺精湛，用放大镜仔细观察，就可以看出图案的点线排列，疏密程度，景物的深浅层次等都有显著的特征，不易仿制。

（2）正背面对印技术。

把正反面的图案一次印制成型，使特定部位的图案正反面刚好一致。如第五套人民币 100 元券正面右下角的古钱币防伪标志，正反面刚好构成一个完整的图案。

（3）凹印接线技术。

它的特点是在一条完整的线上印上几种不同的颜色，不产生重叠缺口的现象。

4. 印刷及安全线

人民币的印刷采用凹版印刷技术，墨层厚，用手触摸有凹凸感；特殊的金属安全线技术，如 1999 年发行的 50 元券、100 元券在其正面左侧均采用了安全线工艺。

（二）人民币的保护

1. 不准毁损人民币

人民币票券是国家的宝贵财产，所以，我们大家有义务保护好自己经手管理的人民币，尽可能地延长它的使用寿命。任何单位和个人都无权故意毁损人民币。

2. 日常携带、保管和使用时要爱惜人民币

携带时要尽量使用合适的钞票夹或钱包，要防止折叠、压挤、团揉，使用时要避免污染或毁损。单位备用的人民币要整理好，平整存放在保险柜中，不得乱堆、乱放。

3. 不要在人民币的票面上写字画记号

有出纳人员为了自己清点方便，喜欢在成捆的钞票上画记号、写数字，这是一种不良习惯。记号应该作在捆钞的纸条上，或者另外夹进一个字条加以说明。

4. 破损、残缺的人民币，应及时到银行去兑换，不要用纸条或不干胶条等随意粘贴、拼凑

票面残缺不超过 1/5，其余部分的图案、文字能照原样连接的人民币按全额兑换；票面污损、焦、水浸、油渍、变色，但能辨真假，票面完整或残缺不超过 1/5，票面其余部分的图案、文字能照原样连接的人民币可以按全额兑换；票面残缺 1/5 ~ 1/2，其余部分的图案、文字能照原样连接的，可以向银行按面额半数兑换；票面残缺 1/2 以上的、票面污损不能辨认真假的，揭去一面的均不得兑换。遇到不能兑换的人民币，应主动送交银行，不得再投入市场流通使用。

二、假币

假人民币是指仿照真人民币纸张、图案、水印、安全线等原样，利用各种技术手段非法制作的伪币。

（一）常见的假币类型

单位出纳人员必须具备基本的人民币真伪鉴别知识。按照法律规定，人民币中元币以上为主币，其余角币、分币为辅币。假人民币包括伪造币和变造币。伪造币是指仿照真币原样，利用各种手段非法重新仿制的各类假票币。伪造币一般通过手工描绘、木版、石版、照相制版、机制套印、拓印以及利用彩色复印机复印等方法仿制。变造币指在真币基础上或以真币为基本材料，通过挖补、剪接、涂改、揭层等办法加工处理，使原币改变数量、形态实现升值的假货币。

假币种类包括机制、拓印、复印、照相、描绘、石版、木版以及蜡版、油印假币等。其中电子扫描分色制版印刷的机制假币数量最多，伪造水平最高，危害性最大。

目前在流通中常见的假币主要有两种：一种是伪造币，一种是变造币。

伪造币。是模仿真票币非法制作、印刷的票币，欺骗性强，极易以假乱真，稍不注意就会上当受骗。一旦伪造币投入流通，其带来的恶劣影响显而易见：它不仅扰乱了金融市场的秩序，而且也损害了企事业单位和个人的利益，危害极大。

变造币。是将真币变形、涂改面额等手段制作的货币。主要类型有三种：第一种，涂改变造币，即使用消字、消色等方法，将小面额票币的金额消去，涂改成大面额的票币。这种变造币，钞票金额数字部位有涂改或用刀刮过的痕迹，花纹、图案、颜色、尺寸都与真钞不符。第二种，拼凑变造币，即使用剪贴的方法，将多张钞票进行剪剪拼拼，从而多拼出钞票的张数。这种变造币，纸幅比真钞短一截，花纹不衔接，钞票背面有纸条或叠压粘贴痕迹。第三种，揭张变造币，是将真钞正、背两面揭开，再贴上其他纸张而成。这种变造币，与真钞相比纸质薄，挺度差，易辨别。

现在流通中较常见的伪造币和变造币有：

（1）机制胶印假币。主要特征：纸张采用普通版胶纸，韧性较差，无弹性；纸张内无水印图案，水印用浅色油墨从背面或正面加盖在纸面且模糊不清，在紫外灯下这种水印发暗，与纸张荧光相对显得发黑；底纹线呈网状结构；接线出现断裂或重叠；主景图案层次不丰富；在紫外光下有明显的荧光反映，安全线用黄色油墨加印在纸面。

（2）复印假币。复印假币又分为彩色复印和激光复印等。主要特征为：纸质为复印机专用纸，弹性差、手感光滑；使用墨粉与印钞油墨完全不同，而且在空白处常有少量墨粉；线条呈点状结构，用放大镜观察会发现有毛边；正反映出现色差，正面人像偏红或偏黄；水印是用白色油墨加盖在背面；在紫外光下有强烈荧光反映；冠字号码加印而成等。

（3）拓印假币。主要特征：纸质较差，无挺度，纸张由三层组成，正背两面各为一薄纸，且纸面上涂有一层油质，中间为一白纸；墨色暗淡，无光泽；水印系描绘在中间白纸上，失真度较大；在紫外光源下，呈强烈荧光；纸幅一般比真票略小等。

（4）蜡版油印假币。又分为手工刻印和刻版印刷两种。主要采用蜡纸进行刻印或通过电子扫描技术制成蜡板，然后油印而成。其主要特征是：纸质无弹性，正反两面粘合而成；水印手工描绘、失真度大；油墨无光泽，色彩暗淡；在紫外光下呈荧光反映等。

（5）照相版假币。这类假币纸面较光滑，纸质无弹性；人像、图案无立体感；无底纹线，墨色出现色差；水印系描绘而成，失真度较大；纸幅比真币略小等。

（6）揭张变造币。经过处理，将真钞揭开为正、背面两张，再贴上其他纸张，折叠混用。其特征是：揭张后的钞票比原有钞票纸质薄，挺度差，一面用其他纸张裱糊，只要将票面打开，正反面一看即可发现；也有一面用真币，一面用假币裱糊，稍加注意即可发现。

（7）拼凑变造币。用剪贴的方法，使用多张真钞，经过接拼，多拼出张数。其特征是：拼出的钞票纸幅比真钞短缺一截，花纹不衔接，钞票背面有纸条或叠压粘贴痕迹。比较常见的是一半为真币，一半为假币的拼接变造币。

（8）涂改变造币。使用消字、消色等方法，将小面额人民币的金额消去，描绘或刻印成大面额人民币的金额，以此来混充大面额钞票。其特征是：钞票金额数字部位有涂改和用刀刮过的痕迹。花纹、颜色、图案以及尺寸均与真钞不符。这种变造币一般利用光线较暗或场面忙乱时使用。

（二）伪钞鉴别方法（识别方法）

鉴别真假货币的方法有很多，如比较法、简易工具鉴别法、仪器识别法、专家鉴定法等。对于一般单位的出纳人员来说，由于收付的现金主要是人民币，对真的人民币非常熟悉，有利于识别真假；另外，人民币收支业务很频繁，不可能完全依赖专家进行真假鉴别，所以，出纳人员自己必须学会鉴别真假人民币的一般方法。对于外币，一般出纳人员接触得很少，且外币品种多、防范特征各异，不易掌握，收入外币时要特别谨慎，必要时可请专家鉴别。

1. 主要鉴别方法

人民币真伪鉴别主要采用比较法。

（1）纸张识别。

人民币纸张采用专用钞纸，主要成分为棉短绒和高质量木浆，具有耐磨、有韧度、挺括、不易折断，抖动时声音发脆响等特点；而假币纸张绵软，韧性差，易断裂，抖动时声音发闷。

（2）水印识别。

人民币水印是在造纸中采用特殊工艺使纸纤维堆积而形成的暗记。分满版和固定水印两种。如现行人民币 1、2、5 元券为满水印暗记（1999 年 6 月 30 日国务院第 268 号令决定取消 2 元人民币发行。在此后的流通中，两元人民币“只收不付”渐渐淡出市场。）；10 元、50 元、100 元券为固定人头像水印暗记。其特点是层次分明、立体感强，透光观察清晰。而假币特点是水印模糊，无立体感，变形较大，用浅色油墨加印在纸张正、背面，不需迎光透视就能看到。

（3）凹印技术识别。

真币的技术特点是图像层次清晰，色泽鲜艳、浓郁，立体感强，触摸有凹凸感，如 1 ~ 10 元券人民币在人物、字体、国徽、盲文点处都采用了这一技术。而假币图案平淡，手感光滑，花纹图案较模糊，并由网点组成。

（4）荧光识别。

1990 年版 50 元、100 元券人民币分别在正面主图景两侧印有在紫外光下显示纸币面额阿拉伯数字“100”或“50”和汉语拼音“YIBAI”或“WUSHI”的金黄色荧光反应，但整版纸张无任何反应。而假币一般没有荧光暗记，个别的虽有荧光暗记但与真币比较，颜色有较大差异，并且纸张会有较明亮的蓝白荧光反应。

2005 年 8 月 31 日起，中国人民银行发行 2005 年版第五套人民币，主图案与 1999 版保持一致，但变光数字、面额水印位置调整，增加凹印手感线、防复印标记、背面面额数字加后缀“YUAN”等。

2015 年版 100 元纸币票面正面中部印有光彩光变数字“100”，垂直观察时以金色为主，平视观察时以绿色为主。随着观察角度的改变，颜色在金色和绿色之间交替变化，并可见到一条亮光带在数字上下滚动。

（5）安全线识别。

安全线是在造纸过程中，运用特殊技术，在固定位置夹入纸中，由特殊材料制作的线体，并使此线体成为纸张的结构组成部分。最初的安全线，是一种金属线，迎光透视钞票，可以清楚地看到安全线的存在，但如将钞票平放则看不见此线。近年来，安全线技术有了广泛的发展，由于它的原材料不同，宽窄和长度不同，设置的位置、数量、深浅不同，制作工艺和检测方法不同，安全线已有多种类型。例如，不透明塑料安全线，是一种不透明灰白色塑料薄膜或涤纶薄膜制作的线；不透明虚线型安全线，迎光透视可看到由点组成的虚线；缩微文字安全线，将缩微文字印在安全线上，迎光或用放大镜可看到安全线上的文字；多色安全线，一条安全线上可有红、绿、蓝等多种颜色；荧光安全线，在普通光透视下可见到暗色的安全线，如用紫外线光透视，则显示明亮的蓝白色荧光或其他不同颜色的光线；不可见安全线，在普通光透视下，看不见安全线，而通过特别的机器则可显示安全线的存在。还有“开窗式”安全线，即安全线的一部分在纸层内，一部分露出纸面。

由于制造假钞票者一般不具备设置安全线的条件，所以，安全线防假功能是很好的。

大额的人民币在钞票的纸层内设有安全线。人民币的安全线呈黑色，扁平而窄。第四套人民币 1990 年版 50 元券和 100 元券都在纸内设有一条不透明的安全线，自上而下贯穿于整个钞票之中。迎光透视，就可看到钞票正面右侧的安全线。如果迎光透视看不见这样的安全线，则是假钞。

2015 年版 100 元纸币增加了防伪性能较高的光彩光变数字、光变镂空开窗安全线、磁性全埋安全线等防伪特征，防伪技术水平较上一版 100 元纸币有明显提升。

2. 实际工作中常用的鉴别手段

出纳人员在实际工作中常用的鉴别手段是：

（1）眼看

查看可疑币的颜色、轮廓、花纹、线条、图案等与真币的区别。真币的花纹、线条粗细均匀，图案清晰，色彩鲜艳，颜色协调，层次分明。而伪造币则线条凌乱、粗细不一，图案、色彩、层次不清，水印模糊无立体感。

（2）手摸

主要凭手感、触摸可疑币的纸质薄厚及挺括程度。花纹、图案、文字等有无凹凸感。真币纸张坚挺，薄厚适中，在特定部位有凹凸感。而伪造币一般纸质薄、挺括程度差、表面光滑无凹凸感。

①手摸雕版印。用手触摸票面的雕版印部位的图案、图形，真的应该有感觉，而假的则一般没有。

②手摸盲文点。用手触摸盲文点，如有凸出的感觉，并能辨认出盲文点的个数和排列形状与真币相符，则是真的，否则肯定是假的。

③手摸安全线。前述安全线的另一个特点是可以用手摸到，用手轻轻抚摸安全线的部位，有微感觉的才是真的，否则是假的。

（3）耳听

钞票纸张是特殊的纸张，挺括耐折，用手抖动会发出清脆的声音。

（4）尺量

假币的长度和宽度通常小于真币。

（5）仪器检测

目前，鉴别伪造币的仪器可分为普及型和专用型两种。专用型鉴别仪器由于价格比较昂贵，操作较复杂，一般单位不宜配置。在这里仅介绍几种常见的检测仪器：

（1）单功能紫外光鉴别仪。该仪器是专门检测紫外发光油墨标记的专用仪器。

（2）磁感应鉴别仪。该仪器是专门检测磁性防假油墨标记的专用仪器，操作方便、可靠。

（3）透射光鉴别仪。主要用来检测钞票水印的真伪。一般为多功能鉴别仪器中的一种功能。

（4）放大镜。一般要求能放大 6 ~ 10 倍，借助于放大镜一般可以对比检测真假图案、花纹的细微差别。

（5）多功能鉴别仪。一般为 1、2、4 种功能。功能即为上述四种的不同形式的组合。

（6）点钞机附加防伪装置或防伪点钞机。目前较为流行的是紫外光自动停机或报警的反假装置。

（三）发现假人民币的处理

当出纳工作者发现了假人币后应该要遵守以下几条规定进行处理：

（1）企事业单位的财会出纳人员，在收付现金时发现假币，应立即送交附近的银行鉴别。

（2）企事业单位发现可疑币不能断定其真假时，发现单位不得随意加盖假币戳记和没收，应向持币人说明情况，开具临时收据，连同可疑币及时报送中国人民银行当地分支行鉴定。经人民银行鉴定，确属假币时，按发现假币后的处理方法处理，如果确定不是假币时，应及时将钞票退还持币人。

（3）假币没收权属银行、公安和司法部门。其他单位和个人如果发现假币，按当地反假币法规所规定的办法办理。

三、损伤券

损伤人民币是指人民币在流通中因自然磨损、保管不善或其他原因引起的损坏了其票面完整性的票币，如纸币破裂、油浸、熏焦、水湿、污染变色、虫蛀、鼠咬、霉烂、火烧等，金属币出现严重磨损、破缺、变形等。而残缺人民币是指有的人民币由于某种原因明显缺少了一部分的票币。

（一）损伤人民币的标准

损伤人民币是指人民币在流通中因自然磨损、保管不善或其他原因引起的损坏了其票面完整性的票币，如纸币破裂、油浸、熏焦、水湿、污染变色、虫蛀、鼠咬、霉烂、火烧等，金属币出现严重磨损、破缺、变形等。

按照我国的相关规定，损伤人民币的标准如下：

（1）票面缺少部分损及行名、花边、字头、号码、国徽之一的。

（2）票面裂口超过纸幅三分之一或损及花边、图案的。

（3）纸质较旧，四周或中间有裂缝或票面断开又粘补的。

（4）由于油浸、墨渍造成票面肮脏的面积较大，或涂写字迹过多，妨碍票面整洁的。

（5）票面变色严重，影响图案清晰的。

（6）硬币残缺、穿孔、变形、磨损、氧化腐蚀损坏部分花纹的。

（二）损伤、残缺人民币的处理

人民币在流通使用过程中，由于自然磨损，或因火灾、水浸、虫蛀、霉烂等原因，致使票币损伤造成不能继续流通。此类票币称损伤券，出纳人员在点钞挑拣整理时发现这类票币，应按规定向当地银行办理有关兑换手续。

1. 损伤券兑换的标准

根据中国人民银行颁布的《残缺人民币兑换办法》规定，对符合挑拣标准的残缺人民币可按下列标准予以兑换。

（1）应向中国人民银行照全额兑换的损伤券。

①票面残缺不超过 1/5，其余部分的图案、文字能照原样连接者；

②票面污损、熏焦、水湿、油浸、变色，但能辨别真假，票面完整或残缺不超过 1/5，票面其余部分的图案、文字，能照原样连接者。

（2）票面残缺 1/5 以上至 1/2，其余部分的图案、文字能照原样连接者，不得流通使用，可持原票到中国人民银行照原面额半数兑换。

（3）凡残缺人民币属于下列情况之一者不予兑换：

①票面残缺 1/2 以上者；

②票面污损、熏焦、水湿、油浸、变色，不能辨别真假者；

③故意挖补、涂改、剪贴、拼凑，揭去一面者。

（4）不予兑换的残缺人民币由中国人民银行打洞作废，不得流通使用。

2. 损伤券兑换的具体办法

按照中国人民银行公布的《残缺人民币兑换办法内部掌握说明》的规定，对兑换的具体情况作较为详细的说明，特列如下。

（1）对缺去部分没有另行拼凑多换可能的票券，可从宽掌握兑换：缺少 1/4 的兑换全额；缺少 5/8 的可兑换半额；呈正十字形缺去 1/4 者按半额兑换。

（2）对票面污损、熏焦、水湿、油浸、部分变色等，能辨别真假者，亦可按上述标准给予兑换。

（3）对于因遭火灾、虫蛀、鼠咬、霉烂等特殊原因而损失严重，剩余面积较少或因染污变色严重的票券，可由持票人所在地政府或其工作单位出具证明，经审查来源正当，能分清票面种类，能计算出票券的张数、金额，可予以照顾兑换（如由于火灾等原因只剩余一小块，经组织证明情况属实可予兑换全额）。对大宗的火烧、虫蛀、鼠咬、霉烂券除需有兑换人所在单位证明外，银行还必须认真调查，如情况属实，经兑付领导在证明上签字盖章，方可兑付。对此项损伤券，为了在销毁时便于检查，应将原证明附上。

（4）对企业误收的图案、文字不相连接的拼凑票，可根据其中最大的一块按规定标准兑换。如两半张贴在一起，纸幅基本不短少者，可兑换全额。

（5）凡在流通过程中摩擦受到损伤的硬币，只要能辨别正面的国徽或背面的数字，即可兑换全额。凡经穿孔、裂口、破缺、压薄、变形以及正面的国徽、背面的数字模糊不清之硬币，如确非持币人损毁者，亦可按全额兑回。

（6）兑付额不足一分者不予兑换，五分券按半额兑换者，兑给两分。

（7）按规定标准兑付的残破人民币，应当着兑换人在票面盖“全额”或“半额”戳记。

（8）不予兑换的残破人民币，应由银行加洞作废，或加盖“作废”戳记。如持币人不同意打洞可不打洞；不予兑换的票币，均可退回持币人。

（9）对确系故意损坏人民币者，银行除将残破的人民币没收外，并视情节轻重给予批评教育。

（10）兑换残缺人民币时，持币人填写统一格式的“残缺人民币兑换单”，由银行经办人员按照标准，仔细辨别真伪、券别、张数等，共同确定可兑换的金额。

第十章　现金流量表

现金流量表一般由会计人员编制，也有的企业让出纳人员来编制，我们认为，至少出纳人员还是要懂这个表以及协助会计人员编制此表。

第一节　个别现金流量表

一、现金流量表的目的

现金流量表，是反映企业一定会计期间现金和现金等价物流入和流出的报表。编制现金流量表的主要目的，是为会计报表使用者提供企业一定会计期间内现金和现金等价物流入和流出的信息，以便于会计报表使用者了解和评价企业获取现金和现金等价物的能力，并据以预测企业未来现金流量。

二、现金流量表的作用

现金流量表主要提供有关企业现金流量方面的信息。在市场经济条件下，企业的现金流转情况在很大程度上影响着企业的生存和发展。企业现金充裕，就可以及时购入必要的材料物资和固定资产、及时支付工资、偿还债务、支付股利和利息；反之，轻则影响企业的正常生产经营，重则危及企业的生存。按照《公司法》的规定，公司因不能清偿到期债务，被依法宣告破产的，由人民法院依照有关法律的规定，组织股东、有关机关及有关专业人员成立清算组，对公司进行破产清算。现金管理已经成为企业财务管理的一个重要方面，受到企业管理人员、投资者、债权人以及政府监管部门的关注。现金流量表具体有以下三个方面的作用：

（一）现金流量表有助于评价企业支付能力、偿债能力和周转能力

通过现金流量表，并配合资产负债表和利润表，将现金与流动负债进行比较，计算出现金比率；将现金流量净额与发行在外的普通股加权平均股数进行比较，计

算出每股现金流量；将经营活动现金流量净额与净利润进行比较，计算出盈利现金比率，可以了解企业的现金能否偿还到期债务、支付股利和进行必要的固定资产投资，了解企业现金流转效率和效果等，从而便于投资者作出投资决策、债权人作出信贷决策。

（二）现金流量表有助于预测企业未来现金流量

评价过去是为了预测未来。通过现金流量表所反映的企业过去一定期间的现金流量以及其他生产经营指标，可以了解企业现金的来源和用途是否合理，了解经营活动产生的现金流量有多少，企业在多大程度上依赖外部资金，就可以据以预测企业未来现金流量，从而为企业编制现金流量计划、组织现金调度、合理节约地使用现金创造条件，为投资者和债权人评价企业的未来现金流量、作出投资和信贷决策提供必要信息。

（三）现金流量表有助于分析企业收益质量及影响现金净流量的因素

利润表中列示的净利润指标，反映了一个企业的经营成果，这是体现企业经营业绩的最重要的一个指标。但是，利润表是按照权责发生制原则编制的，它不能反映企业经营活动产生了多少现金，并且没有反映投资活动和筹资活动对企业财务状况的影响。通过编制现金流量表，可以掌握企业经营活动、投资活动和筹资活动的现金流量，将经营活动产生的现金流量与净利润相比较，就可以从现金流量的角度了解净利润的质量。并进一步判断，是哪些因素影响现金流入，从而为分析和判断企业的财务前景提供信息。

三、现金流量表的编制基础

从所考察的国家看，绝大多数国家以现金和现金等价物作为现金流量表的编制基础。只有英国是例外，它的编制基础是现金和流动资源。《企业会计准则第 31 号——现金流量表》采用现金和现金等价物作为现金流量表的编制基础，并将现金定义为企业的库存现金以及可以随时用于支付的存款。这一定义与世界上大多数国家对现金的定义基本相似。会计上所说的现金通常指企业的库存现金，而现金流量表中的“现金”不仅包括“现金”账户核算的库存现金，还包括企业“银行存款”账户核算的存入金融企业、随时可以用于支付的存款，也包括“其他货币资金”账户核算的银行汇票存款、银行本票存款、信用卡存款、信用证保证金存款和存出投资款等其他货币资金。需要注意的是，银行存款和其他货币资金中有些不能随时用于支取的存款，如不能随时支取的定期存款等，不应作为现金，而应列作投资；提前通知金融企业便可支取的定期存款，则应包括在现金范围内。

在英国，不采用现金等价物的概念，而是以流动资源和现金一起作为编制基础。所谓流动资源，指持有的、容易处置的流动资产投资。所谓容易处置应满足下列条件：第一，该项处置不会影响企业的经营活动；第二，满足下述两项中的一项：①容易转换为等于或接近其账面价值的现金；②能在活跃的市场中交易。

《企业会计准则第 31 号——现金流量表》将现金等价物定义为企业持有的期限短、流动性强、易于转换为已知金额现金、价值变动风险很小的投资。这一定义与美国、国际会计准则基本一致。

在编制现金流量表时，现金流量表会计准则（即《企业会计准则第 31 号——现金流量表》）之所以将符合以上四个条件的投资规定为现金等价物，视同现金加以报告，主要是考虑到，当企业作以上投资时，主要目的不是取得投资收益，而是将本来用于日常支付的现金暂时用于投资，待需要支付时，随时变现，其安全性和变现能力与普通的存款差不多，但比普通的存款更合算。其中所称的期限较短，一般是指从购买之日起，三个月内到期。这里将期限定为三个月内，一是借鉴了其他国家的有关规定，二是考虑到企业商业信用、资金调度通常以三个月为期，三个月内到期，则意味着能够满足短期支付需要。具体到一个企业来说，哪些投资可以确认为现金等价物，需要根据具体情形加以判断。典型的现金等价物是自购买之日起三个月内到期的短期债券。企业作为交易性金融资产而购买的、市场上可以流通的股票，虽然期限短、变现能力强，但是其变现的金额并不确定，变现价值并不稳定，所以不属于现金等价物。

四、编制现金流量表的基本要求

（1）企业应在年末编制年报时编报现金流量表。小企业编制的会计报表可以不包括现金流量表。企业编报现金流量表以后，不再编报财务状况变动表。

（2）现金流量表应标明企业名称、会计期间、货币单位和报表编号。

（3）现金流量表应由制表人、单位负责人和主管会计工作的负责人、会计机构负责人（会计主管人员）签名并盖章；设置总会计师的单位，还须由总会计师签名并盖章。

（4）企业应当根据编制现金流量表的需要，做好有关现金账簿、有关辅助账簿的设置等会计基础工作。

（5）企业应当就现金等价物的确认标准，作出明确规定，并加以披露。现金等价物的确认标准如有变更，应对其加以说明，并应披露确认标准变更对现金流量的影响程度。

五、现金流量表的编制方法

编制现金流量表时，列报经营活动现金流量的方法有两种：一是直接法，二是间接法。这两种方法通常也称为编制现金流量表的方法。

（一）直接法

所谓直接法，是指按现金收入和现金支出的主要类别直接反映企业经营活动产生的现金流量，如销售商品、提供劳务收到的现金，购买商品、接受劳务支付的现金等就是按现金收入和支出的来源直接反映的。

在直接法下，一般是以利润表中的营业收入为起算点，调节与经营活动有关的项目的增减变动，然后计算出经营活动产生的现金流量。

在我国，采用直接法编制现金流量表时经营活动产生的现金流入项目主要包括：

（1）销售商品、提供劳务收到的现金；

（2）收到的税费返还；

（3）收到的其他与经营活动有关的现金。

经营活动产生的现金流出项目主要包括：

（1）购买商品、接受劳务支付的现金；

（2）支付给职工以及为职工支付的现金；

（3）支付的各项税费；

（4）支付的其他与经营活动有关的现金。

采用直接法编报的现金流量表，便于分析企业经营活动产生的现金流量的来源和用途，预测企业现金流量的未来前景；采用间接法编报现金流量表，便于将净利润与经营活动产生的现金流量净额进行比较，了解净利润与经营活动产生的现金流量差异的原因，从现金流量的角度分析净利润的质量。所以，《企业会计准则第 31 号——现金流量表》规定企业应当采用直接法编报现金流量表，同时要求提供在净利润基础上调节为经营活动产生的现金流量的信息。也就是说，同时采用直接法和间接法两种方法编报现金流量表。

（二）间接法

所谓间接法，是指以净利润为起算点，调整不涉及现金的收入、费用、营业外收支等有关项目，据此计算出经营活动产生的现金流量。

由于净利润是按照权责发生制原则确定的，且包括了投资活动和筹资活动收益和费用，将净利润调节为经营活动现金流量，实际上就是将按权责发生制原则确定的净利润调整为现金净流入，并剔除投资活动和筹资活动对现金流量的影响。

具体来说，需要在净利润基础上进行调节的项目主要包括：

（1）资产减值准备；

（2）固定资产折旧；

（3）无形资产摊销；

（4）长期待摊费用摊销；

（5）处置固定资产、无形资产和其他长期资产的损益；

（6）固定资产报废损失；

（7）公允价值变动损益；

（8）财务费用；

（9）投资损益；

（10）递延所得税资产和递延所得税负债；

（11）存货；

（12）经营性应收项目；

（13）经营性应付项目。

以下分别举例予以说明。

1. 资产减值准备

这里所指的资产减值准备包括：坏账准备、存货跌价准备、长期股权投资减值准备、持有至到期投资减值准备、投资性房地产减值准备、固定资产减值准备、在建工程减值准备、无形资产减值准备、商誉减值准备、生产性生物资产减值准备、油气资产减值准备等。企业计提的资产减值准备，包括在利润表中，属于利润的减除项目，但没有发生现金流出。所以，在将净利润调节为经营活动现金流量时，需要加回。本项目可根据减值准备账户等科目记录分析填列，也可根据“管理费用”、“投资收益”、“营业外支出”等科目的记录分析填列。

【例 10-1】2007 年 1 月 1 日，智董股份有限公司应收账款余额为 900000 元，坏账准备贷方余额为 4500 元；2007 年度内，核销应收账款 2000 元；2007 年 12 月 31 日，智董股份有限公司应收账款余额为 1048000 元，坏账准备已有贷方余额 2500 元（4500−2000）；2007 年 12 月 31 日，坏账准备贷方余额应为 5240 元（1048000×5/1000），需要补提坏账准备金额为 2740 元（5240−2500）。补提的坏账准备金额 2740 元，在将净利润调节为经营活动现金流量时应当加回。

2. 固定资产折旧、油气资产折耗、生产性生物资产折旧

“固定资产折旧”、“油气资产折耗”、“生产性生物资产折旧”项目，分别反映企业本期计提的固定资产折旧、油气资产折耗、生产性生物资产折旧。

企业计提的固定资产折旧，有的包括在管理费用中，有的包括在制造费用中。计入管理费用中的部分，作为期间费用在计算净利润时从中扣除，但没有发生现金流出，所以，在将净利润调节为经营活动现金流量时，需要予以加回。计入制造费用中的已经变现的部分，在计算净利润时通过销售成本予以扣除，但没有发生现金流出；计入制造费用中的没有变现的部分，由于在调节存货时，已经从中扣除，但是，也不涉及现金收支，所以，在此处将净利润调节为经营活动现金流量时，需要予以加回。本项目可根据“累计折旧”科目的贷方发生额分析填列。

【例 10-2】2007 年 1 月 1 日，智董股份有限公司累计折旧余额为 100000 元；2007 年度内，曾处置设备一台，原价 180000 元，累计已提折旧 110000 元；2007 年 12 月 31 日，智董股份有限公司需要计提固定资产折旧 200000 元，累计折旧余额为 190000 元。计提的固定资产折旧金额 200000 元，在将净利润调节为经营活动现金流量时应当加回。

3. 无形资产摊销、长期待摊费用摊销

企业摊销无形资产时，计入管理费用；长期待摊费用摊销时，有的计入管理费用，有的计入销售费用，有的计入制造费用。计入管理费用、销售费用中的部分，作为期间费用在计算净利润时已从中扣除，但没有发生现金流出，所以，在将净利润调节经营活动现金流量时，需要予以加回。计入制造费用中的已经变现的部分，在计算净利润时通过销售成本已经扣除，但没有发生现金流出；计入制造费用中的没有变现部分，由于在调节存货时，已经从中扣除，但不涉及现金收支，所以，在此处将净利润调节为经营活动现金流量时，需要予以加回。这两个项目可根据“无形资产”、“长期待摊费用”科目的贷方发生额分析填列。

【例 10-3】2007 年 1 月 1 日，智董股份有限公司无形资产余额为 90000 元；2007 年度内，曾购入无形资产 30000 元、转让无形资产 35000 元，摊销无形资产 5000 元；2007 年 12 月 31 日，无形资产余额为 80000 元。摊销的无形资产金额 5000 元，在将净利润调节为经营活动现金流量时应当加回。

4. 处置固定资产、无形资产和其他长期资产的损失

“处置固定资产、无形资产和其他长期资产的损失”项目，反映企业本期处置固定资产、无形资产和其他长期资产发生的损失。

企业处置固定资产、无形资产和其他长期资产发生的损益，属于投资活动产生的损益，不属于经营活动产生的损益，所以，在将净利润调节为经营活动现金流量时，需要予以剔除。如为损失，在将净利润调节为经营活动现金流量时，应当加回；如为收益，在将净利润调节为经营活动现金流量时，应当扣除。本项目可根据“营业外收入”、“营业外支出”、“其他业务收入”、“其他业务支出”等科目所属有关明细科目的记录分析填列；如为净收益，以“-”号填列。

【例 10-4】2007 年度内，智董股份有限公司曾处置设备一台，原价 180000 元，累计已提折旧 110000 元，收到现金 80000 元，产生处置收益 10000 元 [80000-（180000-110000）]。处置固定资产的收益 10000 元，在将净利润调节为经营活动现金流量时应当扣除。

5. 固定资产报废损失

“固定资产报废损失”项目，反映企业本期固定资产盘亏发生的损失。

企业发生的固定资产报废损益，属于投资活动产生的损益，不属于经营活动产生的损益，所以，在将净利润调节为经营活动现金流量时，需要予以剔除。如为净损失，在将净利润调节为经营活动现金流量时，应当加回；如为净收益，在将净利润调节为经营活动现金流量时，应当扣除。本项目可根据“营业外支出”、“营业外收入”等科目所属有关明细科目中固定资产盘亏损失减去固定资产盘盈收益后的差额填列。

【例 10-5】20×7 年度内，智董股份有限公司盘亏机器一台，原价 130000 元，已提折旧 120000 元；报废汽车一辆，原价 180000 元，已提折旧 110000 元；共发生固定资产盘亏、报废损失为 80000 元 [（130000-120000）+（180000-110000）]。固定资产报废损失 80000 元，在将净利润调节为经营活动现金流量时应当加回。

6. 公允价值变动损失

“公允价值变动损失”项目，反映企业持有的采用公允价值计量、且其变动计入当期损益的金融资产、金融负债等的公允价值变动损益。

7. 财务费用

企业发生的财务费用中，有些项目属于筹资活动或投资活动。例如，购买固定资产所产生的汇兑损益属于投资活动；支付的利息属于筹资活动。为此，应当将其从净利润中剔除。本项目可根据“财务费用”科目的本期借方发生额分析填列；如为收益，以“-”号填列。

【例 10-6】2007 年度内，智董股份有限公司共发生财务费用 350000 元，其中属于经营活动的为 150000 元，属于筹资活动的为 130000 元，属于投资活动的为 70000 元。属于筹资活动和投资活动的财务费用总额为 200000 元（130000+70000），在将净利润调节为经营活动现金流量时应当加回。

在实务中，企业的“财务费用”明细账一般是按费用项目设置的，为了编制现金流量表，企业可在此基础上，再按“经营活动”、“筹资活动”、“投资活动”分设明细分类账。每一笔财务费用发生时，即将其归入“经营活动”、“筹资活动”或“投资活动”中。

8. 投资损失

企业发生的投资损益，属于投资活动产生的损益，不属于经营活动产生的损益，所以，在将净利润调节为经营活动现金流量时，需要予以剔除。如为净损失，在将净利润调节为经营活动现金流量时，应当加回；如为净收益，在将净利润调节为经营活动现金流量时，应当扣除。本项目可根据利润表中“投资收益”项目的数字填列；如为投资收益，以“-”号填列。

【例 10-7】2007 年度内，智董股份有限公司发生投资收益 230000 元，在将净利润调节为经营活动现金流量时，应将这部分减去。

9. 递延所得税资产减少、递延所得税负债增加

“递延所得税资产减少”项目，反映企业资产负债表“递延所得税资产”项目的期初余额与期末余额的差额。“递延所得税负债增加”项目，反映企业资产负债表“递延所得税负债”项目的期初余额与期末余额的差额。

【例 10-8】2007 年 1 月 1 日，智董股份有限公司递延所得税资产借方余额为 5000 元、递延所得税负债贷方余额为 0 元；2007 年 12 月 31 日，递延所得税资产借

方余额为 0 元、递延所得税负债贷方余额为 25000 元。

2007 年度内，在将净利润调节为经营活动现金流量时应当加回 30000 元。

10. 存货的减少

期末存货比期初存货减少，说明本期生产经营过程耗用的存货有一部分是期初的存货，耗用这部分存货并没有发生现金流出，但在计算净利润时已经扣除，所以，在将净利润调节为经营活动现金流量时，应当加回。期末存货比期初存货增加，说明当期购入的存货除耗用外，还余留了一部分，这部分存货也发生了现金流出，但在计算净利润时没有包括在内，所以，在将净利润调节为经营活动现金流量时，需要扣除。当然，存货的增减变化过程还涉及应付项目，这一因素在“经营性应付项目的增加（减：减少）”中考虑。本项目可根据资产负债表中“存货”项目的期初数、期末数之间的差额填列；期末数大于期初数的差额，以“-”号填列。

需要注意的是，如果存货的增减变化过程属于投资活动，应当将这一因素剔除。

【例 10-9】2007 年 1 月 1 日，智董股份有限公司存货余额为 200000 元；2007 年 12 月 31 日，存货余额为 360000 元；2007 年度，存货增加了 160000 元（360000-200000）。存货的增加金额 160000 元，在将净利润调节为经营活动现金流量时应当扣除。

11. 经营性应收项目的减少

“经营性应收项目的减少”项目，反映企业本期经营性应收项目（包括应收票据、应收账款、预付款项、长期应收款和其他应收款中与经营活动有关的部分及应收的增值税销项税额等）的期初余额与期末余额的差额。

经营性应收项目期末余额小于经营性应收项目期初余额，说明本期收回的现金大于利润表中所确认的销售收入，所以，在将净利润调节为经营活动现金流量时，需要加回。经营性应收项目期末余额大于经营性应收项目期初余额，说明本期销售收入中有一部分没有收回现金，但是，在计算净利润时这部分销售收入已包括在内，所以，在将净利润调节为经营活动现金流量时，需要扣除。

【例 10-10】2007 年 1 月 1 日，智董股份有限公司资料为：应收账款为 750000 元，应收票据为 230000 元；2007 年 12 月 31 日，智董股份有限公司资料为：应收账款 950000 元，应收票据为 200000 元；2007 年度内，经营性应收项目年末比年初增加了 170000 元 [(950000-750000)+(200000-230000)]。经营性应收项目增加金额 170000 元，在将净利润调节为经营活动现金流量时应当扣除。

12. 经营性应付项目的增加

“经营性应付项目的增加”项目，反映企业本期经营性应付项目（包括应付票据、应付账款、预收款项、应付职工薪酬、应交税费、应付利息、应付股利、长期应付款、其他应付款中与经营活动有关的部分及应付的增值税进项税额等）的期初余额与期末余额的差额。

经营性应付项目期末余额大于经营性应付项目期初余额，说明本期购入的存货中有一部分没有支付现金，但是，在计算净利润时却通过销售成本包括在内，所以，在将净利润调节为经营活动现金流量时，需要加回；经营性应付项目期末余额小于经营性应付项目期初余额，说明本期支付的现金大于利润表中所确认的销售成本，所以，在将净利润调节为经营活动产生的现金流量时，需要扣除。

六、现金流量表的编制程序

（一）工作底稿法

采用工作底稿法编制现金流量表，就是以工作底稿为手段，以利润表和资产负债表数据为基础，对每一项目进行分析并编制调整分录，从而编制出现金流量表。

在直接法下，整个工作底稿纵向分成三段，第一段是资产负债表项目，其中又分为借方项目和贷方项目两部分；第二段是利润表项目；第三段是现金流量表项目。工作底稿横向分为五栏。在资产负债表部分，第一栏是项目栏，填列资产负债表各项目名称；第二栏是期初数，用来填列资产负债表项目的期初数；第三栏是调整分录的借方；第四栏是调整分录的贷方；第五栏是期末数，用来填列资产负债表各项目的期末数。在利润表和现金流量表部分，第一栏也是项目栏，用来填列利润表和现金流量表项目名称；第二栏空置不填；第三、第四栏分别是调整分录的借方和贷方；第五栏是本期数，利润表部分这一栏数字应和本期利润表数字核对相符，现金流量表部分这一栏的数字可直接用来编制正式的现金流量表。

采用工作底稿法编制现金流量表的程序是：

第一步，将资产负债表的期初数和期末数过入工作底稿的期初数栏和期末数栏。

第二步，对当期业务进行分析并编制调整分录。调整分录大体有这样几类：第一类涉及利润表中的收入、成本和费用项目以及资产负债表中的资产、负债及所有者权益项目，通过调整，将权责发生制下的收入、费用转换为现金基础；第二类是涉及资产负债表和现金流量表中的投资、筹资项目，反映投资和筹资活动的现金流量；第三类是涉及利润表和现金流量表中的投资和筹资项目，目的是将利润表中有关投资和筹资方面的收入和费用列入现金流量表投资、筹资现金流量中去。此外，还有一些调整分录并不涉及现金收支，只是为了核对资产负债表项目的期末、期初变动。

在调整分录中，有关现金和现金等价物的事项，并不直接借记或贷记现金，而是分别记入"经营活动产生的现金流量"、"投资活动产生的现金流量"、"筹资活动产生的现金流量"有关项目，借记表明现金流入，贷记表明现金流出；

第三步，将调整分录过入工作底稿中的相应部分。

第四步，核对调整分录，借贷合计应当相等，资产负债表项目期初数加减调整分录中的借贷金额以后，应当等于期末数。

第五步，根据工作底稿中的现金流量表项目部分编制正式的现金流量表。

（二）T形账户法

采用T形账户法，就是以T形账户为手段，以利润表和资产负债表数据为基础，对每一项目进行分析并编制调整分录，从而编制出现金流量表。

采用T形账户法编制现金流量表的程序如下：

第一步，为所有的非现金项目（包括资产负债表项目和利润表项目）分别开设T形账户，并将各自的期末期初变动数过入各该账户；

第二步，开设一个大的"现金及现金等价物"T形账户，每边分为经营活动、投资活动和筹资活动三个部分，左边记现金流入，右边记现金流出。与其他账户一样，过入期末期初变动数；

第三步，以利润表项目为基础，结合资产负债表分析每一个非现金项目的增减变动，并据此编制调整分录；

第四步，将调整分录过入各T形账户，并进行核对，该账户借贷相抵后的余额与原先过入的期末期初变动数应当一致；

第五步，根据大的"现金及现金等价物"T形账户编制正式的现金流量表。

七、现金流量表格式及列示说明

现金流量表格式根据一般企业、商业银行、保险公司、证券公司等企业类型予以规定。企业应当根据其经营活动的性质，确定本企业适用的现金流量表格式。

政策性银行、信托投资公司、租赁公司、财务公司、典当公司应当执行商业银行现金流量表格式规定，如有特别需要，可以结合本企业的实际情况，进行必要调整和补充。

担保公司应当执行保险公司现金流量表格式规定，如有特别需要，可以结合本企业的实际情况，进行必要调整和补充。

资产管理公司、基金公司、期货公司应当执行证券公司现金流量表格式规定，如有特别需要，可以结合本企业的实际情况，进行必要调整和补充。

（一）一般企业现金流量表格式

一般企业现金流量表格式如表 10-1 所示。

表 10-1 现金流量表

会企 03 表

编制单位： 年 月 单位：元

项目	本期金额	上期金额
一、经营活动产生的现金流量：		
销售商品、提供劳务收到的现金		
收到的税费返还		
收到其他与经营活动有关的现金		
经营活动现金流入小计		
购买商品、接受劳务支付的现金		
支付给职工以及为职工支付的现金		
支付的各项税费		
支付其他与经营活动有关的现金		
经营活动现金流出小计		
经营活动产生的现金流量净额		
二、投资活动产生的现金流量：		
收回投资收到的现金		
取得投资收益收到的现金		
处置固定资产、无形资产和其他长期资产收回的现金净额		
处置子公司及其他营业单位收到的现金净额		
收到其他与投资活动有关的现金		
投资活动现金流入小计		
购建固定资产、无形资产和其他长期资产支付的现金		
投资支付的现金		
取得子公司及其他营业单位支付的现金净额		
支付其他与投资活动有关的现金		
投资活动现金流出小计		

续表

项　　目	本期金额	上期金额
投资活动产生的现金流量净额		
三、筹资活动产生的现金流量:		
吸收投资收到的现金		
取得借款收到的现金		
收到其他与筹资活动有关的现金		
筹资活动现金流入小计		
偿还债务支付的现金		
分配股利、利润或偿付利息支付的现金		
支付其他与筹资活动有关的现金		
筹资活动现金流出小计		
筹资活动产生的现金流量净额		
四、汇率变动对现金及现金等价物的影响		
五、现金及现金等价物净增加额		
加:期初现金及现金等价物余额		
六、期末现金及现金等价物余额		

(二)金融保险企业现金流量表格式

1. 关于金融保险企业的现金流量

金融保险企业经营活动的性质和内容与工商企业不同,从而直接影响其现金流量的分类。例如,利息支出在工商企业应作为筹资活动,而在金融企业,利息支出是其经营活动的主要支出,应列入经营活动产生的现金流量。再如,银行等金融企业吸收的存款是其主要经营业务,应作为经营活动产生的现金流量反映。因此,为了满足金融保险企业的特殊要求,《企业会计准则第 31 号——现金流量表》对金融保险企业特殊项目的现金流量以及归类单独作了规定。金融企业可根据本行业的特点及现金流量项目的实际情况,进行适当的归类。

为此,《企业会计准则第 31 号——现金流量表》列举了金融企业中属于经营活动现金流量的项目:

(1)对外发放的贷款和收回的贷款;

(2)吸收的存款和支付的存款本金;

(3)同业存款及存放同业款项;

(4)向其他金融企业拆借的资金;

（5）利息收入和利息支出；

（6）收回的已于前期核销的贷款；

（7）经营证券业务的企业，买卖证券所收到或支出的现金；

（8）融资租赁所收到的现金。

保险企业的与保险金、保险索赔、年金退款和其他保险利益条款有关的现金收入和现金支出项目，应作为经营活动产生的现金流量进行反映。

金融保险企业的现金流量

金融保险企业在经营内容上，与一般工商企业存在明显的差别。一般工商企业以生产、销售商品或提供劳务为主，而金融企业以存贷款业务为主，保险企业则以收取保费和支付赔款为主。金融企业吸收存款、发放贷款是其主要的经营活动，因此将存贷款业务所引起的现金流入和流出作为经营活动产生的现金流量。同样，保险企业的与保险金、保险索赔、年金退款和其他保险利益条款有关的现金收入和现金支出项目，作为保险企业的经营活动产生的现金流量。

但是，国际上对这类业务的处理并非完全一致。比如，美国将金融企业的存、贷款利息列入经营活动，而将贷出去的本金列为投资活动，收到储户存款本金列为筹资活动。其中又按期限长短分别以总额和净额列示。

2. 商业银行现金流量表格式

商业银行现金流量表格式如表 10-2 所示。

表 10-2　现金流量表

会商银 03 表

编制单位：　　　　　　　　　年　　　月　　　　　　　　　单位：元

项　目	本期金额	上期金额
一、经营活动产生的现金流量：		
客户存款和同业存放款项净增加额		
向中央银行借款净增加额		
向其他金融机构拆入资金净增加额		

续表

项　目	本期金额	上期金额
收取利息、手续费及佣金的现金		
收到其他与经营活动有关的现金		
经营活动现金流入小计		
客户贷款及垫款净增加额		
存放中央银行和同业款项净增加额		
支付手续费及佣金的现金		
支付给职工以及为职工支付的现金		
支付的各项税费		
支付其他与经营活动有关的现金		
经营活动现金流出小计		
经营活动产生的现金流量净额		
二、投资活动产生的现金流量：		
收回投资收到的现金		
取得投资收益收到的现金		
收到其他与投资活动有关的现金		
投资活动现金流入小计		
投资支付的现金		
购建固定资产、无形资产和其他长期资产支付的现金		
支付其他与投资活动有关的现金		
投资活动现金流出小计		
投资活动产生的现金流量净额		
三、筹资活动产生的现金流量：		
吸收投资收到的现金		
发行债券收到的现金		
收到其他与筹资活动有关的现金		
筹资活动现金流入小计		
偿还债务支付的现金		
分配股利、利润或偿付利息支付的现金		
支付其他与筹资活动有关的现金		
筹资活动现金流出小计		
筹资活动产生的现金流量净额		
四、汇率变动对现金及现金等价物的影响		

续表

项　目	本期金额	上期金额
五、现金及现金等价物净增加额		
加：期初现金及现金等价物余额		
六、期末现金及现金等价物余额		

3. 保险公司现金流量表格式

保险公司现金流量表格式如表 10–3 所示。

表 10–3　现金流量表

会保 03 表

编制单位：　　　　　　　　　　年　　月　　　　　　　　　　单位：元

项　目	本期金额	上期金额
一、经营活动产生的现金流量：		
收到原保险合同保费取得的现金		
收到再保业务现金净额		
保户储金及投资款净增加额		
收到其他与经营活动有关的现金		
经营活动现金流入小计		
支付原保险合同赔付款项的现金		
支付手续费及佣金的现金		
支付保单红利的现金		
支付给职工以及为职工支付的现金		
支付的各项税费		
支付其他与经营活动有关的现金		
经营活动现金流出小计		
经营活动产生的现金流量净额		
二、投资活动产生的现金流量：		
收回投资收到的现金		
取得投资收益收到的现金		
收到其他与投资活动有关的现金		
投资活动现金流入小计		
投资支付的现金		
质押贷款净增加额		

续表

项　目	本期金额	上期金额
购建固定资产、无形资产和其他长期资产支付的现金		
支付其他与投资活动有关的现金		
投资活动现金流出小计		
投资活动产生的现金流量净额		
三、筹资活动产生的现金流量：		
吸收投资收到的现金		
发行债券收到的现金		
收到其他与筹资活动有关的现金		
筹资活动现金流入小计		
偿还债务支付的现金		
分配股利、利润或偿付利息支付的现金		
支付其他与筹资活动有关的现金		
筹资活动现金流出小计		
筹资活动产生的现金流量净额		
四、汇率变动对现金及现金等价物的影响		
五、现金及现金等价物净增加额		
加：期初现金及现金等价物余额		
六、期末现金及现金等价物余额		

4. 证券公司现金流量表格式

证券公司现金流量表格式如表 10-4 所示。

表 10-4　现金流量表

会证 03 表

编制单位：　　　　　　　　　　年　　月　　　　　　　　　　单位：元

项　目	本期金额	上期金额
一、经营活动产生的现金流量：		
处置交易性金融资产净增加额		
收取利息、手续费及佣金的现金		
拆入资金净增加额		
回购业务资金净增加额		
收到其他与经营活动有关的现金		

续表

项　目	本期金额	上期金额
经营活动现金流入小计		
支付利息、手续费及佣金的现金		
支付给职工以及为职工支付的现金		
支付的各项税费		
支付其他与经营活动有关的现金		
经营活动现金流出小计		
经营活动产生的现金流量净额		
二、投资活动产生的现金流量：		
收回投资收到的现金		
取得投资收益收到的现金		
收到其他与投资活动有关的现金		
投资活动现金流入小计		
投资支付的现金		
购建固定资产、无形资产和其他长期资产支付的现金		
支付其他与投资活动有关的现金		
投资活动现金流出小计		
投资活动产生的现金流量净额		
三、筹资活动产生的现金流量：		
吸收投资收到的现金		
发行债券收到的现金		
收到其他与筹资活动有关的现金		
筹资活动现金流入小计		
偿还债务支付的现金		
分配股利、利润或偿付利息支付的现金		
支付其他与筹资活动有关的现金		
筹资活动现金流出小计		
筹资活动产生的现金流量净额		
四、汇率变动对现金及现金等价物的影响		
五、现金及现金等价物净增加额		
加：期初现金及现金等价物余额		
六、期末现金及现金等价物余额		

现金流量表附注披露

一、将净利润调节为经营活动现金流量信息的披露

根据《企业会计准则第31号——现金流量表》第十六条的规定，企业应当在附注中披露将净利润调节为经营活动现金流量的信息。至少应当单独披露对净利润进行调节的下列项目：

（一）资产减值准备；

（二）固定资产折旧；

（三）无形资产摊销；

（四）长期待摊费用摊销；

（五）处置固定资产、无形资产和其他长期资产的损益；

（六）固定资产报废损失；

（七）公允价值变动损益；

（八）财务费用；

（九）投资损益；

（十）递延所得税资产和递延所得税负债；

（十一）存货；

（十二）经营性应收项目；

（十三）经营性应付项目。

企业应在现金流量表补充资料中，通过债权债务变动、存货变动、应计及递延项目、投资和筹资现金流量相关的收益或费用项目，将净利润调节为经营活动现金流量。

调节公式是：

经营活动产生的现金流量净额＝净利润＋计提的资产减值准备＋当期计提的固定资产折旧、油气资产折耗、生产性生物资产折旧＋无形资产摊销＋长期待摊费用摊销＋处置固定资产、无形资产和其他长期资产的损失（减：收益）＋固定资产报废损失－公允价值变动收益（加：损失）＋财务费用＋投资损失（减：收益）＋递延所得税负债增加＋递延所得税资产减少＋存货的减少（减：增加）＋经营性应收项目的减少（减：增加）＋经营性应付项目的增加（减：减少）＋其他现金流量表附注适用于一般企业、商业银行、保险公司、证券公司等各类企业。

现金流量表补充资料披露格式如表10-5所示。

企业应当采用间接法在现金流量表附注中披露将净利润调节为经营活动现金流量的信息。

表10-5　现金流量表补充资料披露格式

补充资料	本期金额	上期金额
1. 将净利润调节为经营活动现金流量：		
净利润		
加：资产减值准备		
固定资产折旧、油气资产折耗、生产性生物资产折旧		
无形资产摊销		
长期待摊费用摊销		
处置固定资产、无形资产和其他长期资产的损失（收益以“—”号填列）		
固定资产报废损失（收益以“—”号填列）		
公允价值变动损失（收益以“—”号填列）		
财务费用（收益以“—”号填列）		
投资损失（收益以“—”号填列）		
递延所得税资产减少（增加以“—”号填列）		
递延所得税负债增加（减少以“—”号填列）		
存货的减少（增加以“—”号填列）		
经营性应收项目的减少（增加以“—”号填列）		
经营性应付项目的增加（减少以“—”号填列）		
其他		
经营活动产生的现金流量净额		
2. 不涉及现金收支的重大投资和筹资活动：		
债务转为资本		
一年内到期的可转换公司债券		
融资租入固定资产		
3. 现金及现金等价物净变动情况：		
现金的期末余额		
减：现金的期初余额		
加：现金等价物的期末余额		

续表

补充资料	本期金额	上期金额
减：现金等价物的期初余额		
现金及现金等价物净增加额		

二、以总额披露当期取得或处置子公司及其他营业单位的信息

《企业会计准则第31号——现金流量表》第十七条规定：“企业应当在附注中以总额披露当期取得或处置子公司及其他营业单位的下列信息：

（一）取得或处置价格；

（二）取得或处置价格中以现金支付的部分；

（三）取得或处置子公司及其他营业单位收到的现金；

（四）取得或处置子公司及其他营业单位按照主要类别分类的非现金资产和负债。”

企业应当按下列格式（表10-6）披露当期取得或处置子公司及其他营业单位的有关信息。

表10-6　当期取得或处置子公司及其他营业单位的有关信息披露表

项　目	金额
一、取得子公司及其他营业单位的有关信息：	
1. 取得子公司及其他营业单位的价格	
2. 取得子公司及其他营业单位支付的现金和现金等价物	
减：子公司及其他营业单位持有的现金和现金等价物	
3. 取得子公司及其他营业单位支付的现金净额	
4. 取得子公司的净资产	
流动资产	
非流动资产	
流动负债	
非流动负债	
二、处置子公司及其他营业单位的有关信息：	
1. 处置子公司及其他营业单位的价格	
2. 处置子公司及其他营业单位收到的现金和现金等价物	
减：子公司及其他营业单位持有的现金和现金等价物	
3. 处置子公司及其他营业单位收到的现金净额	

续表

项　目	金额
4. 处置子公司的净资产	
流动资产	
非流动资产	
流动负债	
非流动负债	

三、不涉及当期现金收支、但影响企业财务状况或在未来可能影响企业现金流量的重大投资和筹资活动信息的披露

《企业会计准则第31号——现金流量表》第十八条："企业应当在附注中披露不涉及当期现金收支、但影响企业财务状况或在未来可能影响企业现金流量的重大投资和筹资活动。"

"不涉及当期现金收支的重大投资和筹资活动"项目，反映企业一定期间内影响资产或负债但不形成该期现金收支的所有投资和筹资活动的信息。这些投资和筹资活动虽然不涉及现金收支，但对以后各期的现金流量有重大影响。如融资租赁设备，记入"长期应付款"账户，当期并不支付设备款及租金，但以后各期必须为此支付现金，从而在一定期间内形成了一项固定的现金支出。

不涉及当期现金收支的投资和筹资活动主要有：债务转为资本、一年内到期的可转换公司债券、融资租入固定资产。

（1）"债务转为资本"项目，反映企业本期转为资本的债务金额。

（2）"一年内到期的可转换公司债券"项目，反映企业一年内到期的可转换公司债券的本息。

（3）"融资租入固定资产"项目，反映企业本期融资租入固定资产的最低租赁付款额扣除应分期计入利息费用的未确认融资费用的净额。

四、与现金和现金等价物有关的信息的披露

我国《企业会计准则第31号——现金流量表》第十九条规定："企业应当在附注中披露与现金和现金等价物有关的下列信息：

（一）现金和现金等价物的构成及其在资产负债表中的相应金额。

（二）企业持有但不能由母公司或集团内其他子公司使用的大额现金和现金等价物金额。"

企业应当按下列格式在附注中披露现金和现金等价物的构成、现金和现金等价物在资产负债表中列报项目的相应金额，以及企业持有但不能由其母公司或集团内其他子公司使用的大额现金和现金等价物的金额，比如国外经营的子公司受当地外汇管制等限制而不能由集团内母公司或其他子公司正常使用的现金和现金等价物等。

现金和现金等价物的披露格式如表 10–7 所示。

表 10–7　现金和现金等价物披露表

项　目	本期金额	上期金额
一、现金		
其中：库存现金		
可随时用于支付的银行存款		
可随时用于支付的其他货币资金		
可用于支付的存放中央银行款项		
存放同业款项		
拆放同业款项		
二、现金等价物		
其中：三个月内到期的债券投资		
三、期末现金及现金等价物余额		
其中：母公司或集团内子公司使用受限制的现金和现金等价物		

【例 10–11】智董公司 2006 年 12 月 31 日的资产负债表（年初余额略）及 2007 年 12 月 31 日的科目余额表分别见表 10–8 和表 10–9。假设智董公司 2007 年度除计提固定资产减值准备导致固定资产账面价值与其计税基础存在可抵扣暂时性差异外，其他资产和负债项目的账面价值均等于其计税基础。假定智董公司未来很可能获得足够的应纳税所得额用来抵扣可抵扣暂时性差异，适用的所得税税率为 33%。

表 10–8　资产负债表

会企 01 表

编制单位：智董公司　　2006 年 12 月 31 日　　单位：元

资产	期末余额	年初余额	负债和股东权益	期末余额	年初余额
流动资产：			流动负债：		
货币资金	1406300		短期借款	300000	
交易性金融资产	15000		交易性金融负债	0	

续表

资产	期末余额	年初余额	负债和股东权益	期末余额	年初余额
应收票据	246000		应付票据	200000	
应收账款	299100		应付账款	953800	
预付款项	100000		预收款项	0	
应收利息	0		应付职工薪酬	110000	
应收股利	0		应交税费	36600	
其他应收款	5000		应付利息	1000	
存货	2580000		应付股利	0	
一年内到期的非流动资产	0		其他应付款	50000	
其他流动资产	100000		一年内到期的非流动负债	1000000	
流动资产合计	4751400		其他流动负债	0	
非流动资产：			流动负债合计	2651400	
可供出售金融资产	0		非流动负债：		
持有至到期投资	0		长期借款	600000	
长期应收款	0		应付债券	0	
长期股权投资	250000		长期应付款	0	
投资性房地产	0		专项应付款	0	
固定资产	1100000		预计负债	0	
在建工程	1500000		递延所得税负债	0	
工程物资	0		其他非流动负债	0	
固定资产清理	0		非流动负债合计	600000	
生产性生物资产	0		负债合计	3251400	
油气资产	0		股东权益：		
无形资产	600000		股本	5000000	
开发支出	0		资本公积	0	
商誉	0		减：库存股	0	
长期待摊费用	0		盈余公积	100000	
递延所得税	0		未分配利润	50000	

续表

资产	期末余额	年初余额	负债和股东权益	期末余额	年初余额
其他非流动资产	200000		股东权益合计	5150000	
非流动资产合计	3650000				
资产总计	8401400		负债和股东权益总计	8401400	

表 10-9　科目余额

编制单位：智董公司　　2007 年 12 月 31 日　　单位：元

科目名称	借方余额	科目名称	贷方余额
库存现金	2000	短期借款	50000
银行存款	786135	应付票据	100000
其他货币资金	7300	应付账款	953800
交易性金融资产	0	其他应付款	50000
应收票据	66000	应付职工薪酬	180000
应收账款	600000	应交税费	226731
坏账准备	–1800	应付利息	0
预付账款	100000	应付股利	32215.85
其他应收款	5000	一年内到期的非流动负债	0
材料采购	275000	长期借款	116000
原材料	45000	股本	5000000
周转材料	38050	盈余公积	124770.40
库存商品	2122400	利润分配（未分配利润）	190717.75
材料成本差异	4250		
其他流动资产	90000		
长期股权投资	250000		
固定资产	2401000		
累计折旧	–170000		
固定资产减值准备	–30000		
工程物资	150000		
在建工程	578000		
无形资产	600000		

续表

科目名称	借方余额	科目名称	贷方余额
累计摊销	-6000		
递延所得税资产	9900		
其他非流动资产	200000		
合计	8068235	合计	8068235

智董公司 20×7 年度有关损益类科目本年累计发生净额见表 10-10。

表 10-10 损益类科目 2007 年度累计发生净额

单位：元

科目名称	借方发生额	贷方发生额
主营业务收入		1250000
主营业务成本	750000	
营业税金及附加	2000	
销售费用	20000	
管理费用	157100	
财务费用	41500	
资产减值损失	30900	
投资收益		31500
营业外收入		50000
营业外支出	19700	
所得税费用	112596	

智董公司其他相关资料如下：

1.2007 年度利润表有关项目的明细资料如下：

（1）管理费用的组成：职工薪酬 17100 元，无形资产摊销 60000 元，摊销印花税 10000 元，折旧费 20000 元，支付其他费用 50000 元。

（2）财务费用的组成：计提借款利息 21500 元，支付应收票据贴现利息 20000 元。

（3）资产减值损失的组成：计提坏账准备 900 元，计提固定资产减值准备 30000 元。上年年末坏账准备余额为 1800 元。

（4）投资收益的组成：收到股息收入 30000 元，与本金一起收回的交易性股票投资收益 500 元，自公允价值变动的损益结转投资收益 1000 元。

（5）营业外收入的组成：处置固定资产净收益 50000 元（其所处置固定资产原价为 400000 元，累计折旧为 150000 元，收到处置收入 300000 元）。假定不考虑与固定资产处置有关的税费。

（6）营业外支出的组成：报废固定资产净损失 19700 元（其所报废固定资产原价为 200000 元，累计折旧 180000 元，支付清理费用 500 元，收到残值收入 800 元）。

（7）所得税费用的组成：当期所得税费用为 122496 元，递延所得税收益 9900 元。

除上述项目外，利润表中的销售费用至期末尚未支付。

2. 资产负债表有关项目的明细资料如下：

（1）本期收回交易性股票投资本金 15000 元、公允价值变动 1000 元，同时实现投资收益 500 元。

（2）存货中生产成本、制造费用的组成：职工薪酬 324900 元，折旧费 80000 元。

（3）应交税费的组成：本期增值税进项税额 42466 元，增值税销项税额 212500 元，已交增值税 100000 元；应交所得税期末余额为 20097 元，应交所得税期初余额为 0。应交税费期末数中应由在建工程负担的部分为 100000 元。

（4）应付职工薪酬的期初数无应付在建工程人员的部分，本期支付在建工程人员职工薪酬 200000 元。应付职工薪酬的期末数中应付在建工程人员的部分为 28000 元。

（5）应付利息均为短期借款利息，其中本期计提利息 11500 元，支付利息 12500 元。

（6）本期用现金购买固定资产 101000 元，购买工程物资 150000 元。

（7）本期用现金偿还短期借款 250000 元，偿还一年内到期的长期借款 1000000 元，借入长期借款 400000 元。

根据以上资料，采用分析填列的方法，编制智董公司 2007 年度的现金流量表。

1. 智董公司 2007 年度现金流量表各项目金额，分析确定如下：

（1）销售商品、提供劳务收到的现金 = 主营业务收入 + 应交税费（应交增值税 - 销项税额）+（应收账款年初余额 - 应收账款期末余额）+（应收票据年初余额 - 应收票据期末余额）- 当期计提的坏账准备 - 票据贴现的利息 =1250000+212500+（299100-598200）+（246000-66000）-900-20000=1322500（元）

（2）购买商品、接受劳务支付的现金 = 主营业务成本 + 应交税费（应交增值税 - 进项税额）-（存货年初余额 - 存货期末余额）+（应收账款年初余额 - 应付账款期末余额）+（应付票据年初余额 - 应付票据期末余额）+（预付账款期末余额 - 预付账款年初余额）- 当期列入生产成本、制造费用的职工薪酬 - 当期列入生产成本、制造费用的折旧费和固定资产修理费 =750000+42466-（2580000-2484700）+（953800-953800）+（200000-100000）+（100000-100000）-324900-80000=392266（元）

（3）支付给职工以及为职工支付的现金 = 生产成本、制造费用、管理费用中职工薪酬＋（应付职工薪酬年初余额－应付职工薪酬期末余额）–[应付职工薪酬（在建工程）年初余额－应付职工薪酬（在建工程）期末余额]=（324900+17100）+（110000–180000）–（0–28000）=300000（元）

（4）支付的各项税费＝当期所得税费用＋营业税金及附加＋应交税费（增值税－已交税金）–（应交所得税期末余额－应交所得税期初余额）=122496+2000+100000–（20097–0）=204399（元）

（5）支付其他与经营活动有关的现金＝其他管理费用=50000（元）

（6）收回投资收到的现金＝交易性金融资产贷方发生额＋与交易性金融资产一起收回的投资收益=16000+500=16500（元）

（7）取得投资收益所收到的现金＝收到的股息收入=30000（元）

（8）处置固定资产收回的现金净额=300000+（800–500）=300300（元）

（9）购建固定资产支付的现金＝用现金购买的固定资产、工程物资＋支付给在建工程人员的薪酬=101000+150000+200000=451000（元）

（10）取得借款所收到的现金=400000（元）

（11）偿还债务支付的现金=250000+1000000=1250000（元）

（12）偿还利息支付的现金=12500（元）

（13）支付其他与筹资活动有关的现金=20000（元）

2. 将净利润调节为经营活动现金流量各项目计算分析如下：

（1）资产减值准备=900+30000=30900（元）

（2）固定资产折旧=20000+80000=100000（元）

（3）无形资产摊销=60000（元）

（4）处置固定资产、无形资产和其他长期资产的损失（减：收益）=–50000（元）

（5）固定资产报废损失=19700（元）

（6）财务费用=41500（元）

（7）投资损失（减：收益）=–31500（元）

（8）递延所得税资产减少=0–9900=–9900（元）

（9）存货的减少=2580000–2484700=95300（元）

（10）经营性应收项目的减少=（246000–66000）+（299100+900–598200–1800）=–120000（元）

（11）经营性应付项目的增加=（100000–200000）+（100000–100000）+[（180000–28000）–110000]+[（226731–100000）–36600]=32131（元）

3. 根据上述数据，编制现金流量表（见表10–11）及其补充资料（见表10–12）。

表 10-11　现金流量

会企 03 表

编制单位：智董公司　　2007 年　　单位：元

项　目	本期金额	上期金额
一、经营活动产生的现金流量：		略
销售商品、提供劳务收到的现金	1322500	
收到的税费返还	0	
收到其他与经营活动有关的现金	0	
经营活动现金流入小计	1322500	
购买商品、接受劳务支付的现金	392266	
支付给职工以及为职工支付的现金	300000	
支付的各项税收	204399	
支付其他与经营活动有关的现金	50000	
经营活动现金流出小计	946665	
经营活动产生的现金流量净额	375835	
二、投资活动产生的现金流量：		
收回投资收到的现金	16500	
取得投资收益收到的现金	30000	
处置固定资产、无形资产和其他长期资产收回的现金净额	300300	
处置子公司及其他营业单位收到的现金净额	0	
收到其他与投资活动有关的现金	0	
投资活动现金流入小计	346800	
购建固定资产、无形资产和其他长期资产支付的现金	451000	
投资支付的现金	0	
取得子公司及其他营业单位支付的现金净额	0	
支付其他与投资活动有关的现金	0	
投资活动现金流出小计	451000	
投资活动产生的现金流量净额	–104200	
三、筹资活动产生的现金流量：		
吸收投资收到的现金	0	
取得借款收到的现金	400000	
收到其他与筹资活动有关的现金	0	
筹资活动现金流入小计	400000	
偿还债务支付的现金	1250000	

续表

项　目	本期金额	上期金额
分配股利、利润或偿付利息支付的现金	12500	
支付其他与筹资活动有关的现金	20000	
筹资活动现金流出小计	1282500	
筹资活动产生的现金流量净额	–882500	
四、汇率变动对现金及现金等价物的影响	0	
五、现金及现金等价物净增加额	–610865	
加：期初现金及现金等价物余额	1406300	
六、期末现金及现金等价物余额	795435	

表 10–12　现金流量表补充资料

补充资料	本期金额	上期金额
1. 将净利润调节为经营活动现金流量：		略
净利润	197704	
加：资产减值准备	30900	
固定资产折旧、油气资产折耗、生产性生物资产折旧	100000	
无形资产摊销	60000	
长期待摊费用摊销	0	
处置固定资产、无形资产和其他长期资产的损失（收益以“–”号填列）	–50000	
固定资产报废损失（收益以“–”号填列）	19700	
公允价值变动损失（收益以“–”号填列）	0	
财务费用（收益以“–”号填列）	41500	
投资损失（收益以“–”号填列）	–31500	
递延所得税资产减少（增加以“–”号填列）	–9900	
递延所得税负债增加（减少以“–”号填列）	0	
存货的减少（增加以“–”号填列）	95300	
经营性应收项目的减少（增加以“–”号填列）	–120000	
经营性应付项目的增加（减少以“–”号填列）	32131	
其他	10000	
经营活动产生的现金流量净额	375835	
2. 不涉及现金收支的重大投资和筹资活动：		
债务转为资本	0	

续表

补充资料	本期金额	上期金额
一年内到期的可转换公司债券	0	
融资租入固定资产	0	
3. 现金及现金等价物净变动情况：		
现金的期末余额	795435	
减：现金的期初余额	1406300	
加：现金等价物的期末余额	0	
减：现金等价物的期初余额	0	
现金及现金等价物净增加额	–610865	

第二节 合并现金流量表

合并现金流量表应当以母公司和子公司的现金流量表为基础，在抵销母公司与子公司、子公司相互之间发生的内部交易对合并现金流量表的影响后，由母公司合并编制。

本节提及现金时，除非同时提及现金等价物，均包括现金和现金等价物。

一、合并现金流量表概述

合并现金流量表是综合反映母公司及其子公司组成的企业集团，在一定会计期间现金流入、现金流出数量以及其增减变动情况的财务报表。现金流量表作为第三张主要报表已经为世界上一些主要国家的会计实务所采用，合并现金流量表的编制也成为各国会计实务的重要内容。

现金流量表要求按照收付实现制反映企业经济业务所引起的现金流入和流出，其编制方法有直接法和间接法两种。我国已经明确规定企业对外报送的现金流量表采用直接法编制。在采用直接法的情况下，以合并利润表有关项目的数据为基础，调整得出本期的现金流入和现金流出数量；分别经营活动产生的现金流量、投资活动产生的现金流量、筹资活动产生的现金流量三大类，反映企业一定会计期间的现金流量情况。

合并现金流量表的编制方法从理论上讲，有以下两种：

第一种方法是以合并资产负债表和合并利润表为基础，采用与个别现金流量表相同的方法编制出合并现金流量表。

第二种方法则是以母公司和纳入合并范围的子公司的个别现金流量表为基础，通过编制抵销分录，将母公司与纳入合并范围的子公司以及子公司相互之间发生的经济业务对个别现金流量表中的现金流量的影响予以抵销，从而编制出合并现金流量表。在采用这一方法编制合并现金流量表的情况下，其编制原理、编制方法和编制程序与合并资产负债表、合并利润表的编制原理、编制方法和编制程序相同。首先编制合并工作底稿，将母公司和子公司个别现金流量表各项目的数据全部过入合并工作底稿；然后根据当期母公司与子公司以及子公司相互之间发生的影响其现金流量增减变动的经济业务，编制相应的抵销分录，通过抵销分录将个别现金流量表中重复反映的现金流入数量和现金流出数量予以抵销；最后，在此基础上计算出合并现金流量表各项目的合并数，并填制合并现金流量表。

二、合并现金流量表的编制要求

编制合并现金流量表应当符合下列要求：

（1）母公司与子公司、子公司相互之间当期以现金投资或收购股权增加的投资所产生的现金流量应当抵销。

（2）母公司与子公司、子公司相互之间当期取得投资收益、利息收入收到的现金，应当与分配股利、利润或偿付利息支付的现金相互抵销。

（3）母公司与子公司、子公司相互之间以现金结算债权与债务所产生的现金流量应当抵销。

（4）母公司与子公司、子公司相互之间当期销售商品所产生的现金流量应当抵销。

（5）母公司与子公司、子公司相互之间处置固定资产、无形资产和其他长期资产收回的现金净额，应当与购建固定资产、无形资产和其他长期资产支付的现金相互抵销。

（6）母公司与子公司、子公司相互之间当期发生的其他内部交易所产生的现金流量应当抵销。（《企业会计准则第 33 号——合并财务报表》第四十一条，2014 年 1 月 26 日修订）

三、合并现金流量表中少数股东权益项目的揭示

合并现金流量表编制与个别现金流量表相比，一个特殊的问题就是在纳入合并范围的子公司为非全资子公司的情况下，涉及子公司与其少数股东之间的现金流入和流出的处理问题。对于子公司与少数股东之间发生的现金流入和现金流出，从整个企业集团来看，也影响到其整体的现金流入和流出数量的增减变动，必须在合并现金流量

表中予以反映。子公司与少数股东之间发生的影响现金流入和现金流出的经济业务包括：少数股东对子公司增加权益性投资、少数股东依法从子公司中抽回权益性投资、子公司向其少数股东支付现金股利等。为了便于母公司的股东、债权人等投资者了解掌握其现金流量的情况，有必要将与子公司少数股东之间的现金流入和现金流出的情况单独予以反映。

对于子公司的少数股东增加在子公司中的权益性资本投资，在合并现金流量表中应当在“筹资活动产生的现金流量”之下的“吸收投资收到的现金”项目之后单列“其中：子公司吸收少数股东投资收到的现金”项目反映。

对于子公司向少数股东支付现金股利，在合并现金流量表中应当在“筹资活动产生的现金流量”之下的“分配股利、利润或偿付利息支付的现金”项目之后单列“其中：子公司支付给少数股东的股利、利润”项目反映。

对于子公司的少数股东依法抽回在子公司中的权益性投资，在合并现金流量表中，应当在“筹资活动产生的现金流量”之下的“支付的其他与筹资活动有关的现金”项目反映。

四、合并现金流量表补充资料的编制

合并现金流量表补充资料可以根据合并资产负债表和合并利润表编制。

五、增加、处置子公司

母公司在报告期内因同一控制下企业合并增加的子公司以及业务，应当将该子公司以及业务合并当期期初至报告期末的现金流量纳入合并现金流量表，同时应当对比较报表的相关项目进行调整，视同合并后的报告主体自最终控制方开始控制时点起一直存在。

因非同一控制下企业合并增加的子公司以及业务，应当将该子公司购买日至报告期末的现金流量纳入合并现金流量表。（《企业会计准则第 33 号——合并财务报表》第四十三条，2014 年 1 月 26 日修订）

母公司在报告期内处置子公司以及业务，应当将该子公司以及业务期初至处置日的现金流量纳入合并现金流量表。（《企业会计准则第 33 号——合并财务报表》第四十四条，2014 年 1 月 26 日修订）

六、合并现金流量表的基本格式

合并现金流量表的格式与个别现金流量表的格式基本相同，其基本格式如表

10-13 所示。

表 10-13 合并现金流量表

会合 03 表

编制单位: 年 月 单位：元

项 目	本期金额	上期金额
一、经营活动产生的现金流量:		
销售商品、提供劳务收到的现金		
客户存款和同业存放款项净增加额		
向中央银行借款净增加额		
向其他金融机构拆入资金净增加额		
收到原保险合同保费取得的现金		
收到再保险业务现金净额		
保户储金及投资款净增加额		
处置交易性金融资产净增加额		
收取利息、手续费及佣金的现金		
拆入资金净增加额		
回购业务资金净增加额		
收到的税费返还		
收到其他与经营活动有关的现金		
经营活动现金流入小计		
购买商品、接受劳务支付的现金		
客户贷款及垫款净增加额		
存放中央银行和同业款项净增加额		
支付原保险合同赔付款项的现金		
支付利息、手续费及佣金的现金		
支付保单红利的现金		
支付给职工以及为职工支付的现金		
支付的各项税费		
支付其他与经营活动有关的现金		
经营活动现金流出小计		
经营活动产生的现金流量净额		
二、投资活动产生的现金流量:		
收回投资收到的现金		
取得投资收益收到的现金		

续表

项　目	本期金额	上期金额
处置固定资产、无形资产和其他长期资产收回的现金净额		
处置子公司及其他营业单位收到的现金净额		
收到其他与投资活动有关的现金		
投资活动现金流入小计		
购建固定资产、无形资产和其他长期资产支付的现金		
投资支付的现金		
质押贷款净增加额		
取得子公司及其他营业单位支付的现金净额		
支付其他与投资活动有关的现金		
投资活动现金流出小计		
投资活动产生的现金流量净额		
三、筹资活动产生的现金流量：		
吸收投资收到的现金		
其中：子公司吸收少数股东投资收到的现金		
取得借款收到的现金		
发行债券收到的现金		
收到其他与筹资活动有关的现金		
筹资活动现金流入小计		
偿还债务支付的现金		
分配股利、利润或偿付利息支付的现金		
其中：子公司支付给少数股东的股利、利润		
支付其他与筹资活动有关的现金		
筹资活动现金流出小计		
筹资活动产生的现金流量净额		
四、汇率变动对现金及现金等价物的影响		
五、现金及现金等价物净增加额		
加：期初现金及现金等价物余额		
六、期末现金及现金等价物余额		

第十一章　出纳档案及保管

第一节　出纳凭证的保管

一、会计凭证的装订

会计凭证是重要的经济档案和历史资料，会计人员应及时对会计凭证进行整理装订，然后移交档案部门保管。

1. 会计凭证装订前的整理

会计凭证装订前的整理，是指对会计凭证进行排序、粘贴和折叠。因为原始凭证的纸张面积与记账凭证的纸张面积不可能全部一样，有时前者大于后者，有时前者小于后者，这就需要会计人员在制作会计凭证时对原始凭证加以适当整理，以便下一步装订成册。

对于纸张面积大于记账凭证的原始凭证，可按记账凭证的面积尺寸，先自右向后，再自下向后两次折叠。注意应把凭证的左上角或左侧面让出来，以便装订后，还可以展开查阅。

对于纸张面积过小的原始凭证，一般不能直接装订，可先按一定顺序和类别排列，再粘在一张同记账凭证大小相同的白纸上，粘贴时宜用胶水。小票应分张排列，同类、同金额的单据尽量粘在一起；同时，在一旁注明张数和合计金额。如果是板状票证，可以将票面票底轻轻撕开，厚纸板弃之不用。

对于纸张面积略小于记账凭证的原始凭证，可先用回形针或大头针别在记账凭证后面，待装订时再抽去回形针或大头针。

有的原始凭证不仅面积大，而且数量多，可以单独装订，如工资单、耗料单等，但在记账凭证上应注明保管地点。

原始凭证附在记账凭证后的顺序应与记账凭证所记载的内容顺序一致，不应按原始凭证面积大小来排序。会计凭证经过上述的加工整理之后，就可以装订了。

2. 会计凭证的装订步骤

会计凭证的装订是指把定期完毕的会计凭证按照编号顺序，外加封面、封底，装订成册，并在装订线上加贴封签。在封面上，应写明单位名称、年度、月份、记账凭证的种类、起讫日期、起讫号数，以及记账凭证和原始凭证张数，并在封签处加盖会计主管的骑缝图章。如果采用单式记账凭证整理装订时，必须保持会计分录的完整，应按凭证号码顺序还原装订成册，不得按科目归类装订。对各种重要的原始单据，以及各种需要随时查阅和退回的单据，应另编目录，单独登记保管，并在有关的记账凭证和原始凭证上相互注明日期和编号。

会计凭证装订的要求是既要美观大方又要便于翻阅，所以在装订时要先设计好装订册数及每册的厚度。一般来说，一本凭证，厚度以 1.5 厘米至 2.0 厘米为宜，太厚了不便于翻阅核查，太薄时可用纸折一些三角形纸条，均匀地垫在此处，以保证它的厚度与凭证中间的厚度一致。

有些会计在装订会计凭证时采用角订法。装订起来简单易行，这也很不错。它的具体操作步骤如下：

（1）封面和封底裁开，分别附在凭证前面和后面，再拿一张质地相同的纸（可以再找一张凭证封皮，裁下一半用，另一半为订下一本凭证备用）放在封面上角，做护角线。

（2）凭证的左上角画一边长为 5 厘米的等腰三角形，用夹子夹住，用装订机在底线上分布均匀地打两个眼儿。

（3）大针引线绳穿过两个眼儿。如果没有针，可以将回形别针顺直，然后将两端折向同一个方向，将线绳从中穿过并夹紧，即可把线引过来，因为一般装订机打出的眼是可以穿过的。

（4）凭证的背面打结。线绳最好把凭证两端也系上。

（5）护角向左上侧折，并将一侧剪开至凭证的左上角，然后抹上胶水。

（6）折叠，并将侧面和背面的线绳扣粘死。

（7）晾干后，在凭证本的背上面写上“某年某月第几册共几册”的字样。装订人在装订线封签处签名或盖章。现金凭证、银行凭证或转账凭证最好依次顺序编号，一个月从头编一次序号，如果单位的凭证少，可以全年顺序编号。

二、会计凭证的传递

会计凭证的传递，是指会计凭证从编制时起到归档保管时止，在本单位内部各有关部门和人员之间的传递程序和传递时间。正确组织会计凭证的传递，对于及时处理各项经济业务、明确经济责任、加强会计监督、具有重要作用。

为了正确、科学地组织会计凭证的合理传递，必须注意以下三点：

（1）根据经济业务的特点，企业内部机构设置和人员分工情况，以及经济管理的要求，恰当规定会计凭证的传递环节。

（2）根据有关部门和人员办理经济业务的必要手续，确定会计凭证在每一个传递环节上停留的时间，保证会计凭证的及时、准确传递，切忌拖延和积压会计凭证。

（3）完善单位经济责任制，使单位内部经营管理的各个环节协调配合，有条不紊地做好会计核算工作。

三、会计凭证的保管

会计凭证装订成册后，应由专人负责保管。年终，应移交财会档案保管一年，期满后，应由财会部门编制清册移交单位的档案部门保管。

对已归档凭证的查阅、调用或复制，均应得到批准和履行一定手续。原始凭证不得外借，其他单位如因特殊原因需要使用原始凭证时，经本单位会计机构负责人、会计主管人员批准，方可复制。向其他单位提供的原始凭证复制件，应当在专设的登记簿上登记，并由提供人员和收取人员共同签名或者盖章。

会计凭证的保管期限和销毁手续，必须严格按照会计制度的有关规定执行。一般会计凭证至少保存 10 年，重要的凭证需长期保存，会计凭证保存期满需销毁时，必须开列清单，按照规定的手续报经批准后方可销毁。任何单位都不能随意自行销毁会计凭证。

第二节　现金、票据及印章的保管

一、现金的保管

现金的保管，主要是指对每日收取的现金和库存现金的保管。现金是流动性最强的资产，可直接使用，因而现金是犯罪分子谋取的最直接目标。因此，各单位应建立健全现金保管制度，防止由于制度不严、工作疏忽而给犯罪分子以可乘之机，给国家和单位造成损失。

现金保管主要注意以下几个方面：

1. 库存现金要有专人保管

现金保管的责任人是出纳人员及其他所属单位的兼职出纳人员。出纳人员应选聘诚实可靠、工作责任心强、业务熟练的人员担任。出纳人员应当保持相对稳定，以提高他们的业务熟练程度。

2. 送取现金要有安全措施

向银行送存现金或提取现金时，一般应有两人以上，数额较大的，途中最好用专箱装放，专车运送，必要时可进行武装押运。

3. 库存现金（纸币和铸币）应实行分类保管

各单位的出纳人员对库存票币分别按照纸币的票面金额和铸币的币面金额以及整数（即大数）和零数（即小数）分类保管。纸币一定要打开铺平存放并按照纸币的票面金额，以每一百张为一把，每十把一捆扎好。凡是成把、成捆的纸币即为整数（即大数），均应放在保险柜内保管，随用随取；凡不成把的纸币为零数（即小数），也要按照票面金额，每十张为一把，分别用曲别针别好，放在传票箱内或抽屉内，一定要存放整齐，秩序井然。铸币也要按照币面金额，以每一百枚为一卷，每十卷为一捆，同样将成捆、成卷的铸币放在保险柜内保管，随用随取；不成卷的铸币，应按照不同币面金额，分别存放在特别的卡数器内。

4. 库存现金存放要有安全措施

现金的保管要有相应的保安措施，保安重点是出纳办公室和保险柜。出纳办公室应该选择坚固实用的房间，能防潮、防火、防盗、通风，墙壁、房顶要牢固，窗户要有铁栏杆和护窗金属板。出纳人员应配备专用保险柜，保险柜应靠出纳办公室的内墙放置，保险柜钥匙由出纳人员专人保管，不得交由其他人员代管；保险柜密码应由出纳人员开启，并做好开启记录，严格保密；出纳人员工作变动时，应及时更换密码。保险柜的钥匙或密码丢失或发生故障，要立即报请领导处理，不得随意找人修理或配钥匙。必须更换保险柜时，要办理以旧换新的批准手续，注意留下更换情况记录备查。

现金的保管

现金是流动性最强的资产，无须变现即可使用，因此是犯罪分子谋取的最直接目标。为了保证现金的安全，不给犯罪分子以可乘之机，各单位应建立、健全现金保管制度，并指定专人负责保管现金。现金的保管工作通常由出纳负责，出纳人员在保管现金时应注意以下几点：

1. 出纳人员应配备专用保险柜，保险柜应沿着出纳办公室的内墙放置，保险柜的钥匙由出纳人员专管，不得任意转交他人，下班后，不得将保险柜钥匙放置在办公桌抽屉内；保险柜密码应由出纳人员开启，出纳人员在开启密码后应做好开启记录，并严格保密；出纳人员工作调动时，接任的出纳人员应及时更换密码；保险柜的钥匙或密码丢失或发生故障时，应立即报请领导处理，不得随便请人修理或配钥匙；更换保险柜时，应办理以旧换新手续，并做好备查记录。

2. 严格遵守库存现金限额，对于限额内的库存现金当日核对无误后，全部放入保险柜，不得放在办公桌内过夜，对于限额以外的现金应在下班以前送存银行。

3. 出纳向银行送存现金或提取现金时，一般应有两人以上，数额较大的，最好专箱装放、专车运送，必要时可以武装押运。

4. 为了确保现金安全，又减少出纳的工作量，出纳人员在上班时，可以将工作时所需的少量的备用金放在办公桌抽屉内，其余的现金都应放入保险柜，严禁随意存放。

5. 库存现金包括纸币和铸币，应按纸币票面金额和铸币票面金额以及整数（大数）和零数（小数）实行分类保管。

纸币一定要打开、平放，并按其票面金额，每一百张为一把、每十把为一捆扎好。成捆、成把的纸币为整数，均应放在保险柜内保管，随用随取；不成把的纸币为零数，对零数纸币也按票面金额，每十张为一把，分别用回形针别好，整齐有序地放在传票箱内或抽屉内。

铸币也应按币面金额，每一百枚为一卷，每十卷为一捆，将成捆成卷的铸币放在保险柜内保管，随用随取；对不成卷的铸币，也应按照不同金额，分别存放在特别的卡数器内。

6. 单位的库存现金不准以个人名义存入银行，以防止有关人员利用公款私存方式取得利息收入，也可防止单位利用公款私存方式形成账外小金库；不得以白条（不符合财务制度的单据）抵库；不得将库存现金移出企业。

二、票据的保管

（一）有价证券的保管

有价证券是一种具有储蓄性质的、可以最终兑换成人民币的票据，包括股票、债券。有价证券是企业资产的一部分，具有与现金相同的性质和价值，容易成为被偷盗、套取和挪用的对象。加强对有价证券的保管应注意以下几点：

（1）实行账证分管：会计部门管账、出纳部门管证，互相牵制、互相核对。

（2）有价证券的保管和现金的保管基本相同，各种有价证券要分类整齐地排放在保险箱内，并随时或定期地抽查盘点。

（3）出纳人员应对各种有价证券的票面额和号码保守秘密。

（4）建立"有价证券登记簿"，以便随时掌握各种有价证券的情况。"有价证券登记簿"格式如表 11-1 所示。

表 11-1 有价证券登记簿

证券种类： 第 页

发行年度	期次	面额	利率	张数	号码		合计金额		入库依据	兑换日期			兑换本息		
					起	止				年	月	日	本金	利息	合计

（二）空白支票的保管

为了使开户单位随时可以办理款项的支付及债权债务的结算，在银行存款的额度内，开户单位均可向银行领购支票，每个开户单位一般都保留一定数量的空白支票以备使用。

支票是一种支付凭证，一旦填写了有关内容，并加盖预留在银行的印鉴后，即可成为直接从银行提取现金（现金支票）和与其他单位进行结算的凭据。所以，对空白支票必须采取措施，妥善保管，以免发生非法使用或盗用、遗失的情况，给国家和单位造成不必要的经济损失。为此，出纳人员在保管空白支票时应注意以下几点：

（1）贯彻票、印分管原则。即空白支票和印章不得由一人保管。通常，空白支票由出纳人员向银行购买，并按顺序填入支票备查簿，然后将备查簿交会计人员保管，签发支票所需的财务章由主管会计保管，人名章可由出纳保管。这样便于明确责任，相互制约，防止舞弊行为。

（2）支票一般由指定的出纳人员负责签发。有关部门和人员领用支票时，应填制“支票领用单”，注明领用支票的用途、日期、金额，由经办人签名，并经有关领导批准同意；出纳人员根据经领导批准的“支票领用单”按规定要求签发支票，并登记“空白支票签发登记簿”。支票领用人应在支票领用之日起 10 日内到财务部办理报销手续，其程序与现金支出报销程序一样。支票领用人应妥善保管已签发的支票，如有丢失应立即通知财务部门并对造成的后果承担责任。

（3）严格控制携带盖好印章的空白支票外出采购。对于那些事先不能确定采购金额或采购金额难以确定的，而实际又必须用支票结算时，经单位领导批准后，可签发填明收款人名称、签发日期、用途和款项限额的支票交采购人员。

（4）设置“空白支票签发登记簿”，实行空白支票领用销号制度。经单位领导批准，出纳人员签发空白支票后，应在“空白支票签发登记簿”上加以登记，“空白支票签发登记簿”的格式如表 11-2 所示。

表 11-2　空白支票签发登记簿

领用日期		支票号码	领用人	用途	收款单位	限额	批准人	销号	
								日期	
月	日							月	日

领用人领取支票时要在“空白支票签发登记簿”、“领用人”栏签名或盖章，领用人将支票存根（已使用支票）或未使用支票交回时，应在“销号”栏销号，并注明销号日期。

（5）财务人员不得在支票签发前预先加盖签发支票的印章，签发支票时必须按编号顺序使用，对签错的支票或退票必须加盖“作废”戳记并与存根一起保管。

（6）单位撤销、合并、结清账户时，应填写一式两联的清单，将剩余的空白支票全部交回银行注销。

（三）空白收据的保管

空白收据一经盖章，即可作为结算的依据，因此出纳人员应按规定保管和使用空白收据。一般空白支票由出纳人员负责购买，并交会计主管人员保管。领用空白收据时需填写“空白收据领用单”，并经有关领导签字，会计人员根据经签字的“空白收据领用单”发放空白收据并登记“空白收据登记簿”。“空白收据登记簿”格式如表11-3所示。

表 11-3 空白收据登记簿

<table>
<tr><td colspan="2">领用日期</td><td rowspan="3">领用单位</td><td rowspan="3">起始号码</td><td rowspan="3">证件</td><td rowspan="3">签名</td><td rowspan="3">核销日期</td></tr>
<tr><td colspan="2">20××年</td></tr>
<tr><td>月</td><td>日</td></tr>
<tr><td></td><td></td><td></td><td></td><td></td><td></td><td></td></tr>
<tr><td></td><td></td><td></td><td></td><td></td><td></td><td></td></tr>
<tr><td></td><td></td><td></td><td></td><td></td><td></td><td></td></tr>
<tr><td></td><td></td><td></td><td></td><td></td><td></td><td></td></tr>
<tr><td></td><td></td><td></td><td></td><td></td><td></td><td></td></tr>
<tr><td></td><td></td><td></td><td></td><td></td><td></td><td></td></tr>
<tr><td></td><td></td><td></td><td></td><td></td><td></td><td></td></tr>
</table>

出纳人员在使用收据时应注意以下几点：

（1）不得将收据带出本单位使用；

（2）不得转借、赠送和买卖收据；

（3）不得弄虚作假开具与票面金额不符的收据；

（4）作废的收据应加盖“作废”专用章后保存，各联必须完整无缺，不得撕毁、丢失；

（5）再次领取收据时，必须将已用完的收据存根交还会计人员核销。

三、印章的保管

支票印章一般应由会计主管人员或指定专人保管，支票和印章必须由两人分别保管。负责保管的人员不得将印章随意存放或带出工作单位。各种印章应与现金的保管相同，不得随意放入抽屉内保管，不然极易给违法、违纪人员可乘之机，给国家和单位造成经济损失。

小知识

印章的保管

与出纳工作有关的印章主要包括：支票印鉴、“现金收讫”、“现金付讫”、“银行收讫”、“银行付讫”章。按照有关规定，支票印鉴一般应由会计主管人员或指定专人保管，支票和印鉴必须由两人分别保管。各种财务专用章的保管，原则上与现金的保管要求相同，负责保管的人员不得将印章随意存放或带出工作单位。严禁将支票印鉴甚至单位主管人员的名章一并交由出纳人员保管和使用，否则会给违法、违纪行为造成可乘之机。

如果发生印鉴遗失或需要更换预留印鉴时，应填写“印鉴更换申请书”，同时出具证明情况的公函一并交开户银行，经银行同意后，在银行发给的新印鉴卡的背面加盖原预留银行印鉴，在正面加盖新启用的印鉴。

四、预留印鉴的更换

单位存款人申请更换预留公章或财务专用章，应向开户银行出具书面申请、原预留公章或财务专用章等相关证明材料。

单位存款人申请更换预留公章或财务专用章但无法提供原预留公章或财务专用章的，应向开户银行出具原印鉴卡片、开户许可证、营业执照正本、司法部门的证明等相关证明文件。

单位存款人申请变更预留公章或财务专用章，可由法定代表人或单位负责人直接办理，也可授权他人办理。由法定代表人或单位负责人直接办理的，除出具相应的证明文件外，还应出具法定代表人或单位负责人的身份证件；授权他人办理的，除出具相应的证明文件外，还应出具法定代表人或单位负责人的身份证件及其出具的授权书，以及被授权人的身份证件。

各单位因印章使用日久发生磨损，或者改变单位名称、人员调动等原因需要更换印鉴时，应填写“更换印鉴申请书”，由开户银行发给新印鉴卡。单位应将原印鉴盖在新印鉴卡的反面，将新印鉴盖在新印鉴卡的正面，并注明启用日期交开户银行。在更换印鉴前签发的支票仍然有效。

五、印章、支票的挂失

（一）办理印章挂失

各单位预留银行印鉴的印章遗失时，应当出具公函，填写“更换印鉴申请书”，由开户银行办理更换印鉴手续；遗失个人名章的由开户单位备函证明；遗失单位公章的由上级主管单位备函证明。经银行同意后按规定办法更换印鉴，并在新印鉴卡上注明情况。

（二）办理支票挂失

已经签发的普通支票和现金支票，如因遗失、被盗等原因而丧失的，应立即向银行申请挂失。

出票人将已经签发内容齐备的可以直接支取现金的支票遗失或被盗等，应当出具公函或有关证明，填写两联挂失申请书（可以用进账单代替），加盖预留银行的签名式样和印鉴，向开户银行申请挂失止付。银行查明该支票确未支付，经收取一定的挂失手续费后受理挂失，在挂失人账户中用红笔注明支票号码及挂失的日期。

收款人将收受的可以直接支取现金的支票遗失或被盗等，也应当出具公函或有关证明，填写两联挂失止付申请书，经付款人签章证明后，到收款人开户银行申请挂失止付。其他有关手续同上。同时，依据《票据法》第十五条第三款规定："失票人应当在通知挂失止付后三日内，也可以在票据丧失后，依法向人民法院申请公示催告，或者向人民法院提起诉讼。"即可以背书转让的票据的持票人在票据被盗或遗失时，须以书面形式向票据支付地（即付款地）的基层人民法院提出公示催告申请。在失票人向人民法院提交的申请书上，应写明票据类别、票面金额、出票人、付款人、背书人等票据主要内容，并说明票据丧失的情形，同时提出有关证据，以证明自己确属丧失的票据的持票人，有权提出申请。

失票人在向付款人挂失止付之前，或失票人在申请公示催告以前，票据已经由付款人善意付款的，失票人不得再提出公示催告的申请，付款银行也不再承担付款的责任。由此给支票权利人造成的损失，应当由失票人自行负责。

按照规定，已经签发的转账支票遗失或被盗等，由于这种支票可以直接持票购买商品，银行不受理挂失，所以，失票人不能向银行申请挂失止付。但可以请求收款人及其开户银行协助防范。如果丧失的支票超过有效期或者挂失之前已经由付款银行支付票款的，由此所造成的一切损失，均应由失票人自行负责。

第三节　出纳归档资料的保管

出纳归档资料是指出纳记账的各种凭证、出纳账簿和出纳各种报表等核算资料，它们是出纳收、支活动及其账务处理的重要史料与证据。

具体来讲，出纳归档资料主要包括出纳记账所依据的各种原始凭证和记账凭证；现金日记账、银行存款日记账、有价证券等明细分类账账簿；经费开支计划与决算表，出纳报告单，银行存款对账单，资金分析报告单，作为收、付款依据的各种经济合同、文件，以及其他财务管理方面的重要凭据，如支票申请单与支票领用登记簿等。

一、出纳归档资料的范围

出纳人员在办理正常的资金收付业务的同时，还应当做好出纳档案的保管及相关工作；在离开出纳岗位之前，应认真办理相应的交接手续，圆满地结束出纳工作；单位为了加强对出纳工作的管理，提高工作效率和质量，也应定期或不定期地对出纳工作进行有效的考核。

各单位必须加强对会计档案管理工作的领导，建立会计档案的立卷、归档、保管、查阅和销毁等管理制度，保证会计档案妥善保管、有序存放、方便查阅、严防毁损、散失和泄密。而出纳档案是会计档案的重要组成部分，是记录出纳业务内容，明确相关经济责任的书面证明或其他资料，一旦遗失或因保管不善而毁坏，将给出纳员本人和单位带来严重的影响。因此，出纳员必须按规定对有关的会计资料进行妥善的保管，保证会计档案记录的真实性、完整性、连续性和准确性。

出纳档案归档的原则是“有用、真实、有效”，因此，出纳员应先对会计资料进行整理：哪些能用，哪些不需用，都要按照有关的规定和本单位的管理要求对会计资料进行挑选整理，做到定期归集、分类整理、按序排放。

二、出纳归档资料的整理与保管

各企业、单位出纳人员对上述各种归档资料必须进行科学的管理，做到妥善保管、存放有序、查找方便；要严格执行安全和保密制度，不能随意堆放，以免毁损、散失和泄密。

（一）出纳凭证的整理和保管

出纳记账所编制和使用的各种收、付款记账凭证及其所附原始凭证，一般来说，在出纳过账以后，要传递给记账会计，在年终归档前由记账会计进行整理与保存。出纳人员主要要做好原始凭证的整理及全部会计凭证在出纳业务处理阶段的保管工作。对于一些像“支票申请单”之类的原始凭证，为了保管与查对的便利，平时也可由出纳人员单独保管并整理成册，年终统一归档。

（二）出纳账簿的整理和保管

出纳账簿在更换新账后，应将旧账归入会计档案。移交归档前应对旧账进行整理，对编号、扉页内容、目录等项目填写不全的，应按照有关要求填写齐全；使用活页式（如用计算机记账的单位，账簿资料输出裁剪后类似活页账）或卡片式辅助账的单位，对于活页式或卡片式账，在归档时必须加以装订，编齐页码，并要像订本账一样加上扉页，注明单位名称、所属时期、共计页数和记账人员签章等，并且要加盖公章。

（三）其他出纳归档资料的整理与保管

出纳账证以外的其他出纳归档资料，主要是指各种报表和文件，如各项经费开支计划表、决算表，出纳报告单，银行对账单，资金分析报告表，作为收、付款依据的各种经济合同、文件，以及其他财务管理方面的重要凭据，如支票申请单与支票领用登记簿等。这些资料应该分类整理并妥善保管，年末集中归入会计档案。

出纳档案的整理程序

出纳人员对档案进行整理时，一般分为分类、装订和成册三个步骤。具体整理程序见表 11–4。

表 11–4 出纳档案的整理程序

<table>
<tr><td rowspan="3">出纳档案的整理程序</td><td>分类</td><td>出纳档案应按经济业务的性质和本单位的财务管理要求进行分类。一般应与本单位的会计分类相一致，兼顾档案装订和使用的需要。在对档案分类时，应当对一些无效或不需用的单据进行剔除。</td></tr>
<tr><td>装订</td><td>由于原始单证大多零落散乱，容易遗失，所以出纳人员在对档案归类后应加以装订，以保证会计资料不易散落遗失：在装订时，应当注意档案厚度以便于使用为宜；使用活页账或卡片账的，在归档时应加以装订单编齐页码，对不宜装订的应当连号存装防止散落；对于采用财务软件记账的单位，其打印出的纸质会计档案必须装订编号；对于具备采用磁带、磁盘、光盘、微缩胶片等磁性介质保存会计档案条件的，由国务院业务主管部门统一规定，并报财政部、国家档案局备案，保管时采用连号编排，保存在特定的档案盒内。</td></tr>
<tr><td>成册</td><td>对于装订完毕的出纳资料，应当立卷成册，启用封面或扉页，用以记录每册的编号、所属单位、所届时期、其计号数及页数、经办人员等详细内容，并加盖单位公章和经办人员私章。在保管上有特殊要求的，可以加盖骑缝章或加贴封条。</td></tr>
</table>

三、出纳档案的保管范围

出纳档案是指会计凭证、会计账簿和财务报告等会计核算专业材料，同时也包括相关的重要单证等，具体内容见表 11–5。

表 11–5　出纳档案的内容

<table>
<tr><td rowspan="5">出纳档案</td><td>会计凭证类</td><td>反映资金收付业务的原始单证、记账凭证、汇总凭证及其他出纳凭证</td></tr>
<tr><td>会计账簿类</td><td>现金日记账、银行存款日记账、其他货币资金明细账、辅助账簿及其他备查簿</td></tr>
<tr><td>财务报告类</td><td>包括月度、季度、年度的出纳报告、附注及文字说明、银行存款对账单及银行存款余额调节表、其他出纳报告</td></tr>
<tr><td>其他类</td><td>作为收付依据的合同、协议及其他文件；按规定应单独存放保管的重要票证单据，如作废的支票、发票存根联及作废发票、收据存根联及作废收据；出纳盘点表和出纳考核报告等</td></tr>
<tr><td>档案管理类</td><td>出纳档案移交清册、出纳档案保管清册、出纳档案销毁清册</td></tr>
</table>

四、出纳归档资料的保管期限

各种会计档案的保管期限，根据其特点，分为永久和定期两类。年度会计报表和某些涉外的会计凭证、会计账簿属于永久保管，其他属于定期保管。会计档案中出纳归档资料的保管期限应严格按照《会计档案管理办法》有关规定执行。各种档案资料的保管期限，从会计年度终了后的第一天算起。

五、出纳档案的保管责任

出纳档案的保管责任：

（1）各单位每年形成的会计档案，应当由会计机构按照归档要求负责整理成卷，装订成册，并编制会计档案保管清册。

（2）在当年或本会计期间内形成的会计档案，在会计年度终了后，可暂由会计机构保管 1 年，期满之后，应当由会计机构编制移交清册，移交本单位档案机构统一保管；未设立档案机构的，应当在会计机构内部指定专人负责保管，出纳人员不得兼管会计档案。

（3）移交本单位档案机构保管的会计档案，原则上应当保持原卷册的封装。个别需要拆封重新整理的，档案机构应当会同会计机构和经办人员拆封整理，以分清责任。

（4）各单位保存的会计档案不得借出。如有特殊需要，经本单位负责人批准，可以提供查阅或者复制，并办理登记手续。查阅或者复制会计档案的人员，严禁在会计档案上涂画、拆封和抽换。

（5）单位之间交接会计档案的，交接双方应当办理会计档案交接手续。移交会计档案的单位，应当编制会计档案移交清册，列明应当移交的会计档案名称、卷号、册数、起止年度和档案编号、应保管期限、已保管期限等内容。

交接会计档案时，交接双方应当按照会计档案移交清册所列内容逐项交接，并由交接双方的单位负责人负责监交。交接完毕后，交接双方经办人和监交人应当在会计档案移交清册上签名或者盖章。

六、出纳档案的保存要求

出纳档案的保存是一个长期过程，为了保证档案在保存期限内的安全和有效，各单位必须加强档案的保管工作，出纳档案保管的具体要求见表 11–6。

表 11–6　出纳档案的保管要求

出纳档案保管要求	档案记录必须真实、完整、准确、连续，不得擅自篡改、涂抹或歪曲档案记录
	档案整理、装订成册按规定办理，做到不易散失、便于查阅
	档案记录必须按照规定的保存年限进行保管
	档案的使用、移交和销毁必须按照严格的程序办理
	档案不得外借、撕毁、遗失
	档案的存放地应当安全、防火、防盗、防潮、防虫
	档案资料，应能积极地为本单位所利用

七、出纳档案的销毁

出纳档案在保存期满后，对确无保留必要的资料，经本单位主要领导审查并报经上级主管部门批准后，方可办理销毁手续；保管期满但未结算的债权债务原始凭证和涉及其他未了事项的原始凭证，不得销毁，应当单独抽出立卷，保管到未定事项完结为止，单独抽出立卷的会计档案，应当在会计档案销毁清册和会计档案保管清册中列明。正在项目建设期间的建设单位，其保管期满的会计档案不得销毁。在销毁档案资料时，应由档案部门和财务部门共同派人监销，如有特殊要求的，应由本单位主要领导或上级主管部门派人监销；监销时监销人应对档案逐一清点核对，确认其确实无保留必要；销毁后，监销人员应在销毁清册上签名盖章并将销毁情况报告本单位领导，其销毁清册由档案部门另行保存。

八、出纳归档资料的移交与调阅

出纳部门形成的归档资料，是会计档案的重要组成部分，应由财务部门统一安排，按照归档的要求整理立卷或装订成册。按《会计档案管理办法》规定："当年会计档案，在会计年度终了以后，可暂由本单位财务会计部门保管一年。期满以后，原则上应由财务会计部门编造成册移交本单位的档案部门保管。"会计年度终了以后再由财务会计部门保管一年，主要是因为新旧年度之间的许多会计业务是有关联的，上年度的核算资料放在财务会计部门，方便财会人员查找。同样基于这一考虑，在这一年内出纳归档资料的保管一般仍应由出纳部门负责。

出纳保存的核算资料，应积极为本单位提供应用。原则上不得外借，如遇特殊需要，必须报经上级主管单位批准，并应登记、签字，限期归还，而且不得拆散原卷册。

附表：1

企业和其他组织会计档案保管期限表

序号	档案名称	保管期限	备注
一	会计凭证		
1	原始凭证	30年	
2	记账凭证	30年	
二	会计账簿		
3	总账	30年	
4	明细账	30年	
5	日记账	30年	
6	固定资产卡片		固定资产报废清理后保管5年
7	其他辅助性账簿	30年	
三	财务会计报告		
8	月度、季度、半年度财务会计报告	10年	
9	年度财务会计报告	永久	
四	其他会计资料		
10	银行存款余额调节表	10年	
11	银行对账单	10年	
12	纳税申报表	10年	
13	会计档案移交清册	30年	
14	会计档案保管清册	永久	
15	会计档案销毁清册	永久	
16	会计档案鉴定意见书	永久	

附表：2

财政总预算、行政单位、事业单位和税收会计档案保管期限表

序号	档案名称	保管期限			备注
		财政总预算	行政单位事业单位	税收会计	
一	会计凭证				
1	国家金库编送的各种报表及缴库退库凭证	10年		10年	
2	各收入机关编送的报表	10年			
3	行政单位和事业单位的各种会计凭证		30年		包括：原始凭证、记账凭证和传票汇总表
4	财政总预算拨款凭证和其他会计凭证	30年			包括：拨款凭证和其他会计凭证
二	会计账簿				
5	日记账		30年	30年	
6	总账	30年	30年	30年	
7	税收日记账（总账）			30年	
8	明细分类、分户账或登记簿	30年	30年	30年	
9	行政单位和事业单位固定资产卡片				固定资产报废清理后保管5年
三	财务会计报告				
10	政府综合财务报告	永久			下级财政、本级部门和单位报送的保管2年
11	部门财务报告		永久		所属单位报送的保管2年
12	财政总决算	永久			下级财政、本级部门和单位报送的保管2年
13	部门决算		永久		所属单位报送的保管2年
14	税收年报（决算）			永久	
15	国家金库年报（决算）	10年			
16	基本建设拨、贷款年报（决算）	10年			
17	行政单位和事业单位会计月、季度报表		10年		所属单位报送的保管2年

续表

序号	档案名称	保管期限			备注
		财政总预算	行政单位事业单位	税收会计	
18	税收会计报表			10年	所属税务机关报送的保管2年
四	其他会计资料				
19	银行存款余额调节表	10年	10年		
20	银行对账单	10年	10年	10年	
21	会计档案移交清册	30年	30年	30年	
22	会计档案保管清册	永久	永久	永久	
23	会计档案销毁清册	永久	永久	永久	
24	会计档案鉴定意见书	永久	永久	永久	

注：税务机关的税务经费会计档案保管期限，按行政单位会计档案保管期限规定办理